ŒUVRES

COMPLÈTES

DE PIGAULT-LEBRUN.

TOME VIII.

JEROME.

DE L'IMPRIMERIE DE FIRMIN DIDOT.

OEUVRES

COMPLÈTES

DE PIGAULT-LEBRUN.

TOME HUITIÈME.

A PARIS,

CHEZ J.-N. BARBA, LIBRAIRE,

ÉDITEUR DES OEUVRES DE M. PICARD ET DE M. ALEX. DUVAL,
PALAIS-ROYAL, N° 51, DERRIÈRE LE THÉATRE-FRANÇAIS.

1823.

JÉRÔME.

PREMIÈRE PARTIE.

CHAPITRE PREMIER.

Ce que je suis, ou ce que je ne suis pas.

J'ENTENDS dire tous les jours dans le monde : Mon père était conseiller au parlement; le mien, officier supérieur de la maison du roi; le mien, fermier-général; ce qui veut dire : Je ne suis pas fait pour porter cet habit râpé et pour aller à pied; mais je suis fondé à vous demander à dîner au nom de mes ancêtres.

Ceux qui sont nés d'un menuisier, d'un bourrelier, d'un cordonnier, d'un ânier, d'un bouvier, d'un savetier, et qui promènent leur nonchalance dans un bon carrosse, se taisent sur leur origine, et font bien : il n'est pas agréable de rougir devant ses valets.

Je me tairai comme eux; non que j'aie le sot orgueil de rougir d'une naissance obscure, ou la modestie de cacher que je descende d'un cordon bleu; mais c'est que je ne sais qui fut mon père, et jamais, du moins, je n'ai couru le risque de me tromper en appelant *papa* l'individu le plus étranger à l'affaire, erreur assez commune aux enfans; mais on sait que l'erreur est le partage de l'enfance.

Jamais, non plus, je n'ai exposé ma mère à se pincer les lèvres pour ne pas rire de ce doux nom *papa*, donné devant elle à son bénin mari, et cela par une excellente raison, c'est que je n'ai pas plus connu ma mère que mon père.

On me demandera si je les ai perdus au berceau, si j'ai été changé en nourrice, si... si... si... si...

Je répondrai succinctement que je ne sais rien de tout cela, et que je m'en embarrasse peu. Ce dont je puis être à peu près sûr, c'est que je suis orphelin maintenant, car j'ai près de soixante ans, et j'en suis bien fâché. Mais j'ai été jeune, beau, vigoureux comme peu d'autres, et je tâcherai de me résigner à mourir, puisqu'il a plu à notre premier père de pécher.

A propos de péché, il y a là-dessous quelque chose qui me travaille le cerveau. Avant son péché, le cher homme était immortel; avant son péché, le grand-maître lui dit : *Croissez et mulpliez*. Croissez! Il était né grand comme père et mère... Ah, j'y suis. Le *croissez* est ce que nous avons jugé convenable d'appeler autrement. Mais ce n'est pas de cela qu'il s'agit.

Je voudrais savoir comment, si tous les enfans qui sont nés n'étaient pas morts, comment la terre nourrirait ses habitans. — Oh! elle serait plus féconde. — A la bonne heure. Mais le meilleur terrain, trop fatigué, ne produit plus. — Hé bien, la terre ne se fatiguerait pas. — Sa nature changerait donc? — Au contraire, elle a changé au moment du péché, quoique nos livres, qui savent tout, n'en disent rien. — Pardonnez-moi, pardonnez-moi. Il est écrit : La terre produira des ronces. — Mais il n'est pas écrit qu'on ne les arrachera pas, pour lui faire produire autre chose. Après tout, si les hommes étaient immortels, seulement depuis Zoroastre, on ne verrait ni parcs, ni forêts, ni grandes routes; on eût comblé les marais, les lacs... — Oui, voilà des terres à cultiver pour quelques siècles; mais après? — Oh! après... Les arts étant bien plus perfectionnés par l'homme en état de grace que par l'homme perverti, un bon chimiste eût mis l'Océan en ébullition; il se fût dissipé par l'évaporation, et en voilà encore pour dix siècles. — Mais alors que reste-t-il pour les générations à naître? — Oh! un bon miracle arrangera cela. De la manne, de la manne, et toujours de la manne. — Qu'est ce qu'un miracle, s'il vous plaît? — C'est une chose à laquelle croient volontiers toutes les générations présentes, et qui n'a jamais été vue par les générations passées, à l'exception, cependant, du miracle qu'a fait Notre-Dame de Lorette, dans une des salles de la Bibliothèque nationale de Paris. On l'avait mise nue dans un coin, et elle a toussé très-distinctement. — Un miracle, mon cher, est une chose contre l'ordre de la nature. Or, comme elle agit d'après des lois éternelles, immuables, il ne peut y avoir de miracles. Êtes-vous déiste, mon cher ami? — Oui, par la grace de Dieu. — Ah! tant mieux : les feuilletons crieront moins après vous que si vous étiez athée. Il faudrait tâcher d'être catholique, et surtout de le paraître; ils feront votre éloge, fussiez-vous honnête homme. Or donc, puisque vous êtes déiste, vous savez que Dieu ne peut être bizarre, fantasque, dérangeant aujourd'hui ce qu'il a arrangé hier; ainsi point de miracles, point de manne. Voyez à vous retourner autrement. — *O altitudo! ó altitudo!* — A la bonne heure, vous voilà tiré d'affaire.

J'allais continuer ce monologue, où je m'interrogeais et me répondais, quand je me suis souvenu que j'avais commencé mon histoire, et non un traité de méthaphysique. Or, comme il y a l'infini entre la naissance du monde et mon berceau, et que des beautés déplacées ne sont plus des beautés, je descends du troisième ciel, qui n'existe point, quoique saint Paul l'ait vu, et je reviens modestement à moi.

En effet, qu'est-ce qu'un premier, un second, un troisième ciel ? Qu'y a-t-il que l'espace dans lequel les globes célestes font leurs révolutions ? Quel est l'impertinent... Oh! fureur d'ergoter! Je reviens, je reviens.

« Jérôme! Jérôme! te lèveras-tu, paresseux! » J'avais dix ans alors, et c'est maître Jacques qui me parlait. Paresseux! il n'était que quatre heures du matin. J'avais soupé de deux onces de pain et d'un verre d'eau, et, à défaut d'alimens, j'engraissais en dormant, comme les marmottes.

Comme les marmottes! Les uns prétendent qu'en dormant elles se nourrissent de leur graisse; d'autres assurent le contraire. Oh! combien les hommes, qui ignorent les choses les plus simples, devraient avoir d'indulgence pour les opinions et les erreurs d'autrui! Pourquoi persécuter, diffamer, brûler celui, par exemple, qui ne croit pas que trois ne font qu'un; qu'une galette soit de la chair et du sang; qu'une maman soit restée pucelle; qu'une étoile voyagea des Indes en Arabie, sans être vue que de ceux à qui elle servait de fallot; que les ténèbres couvrirent la terre un jour où tous les humains voyaient clair, l'écrivain excepté; qu'il y ait une montagne d'où l'on voie tous les royaumes du globe; qu'un législateur peut manquer de respect à sa mère, en lui disant grossièrement : Femme, qu'y a-t-il de commun entre vous et moi? que ce législateur se soit amusé à achever des ivrognes qui avaient vidé leurs brocs, et leur ait fait du vin avec de l'eau; que... que... que... Mais me voilà encore à cent lieues de mon sujet.

Maître Jacques était un bûcheron de la forêt de Sénart, qui vivait très-maritalement avec Marguerite, son épouse; c'est-à-dire qu'il la caressait peu, la battait fort, ce qui n'empêcha pas Marguerite d'amener heureusement trois enfans, qu'elle allaita, ainsi qu'une quinzaine d'autres, ces derniers pour l'argent de leurs *papas*.

J'avais eu l'avantage de sucer son lait, et, à mon sevrage, de partager son pain noir; je vivais sans soucis du présent, sans inquiétude de l'avenir; je ne savais rien au monde que ma croix de par Dieu, et cacher sous ma chemise déchirée une serpette, avec laquelle j'allais voler du bois dans la forêt. Quand les gardes me trouvaient, ils prenaient ma serpette; quand je revenais sans ma serpette, maître Jacques me battait; quand il était las de frapper, il s'arrêtait; quand j'étais las de pleurer, je me mettais à rire, et une pomme de terre cuite sous la cendre, que me glissait Marguerite, me faisait tout oublier.

A la voix de maître Jacques, je me lève à la hâte, c'est-à-dire, je secoue les oreilles; je passe un méchant caleçon, et je comparais devant mon père nourricier.

Un bonnet gras sur l'oreille, il était assis d'un air grave sur un coffre qui servait d'armoire et de garde-manger, et il me tint, à peu près, ce

discours : « Il y a dix ans qu'on t'a apporté ici.
« On a payé six mois d'avance, et on a continué
« de payer de six mois en six mois. Il y a six
« mois et demi que je n'ai rien reçu, et comme il
« n'est pas juste qu'un étranger mange le pain de
« mes enfans, qui n'en ont pas trop, tu vas faire
« ton paquet, et aller où te conduira la grace
« de Dieu. »

Je ne savais pas trop où pouvait me conduire la grace de Dieu ; je sus, à l'instant d'après, que c'était partout où il me plairait aller, excepté à la maison de maître Jacques. Il me mit dehors par les épaules, plaça un bâton à la porte de sa hutte, et me signifia qu'il m'en frotterait les épaules si j'approchais son habitation de cent pas. Je compris que je n'avais plus ni feu ni lieu.

Mais comme je m'ennuyais d'être battu ; comme il me paraissait désagréable de me déchirer les jambes et les mains pour arracher quelques brins de bois à la forêt ; comme j'étais né avec l'amour de l'indépendance, si naturel à l'homme subordonné, et, qu'après tout, il me semblait que je ne pouvais tomber dans un état pire que celui dont je sortais, je me mis à trotter gaiement, mon paquet sous le bras. Il n'était pas embarrassant : c'était une méchante paire de sabots, dont je me parais le dimanche pour aller entendre la messe, qu'on me disait en latin, sans doute de peur que je l'entendisse.

J'avais soupé légèrement la veille ; je n'avais

pas déjeuné, et cela seul me tracassait un peu. Les idées les plus riantes se rembrunissent au premier cri d'un estomac affamé. Je marchai encore, et bientôt je m'assis au pied d'un arbre, de fort mauvaise humeur, et regrettant les oignons d'Égypte.

C'était bien là le cas de faire tomber un peu de manne. Mon innocence méritait tout autant ce bienfait que les Juifs se sauvant, après avoir volé leurs maîtres. Il ne tomba que de la pluie.

J'étais à peu près nu, le temps était froid, je me sentis glacé, et je me mis à pleurer : cela soulage.

J'entends parler derrière moi, je tourne la tête : c'est une femme, c'est Marguerite. Elle m'avait suivi, et m'apportait un petit morceau de pain : elle ne pouvait cacher un larcin plus considérable à l'œil vigilant de son mari. Elle me donna six sous, enveloppés dans un petit coin de mouchoir, c'étaient toutes ses épargnes.

Je cessai de pleurer ; je dévorai le morceau de pain, puis j'embrassai Marguerite. Elle me donna quelques conseils, que je n'écoutai pas trop, auxquels je ne compris rien, que, peut-être, elle ne comprenait pas davantage. Elle m'embrassa encore une fois, et s'en retourna, de peur, disait-elle, que le bâton, qui me défendait les approches de la maison, devînt à deux usages.

Je me levai courageusement ; je serrai mes six sous dans ma chemise, et je marchai tout droit devant moi.

Vous croyez, sans doute, que le voile qui couvre ma naissance se lèvera un jour, et qu'après bien des infortunes, je devrai à quelque père, que je trouverai lorsque j'y penserai le moins, un rang dans la société, une fortune considérable. Détrompez-vous; je n'ai jamais rien dû qu'à moi-même, et je ne m'en estime pas moins.

Ce n'est pas que, cent fois dans ma vie, je n'aie senti battre mon cœur à l'approche de tel ou tel individu; qu'un pressentiment secret ne m'ait averti que je pouvais fort bien parler à mon père; mais jamais ces pressentimens ne se sont vérifiés. J'avoue que je pourrais, comme un autre, préparer, de loin, et filer une reconnaissance bien pathétique, bien prévue, bien ennuyeuse; mais je suis historien, et non romancier. Ainsi ne comptez que sur des évènemens fort simples, et, si le goût du merveilleux vous domine, jetez le le livre, et prenez l'Apocalypse.

CHAPITRE II.

La Providence.

La Providence nous mène toujours par des voies inconnues, et plus elles sont obscures, plus elles sont respectées. C'était quelque chose de bien beau que les anciens oracles; c'est quelque chose d'admirable que nos prophètes; c'est quelque chose de prodigieux que le livre de Nostradamus. Personne n'entend rien de tout cela;

mais comme il est incontestable que la Sybille, Jérémie et Nostradamus sont les interprètes de la Providence, on doit vénérer leurs logogriphes, sans chercher à les pénétrer.

Ce qui est très-généralement reconnu, c'est que rien n'arrive que d'après les décrets de l'impénétrable Providence. Or, en cheminant le long d'une travée de la forêt de Senart, je trouvai à mes pieds quelque chose de carré et de plat, garni, sur toutes ses faces, d'une lame jaune et brillante. Aujourd'hui je dirais : puisque rien n'arrive que selon les vues de la Providence, la Providence a permis que le propriétaire du carré plat perdît sa propriété; elle a permis que je la trouvasse; elle a donc voulu que la propriété changeât de propriétaire. Sans faire alors de raisonnement, je pris le carré plat, qui me parut drôle, et je le mis dans ma chemise avec mes six sous. Ma chemise était pour moi ce qu'était le grand coffre pour maître Jacques.

Que cette forêt de Senart me paraissait grande! Le morceau de pain de Marguerite était digéré, et pas une maison où je pusse faire usage de mes six sous! Des arbres! toujours des arbres, rien que des arbres!

J'aperçus une charrette qui venait de mon côté. Bon, me fis-je, j'aborderai le charretier, je le saluerai comme maître Jacques salue un garde ou le conservateur de la forêt, et je lui demanderai ma route et du pain.

En effet, je m'inclinai profondément devant un homme qui me parut très-opulent. Il avait une blouse de belle toile bleue, les guêtres de cuir, et le fin bonnet de coton, surmonté d'un grand chapeau rond. Il me regarda, et répondit à ma révérence par un *Dieu vous bénisse*. C'est la réponse à la mode, et sans les soupes à la Rumfort, sans les hospices, je ne sais pas trop ce que deviendraient ceux qu'on jette ainsi dans les bras de la Providence.

Piqué des bénédictions auxquelles me renvoyait mon charretier, je lui répliquai avec humeur : « Ce n'est pas là ce que je vous demande, mon- « sieur. — Que demandes-tu donc ? — D'abord, « mon chemin. — Où vas-tu ? — Je n'en sais rien. « — En ce cas, tout chemin te convient ; trotte. « — Mais, monsieur... — Quoi ? — Cette forêt ne « doit-elle pas finir ? — Encore un quart-d'heure, « et tu seras dehors. — Ah ! tant mieux. Mon- « sieur ?... — Qu'est-ce encore ? — Si je ne craignais « de vous fâcher... » et en disant cela, j'avais tiré mes sous, et je lui en présentais un.

« Que veux-tu que je fasse de cela ? — Mon- « sieur, j'ai mal soupé hier, j'ai mal déjeuné ce « matin, il y a long-temps que je marche, et je « voudrais dîner un peu amplement. — Et pour « un sou ? D'où es-tu ? — De la forêt. — Ce n'est « pas répondre. Ton père ? — Je n'en ai pas. — « Chez qui vivais-tu ? — Chez maître Jacques. — « Qui est ce maître Jacques ? — Un bûcheron. —

« Pourquoi l'as-tu quitté?—Parce qu'il m'a chassé.
« Pourquoi t'a-t-il chassé, vaurien?— Parce qu'on
« ne le payait plus pour me nourrir. — Le drôle!
« Il est pauvre? — Oui, monsieur. — Il mérite
« de l'être. Et tu as faim? — Oui, monsieur. —
« Ho, ho, ho, Cadet! ho, Margot! Écoute, mon
« homme, je dîne et soupe bien... — Je le crois;
« un monsieur comme vous! — Mais je ne me
« charge pas de provisions en route. — Ah, mon-
« sieur! seulement pour un sou! — Tais-toi, im-
« bécille. Prends ce chiffon de pain. — Oh, comme
« il est blanc! — Ah, ma foi, j'ai un morceau
« de fromage. — Grand merci, monsieur, grand
« merci. »

Et me voilà assis sur l'herbe, et mangeant à
discrétion. Mon roulier est ma Providence, comme
une femme honnête et douce est celle d'un mari
humoriste et grondeur ; comme un bon père est
celle de ses enfans ; comme le libraire *Lenormant*
est celle qu'il a plu à l'homme par excellence (1)
de se donner, quoiqu'il soit, dit-il, plein de confiance dans l'autre.

J'étais heureux, parfaitement heureux, et je
ne croyais pas que je pusse l'être davantage.

Mon roulier tire de dessous sa voiture un petit
broc, et de sa poche un perçoir. Il enfonce l'in-

---

(1) Le célèbre abbé Geoffroi, qui, dit on, va être fait car-
dinal-diacre.

strument dans le flanc d'une barrique; une liqueur rouge en sort. Je n'avais jamais bu de vin; mais j'en avais vu, et je me mis à sourire.

Le roulier me présenta le broc. Je ne me fis pas prier; je bus rasade. Je me sentis l'estomac chaud, la tête libre; le cœur gai, et je m'écriai familièrement : « Que vous êtes heureux, mon« sieur, d'avoir autant de vin ! — Parbleu, ce« lui-ci ne m'appartient pas. — Et vous en buvez !
« — J'en bois, j'en fais boire à mes amis, et, à
« la couchée, le broc d'eau remplace le broc de
« vin; c'est la règle. — Cette règle est bien com« mode. Je donnerais mes six sous pour être rou« lier. Le bel état ! qu'il est agréable ! — Agréa« ble ! hé, je travaille comme mes chevaux ! je
« les conduis le jour, exposé au soleil, au vent,
« à la pluie; je les soigne le soir; je charge, je
« décharge ma voiture; j'ai déja des rhumatismes,
« et quand je serai perclus, mes chevaux, grands
« et vigoureux, seront mieux nourris que moi.
« Mais voici ton chemin, voilà le mien; adieu,
« mon homme. Ahie, Margot; ahie ! Cadet », et mon roulier me laisse là.

Je ne concevais pas que cet homme pût se plaindre; mais je me rappelai que le conservateur de la forêt se plaignait toujours des épines et des mauvais chemins; j'avais entendu les gardes se plaindre du conservateur; les faiseurs de bourrées se plaindre des gardes. Maître Jacques se plaignait de Marguerite; Marguerite du collecteur, et, tous les dimanches, le curé se plaignait, en chaire, de ses paroissiens. Que diantre, me disais-je, tous les hommes que j'ai vus se plaignent ! j'en verrai, peut-être, qui ne se plaindront pas.

En raisonnant ainsi, j'aperçus le dernier arbre de la forêt, et je souris encore. Il me semblait que j'allais entrer dans un monde nouveau, où tout flatterait mes regards, où tout préviendrait mes désirs. Peut-on souffrir ailleurs que dans la forêt de Senart, d'où je n'étais jamais sorti? Et puis j'étais dans une situation à tout voir en beau : j'avais dix ans, l'estomac garni ; le vieux vin de Mâcon agissait sur mes organes, et mes six sous me restaient.

J'approche en ouvrant de grands yeux... C'est sans doute Paris qui se présente devant moi. Ce ne sont plus des huttes jetées çà et là, en argile, et couvertes de feuillées. Ce sont des palais, dont les murs sont de belles et bonnes pierres ; des couvertures de poterie, rouge comme la belle écuelle de maître Jacques. Ces palais sont rangés l'un à côté de l'autre, et chacun a, pour le moins, deux toises de face. Les messieurs qui se promènent, dans cette avenue de palais, ont des vestes de laine, les dames ont des jupes de bure, des peaux blanches à leurs sabots, et cela un samedi !

Je regarde toujours, et je continue à m'étonner. Toutes les richesses de la nature sont rassemblées là. Des groseillers, des cerisiers chargés de fruits agacent ma gourmandise; douze ou quinze pains étalés sur une fenêtre éveillent mon appétit. Dans le palais voisin, un cochon, déguisé de cinq ou six manières, irrite ma sensualité. Ici, des canards barbottent en paix dans une mare ; là, des poules becquètent des épis, que j'aurais dévorés moi-même, si je n'eusse rencontré mon roulier; plus loin, des vaches, au poil brillant, sont à discrétion à même d'un tas de foin, et ne craignent pas qu'un garde les mette en fourrière. Quel pays, me disais-je, que ce pays-ci! je suis bien sûr que personne ne s'y plaint. Oh, j'y resterai, et que n'y suis-je venu plus tôt!

Pendant que j'admirais tout ce qui s'offrait à mes regards, une demoiselle, montée sur un âne gras et fringant, mais que je vis trop tard, m'accrocha avec son bât par le milieu du corps, et m'envoya dans la mare où barbottaient les canards. Aussitôt les petits messieurs de la ville se rassemblent autour de moi, et me bernent. A l'instant, un grand monsieur me prend par le collet de ma chemise, en criant que j'étouffe ses canards. Le collet de ma chemise unique lui reste à la main, et je retombe dans la fange. Il me prend par une oreille, et me tire à terre. Malheureusement le monsieur était sourd, car il n'eut pas l'air d'entendre les cris affreux que la douleur m'arrachait.

J'étais couvert de boue de la tête aux pieds,

et ma petite vanité n'en souffrait pas. Je pensais qu'un de ces messieurs pouvait, comme moi, tomber dans une mare, et une disgrace commune à tous n'a rien d'humiliant pour personne, et puis, dans l'état où j'étais, personne ne pouvait s'apercevoir du délabrement de mon costume. Oui, mais, pensé-je aussitôt, je ne puis aborder personne dans l'état où me voilà. Il faudra bien que je me décrotte, et alors...

« Ah, mon dieu, mon dieu !... je suis ruiné !... « j'ai tout perdu ! » Ma chemise était sortie de mon caleçon, le carré plat et mes six sous étaient restés dans la mare. Je me souciais peu de mes sabots ; j'avais le bonheur d'avoir la plante des pieds dure comme de la corne. Mais, mes six sous ! mes six sous !

Je poussai des cris, je versai des larmes, je me pris une poignée de cheveux, que je lâchai bien vite, pour ne pas ajouter une douleur physique à mes peines morales.

Mes clameurs attroupèrent, de nouveau, les petits messieurs ; les grands messieurs me regardaient en ricanant ; j'allais me plaindre, quand je réfléchis que je n'étais plus dans la forêt de Senart, et que mes plaintes ne seraient pas entendues par les fortunés habitans de ce pays délicieux.

Cependant, je me sentais pincer d'un côté, piquer de l'autre, et je ne sais pas trop ce qui s'en serait suivi, si la cloche de la paroisse ne

m'eût tiré d'embarras. « Ce n'est pas l'heure de
« l'*Angelus*, disait l'un; il y a quelque chose d'ex-
« traordinaire, disait l'autre; courons, voyons,
« s'écrièrent-ils tous ensemble. » Et mes assaillans
me laissèrent écouter en paix le son grave et
harmonieux de la cloche, si différent de celui de
la cloche de fer-blanc qui appelait à l'office les
pauvres habitans de mon hameau.

Plus l'admiration est forte, et moins elle est
durable : ce n'est qu'une secousse de l'ame, et
non un sentiment. J'oubliai bientôt la cloche; je
pensai à mes six sous et à mon carré plat, et je
me remis à pleurer.

On ne pleure pas long-temps quand on n'a
personne qui console, ou personne à attendrir.
J'essuyai mes larmes, et je m'en fus à l'église
comme les autres. Je sentais le besoin que j'avais
des hommes; ils étaient tous là, et je cherchais
à me rapprocher d'eux.

Monsieur le curé venait de monter en chaire :
une chaire de bois de chêne, ma foi !

« Mes frères, dit-il, il plaît souvent à la Pro-
« vidence d'éprouver ses serviteurs, et elle m'a
« mis, cette nuit, à une épreuve bien cruelle.
« Vous êtes non-seulement mes paroissiens, mais
« des amis fidèles, et vous allez tous partager la
« douleur où votre pasteur est plongé. C'est sur
« la cendre, mes frères, c'est sous un sac qu'il
« faut, à l'avenir, paraître dans ce temple. *Déso-*
« *lation de la désolation*, a dit le prophète. Ré-

« pétez avec moi : *Désolation, désolation, déso-*
« *lation!*

« Désolation soit, dirent les assistans ; mais de
« quoi s'agit-il ?

« —Cette nuit, mes frères, on vient me chercher
« pour administrer Thomas, qui demeure à l'en-
« trée de la forêt. Je mets notre divin maître
« dans une *bourse*, et, pour ne point faire atten-
« dre le mourant, je ne me donne pas le temps
« d'en ôter *le corporal*, ni même *le lavabo*. Je
« monte ma jument Gogo, qui m'a fait cent mau-
« vais tours, comme vous le savez, mes frères,
« et sur laquelle j'aurais déja dit *anathême*, si
« elle ne m'eût coûté si cher.

« A l'entrée de la forêt, Gogo fait un saut, et
« je me recommande au dieu que j'avais serré
« dans la bourse. Gogo continue de sauter, et je
« continue mes prières. Gogo me renverse enfin.
« Oh, dis-je en me relevant, la Providence ne me
« rappellerait-elle point, par les sauts de ma ju-
« ment, que notre Sauveur ne monta que sur un
« âne, et qu'il ne veut pas que je le monte sur
« Gogo. Je prends Gogo par la bride et je pour-
« suis ma route à pied.

« J'arrive devant le lit de Thomas ; je l'exhorte,
« je le confesse, je lui remets ses péchés, et je
« me dispose à lui administrer le pain des anges.
« *Désolation de la désolation!* le pain céleste, le
« corporal, le lavabo, la bourse, tout est perdu,
« mes frères, et je tombe à genoux, et je psal-
« modie un *Miserere*.

« Pendant le *Miserere*, Thomas meurt ; mais
« comme il avait l'ardent désir de recevoir son
« Créateur, c'est comme s'il l'avait reçu. En ce
« moment il est assis à côté du bon larron, féli-
« cité que je vous souhaite à tous.

« Cependant la veuve de Thomas était incon-
« solable, et ne pouvait m'aider à retrouver le
« bien inestimable que j'ai perdu ; ses enfans, en
« bas âge, pouvaient encore moins me servir.
« Que la volonté de Dieu s'accomplisse, dis-je
« en repassant à mon bras la bride de Gogo,
« pour revenir à pied, de peur d'une nouvelle
« culbute.

« Je me rappelai, en marchant, que Josué ar-
« rêta le soleil pour massacrer, à son aise, les
« habitans de la terre promise ; je me rappelai
« qu'il passa le Jourdain à pied sec ; que les Israé-
« lites avaient passé à pied sec la mer Rouge,
« ce qui est bien plus étonnant encore, et je me
« dis : Il est écrit qu'avec la foi on transporte les
« montagnes. Je ranimai donc ma foi, et je priai
« Dieu de faire lever la lune, afin que je pusse
« le retrouver.

« Le croirez-vous, mes frères ? la lune ne se
« leva point, et je rentrai au presbytère en ré-
« pétant : *Désolation de la désolation !*

« Voici, maintenant, ce que je vous propose :
« Rendons-nous processionnellement dans la fo-
« rêt de Senart. Si les anges n'ont pas encore
« enlevé l'agneau sans tache au plus haut des

« cieux, ils l'auront, du moins, rendu invisible
« aux incrédules, et nous le réintégrerons dans
« son saint tabernacle. »

On se regardait, et personne ne prenait la parole. Tous les yeux se fixèrent, enfin, sur un monsieur de fort bonne mine, et semblaient l'inviter à parler. Le monsieur ôta proprement de sa bouche le bout de tabac qu'il mâchait, le mit dans la corne de son chapeau, et répondit ainsi :

« Ce que vous nous apprenez là, monsieur le
« curé, est très-fâcheux, sans doute; mais nous
« sommes dans le cours de nos travaux; les bras
« sont rares, le temps est beau, permettez que
« nous ne le passions pas en processions. Ce qui
« doit vous consoler, c'est que Dieu vous a ac-
« cordé la grace de le reproduire tant que bon
« vous semblera. A la vérité, vous avez perdu
« une bourse; mais en voilà une sur l'autel,
« aussi belle au moins... »

« Quoi ! m'écriai-je, monsieur le curé, c'est
« un carré plat comme celui qui est sur le calice
« que vous regrettez tant ? C'est moi qui l'ai
« trouvé. — Et où est-il, mon enfant ? — Au
« fond de la mare, avec mes six sous. »

Le curé fronça le sourcil, et réfléchit un moment. Il fallait qu'il me traitât comme un sacrilége ou comme un être favorisé de la Providence : il prit ce dernier parti, le plus humain en effet, et le plus propre à la propagation de la foi.

« Ne vous le disais-je pas, mes frères, que le

« pain céleste avait été enlevé par les anges. Hé,
« qui se rapproche plus de la pureté des anges
« que l'innocence de cet âge? N'étaient-ce pas
« des enfans que Dieu préserva des flammes de
« la fournaise? N'est-ce pas par un enfant qu'il
« rétablit le sceptre dans la maison de David? Et
« c'est par un enfant nu et crotté qu'il reprend
« aujourd'hui le chemin de son temple, pour nous
« rappeler tous à l'humilité évangélique. »

Il n'était ni facile ni bienséant d'expliquer pourquoi il avait plu à Dieu de faire une station dans la mare : aussi le curé glissa-t-il là-dessus. Il se contenta d'ordonner qu'on lui apportât des râteaux, et, pendant que les petits messieurs de la ville couraient exécuter ses ordres, il me conduisit à la sacristie.

Là, il m'interrogea sur les moindres particularités de mon accident, et il me laissa entre les mains du bedeau, à qui il recommanda de me laver, et de me revêtir de la robe nuptiale.

J'étais transporté de joie, non de la toilette qu'on allait me faire; mais de l'idée que les râteaux amèneraient, avec le reste, le linge dans lequel étaient mes six sous. Ma figure était rayonnante, et le bedeau observait, en la découvrant sous une éponge qui servait à un cheval borgne et boiteux, que j'avais vraiment l'air d'un inspiré.

Lorsque je fus bien épongé, mon bedeau remarqua le désordre plus qu'ordinaire de mes cheveux, et, comme il joignait un métier utile à une place purement honorifique, il tira de dessous sa soutanelle une trousse à rasoirs, et me coiffa en enfant de chœur.

J'étais très-propre; mais j'étais nu, et, aux ailes près, je ressemblais assez à un ange. Or leur costume n'étant plus usité, et mon caleçon et mon extrait de chemise ne convenant pas à un être privilégié, mon bedeau me passa tout simplement dans la robe nuptiale.

C'était une aube du curé, qui faisait deux pieds de queue par derrière et autant par devant; mais que le bedeau retroussa proprement, au moyen d'un cordon bleu dont il me sangla les reins. Il me mit à la main une branche de lis, symbole de mon innocence, et marcha devant moi, en frappant le pavé d'un manche à balai surmonté d'une pomme d'étain, qui servait, alternativement, de canne au bedeau quand il faisait le suisse, et au savetier de la ville quand il faisait le tambour-major.

En rentrant dans l'église, j'entendis murmurer autour de moi : Oh! le joli petit garçon! C'était le premier mot agréable qui m'eût encore été adressé, et je rougis de plaisir.

Les râteaux qui allaient servir à l'œuvre sainte étaient déposés sur les marches de l'autel. Les petites demoiselles en avaient orné les manches de tous les rubans qu'elles avaient pu rassembler, et monsieur le curé s'occupait à les bénir.

La bénédiction faite et parfaite, il entonna un

Veni, Creator, parce qu'il est d'usage, lorsque les fidèles entreprennent quelque chose d'important, qu'ils invoquent les lumières du Saint-Esprit, qui les illumine s'il veut.

« Venez, enfant chéri de la Providence, me
« dit monsieur le curé. Vos mains sont pures,
« puisqu'en touchant ce que nous avons de plus
« auguste, vous n'avez pas été frappé de mort,
« comme les Philistins qui portèrent une main
« audacieuse sur l'arche sainte. Venez, prenez ce
« râteau, et que le ciel bénisse vos efforts. »

Oh ! mes six sous, mes six sous ! disais-je en marchant accompagné du plus brillant cortége, et au son de la cloche poussée à toute volée.

Nous arrivons au bord de la mare, et je lance le râteau. Je tire, et j'éprouve de la résistance. Monsieur le curé vient à mon aide, en élevant les yeux au ciel, et en étendant les deux premiers doigts de sa main gauche sur la mare. Le râteau vient : nous amenons... un pot cassé et une vieille perruque.

Les plaisans, car il y en a partout, se mettent à rire. Monsieur le curé, qui sait qu'on ne peut pas rire quand on chante, entonne le *Salve Regina*, et force, par un regard sévère, l'assistance à se joindre à lui. Nous prenons un second râteau.

Je retire celui-ci avec une extrême facilité ; je le lève... Rien.

Monsieur le curé, chantant toujours, m'en

présente un troisième d'un air piqué. J'opère encore, et cette fois le ciel guide mon bras. A une dent du râteau est attachée la précieuse bourse ; à une autre, le chiffon qui renferme mes six sous. Monsieur le curé tombe à genoux, prend la bourse, la plonge, la replonge dans un grand bénitier que lui présente le bedeau, et moi je serre mon trésor sous la robe nuptiale.

Ces détails paraîtront minutieux, incroyables à certains esprits ; mais y a-t-il quelque chose qui puisse étonner les fidèles, et douteront-ils que celui qui voulut naître entre un âne et un bœuf n'ait eu d'excellentes raisons pour se reposer un moment entre un pot cassé et une vieille perruque ?

Je reviens. Monsieur le curé, qui aimait à parler, reprit la parole et dit : « Je vous ai quelque« fois entretenus, mes frères, de cette fameuse
« piscine, dont l'ange battait l'eau une fois l'an, et
« dans laquelle les malades recouvraient la santé
« du corps et de l'ame. Cette mare, ainsi puri« fiée, ne s'appellera plus la mare ; mais la pis« cine. Elle ne servira plus à des usages immon« des ; promettez-le-moi au nom de celui qui ne
« l'a pas dédaignée. » Et comme personne ne répondait, le bedeau répondit *Amen*.

Monsieur le curé, portant la bourse appuyée sur sa poitrine, entonna le *Te Deum*, et on reprit le chemin de l'église. En marchant, je le vis entr'ouvrir doucement la bourse, et je remarquai un air de satisfaction répandu sur tous ses traits. Arrivé devant l'autel, il tira l'agneau sans tache de son étui, fit remarquer à l'assistance qu'il n'avait reçu aucune maculature, ce qu'on pouvait considérer comme un miracle ; enfin, il nous en donna une bénédiction générale, et cette cérémonie finit comme toutes les cérémonies religieuses ou profanes que j'ai vues depuis : chacun s'en retourna chez soi.

J'avais suivi monsieur le curé jusque dans la sacristie, où il se dépouillait de ses habits sacerdotaux. J'étais debout, toujours enveloppé dans ma robe nuptiale, et attendant ce qu'on déciderait de moi. Il ne me semblait pas probable qu'on renvoyât à l'approche de la nuit, et sans souper surtout, un enfant qui venait de jouer un si grand rôle, et qu'on avait jugé digne d'être comparé au roitelet Joas.

Cependant monsieur le curé ne m'adressait pas un mot, bien que je le regardasse d'un air qui devait l'inviter à parler ; le bedeau rangeait tout, en observant le même silence, et je ressemblais à ces faibles instrumens dont un grand daigne quelquefois se servir, et qu'il brise à l'instant où ils cessent d'être utiles. L'inquiétude commençait à me gagner, lorsqu'une belle, mais très-belle demoiselle entra dans la sacristie.

« Hé bien, monsieur le curé, qu'allez-vous
« faire de ce beau petit garçon-là ? — Mon en-
« fant, je priais pour lui. — Mais cela ne suffit

« pas, monsieur le curé. — Croyez-vous, Javotte?
« — Un enfant que la Providence vous envoie...
« — Oh! je l'en ai bénie. — A droit à vos bien-
« faits.—Ma fille, j'ai tant de pauvres! —Oh! ce-
« lui-ci ne leur ressemble pas. Voyez donc,
« monsieur le curé, sa jolie petite mine; voyez
« comme il me sourit! et ces fossettes, et ce
« grand œil noir! Allons, allons, je l'emmène au
« presbytère. — Mais, Javotte, vous êtes d'une
« précipitation!... —Monsieur le curé, je n'ai per-
« sonne pour me tirer de l'eau, pour me tourner
« la broche; vous n'avez personne pour mener
« boire Gogo, pour vous servir à table, pour
« porter votre lanterne quand vous sortez le soir;
« pour balayer votre école, et cet enfant fera
« fort bien tout cela. En outre, il vous servira
« la messe, il chantera au lutrin, et qui sait où
« il ira? Le grand Sixte-Quint n'a-t-il pas dû la
« tiare à deux pauvres moines qui le tirèrent
« d'un état aussi abject? et quelle gloire pour
« vous, monsieur le curé, si vous aviez l'avan-
« tage de faire un pape! Comment vous appelez-
« vous, mon petit ami? — Jérôme, mademoiselle.
« — Jérôme! le nom du père de l'église le plus
« éloquent! Quel heureux augure, monsieur le
« curé! le moyen de résister à cela! — Vous le
« voulez, Javotte; que la volonté de Dieu soit
« faite. Allez, Jérôme, bénissez la Providence,
« qui vous envoie ici pour le bien de votre corps
« et le salut de votre ame. »

Je bénis, intérieurement, mademoiselle Javotte, et je l'embrassai avec un plaisir bien vif, d'abord, parce qu'elle était ma bienfaitrice, ensuite, parce qu'elle était très-jolie. Je ne savais pourquoi une jolie femme est plus agréable qu'une autre qui ne l'est pas ; mais je trouvais fort agréable de voir et d'embrasser Javotte.

Mademoiselle Javotte, sensible à la vivacité de mes caresses, s'écria : Il est charmant ! il est charmant ! Elle me prit par la main et m'emmena, et le long de la route je sautais de joie, et je baisais cette main, un peu dure, mais d'une forme charmante, qui serrait la mienne avec affection.

CHAPITRE III.

Les reliques et les miracles.

Oh, qu'il est beau ce presbytère ! une table de noyer ! un prie-dieu en chêne ! un Christ d'ébène, encadré sur un fond de damas jaune ! des chaises couvertes en paille rouge et verte ! un lit d'indienne ! des couvertures de coton ! une armoire pleine de linge ! un grand fauteuil couvert de cuir de Hongrie ! Oh, que c'est beau ! disais-je à chaque objet que me montrait mademoiselle Javotte, et elle me montrait tout d'un petit air de vanité, et s'amusait de mon étonnement, et elle me baisait sur les deux joues, ce qui paraissait l'amuser assez.

Elle me conduisit à la cuisine, qui méritait bien aussi un tribut d'admiration. Un superbe morceau de veau était à la broche; il avait brûlé d'un côté, pendant l'excursion de la charmante gouvernante à la sacristie. Elle en détacha adroitement la partie endommagée, et me la présenta sur un copieux morceau de pain. « Mangez cela, « Jérôme, en tournant la broche. Pas si vite, « mon cher petit; comme cela; bien! à merveille! « On en fera tout ce qu'on voudra. »

Et, pendant que je tourne la broche dans ma robe nuptiale, mademoiselle Javotte sort, et rentre une demi-heure après, avec un panier au bras. Elle vient près de moi, s'assied sur ses talons, pose son panier devant elle, et m'en montre le contenu pièce à pièce. « Voici d'abord une « jolie petite paire de sabots; voilà de bons bas « de laine bleue; une culotte de forte ratine « grise; une veste brune bien chaude; un ample « bonnet de laine; deux chemises de toile écrue, « et deux petits mouchoirs de Rouen. — Que « tout cela est beau! mon dieu, que c'est donc « beau, mademoiselle Javotte! — Et tout cela est « pour mon cher petit Jérôme. »

Je fis un saut qui renversa la broche et la lèchefrite.

Ce n'est rien, ce n'est rien que cela, dit-elle, et elle releva la broche; elle remit du beurre dans la lèchefrite; elle effaça, avec de la cendre, la trace du jus que j'avais versé, et, impatiente de jouir de ses bienfaits, elle m'ôta mon cordon, elle m'ôta ma robe nuptiale. « Blanc comme un « cygne, comme la neige ! » et elle me baisait les épaules, en m'aidant à faire ma toilette, qu'elle interrompait d'un moment à un autre, pour faire décrire un quart de cercle à son rôti.

« Allons, allons, dit-elle, la culotte est un peu « longue, la veste est un peu large ; mais tu gran- « diras, tu grossiras, mon petit Jérôme. » Elle me présenta son miroir de poche, et, en dépit de ses observations, je fus ravi, extasié.

Elle me conta ensuite qu'elle avait acheté tout cela de ses épargnes, chez un marchand tailleur en vieux, qui était aussi marchand bonnetier, marchand sabotier, marchand mercier, et marchand épicier, selon l'usage des grandes villes.

Sa générosité me toucha jusqu'aux larmes. Je lui promis du fond du cœur de lui obéir en tout ce qu'elle m'ordonnerait, et je lui ai tenu parole.

Et pour lui prouver, d'une manière positive, l'extrême confiance qu'elle m'inspirait, je la priai d'être dépositaire de mes six sous.

Elle rit, prit mon argent, me passa la main sous le menton, et me parla ainsi : « Je crois « nécessaire, mon cher enfant, de te donner « quelques instructions. Monsieur le curé me dé- « fend de voir les femmes, parce qu'elles sont « médisantes. Il me défend de voir les hommes, « parce qu'ils sont dangereux, et surtout parce « qu'il ne convient pas à la gouvernante d'un

« homme en place de s'encanailler. Je te défends,
« moi, par l'obéissance que tu viens de me pro-
« mettre, de jouer avec les petits garçons : ils
« corrompraient ton bon naturel, que je me
« ferai un devoir de développer. La religion te
« défend de jouer avec les petites filles : ainsi tu
« ne joueras qu'avec moi. — Qu'avec vous, et
« toujours avec vous, mademoiselle Javotte. —
« A nos momens perdus, je t'apprendrai le do-
« mino, le jeu d'oie, et le mariage.

« Un mot sur monsieur le curé. C'est un
« digne prêtre, généralement respecté, quoiqu'il
« n'ait pas encore quarante ans. Il fait beaucoup
« de bien, et instruit, gratuitement, les enfans
« de ses paroissiens ; mais il est vif, et n'aime
« pas surtout qu'on le contredise. Fais tout ce
« qu'il te dira, ne réplique jamais, et si quelque
« chose te chagrine, tu viendras me le dire, et
« j'arrangerai tout.

« Quand tu seras embarrassé, c'est encore moi
« que tu viendras consulter ; quand tu auras be-
« soin de quelque chose, c'est à moi que tu le
« demanderas, et si tu suis exactement les con-
« seils que je donne, je te réponds que tu seras
« l'enfant le plus heureux du village.

« —Comment du village, mademoiselle, Javotte !
« hé, ne suis-je pas dans une grande ville ? —
« Non, mon enfant ; tu es dans un village, qui
« n'est pas même considérable. — Ah, mon dieu !
« comment sont faites les villes ? elles sont donc

« toutes d'or ? — On y est plus riche qu'ici; on y
« est tout aussi malheureux. — Des malheureux !
« y en a-t-il ailleurs que dans la forêt de Senart ?
« — Il y en a partout où l'homme est mécontent
« de son sort, et je n'en connais pas qui soit sa-
« tisfait du sien. — Oh, je suis heureux, parfai-
« tement heureux auprès de vous, mademoiselle
« Javotte. — Puisse-tu penser toujours ainsi, mon
« petit Jérôme ! — Oh, toute la vie, mademoiselle
« Javotte. »

Elle me caressa les joues, les cheveux, une oreille. « Heureux âge, disait-elle à demi-voix, « où tout se colore du charme du bonheur ! » Et elle n'avait que dix-huit ans, et elle soupira, et je soupirai aussi, parce qu'elle avait soupiré.

Elle était assise sur une chaise basse, à côté de son rôt ; j'étais assis à terre, et ma tête reposait sur ses genoux. Nous ne disions rien ; je me trouvais à merveille, et mademoiselle Javotte ne m'avertissait pas que je pouvais être importun. Monsieur le curé rentra.

« Position équivoque, s'écria-t-il. — Monsieur
« le curé, il n'a que dix ans. — La décence ne
« connaît point d'âge. — L'humanité les embrasse
« tous. — L'humanité n'est pas si caressante. —
« Faut-il ne l'être que clandestinement, monsieur
« le curé ? — Pas de réflexions, mademoiselle.
« Dites-moi, s'il vous plaît, ce que signifie cette
« nouvelle extravagance ? Avec quoi avez-vous
« payé les hardes de cet enfant ? — Avec mon

« argent, monsieur, et vous savez combien il est
« à moi.

« — Toujours piquante. — Toujours grondeur!
« — Javotte! — Monsieur le curé? — Vous n'êtes
« pas sage. —Et c'est vous qui me le reprochez! »

Elle s'éloigna, et soupira encore. Je la suivis, et je soupirais comme elle. Le curé lui prit la main, la conduisit dans une autre chambre, et lui parla très-bas. J'écoutai attentivement par le trou de la serrure, car je m'intéressais fort à mademoiselle Javotte, et il me fut impossible de rien entendre.

Ils sortirent. Le curé me caressa le menton; mademoiselle Javotte s'efforça de lui sourire; mais je surpris une larme qui tomba sur son fichu. Les miennes coulèrent aussitôt en abondance, et je ne me mis pas en peine de les cacher.

Monsieur le curé me fit encore une caresse, que suivit une exhortation chrétienne, très-chrétienne, très-belle, sans doute, car je n'y compris rien.

Mademoiselle Javotte, à peu près remise, couvrait la table. Je lui aidais. En allant et venant, ma main rencontrait quelquefois la sienne. Je ne savais pourquoi j'avais tant de plaisir à la rencontrer; mais je la cherchais quand elle ne se présentait pas.

Monsieur le curé ordonna un couvert de plus pour son bedeau, qu'il admettait, sans conséquence, à l'honneur de sa table, parce qu'après le souper il devait conférer avec lui sur un objet de la plus haute importance.

Droit comme un cierge pascal, j'apportai l'éclanche, et, par ordre de mademoiselle Javotte, je me tins debout derrière le fauteuil du curé, une assiette dans une main, et une serviette dans l'autre. Je ne concevais pas ce que je devais faire debout, les deux mains embarrassées et la bouche ouverte, pendant que les autres souperaient; mais mademoiselle Javotte ne pouvait avoir que de bonnes intentions, et j'attendis.

Monsieur le curé, assis le premier, comme de raison, fit un signe amical à mademoiselle Javotte, qui se mit à table sans façon, parce qu'il est de règle que la gouvernante vit avec le pasteur, lorsqu'il est dispensé du décorum. Monsieur le curé fit un signe de protection au bedeau, qui s'approcha en faisant, d'un air gauche, deux ou trois révérences. Il s'assit au bas-bout, la pointe des genoux touchant à peine au bord de la table. Il se mouchait derrière son chapeau; il mangeait comme quatre; il versait très-fréquemment à boire aux autres, pour avoir le droit de se verser à lui-même, et, de temps en temps, il essuyait ses lèvres grasses et envinées, avec la serviette qu'il tenait toute ployée sur sa cuisse, de peur de paraître incivil en la salissant partout.

Mademoiselle Javotte m'adressa un coup d'œil, et regarda ensuite l'assiette de monsieur le curé. Je levai l'assiette; je coupai un morceau de veau, dont je la chargeai, et je fus m'établir sur le coin d'un buffet. Monsieur le curé fronça le sourcil; Javotte se mit à rire, et le bedeau but un coup pendant qu'on ne l'observait pas. Je compris que j'avais fait une sottise, et je rendis au pasteur son assiette avec la tranche de veau, dans laquelle j'avais mordu à belles dents, parce que je me passais fort bien de fourchette.

« De pis en pis, s'écria le curé. Jérôme, dit le
« bedeau d'un air important (car les gens nuls
« mettent de l'importance à tout), Jérôme, je
« vais vous expliquer... Faites-nous grace de
« votre explication, interrompit Javotte en se
« levant; c'est moi qui suis son institutrice, et je
« lui en apprendrai plus en deux leçons, que vous
« dans toute votre vie. » Elle rétablit le service en un tour de main; elle me rendit la ration que je m'étais appropriée, et elle se remit à table.

Le curé, sa gouvernante et le bedeau avaient soupé en vrais élus. J'avais soupé, comme eux, moi profane, et je m'étais corroboré l'estomac d'une ration de vin du pays, qui était restée dans une bouteille que, sur un autre coup d'œil de mademoiselle Javotte, j'avais desservie en qualité de bouteille vide.

Je commençais à comprendre l'utilité des signes, très-utiles dans toutes les classes de la société, où tout est convention. C'est par un signe qu'un fripon aide son camarade à dépouiller un jeune innocent, qui ne se doute de rien; c'est par un signe que, dans une assemblée de créanciers, l'homme de loi impose silence au plus rébarbatif, qu'on désintéresse après séance levée; c'est par un signe que tel potentat avertit tel conseiller de retirer tel avis qui n'a pas le bonheur de lui plaire; c'est par un signe qu'on dit en public à une femme : Je vous adore; c'est par un signe qu'elle répond : Je vous remercie; c'est par un signe qu'un directeur circonspect dit à une dévote : Votre mari est un benêt, menons-le par le nez; c'est par un signe qu'une aimable innocente dit à son amant : Maman vous chasse par la porte, vous rentrerez par la fenêtre; c'est par un signe qu'une femme galante console le sien de la perte d'un rendez-vous que fait manquer un époux importun. L'usage des signes est devenu si général et si familier, que la pantomime est le spectacle par excellence; spectacle charmant qui dispense les auteurs d'avoir le sens commun, les spectateurs d'écouter, et qui leur ménage la jouissance, très-précieuse sans doute pour l'amour-propre, de tout interpréter. Il est vrai que l'un entend noir et l'autre blanc; il en est un qui a incontestablement tort; mais il faut bien se garder de le détromper, car tel qui ne se fâche pas trop de s'entendre appeler fripon, serait au désespoir de passer pour un sot.

Et cela est tellement reçu, qu'on n'ose nommer sot celui qui fait un métier qu'il n'entend pas; celui qui sollicite une place qu'il est incapable de remplir; celui qui critique platement des ouvrages qu'il ne saurait faire ; celui qui, ne sachant se borner, dissipe en folles spéculations la plus solide fortune; celui qui paie des maîtresses, et qui croit à leur fidélité; celui qui acquitte les mémoires de sa femme, et qui s'imagine qu'elle se pare pour lui; celui qui se courbe devant un habit brodé, et qui ne voit pas l'homme qui est dedans; celui qui ne se donne pas la peine de penser par lui-même, et qui juge de tout d'après l'abbé Geoffroi, qui juge de tout assez mal.

Où en étais-je donc? J'ai la manie des digressions, et cela ne mène qu'à s'écarter de son sujet, car bien sûrement mes observations ne guériront personne. J'en étais... j'en étais... ah! tout le monde avait soupé et moi aussi.

Le bedeau fixait ses gros yeux sur monsieur le curé, et attendait qu'il lui plût de parler. Monsieur le curé, profondément recueilli, cherchait, en digérant, à mettre de l'ordre dans ses idées. Mademoiselle Javotte m'apprenait à desservir une table, puis me conduisit dans un recoin contigu à la salle à manger, dans lequel, en allant et venant, elle avait trouvé le temps de glisser une paillasse, un matelas et une fort bonne couverture. Elle me souhaita une bonne nuit, ce qui m'annonça l'heure de notre séparation; elle m'embrassa, ce qui me consola un peu, et je m'endormis bientôt d'un sommeil paisible et profond, ce que je souhaite au jaloux, à l'ambitieux, à l'usurier, au juge inique, à l'oppresseur, et ce que je leur souhaite en vain.

Je fus tiré de ma voluptueuse léthargie par un chuchotement, aussi monotone que prolongé et fatigant. Je me tournai, je me retournai, et le sommeil fuyait selon que le désir d'entendre se faisait sentir davantage.

« Bienheureux les pauvres d'esprit! car le « royaume des cieux leur appartient, dit très-dis- « tinctement monsieur le curé. — Bienheureux « ceux qui s'abaissent! car ils seront élevés, ré- « pondit le bedeau. — C'est-à-dire, monsieur, que « j'ai tort en me mettant au-dessus de vous? — « Oui, monsieur le curé, vous avez tort. — C'est « un peu fort, monsieur. Où avez-vous appris « que je ne sois pas votre supérieur, moi qui, tous « les jours, ai votre Dieu dans mes mains, et qui, « quatre fois l'an, vous absous à mes pieds? — « Hé! qui saurait, monsieur le curé, que vous « avez mon Dieu dans vos mains, si, à grands « coups de cloche, je n'avertissais les fidèles de « venir s'agenouiller devant votre postérieur? « Comment auriez-vous mon Dieu dans vos mains, « si je ne vous le préparais sur la patène? Com- « ment boiriez-vous son sang, si je ne chargeais « la burette de ce petit vineau que vous aimez « tant? Il est constant, monsieur le curé, que « vous faites le bon dieu; mais vous n'y mettez « que des paroles, et je suis, moi, la cheville ou-

« vrière de la consécration. — Tout ce que vous
« venez de dire, monsieur, ne prouve rien, sinon
« que vous ressemblez à la mouche du coche.
« — Je ne connais point la mouche du coche,
« monsieur; mais qu'on me sacre les doigts, qu'on
« me mette de l'huile sur la tête, je ferai des
« bons dieux comme vous, et si, par les vicissi-
« tudes ordinaires de la fortune, vous deveniez
« bedeau, comme plus d'un évêque est devenu
« meunier, dites-moi, monsieur le curé, auriez-
« vous la force de sonner la messe, la résigna-
« tion de la servir, l'aptitude de la répondre, et
« d'imposer, d'un coup d'œil, silence aux cau-
« seurs? Auriez-vous la discrétion de vous taire,
« si j'avais une jolie gouvernante, et que... —
« Paix donc, bedeau, paix donc. — Non, mon-
« sieur le curé, je ne me tairai pas, et je répè-
« terai sans cesse : Bienheureux ceux qui s'abais-
« sent! car ils seront élevés. »

Ici un grand éclat de rire interrompit l'orateur.
C'était mademoiselle Javotte qui, par réflexion,
voulait paraître s'amuser de l'application imper-
tinente du bedeau, parce qu'une femme d'esprit
ne se fâche jamais lorsqu'elle est dans l'impuissance de se venger.

« Allons, allons, bedeau, modérez-vous, je
« vous en prie. Ce n'est pas pour nous dire des
« choses désagréables, à moi et à ma gouver-
« nante, que je vous ai fait venir ici. Jusqu'à ce
« jour, je vous ai cru un membre très-subalterne

« du clergé; vous prétendez que je me suis
« trompé; à la bonne heure. Vous conviendrez,
« au moins, que sans curé il n'y a pas de bedeau.
« — Sans doute, j'en conviens. — Nos intérêts
« sont donc communs; ainsi tâchons de nous en-
« tendre. — Ah! voilà qui s'appelle parler!

« — Autrefois les princes donnaient des pro-
« vinces aux papes; les seigneurs, des terres,
« bonnes ou mauvaises, aux chapitres; les mou-
« rans, ce qu'ils avaient à leurs confesseurs, qui
« donnaient ce qu'ils voulaient aux pauvres. Des
« Voltaire, des Diderot, des Dalembert, des Hel-
« vétius, et autres canailles que vous n'entendez
« pas, ni moi non plus, ont tourné en ridicule
« ces usages si doux, ce qui fait qu'on ne nous
« donne plus rien, et j'en gémis tous les jours.

« Nous manquons même de reliques, ce qui
« nous prive de cierges et d'*ex-voto*, qui ne lais-
« saient pas d'arrondir la pitance. Oh! le bon
« temps, bedeau, que celui où l'on adorait, à
« Vérone, l'âne qui a porté Notre-Seigneur; où
« l'on vénérait la Sainte-Ampoule à Reims; où
« l'on fermait, à Besançon, les portes de la ville
« avant d'exposer le Saint-Suaire, qui faisait écu-
« mer les possédés, parce que les possédés n'ai-
« ment pas le linge sale; où, après trois mois de
« sécheresse, on descendait, à Paris, la Châsse de
« sainte Geneviève, au moment où il commençait
« à pleuvoir; où on baisait un vrai clou de la
« vraie croix, à Saint-Denis, sans que celui qui

« le présentait éclatât de rire; où saint Genou
« guérissait de la goutte, et sainte Claire des
« maux d'yeux; où saint Ovide ressuscitait, à
« Paris, de petits enfans qui se portaient bien;
« où l'on reconnaissait, à Cologne, les restes des
« saints Innocents, qu'Hérode a fait incontesta-
« blement massacrer, parce que les historiens du
« temps et trois des quatre évangélistes n'en ont
« pas dit un mot; où l'on baisait, au Pui-en-Vé-
« lai, le prépuce de Jésus, en l'honneur duquel
« nous gardons tous le nôtre; où l'on voyait, à
« Corbie, du lait de la sainte Vierge, qu'on re-
« nouvelait tous les jours, de peur qu'il ne se
« caillât; où l'on pleurait, à la Sainte-Chapelle,
« à l'aspect de la couronne d'épines, des langes,
« de la robe, de la serviette, et de l'éponge de
« la passion du Sauveur, objets précieux placés
« là par Louis IX, qui les avait retirés des mains
« des Vénitiens, à qui l'empereur Baudoin-II les
« avait donnés en gages, ce qui fait que les Vé-
« nitiens et l'empereur Baudoin ne ressemblaient
« pas mal au saint apôtre Judas; ou..., ou...

« — Un moment donc, monsieur le curé, vous
« oubliez la sainte chandelle d'Arras, qui se re-
« produisait elle-même... — Vous avez raison,
« bedeau, et sans un évêque incrédule, qui s'est
« imaginé que le sacristain substituait une autre
« chandelle à celle qui allait s'éteindre, la sainte
« chandelle d'Arras eût duré pendant toute l'éter-
« nité. — Et le *han* de saint Joseph, monsieur le

« curé? — Ah! par exemple, bedeau, je n'ai
« point entendu parler de cette relique-là. —
« Vous allez voir qu'il faudra que ce soit moi qui
« instruise mon curé. — Qu'est-ce que c'est, mon-
« sieur, qu'est-ce que c'est! Êtes-vous rhétori-
« cien, logicien, théologien? Connaissez-vous la
« Somme de saint Thomas, les quatre-vingt-quinze
« espèces de graces, et l'Apocalypse, et les saints
« Pères, et la version des Septante, traduite d'un
« grec barbare dans le plus plat latin? — Non,
« monsieur le curé, je ne connais rien de tout
« cela, et rien de tout cela n'est la religion. —
« C'était donc bien la peine, monsieur, que je
« pâlisse, pendant des années, sur les bancs, pour
« me pénétrer de ces connaissances sublimes, et
« que je soutinsse deux thèses inintelligibles, *ad*
« *majorem Dei gloriam*, car vous savez, mon-
« sieur, que nous autres atomes, nous devons
« tout rapporter à la plus grande gloire de Dieu,
« qui s'occupe de nous, comme un grand sei-
« gneur s'occupe des fourmis de son parc, qu'il
« écrase en se promenant, parce qu'il est en co-
« lère contre mesdames les fourmis, disent les
« commères de cette espèce; envers qui il fait
« rouler un grain de plantin ou de mouron, parce
« qu'il est dans son jour de clémence, et là-dessus
« les commères fourmis raisonnent, raisonnent,
« jusqu'à ne plus s'entendre, car vous sentez,
« bedeau, que la première affaire du grand sei-
« gneur est d'arranger les affaires des fourmis de
« son parc.

« — Comparaison n'est pas raison, monsieur
« le curé. Je ne suis point une fourmi, et Dieu
« doit s'occuper exclusivement de moi, parce
« que je suis son *duplicata*. Or, ce n'est point
« par des livres, que vous savez par cœur, qui
« peuvent être très-bons, mais qui n'ont pu être
« faits que par des hommes comme nous, que
« Dieu montre sa sollicitude paternelle; mais bien
« par des miracles, et celui du *han* de saint Jo-
« seph, que vous ne connaissez pas, est un des
« plus étonnans qu'il ait faits. — Voyons, donc,
« bedeau, ce que c'est que ce *han* de saint Joseph?
« — Ignorez-vous, monsieur le curé, que saint
« Joseph, descendant, en droite ligne, du saint,
« adultère et homicide David, n'était pourtant
« qu'un charpentier? — Je connais, bedeau, les
« deux généalogies de Jésus, faites par deux évan-
« gélistes qui ne s'accordent pas : qu'en voulez-
« vous conclure? — Une chose toute simple,
« monsieur le curé : c'est qu'il n'est pas de char-
« pentier qui, en donnant son coup de hache,
« ne pousse un *han*. — C'est vrai, c'est très-vrai,
« bedeau. Après? — Or, monsieur le curé, pen-
« dant que saint Joseph poussait les siens, un
« ange était là qui en mit un en bouteille, la
« boucha à l'instant, et ce *han*-là a fait nombre
« de miracles, je ne sais où, je le confesse, parce
« que je ne puis tout savoir.

« — Diable, diable, bedeau! Si on pouvait faire
« revivre ce *han*-là! — Ce ne serait plus le même,

« monsieur le curé. — Qu'importe ; pourvu qu'il
« fît des miracles. — Il n'en ferait pas : ce ne se-
« rait pas le bon *han*. — Je lui en ferais faire. —
« Vous, monsieur le curé? — Moi, bedeau. Ne
« peut-on rendre un inconnu boiteux, pendant
« un quart-d'heure, pour douze sous, et le re-
« dresser pour vingt-quatre? — En vérité, mon-
« sieur le curé, je n'aurais pas trouvé celui-là. —
« Et vous prétendez m'en apprendre, faquin! —
« — Je m'humilie, monsieur le curé.

« — Ah çà, bedeau, du temps de saint Joseph
« connaissait-on le verre? — Sans doute, mon-
« sieur le curé, puisque son *han* était en bou-
« teille. — Cela étant ainsi, bedeau, je me félicite
« d'avoir conservé une fiole de forme gothique...
« — Gothique?... C'est comme qui dirait antique,
« n'est-ce pas, monsieur le curé? — C'est préci-
« sément la même chose, bedeau. Cette fiole, de
« forme antique ou gothique, me vient de ma
« nourrice, qui la tenait de sa grand'-mère, la-
« quelle l'avait reçue de l'arrière-petit-fils du chi-
« rurgien de François Ier. — Et qu'est-ce que
« c'est que François Ier, s'il vous plaît, monsieur
« le curé? — C'était un roi de France... — Dia-
« ble! — Qui fut attaqué de la maladie...; vous
« savez bien, bedeau. — Non, monsieur le curé,
« je ne sais pas. De quelle maladie était donc
« attaqué François Ier? — De la maladie dont il
« a plu à Dieu, dans sa sagesse, de gratifier ceux
« qui suivent le premier précepte qu'il a donné

« à l'homme : *Croissez et multipliez.* — Paix donc,
« monsieur le curé; il y a blasphème dans ce que
« vous dites-là. — Je me rétracte quant au blas-
« phème, bedeau; mais je proteste que j'ai dit
« vérité. — Voilà une singulière maladie, mon-
« sieur le curé! — Dieu vous en garde, bedeau!
« — Et vous aussi, pasteur. »

Vous jugez, lecteur, qui certainement ne manquez pas de sagacité, vous jugez qu'un enfant de
dix ans, qui ne connaît à fond que la forêt de
Senart, et mademoiselle Javotte très-imparfaite-
ment, ne peut comprendre, ni par conséquent
se rappeler une telle conversation. Mais si j'ai eu
le malheur de perdre la jolie, la trop aimable
Javotte, j'ai été assez heureux pour la retrouver,
et la connaître comme j'avais connu la forêt de
Senart, et ma bonne Javotte dictait..., elle dictait... Javotte, me direz-vous, avait de la mémoire.
Hé pourquoi pas? vous répondrai-je. Faut-il que
Javotte ressemble aux abonnés de Geoffroi, assez
heureux pour ne pas se rappeler aujourd'hui ce
qu'il a écrit hier, ce qui dispense le feuilleton
très-chrétien d'être jamais d'accord avec lui-même?

J'aime cependant à rendre justice à tout le
monde, et j'avoue, volontiers, qu'il est un sujet
sur lequel monsieur l'abbé ne se contredit jamais : c'est lorsqu'il donne un libre cours à sa
haine pour Voltaire. Il est bien fâcheux pour
Voltaire d'être haï de monseigneur Geoffroi; mais
il est désespérant, pour monseigneur Geoffroi, de

penser que Voltaire sera encore l'aigle de la littérature long-temps après que le dernier feuilleton sera mort, où vous savez, de mépris et de pourriture.

> Que peut contre le roc une vague animée ?
> Hercule tomba-t-il sous l'effort du pygmée ? —
> L'Olympe voit en paix fumer le mont Ætna.

« Il est donc décidé, continua le bedeau, que
« le *han* de saint Joseph guérira les boiteux. —
« Et les goutteux, et les paralytiques, et les épi-
« leptiques, et les hydropiques, et les asthma-
« tiques, et les léthargiques, et toutes les mala-
« dies en *ique*, qui attaquent l'homme au moment
« où son ame immortelle, qui a cru avec ses
« organes, s'affaiblit avec eux, ce qui ne lui per-
« met plus de rien examiner. — Monsieur le
« curé, dans les maladies en *ique*, comprenez-
« vous les fanatiques ? — Non, mon ami, parce
« que fanatisme est vertu, et que, dieu merci,
« fanatisme est incurable. — Remercions Dieu
« de tout, monsieur le curé : *Ave, Maria.*

« Le *han* de saint Joseph, bedeau, sera très-
« précieux sans doute ; mais ce n'est rien auprès
« de l'objet dont je voulais vous entretenir, et
« dont vos questions, interpellations et observa-
« tions m'ont constamment écarté. Je veux vous
« parler de la mare où a daigné séjourner notre
« Sauveur ; de la mare que j'ai nommée la *Pis-*
« *cine*, et qui aura la vertu de guérir de la stéré-

« lité les jeunes femmes qui font commerce d'é-
« pouser de vieux maris, pour s'emparer des
« successions. — Et quelle vertu, monsieur le
« curé, la piscine aura-t-elle encore ? — Celle-là,
« bedeau, est plus que suffisante pour nous atti-
« rer les bénédictions du ciel, c'est-à-dire de
« riches et de nombreux pèlerinages.

« Voyez l'époux perclus, et cependant jaloux
« d'avoir un héritier pour désespérer ses collaté-
« raux; voyez-le, croyant ou non, permettre à
« sa jeune épouse, suppliante, de s'échapper clan-
« destinement. La voyez-vous partir à pied ou en
« carrosse, vivant frugalement ou non, mais tou-
« jours bien couchée, parce que son doux ami
« partage les fatigues du voyage ? voyez-vous le
« miracle s'opérer en allant, en revenant, et la
« jeune épouse, intéressée à tout attribuer à notre
« piscine, la vanter à ses jeunes amies, enchan-
« tées de s'éloigner, pour quelques jours, du po-
« dagre dont elles convoitent les dépouilles ?

« Et si ces jeunes femmes sont seulement des
« procureuses, des avocates, des conseillères,
« des banquières, des aventurières, notre fortune
« est faite à tous deux; celle de Javotte l'est
« aussi, et, alors, je ne change pas ma cure
« contre un évêché, car lorsque l'or vient, qu'il
« vient à flots, qu'importe qu'on soit habillé de
« noir ou de violet?... — Ou de bure grise, comme
« moi, monsieur le curé. L'homme riche est tou-
« jours l'homme recommandable.

« — Et quelle gloire, bedeau, si, par les mira-
« cles de notre piscine, nous ranimions la foi, et
« contribuions à ramener ce bon vieux temps où
« l'on brûlait les *Vanini*, les *Jean Hus*, les *Jé-*
« *rôme de Prague*, les *Urbain Grandier*, et tous
« ceux qui pensaient comme nous, mais qui par-
« laient autrement ! quelle gloire de ramener le
« temps, plus précieux encore, où notre très-
« saint père le pape vendait la rémission des pé-
« chés à tout le monde, depuis le voleur de
« mouchoirs, jusqu'à l'incestueux et au parri-
« cide. Et cela, bedeau, n'est pas si difficile
« qu'on le pense, dieu merci, car la superstition
« ressemble à l'ivraie : jetez-en, au hasard, un grain
« dans le meilleur champ ; si le grain pousse, le
« champ est infecté. — Ainsi soit-il, ainsi soit-il.
« — L'essentiel, bedeau, est de persuader à mes
« paroissiens l'infaillible vertu de ma piscine. Il
« faut en faire des *Séides*, comme on dit que
« l'imbécille Voltaire en a fait un dans sa tragé-
« die sacrilége de *Mahomet*, qui n'attaque pas
« le christianisme ; mais qui nous attaque, be-
« deau, parce que les prêtres de toutes les reli-
« gions sont mus par le même intérêt. Or, pour
« que mes paroissiens parlent d'un air convaincu
« et pénétré à ceux qui passeront, ou qui vien-
« dront exprès, nous allons faire un miracle cette
« nuit même.

« — Oh ! oh, monsieur le curé, vous allez vite
« en besogne. — En pareille affaire, il n'y a ja-

« mais de temps à perdre. Dès que les gens du
« village reposeront, il faut aller vider l'eau in-
« fecte et la boue de cette mare; y faire couler,
« par un petit conduit qu'on fera à la pioche et
« qu'on rebouchera aussitôt, l'eau claire du ruis-
« seau qui arrose le pré voisin, et au point du
« jour, ce petit drôle, que mademoiselle protége
« je ne sais pourquoi, et qui dort comme une
« marmotte, ira, empaqueté dans mon aube sale,
« crier *miracle* à tue-tête, par les ruelles du vil-
« lage. Vous voyez, bedeau, que rien n'est aisé
« à faire comme ce miracle-là. — Ont-ils tous été
« aussi faciles, monsieur le curé? — Mais je crois
« que oui, mon bon ami.

« Aux cris de Jérôme, on se levera, on ac-
« courra, j'accourrai comme les autres; j'éten-
« drai deux doigts; je leverai les yeux; je ferai
« un discours aussi beau que je le pourrai; si
« mon imagination me trahit, je ferai, jusqu'à
« ce que je me remette, des citations latines; je
« planterai le premier pieu; mes *Séides* suivront
« mon exemple, et, dans un instant, ma piscine
« sera close d'une haie, impénétrable aux canards
« et aux oies, qui ne respectent rien.

« — Ah! quel malheur, monsieur le curé, que
« vous ne puissiez vous revêtir, pour cette céré-
« monie, de la superbe étole que vous donna
« cette brave dame qui vint à confesse à vous,
« après avoir hérité de son père, de son mari et
« de ses trois enfans, qui moururent tous cinq

« en six jours ! — Elle est perdue, cette étole,
« mon bon ami ; elle est perdue. — Je la regret-
« terai toujours, et toujours j'en parlerai, mon-
« sieur le curé. — Elle est perdue, mon bon
« ami ! et répétons avec le saint homme Job :
« *Deus dederat, Deus abstulit; sit nomen Domini*
« *benedictum.* — *Amen.*

« — Allons, bedeau, éveillez ce petit garçon;
« prenez les instrumens nécessaires, et disposons-
« nous à partir. — Comment, monsieur le curé,
« vous allez retrousser votre jaquette !... — Je
« prendrai mon manteau de lit. — Et vous coopé-
« rerez à vider la boue de la mare ! — Ce n'est
« pas là, bedeau, l'expression propre : Je vais
« *travailler à la vigne du Seigneur*, voilà le mot.
« — Ce mot là, monsieur le curé, vous le met-
« tez à tout. — C'est qu'il s'applique à tout, be-
« deau ; qu'il sanctifie tout; qu'il excuse tout.
« Allons, mademoiselle Javotte, donnez-moi mes
« grosses bottes ; allumez la lanterne. Suivez-
« nous ; ayez l'oreille au guet, et ne manquez
« point de tousser trois fois si vous entendez
« quelque chose, car il ne faut pas que les pro-
« fanes se mêlent aux œuvres des élus, selon
« l'aphorisme évangélique : *Multi sunt vocati,*
« *pauci vero electi.* »

Ma bonne Javotte craignait que le bedeau ne
me réveillât brusquement; elle s'approcha de
moi doucement, très-doucement ; elle avança sa
main... Je la rencontrais toujours avec un plaisir,

oh! avec un plaisir... J'ignorais absolument à quoi tout cela pouvait mener ; mais je n'espérais voir mademoiselle Javotte que le lendemain, et sa présence inattendue était déjà un prodige qui pouvait faire augurer favorablement de ceux qu'on allait entreprendre.

Cependant, après le premier effet de la douce surprise, je ne pus m'empêcher de réfléchir que si je mangeais peu dans la forêt de Senart, au moins on ne me faisait pas lever à minuit pour faire des miracles, et je commençai à penser, comme mademoiselle Javotte, qu'on n'est pas plus heureux dans la belle ville, qu'elle gouvernait de moitié avec le saint pasteur, que dans mon misérable hameau.

Je me levai, et je comparus devant monsieur le curé. J'avais un air riant, parce que mademoiselle Javotte m'avait recommandé de sourire. Je ne voyais rien de gai dans tout ce que j'avais entendu ; mais mademoiselle Javotte avait parlé.

Monsieur le curé, frappé à l'aspect de ma figure ouverte et de mon air décidé, crut entrevoir que la grace agissait sensiblement sur moi, « et Jésus, « ajouta-t-il, la donne à qui bon lui semble. Il « lui plaît de la répandre sur ce petit drôle, et « de la refuser à tant d'honnêtes gens ! Oh, ré- « pondit le bedeau, Jésus n'aimait pas trop les « honnêtes gens : il naquit entre un âne et un « bœuf ; il vécut au milieu de dix à douze mar- « chands de crabes ; il conversa familièrement

« avec le diable, et il mourut entre deux larrons.
« A la vérité, on dit qu'un de ces deux coquins
« était un fort honnête homme. — Ayons sa pro-
« bité, bedeau. — Mais ne finissons pas comme
« lui, monsieur le curé. »

En parlant, en répondant, en interrompant, on m'avait passé l'anse d'un seau au bras gauche; on avait armé mon épaule droite d'une large pelle. Le curé s'était botté; il avait endossé son manteau de lit d'indienne piquée, et il avait chargé son chef respectable de son bonnet de laine de Ségovie. Le bedeau avait ôté ses bas et ses sabots; il s'était mis dans les brancards d'une brouette, qu'il avait chargée de la pioche et des deux arrosoirs du jardin. Mademoiselle Javotte portait sa lanterne au bout d'un doigt; elle se pinçait les lèvres pour ne pas rire, et fredonnait une chanson profane, qu'on ne pouvait lui imputer à crime, car, enfin, un joli air fait oublier un moment le chant d'église, très-édifiant sans doute; mais si triste, si monotone, si plat, quoique si utile à ceux qui le *croassent !*

Nous partons, nous marchons sur la pointe des pieds. A chaque instant le curé m'ordonnait, à voix basse, de retenir mon haleine; je la retenais, et je souffrais comme un réprouvé, bien que la grace fût répandue sur moi.

Oh! pensais-je, dans la forêt de Senart je respirais... comme on respire. Je souffrais horriblement; cependant mes yeux se fixaient sans cesse sur la trop jolie porte-lanterne, et je lui adressais, intérieurement, l'hommage des efforts incroyables auxquels je m'étais soumis.

L'homme orgueilleux voudrait en vain asservir la nature ; la nature a cent moyens de le rappeler à sa faiblesse, et elle me fit sentir la mienne, à moi pauvre petit, qui comprimais mes poumons en l'honneur de Dieu-Jésus, dont tout le monde parle, et sur qui personne ne s'entend. L'air arrêté par en haut s'échappa avec violence d'un autre côté ; le curé jura, un chien aboya, un coq chanta, et nous entendîmes une voix de Stentor crier : *Qui va là ?*

A ce cri, mademoiselle Javotte laisse tomber sa lanterne, et la chandelle s'éteint. Je laisse tomber mon seau et ma pelle, et je cours à mademoiselle Javotte. Je ne la trouve pas. J'oublie le silence, tant recommandé par le curé, et je jette les hauts cris. Le curé, tremblant pour sa gouvernante, s'avance inconsidérément ; il glisse, il trébuche, il tombe, et, de culbute en culbute, il arrive au milieu de la mare... il en a jusqu'au menton. Il gémit, il appelle... le bedeau se dévoue ; il pousse sa brouette en avant.

O très-affectionné bedeau! pourquoi ta nacelle, d'un nouveau genre, n'avait-elle pas la vertu de celle qui, sans pilote et sans matelots, amena d'elle-même, des côtes de Syrie à la côte de Boulogne, une vilaine image de bois qu'on appela *la Sainte-Vierge*, et à qui l'on fit faire cent miracles, dont elle fut très-innocente. La pesante brouette, au lieu de voguer légèrement sur l'onde sale et puante de la mare, enfonçait en roulant, quoiqu'on nous répète sans cesse qu'avec la foi on transporte les montagnes, bien plus lourdes qu'une brouette.

Cette brouette, trop vivement poussée par le bedeau, entraîne son guide. Déja il en a jusqu'aux hanches, lorsque le curé saisit la roue, et saute dessus. La roue baisse, les brancards se relèvent. Le bedeau, qui ne s'attendait à rien, est brusquement emporté. En vain il essaie de se retenir sur les poignets, les jambes en haut et la tête en bas; cette tête frappe d'aplomb sur celle du curé. Le curé, étourdi, baisse le dos; le chef du bedeau, privé d'appui, entraîne le reste du corps, et sa culbute est complète. Ses reins sont collés aux reins du pasteur; ses jarrets s'accrochent à ses épaules, et le pasteur saisit son homme par les deux jambes.

Le bedeau, dont le front et le cou sont déja dans l'eau, et qui craint de descendre plus bas, a l'audace de pincer le postérieur béni de son curé pour lui faire lâcher prise. Le curé fait un grand mouvement en avant, enlève le bedeau, qui retombe sur ses pieds, lequel bedeau est pincé à son tour par le curé, qui, maintenant, a la tête en bas, et voilà nos élus jouant au cheval fondu dans la mare, et prêts à se noyer, en l'honneur du *han* de saint Joseph, et de la piscine de Jérusalem, qu'ils comptaient rétablir.

O précieuses, très-présieuses reliques qu'on ne peut trop acheter! S'étonnera-t-on, après de tels travaux, de notre joie, à nous autres fidèles, lorsqu'on retrouva, sans recherches, les os de sainte Geneviève, que la populace avait, sans doute, marqués d'un sceau ineffaçable, avant de les jeter çà et là, ainsi que les os de bien d'autres saints?

Quel dommage que celui qui s'est avisé de les retrouver n'ait pas eu cet avisoire-là pendant la terrible sécheresse de l'an XI! Peut-être a-t-il pensé que la sainte, piquée du peu de respect de son bon peuple de Paris, ne daignerait plus faire de miracles... O, refaites-en, grande sainte Geneviève, car sans cela à quoi serviriez-vous?

Tapi derrière une grosse pierre, sur laquelle grimpaient les canards qui voulaient se décrotter, j'étais très en peine de savoir qui avait crié *qui va là*, et ce qu'était devenue mademoiselle Javotte.

Le curé et le bedeau criaient alternativement, selon qu'ils avaient la tête en haut ou en bas, et ils criaient de la plus pitoyable manière. Tout à coup trois cavaliers prennent le galop. « C'est « saint Denis, dit le curé, qui, alors, était en « haut. C'est saint Georges, continua le bedeau « en reprenant le dessus. Ou saint Martin, pour-

« suivit le curé, car je crois que ces saints-là
« composent, à eux trois, toute la cavalerie cé-
« leste. »

Je ne me doutais pas qu'il y eût de la cavalerie
en paradis ; mais je tremblai que cette cavalerie,
céleste ou autre, écrasât mademoiselle Javotte ;
je tremblai aussi pour moi, et me roulai comme
un manchon, afin d'occuper moins de place.

Les trois saints étaient au milieu de la mare.
Le curé avait sauté en croupe derrière saint
Denis, et le bedeau derrière saint Georges. Saint
Martin tira de dessous son manteau une lanterne
sourde, qui répandit sur le lieu de la scène une
lumière, dont les principaux acteurs se seraient
bien passés.

Oh, qu'ils étaient drôles, le curé et le bedeau!
Lorsque je vis que les trois saints avaient figure
humaine, ma peur se dissipa, et l'originalité du
spectacle me fit partir d'un éclat de rire, qu'entendit saint Martin, car les saints entendent tout.
Il piqua vers moi, me prit par une oreille, celle-
là même par laquelle on m'avait déjà tiré de cette
diable de piscine, laquelle oreille était pourtant
bien innocente de la manie des miracles.

J'avais beau crier : Grand saint Martin, ayez
pitié de moi !... saint Martin, d'un tour de poignet, me jeta sur son porte-manteau. Il ordonna,
d'un ton très-impératif, à ses confrères en béati-
tude, de venir à terre ; et par la plus savante
comme la plus prompte des manœuvres, le haut

et le bas clergé du village se trouvèrent sur le gazon, au milieu de trois grands coquins de saints à pied, autour desquels les trois chevaux formaient un double retranchement.

« Ce n'est pas sans raison, dit saint Martin « d'une voix de tonnerre, qu'on nous a prévenus « que des malfaiteurs rôdent la nuit dans ce can- « ton. Hélas! monsieur le brigadier, répondit le « curé d'une voix éteinte, nous ne sommes pas « des malfaiteurs. Qu'êtes-vous donc, canaille? « interrompit saint Georges. Monsieur le gen- « darme, reprit le bedeau, nous sommes d'hon- « nêtes faiseurs de miracles, qui cherchons à « gagner doucement notre vie, et... — Au fait, « bavard; qui êtes-vous? — Je suis le curé du « lieu, monsieur le gendarme; ce malheureux « couvert de boue est mon bedeau, et ce petit « drôle est mon enfant de chœur. Je ne connais « point, reprit le brigadier, de curé dans l'équi- « page où vous voilà. Un honnête faiseur de mi- « racles et un filou sont également de notre com- « pétence. Qu'on les attache tous trois à la queue « de nos chevaux, et qu'ils nous suivent chez le « juge de paix du canton. — Monsieur le briga- « dier, vous allez compromettre la dignité de l'é- « glise, révéler ses plus augustes mystères... vous « allez... vous allez... » Plus de réponse, les chevaux marchaient, nous suivions.

Jusque alors je n'avais cessé de regarder autour de moi; je n'avais pas vu mademoiselle Javotte.

J'en conclus qu'elle était rentrée au presbytère, et je me résignai, en me frottant l'oreille, à tout ce qu'il plairait au citoyen juge de paix d'ordonner.

CHAPITRE VI.

Le juge de paix, nos funérailles, et ce qui s'ensuivit.

Je marchais derrière un cheval dont le fer, en se relevant, me frottait sans cesse le genou, et devait user ma culotte neuve, ce dont je ne pouvais m'assurer, parce qu'on m'avait privé de l'usage des deux mains, qui, certainement, ne pouvaient encore faire de mal à personne. Elles ne pouvaient souffler un exploit, ni signer un faux, ni une requête pour une mauvaise cause, ni une lettre de change, destinée d'avance au protêt. Elles étaient incapables de fabriquer un certificat de vie à un mort, de filer la carte, de faire de fausses chartes, de fouiller les poches du prochain, de préparer une mixtion à un oncle d'une longévité fatigante, d'écrire un article du Feuilleton, et on les avait attachées ces mains innocentes..., on les avait attachées avec des liens de fer, tandis que tant d'autres...

Comment! pensais-je en marchant, l'unique, le vénérable curé d'une grande ville comme la nôtre, a le chagrin d'être traîné à la queue d'un cheval! Il est donc malheureux ce curé? on peut donc l'être ici comme dans la forêt de Senart? on l'est donc partout, comme le disait mademoiselle Javotte, que je ne voulais pas croire, et qui, pourtant, a pleuré devant moi? Pourquoi donc naître pour souffrir? pourquoi, lorsque nous ne souffrons pas, les autres nous font-ils du mal? pourquoi nous en faisons-nous à nous-mêmes, lorsque les autres ne nous en font point?

Cette dernière question paraîtra, à certaines gens, au-dessus de l'intelligence d'un enfant de mon âge. Je leur répondrai qu'ayant peu vu, j'avais sans doute peu d'idées; mais je pensais, éclairé par la circonstance, que si le curé, après avoir bien soupé, se fût allé coucher bien chaudement, il ne barboterait pas en ce moment dans la boue, garotté comme un voleur de grand chemin, trottant quand il plaisait au cheval de saint Denis de trotter, recevant dans l'estomac les pointes de ses jarrets de derrière quand il plaisait à saint Denis de modérer son trop ardent coursier. J'avais donc raison de me demander pourquoi nous nous faisons du mal à nous-mêmes, quand les autres ne nous en font point.

« Ah, mon dieu! mon dieu! disait de temps
« en temps le bedeau... Ventrebleu! s'écria-t-il
« tout à coup. De la résignation, mon très-cher
« frère, répondit le curé. N'avez-vous pas lu qu'il
« plaît souvent à Dieu d'éprouver ses saints? —
« Ne m'avez-vous pas dit, monsieur le curé, que
« toutes ces balivernes-là n'ont été faites que

« pour museler les sots? — Je n'ai pas dit cela,
« monsieur le brigadier : n'en croyez pas un mot.
« — Hé morbleu! quand vous l'auriez dit, que
« m'importe? — Je serais un prêtre indigne. —
« Indigne, ou non, que me fait encore cela? —
« Vous n'êtes donc pas chrétien, monsieur l'of-
« ficier? — Je suis gendarme.

« Non, sans doute, reprit le bedeau, il n'est
« pas chrétien; vous le voyez de reste à la ma-
« nière dont il nous traite : je suis brisé, moulu.
« — Jésus-Christ a souffert bien davantage sans
« se plaindre. — Vous étiez là pour le savoir,
« n'est-ce pas? Que diable aussi aviez-vous besoin
« de faire des miracles à minuit? Je serais chau-
« dement chez moi; au lieu que j'ai joué au che-
« val fondu dans une mare, que j'ai été pincé au
« derrière, que j'ai les poignets écorchés, et que
« j'irai peut-être en prison pour arranger l'affaire.
« — Eh! bedeau, n'avez-vous pas lu que saint
« Pierre-ès-liens, avec qui vous partagez l'hon-
« neur de souffrir pour la bonne cause, fut mis
« en liberté par les anges? — Ils ne m'y mettront
« pas, moi, et puis vous m'avez dit qu'il n'y a
« de miracles que de la façon du clergé. — Ca-
« lomnie, infamie, atrocité! Monsieur le gen-
« darme, je vous prie de me faire justice de ce
« coquin-là. — J'espère bien qu'on la fera de tous
« trois. Qu'on marche, qu'on se taise, et qu'on
« ne m'étourdisse pas davantage de saint Pierre,
« d'anges et de miracles. Je ne connais que l'or-

« donnance de la gendarmerie, et ce livre-là me
« suffit. »

Je ne pouvais pas plus retenir ce dialogue que
le précédent; mais le curé, outré contre son bedeau, qui révélait le secret de l'église, ne manqua
pas de rapporter cette conversation à mademoiselle Javotte, qui n'oubliait rien.

Nous arrivons à la porte du juge de paix : il
était deux heures du matin. Le juge de paix s'était marié, la veille, à une très-jeune fille, qui
n'avait ni dot ni esprit, mais une très-jolie figure,
et l'on est idolâtre de ces femmes-là une première
et quelquefois une seconde nuit.

Le souper avait été poussé loin. Au vin chaud
avaient succédé les mauvaises plaisanteries qu'on
ne manque jamais de faire aux mariés dans les
campagnes, et qu'on se permet trop souvent
dans les villes. Il n'y avait pas une heure que le
citoyen magistrat était auprès de son épousée; il
n'avait pas eu d'intervalle à remplir; il n'avait pu
s'apercevoir encore que sa femme était une sotte,
qui rougissait le jour parce qu'elle ne savait que
répondre, et qui rougissait alors parce qu'elle se
promettait du plaisir. Le citoyen attribuait la
rougeur du jour à la modestie, celle de nuit à la
pudeur, et il était heureux au-delà de toute expression, parce que l'illusion était encore entière,
et que nous ne sommes heureux que par nos
illusions.

Jugez de sa colère, lorsqu'on lui cria, par le trou

de la serrure, que la gendarmerie amenait trois coquins. « Je suis fonctionnaire public tous les
« jours; je suis fonctionnaire privé cette nuit, et,
« corbleu, je n'entends pas qu'on me dérange de
« mes fonctions. — Mais, citoyen juge, un de ces
« coquins est un curé... — Qu'on le mène en prison.
« — Mais, citoyen juge, il n'y en a pas dans le
« village. — Qu'on l'envoie à la Force. — Mais il
« faut un procès-verbal, citoyen juge, et vous
« devez au moins le signer. — Que mon greffier
« le rédige, et qu'il le fasse très-long. — Votre
« greffier est ivre, citoyen juge. — Hé, rédigez-le,
« vous, perturbateur des jouissances conjugales.
« — Je ne sais pas écrire, citoyen juge. — Qui
« donc es-tu? — Votre berger. »

Le citoyen juge, malgré ses efforts, n'avait pas épousé encore, et vous sentez, vous qui, peut-être, avez eu une première nuit, combien peu il était disposé à déférer aux instances de son berger.
« Qu'est-ce que c'est, mon ami, qu'est-ce que
« c'est? dit la citoyenne, ennuyée de la longueur
« du colloque. — Hé! madame, vous êtes bien
« bonne de vous occuper de cela. — Finissez-en,
« mon bon, finissez-en, par grace. — C'est char-
« mant, c'est charmant! quelle grace tu mets toi-
« même à m'avertir que mes devoirs doivent pas-
« ser avant mes plaisirs! Je me lève, mon cœur. »

Et le citoyen juge baise tendrement la bouche la plus vermeille... C'est quelque chose que cela. Mais il sort du lit, et madame trouve cette démarche extraordinaire, car le citoyen n'avait pas saisi le véritable sens du *finissez-en*. Il endosse une robe de chambre de damas, dont sa belle-mère lui avait fait présent, et dans laquelle il devait figurer le lendemain, en regardant d'un air triomphant sa tendre moitié, qui devait le regarder, en-dessous, d'un air à signifier... cher barbare!

La jeune épouse voudrait le rappeler; mais sa maman, qui lui a appris très au long ce qu'elle doit faire et dire dans telle ou telle circonstance, n'a pas prévu l'arrivée de la gendarmerie; ainsi point de phrase préparée pour dire : mon chou, le plus pressant est de reprendre votre place, et la petite femme, de peur de mal dire, ne dit rien du tout.

Cependant, quand elle vit le citoyen passer à ses pieds ses pantoufles vertes, toutes neuves, ma foi; ouvrir la porte et enfiler l'escalier, la citoyenne, qui sait que les choses doivent tourner d'une toute autre manière, veut absolument que son mari se conduise comme sa maman lui a dit que s'était conduit son papa : elle se lève à son tour.

Elle ne prend pas de vêtemens, parce que sa maman lui a expressément recommandé de passer toute la nuit dans l'état où elle se mettait au lit. Elle descend, décidée à ramener son bon, dont l'éloignement lui paraissait inconcevable, bien que le discours du berger fut très-clair.

Le magistrat entrait dans son cabinet, dans

son bureau, dans son étude, dans son *forum*, dans ce qu'il vous plaira, et la citoyenne, qui avait les jambes plus agiles que la langue, était déja sur ses talons. Au moment où le citoyen paraît devant les accusateurs et les accusés, sa tourterelle le saisit par le derrière de sa robe de chambre; le derrière, fortement tiré, fait ouvrir le devant, et le devant ouvert laisse voir très-distinctement quelque chose de rétif, qui dérogeait aux qualités essentielles d'un juge de paix, lequel doit être impassible du cervelet à la plante des pieds. *Gaudeant bene nati*, dit le curé. *Amen*, répondit le bedeau

Le citoyen juge, piqué de la mauvaise plaisanterie qu'on ose se permettre, mais intérieurement flatté du compliment du curé, fait, en souriant à l'accusé, une forte pirouette à droite. La pirouette à droite en fait faire une à gauche à sa naïve moitié. Trop faible pour résister à la violence de l'impulsion, elle tombe sur ses genoux, puis sur un derrière à la *Vénus de Médicis*, puis sur le dos; et les gendarmes de s'écrier : « Sacré « nom, que c'est beau! Je vous fais compliment, « citoyen juge. »

Le citoyen juge est au désespoir, la citoyenne est au désespoir, sa maman s'arrache les cheveux, parce qu'aucune femme de sa famille n'a montré qu'à son époux, jure-t-elle, ce que sa fille vient de montrer à tout le monde. « Ne vous « désolez pas, madame, dit à la maman le curé,

« qui avait, ainsi que ses confrères, l'habitude
« de se mêler de tout, ne vous désolez pas, ma-
« dame; sainte Marie l'Égyptienne valait mieux,
« sans doute, que la citoyenne votre fille, et il
« n'y a pas très-long-temps qu'on voyait, dans
« l'église de Saint-Germain-l'Auxerrois, un vitrage
« où la sainte était peinte sur le pont d'un ba-
« teau, troussée devant le batelier, et ces mots
« au-dessous : *Comment la sainte offrit son corps
« au batelier pour son passage.*

« Or, madame, si la citoyenne votre fille nous
« a laissé voir à tous un corps bien plus beau
« que ceux de Bethsabée, de Ruth, de la pro-
« stituée de Jéricho, et des filles de Loth, au
« moins personne n'a-t-il abusé de ses charmes,
« au moins les conserve-t-elle immaculés à son
« cher époux, que Dieu bénisse et fortifie. »

Pendant que le curé faisait preuve d'érudition, la maman se déshabillait, en hâte, pour couvrir la nudité de sa fille chérie. Elle ne s'apercevait pas que ses mamelles, que ne soutenaient plus les cordons d'un bénévole corset, erraient à l'aventure sur des cuisses dont les rides, reployées l'une sur l'autre, ne souffraient plus l'application du joli, du très-joli vers du joli Bernard :

L'amour se cache encor sous les rides naissantes.

« Sacré nom, que c'est laid ! s'écrièrent les
« gendarmes. »

« Je conviens, messieurs, reprit le curé, tou-

« jours disposé à flatter ceux dont il avait besoin,
« je conviens que je ne puis louer les mamelles
« et les cuisses de madame; mais vous convien-
« drez que son cou, pour me servir des expres-
« sions du grand roi Salomon, que son cou res-
« semble à un cèdre du Mont-Liban, et son nez
« à une tour; son nombril à une coupe, et son
« ventre à un boisseau de froment, et je félicite
« surtout madame de ne pas craindre d'être trai-
« tée comme les femmes des nations dont Osée
« disait dans son style sublime : *Qu'on fende le*
« *ventre aux femmes grosses.*

« Et ce qui prouve sans réplique, madame,
« qu'Osée était prophète, c'est que les hussards,
« fusiliers, grenadiers, cavaliers, dragons de tous
« les peuples, du pole arctique au pole antarcti-
« que, en usent ainsi, depuis quatre mille ans,
« envers les femmes et les filles qui ne leur con-
« viennent pas ou qui ne leur conviennent plus,
« et que les successeurs de ces enragés se con-
« duiront de même jusqu'à la consommation des
« siècles, qui devaient finir du temps de saint
« Jean et de saint Paul, et qui ne finiront pas de
« sitôt, à ce que j'espère. Ainsi soit-il, dit le be-
« deau. Monsieur, répliqua la maman, je vois
« que vous êtes prêtre, et prêtre d'un très-grand
« mérite, puisque vous louez mon nez, mon cou,
« mon nombril et mon ventre. Je ne sais quelle
« mauvaise affaire vous avez sur le corps; mais
« j'arrangerai cela avec le citoyen mon gendre,

« qui n'a rien à me refuser, depuis qu'il s'est as-
« suré que le nez, le cou, le nombril et le ventre
« de ma fille sont fort au-dessus de ceux dont
« parle le très-sage Salomon. »

Dès le commencement de cette séance burlesque, le juge de paix, persuadé que le costume en impose toujours à la canaille, dont l'œil terreux ne perce jamais au-delà de l'enveloppe, le juge de paix, pour mettre fin aux sacré-noms, et aux citations impertinentes du curé, était sorti subitement, et rentra quelques minutes après, vêtu de noir de la tête aux pieds, sa médaille pendue au cou, ses cheveux un peu en désordre, mais flottant sur ses épaules. Il entra, se balançant le corps, faisant le gros dos, fronçant le sourcil, et marchant d'un pas mesuré, en jouant avec une chaîne de montre qui tombait au milieu de la cuisse. Son air important imprima le respect à tout le monde, car si l'homme en place n'est pas toujours respectable, au moins respecte-t-on toujours l'influence de la place.

Au moment où il entrait, sa belle maman courut à lui, les bras ouverts, l'embrassa tendrement, et voulut parler... La parole expira sur ses lèvres, et elle fit une grimace à faire reculer une flotte anglaise. « Madame, lui dit gravement le citoyen,
« que mon extérieur ne vous terrifie point; je sais
« au fond ce que je vous dois.

Pour toute réponse, belle-maman jeta les hauts cris, et le curé s'empressa de relever, l'un après l'autre, les plis dont je vous ai parlé, pour rechercher si une épingle, une aiguille, une araignée, une souris, un chat, ne s'étaient pas subitement retranchés... Ce n'était rien de tout cela.

Au moment où belle-maman s'élançait, où le citoyen juge se baissait pour recevoir l'accolade, la ceinture du pantalon avait fait entonnoir par devant, une mamelle s'y était coulée, et le citoyen, en se relevant, avait comprimé cette partie, quelquefois si intéressante, et toujours si sensible. « Bien, au mieux, à merveille ! dit le
« curé. Vous me rappelez, respectable maman,
« Notre-Dame des Sept-Douleurs ; comme elle,
« vous souffrez, et, comme elle, vous obtiendrez
« tout de votre fils. »

Vous sentez combien un juge de paix, en grand costume et en fonctions, est embarrassé lorsqu'il a une mamelle dans ses culottes. Belle maman criait à fendre les cœurs les plus durs, et le citoyen ne pouvait se décider à relâcher son prisonnier en présence d'une aussi auguste assemblée. Le curé, à genoux, psalmodiait un *De profundis* qui ne remédiait à rien, quoiqu'il fût très-analogue au sujet ; mais le brigadier trouva le remède au mal, parce qu'un soldat n'est jamais embarrassé. Il tira son sabre, troussa l'habit noir du citoyen, et coupa le derrière de la ceinture de la culotte. La culotte tomba sur les talons du citoyen ; belle-maman, soulagée, sourit d'un air tout-à-fait enfantin ; le curé proclama l'arme du brigadier miraculeuse, puisqu'elle avait plus de vertu qu'un *De profundis*. Il la bénit, comme le grand-prêtre Abimélec bénit celle de David, lorsqu'il l'arma chevalier, et l'envoya renverser un gouvernement légitime, puisqu'il était sanctionné par le peuple. Heureusement la bénédiction du curé ne pouvait être funeste qu'aux voleurs de grand chemin.

Il faut qu'un homme qui a sa culotte sur ses talons rie ou se fâche. L'amour-propre du citoyen devait être bien moins piqué que celui de belle-maman, qui avait pris le parti de rire. En homme sensé, le juge rit aussi, le brigadier aussi, ses cavaliers aussi; la jeune épousée rit aussi, parce qu'elle voyait rire tout le monde, et le curé rit comme les autres, par l'habitude qu'il avait d'être de l'avis de la majorité, quand la majorité est la plus forte.

Il est difficile, lorsqu'on rit, de conserver de la dignité. Le citoyen juge se dépouilla franchement de la sienne, et s'informa des faits, aussi gaiement que s'il eût été en goguettes avec ses amis. La recommandation de belle-maman fut aussi burlesque que ses mamelles et ses cuisses; la justification du curé fut comique comme le chapitre II du roman de Scarron. Monsieur l'officier, encouragé par la gaieté générale, recommença à jurer aussi librement qu'au cabaret; enfin le citoyen juge prononça, car il fallait en finir, il prononça qu'il ignorait jusqu'à quel point

un curé a le droit de faire des miracles, parce que dans le nouveau Code civil il n'y a pas de chapitre des miracles; mais qu'il pensait qu'on peut faire tous ceux auxquels la canaille veut bien croire; « car, enfin, ajouta-t-il, si les mi-
« racles ne sont propres qu'à hébéter les hom-
« mes, il est constant qu'on ne peut hébéter la
« canaille, pour qui la nature et la misère ont
« tout fait à cet égard.

« Éclaircissemens pris... écrivez, curé, puisque
« mon greffier est ivre... L'an, etc., etc., jugeant
« que l'accusé n'est coupable que de trop de zèle,
« excès souvent nuisible, comme on sait, mais
« toujours pardonnable en faveur du motif, à ce
« qu'on prétend, nous ordonnons que le curé,
« son bedeau et l'enfant-de-chœur, seront réin-
« tégrés au presbytère, et, comme la nuit s'avance,
« et qu'ils y arriveront de jour, voulons, pour
« éviter le scandale, qu'ils se décrottent tous les
« trois; que le curé troque son manteau de lit
« piqué, ses grosses bottes et son bonnet à la
« crême, contre l'habillement complet de mon
« greffier, qui, ronflant sous cette bancelle, n'a
« besoin que de laisser écouler le trop bu. »

Et le curé de s'écrier :

« Quelle Jérusalem nouvelle
« Sort du fond du néant, brillante de clartés,
« Et porte sur son frond une marque immortelle !
« Peuples de la terre chantez
« Jérusalem renaît plus brillante et plus belle.

« Que faut-il chanter, très-digne pasteur? re-
« prit la belle-maman. — Rien du tout, ouaille
« très-sainte. Il n'y a pas de Jérusalem nouvelle,
« et l'ancienne est bien peu de chose. Ces vers
« offrent cependant un sens très-clair à tous nos
« initiés : c'est que nous avons proscrit l'ancienne
« Jérusalem, qui, malgré cela, existe toujours,
« et que la nouvelle c'est nous. Il est vrai que
« la pièce, où sont enchâssées ces métaphores
« mystiques, tomba dans le temps, parce que le
« grand-prêtre Joad était trop près alors de Ra-
« vaillac et du prieur Bourgoing; mais nous ve-
« nons de réhabiliter l'ouvrage, et de nommer
« l'auteur le poète par excellence. *Nobis, nobis,*
« *et semper nobis.* — Je ne sais pas le latin, mon-
« sieur le curé. — Tant mieux pour vous, ma-
« dame, car vous ne pourriez écouter le nôtre. »

Et, pendant cette conversation, le bedeau s'é-
tait rué sur le greffier, et le mettait nu comme
un ver; le berger avait apporté de l'eau chaude,
au-dessus de laquelle belle-maman arrondissait
son bras, en tenant du pouce et de l'index son
flacon d'eau-de-vie de lavande, et le citoyen avait
pris la citoyenne sous le bras, et était allé se
renfermer avec elle, à double et à triple tour, et
monsieur l'officier et ses messieurs travaillaient,
avec la pointe de leur sabre, à la dissection d'un
jambonneau, dont le porteur, proscrit dans Jérusalem ancienne, est, en récompense, très-fêté
dans Jérusalem nouvelle. Autres temps, autres

mœurs, dit un proverbe très-juste, car tout change dans le monde, hors les humeurs acrimonieuses de monseigneur Geoffroi.

Saint Denis, saint Georges et saint Martin, poussés par les sucs du favori d'Antoine, et par le vieux vin du citoyen juge que leur versait belle-maman, devinrent, à sa recommandation, très-polis envers monsieur le curé, parfaitement vêtu alors aux dépens du greffier, plus long que lui de huit pouces, et plus étroit de sept. Aussi le curé répétait-il, avec complaisance, en se regardant dans la grande glace, d'un pied carré :

Jérusalem renaît plus brillante et plus belle.

Le brigadier lui offrit la croupe; ses messieurs en offrirent autant au bedeau et à moi, et nous acceptâmes à l'unanimité, parce que cette manière de retourner chez nous était évidemment plus commode que celle par laquelle nous étions venus, et où il y a évidence, il n'y a jamais de dispute, ce qui fait qu'on n'a jamais disputé sur la religion chrétienne.

Ma foi, j'étais de bonne humeur aussi; j'avais attrapé quelques bribes du fessier de l'ami d'Antoine, que j'avais eu soin d'humecter de quelques verres de vin; j'étais sur une valise bien douce; j'avais les épaules couvertes du manteau de saint Martin, et j'étais bercé par l'espoir de revoir bientôt mademoiselle Javotte.

Mademoiselle Javotte nous croyait perdus sans

ressources, et, comme il n'y a pas d'inconvéniens à dire ce qu'on sait des gens perdus, elle avait confié à sa bonne amie, jeune femme moins jolie qu'elle, bien que très-piquante, que nous étions morts victimes de la manie des miracles; la jeune femme avait confié notre fin tragique à Martin, son mari, ce goguenard qui avait ôté proprement de sa bouche le bout de tabac qu'il mâchait, pour s'opposer à la perquisition processionnelle que voulait faire le pasteur dans la forêt de Senart. Martin avait raconté le fait à sa commère, qui avait couru le raconter à la femme du bedeau, afin de pouvoir causer, sous le prétexte de lui administrer des consolations. La femme du bedeau avait couru les rues, nu pieds, le bonnet à la main et les cheveux au vent; elle déplorait la mort de son mari et de son curé, et mademoiselle Javotte se contentait de répéter à voix basse: « Pauvre Jérôme! pauvre Jérôme! » Les douleurs vraies sont toujours muettes.

Cependant la femme du bedeau avait été rencontrée par le piéton de la poste aux lettres, qui s'enivre, au lieu de faire son service, et qui remet la moitié des dépêches qu'il n'a pas perdues.

Le piéton interrogea la femme du bedeau, qui lui répondit, d'après son curé: *Désolation de la désolation!*

A ces paroles mystiques, le piéton juge qu'il y a un joli pour-boire à gagner. Il fait entrer l'affligée au cabaret, et il lui verse à boire, et il en verse aux survenans, le tout à quatre sous la pinte; mais il verse si amplement, que tout le village survient, et que tout le village sait, ainsi que le piéton, que le curé et son bas-clergé sont disparus en faisant des miracles, et, le lendemain, on lisait dans Geoffroi : Que trop purs pour cette terre impie, nous avions été enlevés par les anges, et Geoffroi contait cela sans rire, comme il avait conté sérieusement que des couvreurs, qui avaient blasphémé en volant les plombs du toit d'une église, étaient tombés morts au pied de l'autel, sans que la voûte fût percée.

Il était naturel de s'assurer si, en effet, nous étions disparus, ou si nous étions morts; comment nous étions morts; ce qu'était devenue *notre dépouille mortelle*; mais, à la nouvelle d'un grand évènement, on commence par croire, et on raisonne après.

Les habitans étaient enchantés d'avoir trois saints en un jour, et trois saints de leur pays. Martin seul riait sous cape; les autres, pleins de l'ivresse bachique et de l'ivresse superstitieuse, arrêtèrent qu'on chanterait un service solennel en l'honneur des trois élus.

Aussitôt on tendit l'église de noir et de blanc; le noir au bedeau, parce qu'il était marié; le blanc au curé et à moi, parce que nous étions vierges, état le plus pur, comme on sait, et qui donne, en abondance, des conscrits au gouvernement. On joncha le pavé de fleurs ; le vitrier-peintre-colleur et décorateur de *notre endroit* passa une couche fraîche à l'huile sur l'auguste figure de sainte Marie Alacoque, patrone du lieu, et, pendant ces préparatifs, le maréchal, artiste vétérinaire, avait monté son cheval boiteux, pour aller prendre le curé de l'*endroit* voisin, et la cloche sonna sans interruption, parce qu'il est démontré que les puissances célestes jouissent à l'excès, lorsqu'on assourdit les humains.

Nous entrons dans le village, et déja on avait fait la moitié de nos funérailles. Nous avions cela de commun avec l'empereur Charles-Quint, qui voulut voir sa pompe funèbre, qu'au moins nous vîmes la fin de la nôtre, et il est très-flatteur d'avoir quelques petits rapports avec l'empereur Charles-Quint.

Déja on avait chanté le *Dies iræ, dies illa*, ce qui veut dire, *le jour de la colère, le jour celui-là*, et le morceau était bien choisi, parce qu'il est clair que le Seigneur est en colère quand il fait passer ses saints de cette vie mondaine à la félicité éternelle.

Et comme il était démontré que nous avions, avec Jésus-Christ, des rapports plus directs qu'avec l'empereur Charles-Quint, puisque Jésus, et nous, étions morts pour la bonne cause, on avait entonné, après le *Dies iræ*, le *Stabat mater dolorosa, juxta crucem lacrymosa, dum pendebat filius*, ce qui veut dire : *Elle restait la mère douloureuse, contre la croix, pleurante, pendant que son fils pendait.* Le reste du morceau est de la même force.

Mais comme on ne peut pas toujours pleurer la mort des saints, et qu'il faut avoir le bon esprit de se réjouir de leur assomption, on avait entonné le *Te Deum laudamus*, qui veut dire : *Dieu, nous te louons*, et il est, sans doute, très-flatteur pour Dieu de mériter les éloges des chantres de paroisse, et des très-dignes serpens qui les accompagnent.

« Oh! oh! bedeau, dit le curé, quel est donc
« le Philistin qui est entré dans mon tabernacle,
« et qui a porté la main sur mon arche d'alliance?
« — Je n'en sais rien, monsieur le curé. — Quel
« qu'il soit, il aura des hémorroïdes, comme les
« Philistins d'autrefois, car vous savez bien, be-
« deau... — Je ne sais pas, monsieur le curé. —
« Je vous apprends donc, monsieur, que c'est
« d'hémorroïdes que furent frappés ceux qui por-
« tèrent la main sur l'arche sainte. — Quel rap-
« port, monsieur le curé, y a-t-il entre la main
« et l'anus, et pourquoi Dieu ne punissait-il pas,
« alors, la partie peccante, comme il l'a punie
« depuis, à ce que vous dites, dans François Ier,
« et bien d'autres? — Oh, bedeau, pourquoi...
« Pourquoi punit-il aussi la partie qui a fait lé-
« gitimement son office en vertu de la permis-
« sion de notre mère la sainte église? — Il punit
« aussi celle-là, monsieur le curé? — Oui, be-

« deau, et c'est d'après cette conduite, un peu
« originale, que saint Paul a déclaré, burlesque-
« ment, qu'il ne pardonnerait ni à ceux qui ont
« péché, ni aux autres. — C'est donc pour cela,
« monsieur le curé, que les patriarches furent
« damnés, pendant quelques siècles? — Proba-
« blement, bedeau, et ils durent être bien éton-
« nés de se voir en enfer, car le Seigneur, qui
« leur disait tout, ne les avait pas avertis qu'ils
« eussent une ame immortelle. A la vérité, Jésus
« raccommoda les affaires, au moment où les
« patriarches y pensaient le moins; il les tira des
« enfers, sans leur rendre plus de compte du se-
« cond caprice que du premier. Au reste, gloire
« à la clémence de Jésus, car Noé l'ivrogne, Loth
« l'incestueux, Abraham qui prostitua sa femme,
« Jacob qui coucha avec les deux sœurs, Moïse
« massacrant les Israélites à tort et à travers,
« le grand-prêtre Aaron adorant un veau d'or,
« Jephté égorgeant sa fille, Booz vivant avec une
« prostituée, David tuant le mari pour avoir la
« femme, Élie faisant manger par un ours de
« petits enfans qui s'étaient moqués de lui, etc.,
« etc., tous ces gens-là, bedeau, ne méritaient
« pas trop le paradis. Ils ne méritaient pas non
« plus l'enfer, puisqu'on ne les avait pas avertis
« qu'il y en eût un, et une loi répressive ne peut
« avoir de force qu'autant qu'elle est promulguée.
« — Que méritaient-ils donc, monsieur le curé?
« — Ma foi, je n'en sais trop rien. Mais voyons

« quel est celui qui se donne les airs de chanter
« le *Te Deum* dans mon église. »

Et le curé talonne le cheval de saint Denis, le bedeau talonne celui de saint Georges, et moi je ne talonne rien, parce que j'avais les jambes trop courtes.

Nous traversons le village au grand trot; nous arrivons à la porte de l'église. Le curé saute lourdement à terre, et entraîne, après lui, saint Denis, qui, en se relevant, lui applique un coup de poing sur l'oreille. Le curé, plein d'un saint enthousiasme, ne sent pas qu'il a une bosse sur le côté de la tête; il entre, en courant, dans le temple du Seigneur; son bedeau le suit d'aussi près que possible; moi, je cours au presbytère.

Je trouve mademoiselle Javotte en larmes... Elle me regarde, se lève, m'ouvre les bras, et me presse contre son cœur. Ses larmes tombaient sur mes joues, et sur ma poitrine découverte, et elles me faisaient un mal... et un bien !

Tout à coup un bruit affreux se fit entendre... c'étaient les femmes du village, qui s'étaient sauvées de l'église à l'aspect des deux revenans, et qui criaient, à tue-tête, que les nouveaux saints n'étaient que des réprouvés, échappés de l'enfer pour mettre tout en combustion.

En effet, notre curé avait saisi son confrère par la nuque, et notre bedeau avait pris, par le nez, le bedeau étranger. Le curé de *l'endroit voi-*

sin avait renversé notre curé d'un coup de missel sur l'occiput, et le confrère de notre bedeau avait culbuté celui-ci d'un coup de crucifix entre les deux épaules. Les chantres du village avaient pris parti pour leur curé; ceux de *l'endroit voisin* avaient défendu le leur. On s'était mêlé; on avait renversé les bancs, les chaises, et la victoire fut long-temps incertaine. Enfin les Philistins eurent le dessous, parce que sainte Marie-Alacoque ne pouvait être spectatrice indifférente d'un tel combat. Renversée de son piédestal par un grand coup de chandelier, qui s'adressait à un autre, elle tomba sur les deux jambes du chanteur de *Te Deum*, et le fixa sur le carreau. Aussitôt notre curé cria au miracle, son bedeau cria au miracle, et, comme un miracle est toujours d'un grand effet, les Philistins, terrifiés, cessèrent de frapper, et les nôtres aussi, les deux partis, d'ailleurs, ayant également besoin de repos.

C'est au moment d'une trêve que les puissances belligérantes ont le loisir de s'expliquer, de se concilier et de consolider un traité de paix, toujours très-bon, quel qu'il soit, pour les peuples épuisés; mais toujours rompu par le premier qui croit y trouver son avantage, car le *primo mihi* n'est pas seulement l'adage de chaque individu, il est aussi celui des nations en masse. Ainsi on ne s'étonnera pas que les Philistins, et les gens de notre village, ne voyant rien à gagner à se donner des coups, qui font toujours mal, aient volontiers accédé aux premiers moyens de conciliation qui se présentèrent.

Lorsque notre curé sut que l'intention de son confrère n'avait pas été de le spolier de son bénéfice, mais bien d'honorer sa mémoire, il lui présenta la main. Les deux curés se firent une profonde révérence, se demandèrent mutuellement pardon, et se donnèrent le baiser de paix. Les deux bedeaux singèrent exactement les mines, les gestes et les salutations des deux pasteurs. Les plébéiens des deux partis s'embrassèrent cordialement, à l'exception de Martin, qui, n'ayant pris aucune part à la querelle, ne voyait pas qu'il eût à se réconcilier. Pendant qu'on se battait, le drôle, appuyé contre un pilier, mâchait tranquillement son bout de tabac, et disait, par intervalles, et en crachant : « Qu'on se batte pour « les autres ou pour soi, on finit toujours par « s'arranger; or, en s'arrangeant avant la bataille, « il n'y a que les corbeaux qui perdent. »

Cependant le combat de prêtre contre prêtre, de bedeau contre bedeau, de chantres contre chantres, avait causé un furieux scandale, et rien de plus fatal à la foi que le scandale causé par ceux qui la prêchent. Les deux curés, convaincus de cette triste vérité, trouvèrent aussitôt le remède au mal. Le clergé n'est jamais embarrassé.

Notre pasteur monta en chaire, et parla avec une onction, une componction, qui lui firent verser des larmes, et qui n'en tiraient à personne : il attendait son auditoire à sa péroraison.

Il allait dire de très-belles choses, sans doute, avec sa voix en fausset, accompagnée de deux bras qu'il levait et baissait alternativement comme le fléau d'une balance... Ahie, fit-il tout à coup... C'est qu'il s'était frappé le revers de la main droite contre un petit chérubin de bois qui était cloué au pare-araignées de la chaire.

Il se frotta le dos de la main, et reprit. Il assura ses auditeurs, en phrases amphigouriques, que les prêtres, et même les évêques, toujours inspirés par le Saint-Esprit, sont, de temps immémorial, dans l'usage de se battre entre eux, lorsqu'ils n'ont personne à brûler, et il cita un exemple de ces rixes, tellement respectable, qu'aucun philosophe n'en eût osé contester l'authenticité. Il rappela que les pères du second concile d'Éphèse, en l'an 449, se battirent à coups de bâton, pour prouver et faire reconnaître à leurs antagonistes que Jésus n'avait qu'une nature, système très-peu orthodoxe aujourd'hui, mais qui prévalut, alors, comme les manches à la mameluck ont succédé à des bras nus, qui laissaient voir l'échantillon de ce qu'on cherche plus bas.

Quand nos bons habitans surent qu'on s'était battu, à coups de bâton, au second concile d'Éphèse, ils trouvèrent une grande modestie à ne s'être battus qu'à coups de poing ; ils furent attendris et flattés, à la fois, que leur église ait ressemblé à une salle de concile. Ils ne doutèrent point que le Saint-Esprit n'ait plané sur la couverture pour animer les combattans, et ils entonnèrent spontanément un *Veni Creator*, qui termina la séance.

Monsieur notre curé invita monsieur son confrère à venir chez lui se bassiner avec de l'eau et du sel, et prendre un dîner tel qu'il pourrait le lui offrir. « Ah ! dit le confrère, les apôtres « prenaient ce qu'ils trouvaient.— Aussi dînaient- « ils mal : nous tâcherons de dîner mieux, nous « qui ne les valons pas. »

On sortait de l'église. Les deux prêtres se disaient les choses les plus obligeantes et les plus gaillardes, le tout en style parabolique, lequel n'est point à la portée des profanes, lorsque le curé de *l'endroit voisin* s'aperçut qu'il avait perdu son étole, une étole de velours de soie, galonnée d'argent fin, que lui avait donnée, avec la chape et la chasuble, une dame très-pieuse, qu'il avait forcée à chasser de chez elle son fils, très-bon sujet ; mais qui n'allait pas à la messe.

On ne trouve pas toujours de bonnes dames qui chassent leurs fils et qui donnent des étoles ; aussi le curé voisin déclara-t-il, avec énergie et sans parabole, qu'il entendait récupérer ses ornemens sacerdotaux. Notre curé protesta de son ignorance ; le voisin eut l'air de ne pas y croire, et, de propos en propos, l'église eût, peut-être, représenté encore une fois une salle de concile, si Martin, qui avait tout observé dans son imperturbable sang-froid, n'eût rapproché les partis, en accusant notre bedeau du vol.

Le bedeau se défendit beaucoup. Mais Martin se rappela que lorsque sainte Marie-Alacoque était tombée sur les jambes du célébrant, lui, bedeau, en s'empressant de dépétrer l'homme de la sainte, lui avait adroitement passé l'étole pardessus la tête. Le bedeau nia, et, alors, Martin ouvrant la houpelande du filou, et glissant son bras dans une poche, vaste comme une caverne, il en retira l'étole proprement roulée.

Le bedeau, confondu, voulut se justifier par ce passage de l'Évangile : *Prenez ce que vous trouverez.* Le curé voisin, à qui le passage n'était pas avantageux en ce moment, prouva par la Sorbonne, par les saints pères, et par l'église même, qu'il n'était pas applicable au cas dont il s'agissait, et le bedeau, vaincu, accablé sous le poids de cette immense érudition, convint du délit, mais protesta qu'il n'avait eu d'autre intention que de remplacer la magnifique étole, donnée à la paroisse par cette grande dame qui, en trois jours, avait hérité de son père, de son mari et de ses trois enfans, laquelle étole avait été dérobée on ne savait par qui ni comment. « La, « la, dit Martin en riant en-dessous, tout vient à « terme à qui sait attendre. Votre étole se trou- « vera. »

On se mit en marche de la manière la plus

amicale, et le bedeau disait à part lui : Madame Martin est l'amie intime de mademoiselle Javotte ; elle entre partout avec elle, partout, même à la sacristie. Elles auront volé l'étole à elles deux, et en auront vendu la dorure pour acheter ces beaux affiquets qui font tant d'envie aux femmes du village.

Le curé voisin avait recouvré son étole ; le nôtre ne pensait plus à la sienne. Ils ne donnèrent aucune attention au monologue du bedeau, et arrivèrent au presbytère, où se passaient des scènes d'un tout autre genre.

On demandait si l'homme a toujours eu des passions. On répondait par cette question : « Les « éperviers ont-ils toujours mangé des perdrix ? « Mais, répliquait-on, l'éducation, la crainte des « lois, réforment ces passions. — Oui, lorsqu'elles « ne sont pas plus fortes que l'éducation et la « crainte. — L'homme est donc né méchant ? — « Ma foi, j'en ai peur. — Cependant l'homme « aime naturellement sa femme. — Le tigre aime « aussi sa femelle. — Le père affectionne ses en- « fans. — Le tigre défend ses petits, et déchire « des moutons, ainsi que l'homme dépouille son « prochain. »

Chassez le naturel, il revient au galop.

Les trois gendarmes, que la discipline avait ployés sous le joug, avaient retrouvé le naturel dans le bon vin du juge de paix, et ce qui leur en restait dans la tête avait fait oublier la discipline. En vertu du service rendu à monsieur le curé et à son clergé, ils étaient descendus, sans façon, à la maison curiale; ils avaient débridé leurs montures, et les avaient mises à même du coffre à avoine de Gogo. Saint Denis tuait les poules à coups de sabre; saint Georges avait étendu, d'un coup de carabine, un veau qui trottait lourdement au milieu de la volaille éperdue, et saint Martin était entré dans la cuisine pour chercher la clé de la cave.

Il trouva mademoiselle Javotte, recevant mes innocentes caresses, et me les rendant avec la plus vive affection. Le coquin la regarde, et, poussant un sacré nom, il s'approche, et lui applique un vigoureux baiser sur les lèvres; mademoiselle Javotte lui jette les ongles au visage, et il se jette sur mademoiselle Javotte; mademoiselle Javotte recule, elle tombe, saint Martin tombe sur elle, et, en un clin d'œil, il lui fait un masque de ses jupons; mademoiselle Javotte pousse des cris horribles, et j'entre en fureur.

Une lardoire était sur la table; je la prends, et, d'un bras désespéré, je l'enfonce tout entière dans le cul de saint Martin. Saint Martin se relève, en criant à son tour; il tire son sabre; je m'enfuis par la porte; mademoiselle Javotte s'enfuit par la fenêtre; saint Martin fait, pour courir, des efforts incroyables; la douleur l'emporte sur le désir de la vengeance; il s'occupe enfin de son postérieur, et des moyens d'en extraire la lardoire.

Lorsque les deux curés arrivèrent, saint Martin était dans la cour, la culotte basse, et ses deux confrères cherchaient, avec la pointe de leur sabre, la tête de la lardoire, que les mouvemens du patient avaient fait passer sous la peau. A la vue d'un cul nu et sanglant, de ses poules se débattant, de son veau agonisant, notre curé jeta, à son tour, les hauts cris, et invoqua le ciel et la terre. Le ciel ne répondit pas ; mais d'après les plaintes véhémentes de mademoiselle Javotte, le maire du lieu accourut en bonnet de laine, en sabots, en belouse de toile, et l'écharpe municipale à la main.

En courant, il rencontra le capitaine de la garde nationale, qui chariait du fumier, et il le somma de le suivre, la fourche sur l'épaule. Ils rencontrèrent le sergent-major, qui venait de voler un fagot dans un bois national, et ils lui enjoignirent de marcher, la serpe en avant. Ils s'avancèrent en braves ; mais quand ils surent qu'ils auraient affaire à trois gendarmes, l'officier civil s'arrêta. Il fit sonner le tocsin, et proclama la loi martiale.

Ceux que l'ennemi ne ruine pas tout-à-fait, finissent de l'être par leurs alliés. Tous les habitans fondirent dans le presbytère. Ils écrasèrent, avec leurs sabots, les poules échappées à la fureur des gendarmes ; ils renversèrent, en s'entrechoquant, le buffet qui renfermait toute la poterie du curé, et l'un d'eux, avec sa pipe, mit le feu à la grange. Alors le tocsin sonna avec plus de violence ; il sonna au village voisin ; toute une armée accourut.

Les seaux pleins d'eau se succédaient avec rapidité ; le feu fut éteint ; mais le blé, jeté çà et là, fut noyé et foulé aux pieds, et, lorsque les femmes se jetèrent les unes sur les autres pour retrouver et emporter leurs seaux, la dévastation fut complète.

Dans le tumulte, inséparable d'un tel évènement, nos gendarmes, semblables à des hussards qui fouillent un village, et qui disparaissent à l'approche d'une avant-garde ennemie, nos gendarmes étaient déjà loin. Saint Georges avait farci sa valise de poules, et avait mis le veau en travers devant lui. Saint Denis avait pris saint Martin, l'avait couché sur le ventre, et lié avec des courroies sur son porte-manteau ; il tenait son cheval en main, bêtes et gens cheminaient au grand trot.

Notre curé se lamentait. « Ah ! dit le curé voisin,
« les petites choses sont toujours le symbole des
« grandes. On prend à un roi une bourgade dont
« il ne sait pas même le nom ; il veut la reprendre,
« et perd une province. D'ailleurs, mon frère, il
« est écrit : *Si l'on vous prend votre tunique, don-*
« *nez votre manteau,* et loin de vous... former au
« précepte évangélique, vous avez fait un carillon
« infernal.

« Ah! repartit douloureusement notre curé, il
« est aisé de prêcher le désintéressement quand
« on n'a rien perdu. Oui, reprit notre bedeau,
« comme il est aisé d'être honnête homme quand
« on est riche. »

A l'accablement de notre curé, succéda une affreuse colère, lorsqu'il apprit l'attentat de saint Martin sur la personne de mademoiselle Javotte. Il jura par la très-Sainte-Trinité qu'il serait cassé par l'explosion de sa plainte, comme les murs de Jéricho avaient été pulvérisés par le son des trompettes. « Ah! reprit son confrère, il est encore
« écrit: *Si l'on vous frappe sur une joue, présentez l'autre.* Morbleu, s'écria notre curé, je
« vois bien que vous n'avez pas une jolie gouver-
« nante qui ait été houspillée par des gendarmes.
« J'aurai justice de ces coquins-là. »

Il n'y avait qu'une difficulté; c'est qu'on ne savait ni leur nom, ni le numéro de leur compagnie, ni le lieu de leur résidence. Le curé protesta qu'il vendrait sa jument Gogo, et même sa vache, pour payer les frais d'information. « Allez,
« allez, lui dit son confrère ...tentez-vous d'avoir
« payé les frais de la guerre, et sachez profiter
« de ce qu'on vous a laissé.

« Frères, ...formez-vous, ...tentez-vous, reprit
« notre curé ébahi!... —Mon voisin, il est nombre
« de mots évidemment imaginés par Satan, et le
« piége est d'autant plus adroit, que la première
« syllabe paraît très-innocemment liée aux subsé-

« quentes; mais je suis ...vaincu que ces mots ne
« sont propres qu'à salir l'imagination, à faire
« ...oler la ...tinence, et je me suis imposé la loi
« de ne jamais les prononcer en entier.

« On disait un jour, dans un grand cercle, que
« l'idole du roi Salomon s'appelait Milkon; qu'un
« empereur de la Chine se nommait Kon, sa se-
« conde femme Tonkon, et sa troisième Sikon.
» Mesdames, reprit la maréchale de Rochefort,
« on dit que partout kon signifie roi comme en
« France.

« Or, loin de favoriser la turpitude de l'équi-
« voque, indigné, surtout, d'un curé de l'église
« romaine, je veux au ...traire la bannir de la
« ...versation, et je m'observe, à cet égard, avec
« une ..gilance, dont le grand-...caire de mon
« évêque me sait le plus grand gré. Mais reve-
« nons.

« Je vous réitère le ...seil d'oublier les gen-
« darmes, et de faire couver les poules qui vous
« restent. »

L'avis était sage; mais notre curé était vindi-
catif, défaut très-peu commun, ainsi qu'on le
sait assez, à messieurs les gens d'église. Cependant, quand il eut interrogé et réinterrogé mademoiselle Javotte; quand il fut convaincu qu'elle
n'avait point été polluée, et qu'à l'aide d'une lardoire j'avais arrêté net l'insolent, il s'adoucit, et
me caressa le menton.

Il s'occupa alors, ainsi que tout potentat, après

la ratification des préliminaires, à rétablir l'ordre dans ses propriétés. Son premier ministre, le bedeau, l'aida de toute son activité. Je m'occupai à plumer quelques poules qui étaient allées mourir sous des bourées, et qui avaient échappé à la voracité des gendarmes. Mademoiselle Javotte s'occupait à replisser son linge et à rattacher au fichu l'épingle de modestie; le confrère s'occupait à dire paisiblement son bréviaire, et lorsque tout le monde est occupé, ce qui arrive toujours après une petite guerre ou une grande, on n'a pas le loisir de s'affecter des malheurs passés. A la vérité, on s'aperçoit, de temps en temps, qu'on est plus pauvre de moitié; mais la gloire dédommage de bien des choses, et mademoiselle Javotte s'était défendue en héroïne; je l'avais secondée en héros : motif de satisfaction pour mademoiselle Javotte et pour moi. Il y avait, cette année, beaucoup de fluxions de poitrine, et partant beaucoup d'enterrements; il y avait en outre beaucoup de petites filles grosses, partant baptêmes, et quelquefois baptême et mariage : motif de consolation pour notre curé.

Jamais on n'oublie aussi aisément les calamités de la guerre, que lorsqu'on est assis à une table, dont les mets succulens, humectés du jus de la treille, rendent du ton à l'estomac, et à ce que certaines gens appellent l'ame, sans en avoir d'idée ; qu'ils jugent immortelle parce qu'ils le désirent, et quoiqu'ils la sentent dans la dépendance continuelle d'une bonne ou mauvaise digestion, d'un ventre libre ou constipé, ce qui prouve, sans réplique, que nous avons une ame spirituelle, c'est-à-dire quelque chose d'absolument étranger à la matière, et toujours soumis à la matière, ce qui est contradictoire; mais qu'importe?

Le curé voisin entra en gaieté à l'aspect de quatre poules servies de quatre manières différentes : poule en consommé, poule au riz, poule aux oignons, poule aux navets, et, comme la gaieté se communique, le curé pillé dîna aussi bien que le curé qui n'avait rien perdu.

Il est d'usage, lorsqu'on est fêté par quelqu'un, de lui dire des choses flatteuses sur la grace avec laquelle il fait les honneurs de chez lui. Cette manière a été introduite par les parasites, qui ne peuvent payer leur écot qu'en complimens. « Par-
« bleu, dit le confrère après un silence de cinq
« quarts d'heure, et en s'essuyant gravement la
« barbe, j'avoue qu'il y a long-temps que je n'ai
« rien pris qui vaille votre ...sommé de volaille;
« votre salade de ...combres était assaisonnée à
« ravir, et vos ...fitures du goût le plus exquis.
« Je me flatte que, lorsque monseigneur viendra
« donner la ...firmation chez moi, vous augmen-
« terez le nombre des ...vives, et vous ne regret-
« terez pas votre ..site, quand vous aurez tâté
« de mon ..goureux languedoc. »

Ainsi que, lorsqu'on fait sa cour à un homme

puissant qui est encore amoureux de sa femme, on ne manque pas de marquer beaucoup d'égards à madame ; ainsi, quand on veut être bien avec un curé, on prodigue à sa gouvernante les marques de la plus haute considération. Le voisin, très au courant des usages *curiaux*, arrêta mademoiselle Javotte, qui allait et venait, et lui prenant la main, et la regardant de manière à lui faire baisser les yeux : « Je suis persuadé, lui
« dit-il, que votre présence ajoute toujours beau-
« coup à l'excellence des choses que vous présen-
« tez chez monsieur. J'en suis tellement ...vaincu,
« que je ne doute pas que souvent vous n'ayez
« été ...voitée. Mais le ...cubinage ne s'accordant
« point avec votre ...science, je ...jecture que
« vous avez toujours eu la ...solation de vaincre,
« et je vous en ...gratule.

« Cependant, ma chère sœur, lorsqu'on échappe
« au péché par action, qui souille le corps et
« l'ame, on n'évite pas toujours le péché par
« pensée, qui ne souille que l'ame, et qui n'en
« est pas moins mortel, quoique l'ame ne meure
« pas. Or, si vous n'étiez pas sous l'aile tutélaire
« d'un prêtre vertueux, je ne pourrais mieux re-
« connaître les soins que vous avez eus de moi,
« qu'en vous proposant une ...férence, qui me
« gagnerait votre ...fiance, et j'aurais le plaisir
« de vous ...fesser. »

Mademoiselle Javotte, qui s'était long-temps pincé les lèvres, ne put retenir un éclat de rire,

qui parut choquer beaucoup le voisin. « Que
« diable aussi, confrère, lui dit notre curé, vous
« avez adopté un langage un peu extraordinaire.
« — Il n'est pas plus extraordinaire, monsieur,
« de raccourcir certains mots par des vues de
« pureté chrétienne, que d'en alonger d'autres
« sans nécessité. Vous pardonnez à vos grammai-
« riens de dire architecture, quand vous n'avez
« pas de tecture; architectes, quand vous n'avez
« pas de tectes; architraves quand vous n'avez pas
« de traves ; archipel, quand vous n'avez pas de
« pel ; ineffable, et non effable ; implacable, et
« non placable ; intrépide, et non trépide ; iné-
« dit, et non édit. Je ne vois dans notre langue
« que des singularités choquantes, et j'ai le droit
« d'être singulier tout comme un autre. Ce qui
« peut m'arriver de pis, c'est d'être classé parmi
« les grammairiens, et si un grammairien n'est
« pas un homme remarquable, c'est, au moins,
« un homme comme un autre, puisqu'il y en a
« à l'Institut. »

Notre curé parut émerveillé de l'explication
donnée par le confrère, et jaloux de le chatouiller
à l'endroit sensible, il lui répondit en traînant
ses mots, et avec le plus aimable sourire : « Je
« ne vous ...teste plus rien. Je ...çois maintenant
« que vous avez tout-à-fait raison, et je ne doute
« point qu'au premier ...cile votre méthode ne
« soit adoptée, dût-on faire ..olence à ceux à
« qui elle ne ...viendrait pas.

Il est du meilleur ton de paraître chrétien, et, pour être rangé parmi les incroyables, il faut offrir à sainte Geneviève un culte qui n'est dû qu'à Dieu. Ainsi l'a prononcé son excellence Geoffroi, et ses lettres-patentes, accordées à la sainte, sont du vingt-neuf nivose an XII.

S'il est du meilleur ton de paraître chrétien, il est très-utile, pour beaucoup de gens, de savoir la bouillotte, parce qu'il est aussi aisé de dire *passe, jeu, tiens, tout*, que *gloria Patri*, ou *amen*.

Mais comme les vrais chrétiens ne *passent* point à table, et que, pour n'avoir pas l'air d'un sot, il faut dire quelque chose, on a mis en vogue les calembourgs, les charades, les énigmes et les logogriphes. Or, comme il n'est pas de curé chrétien, déiste ou *nihiliste*, qui ne soit bien aise de passer pour un homme du bon ton, le confrère, en savourant le café martinique, servi pour du moka, proposa, d'un air important, son énigme, en prose à la vérité ; mais si un curé est obligé de faire des prônes, il n'est par tenu de savoir faire des vers, témoin monseigneur Geoffroi, qui critique si amèrement ceux des autres, et qui n'en a fait que de pitoyables.

Le voisin donc, nous ayant rassemblés autour de la table, mademoiselle Javotte, le bedeau et moi, nous dit, après l'inclination circulaire qui cache l'orgueil sous une modestie apparente, et qui commande l'attention :

> Un quidam secoue un corps sans ame;
> Le corps sans ame réveille un corps sacré;
> Le corps sacré entre dans le sein de sa mère;
> Et y dévore son père.

On se regarda les uns les autres. Notre curé se frottait l'oreille; le bedeau avait la bouche ouverte, et de gros yeux fixés sur la dame-jeanne qui recelait l'eau de noyau; mademoiselle Javotte répéta, d'après la soubrette du *Mercure-Galant:*

> Soit manque de finesse ou de bonne fortune,
> Je n'ai pu de ma vie en deviner aucune.

Le confrère se leva d'un air triomphant. Après s'être gratté le crâne avec les pointes de sa calotte, il mit sous son bras le bréviaire doré sur tranche, regarda mademoiselle Javotte à la dérobée, et partit.

Le mot, le mot, lui cria notre curé, et le voisin nous le glissa à travers une fenêtre, en regardant encore mademoiselle Javotte.

De profonds faiseurs d'énigmes ont promis de très-belles choses à ceux qui les devineraient; je promets, moi, *la chose la plus rare* à celui qui devinera l'énigme du voisin. Je vous entends vous écrier : « Loin de nous donner le mot, vous « mettez énigme sur énigme.—Allons, allons, ne « vous fâchez pas. Vous ne savez donc pas quelle « est la chose la plus rare?... Hem?... plaît-il?... « C'est une louange de Geoffroi. »

CHAPITRE V.

Les Écoliers, le Grand-Vicaire.

Ainsi qu'un malade attaqué de convulsions violentes guérit lentement, à moins pourtant qu'il ne meure, de même le presbytère, dévasté, incendié, offrait maintenant le triste calme d'une longue et pénible convalescence. Que d'historiens plus véridiques que moi en ont pu dire autant sur des sujets d'une tout autre importance !

Il n'y avait donc chez nous aucune de ces scènes si désastreuses pour ceux qui les éprouvent, et si piquantes pour ceux qui les lisent. Le curé disait régulièrement et machinalement sa messe ; le bedeau m'apprenait à la servir ; mademoiselle Javotte prétendait m'apprendre à l'aimer. Je lui aurais répondu plus tard, qu'à cet égard elle n'avait rien à désirer. Ce que je ne pouvais dire alors, je le pensais.

Vous vous rappelez, peut-être, que le curé, indépendamment de ses offices et de sa partie de trictrac, instruisait, du mieux qu'il lui était possible, les enfans de ses paroissiens.

La lecture, l'écriture et les quatre règles étaient, comme de raison, abandonnées au maître d'école, sonneur de la paroisse.

Mais l'enseignement du Catéchisme, de la Bible, d'une pauvre latinité, et d'une espèce de moralepratique, était exclusivement réservé à monsieur le curé : le clergé ne s'en rapporte qu'à lui du soin d'hébéter les pauvres humains.

J'étais toujours présent en classe, parce que mademoiselle Javotte m'avait dit qu'elle désirait que je devinsse savant. Je ne savais pas lire, et les leçons du pasteur étaient pour moi aussi inutiles qu'ennuyantes. Mais si l'envie de plaire à mademoiselle Javotte ne suffisait pas à mon instruction, elle me faisait au moins supporter l'ennui.

Au bout de quelques jours d'une attention opiniâtre, inutile, et constatée par ma protectrice, elle sentit que son plan d'éducation ne valait rien du tout, et que, pour apprendre le latin, il faut au moins connaître ses lettres.

A beaucoup de très-bonnes qualités, mademoiselle Javotte joignait la qualité très-rare de ne pas tenir à ses opinions. Elle me demanda pardon du temps qu'elle m'avait fait perdre, des dégoûts que j'avais supportés pour elle; elle courut chez monsieur Mouton, adjoint du maire, qui ne vend rien de bon, mais qui vend de tout, comme j'ai eu l'honneur de vous le dire, chapitre III, et elle me rapporta une Croix-de-par-Dieu, car on met Dieu à toutes les sauces, et, en allant et venant, elle me montrait, elle me nommait les lettres de l'alphabet, et je les répétais quand elle m'avait quitté, et elle m'embrassa quand j'eus retenu l'O, ce qui me fit retenir, dans la journée, le reste des lettres, que je ne lui dis pourtant qu'une à une, afin de ne perdre aucun des vingt-quatre baisers, dont chacun me valait une heure de félicité.

C'était surtout le soir, lorsque le curé était allé faire son trictrac, que, paisibles et sans témoins, elle se plaisait à m'instruire. J'étais debout entre ses jambes, qui semblaient me caresser; une de ses mains était passée autour de mon cou, et jouait avec les boucles de mes cheveux; un joli doigt de l'autre était fixé sur le livre. Je faisais, pour comprendre, des efforts incroyables, et mes efforts étaient ordinairement heureux.

Si ces jambes, si ces mains imprudentes, mais si bien faites, me donnaient des distractions que je ne savais à quoi attribuer, elle me grondait doucement, si doucement, que je tournais vers elle ma jolie figure enfantine; je lui souriais comme elle avait grondé; elle me souriait à son tour, jetait ma Croix-de-par-Dieu, se relevait en chantant, allait prendre un jeu de cartes crasseux, me les faisait d'un air grave, et répétait sans cesse : « Bonheur, bonheur, toujours bonheur!
« Ah! Jérôme, ou il ne faut pas croire aux car-
« tes, ou tu seras l'homme du monde le plus
« heureux. »

Après avoir fait la magicienne, elle me donnait une leçon de mariage; jeu si joli, qu'elle m'a en effet appris plus tard, que nous avons tant joué ensemble, et toujours avec tant de plaisir!

En dépit des distractions, je faisais des progrès rapides. Le curé, qui ne daignait pas s'occuper de moi, fut très-étonné un jour de voir que je lisais fort bien, et que je savais non-seulement mon catéchisme, mais les actes d'amour, d'espérance, d'humilité, et autres belles choses qui terminent ce livre essentiel. Il me mit un rudiment à la main, et me fit décliner *musa, la muse.* Il n'avait pas la méthode d'enseigner de mademoiselle Javotte, et il donnait aux muses cet air refrogné que leur trouve toujours un auteur tombé. Mais mademoiselle Javotte voulait que je susse le latin, et je ne savais que lui obéir.

C'était le jour de Pâques. Les garçons, la tête saupoudrée de farine; les jouvencelles, en bavolet blanc, allaient, pour la première fois, goûter le pain des anges, qui n'a rien de bien ragoûtant. Le curé commença l'importante cérémonie par un discours sur la présence réelle, qu'il prouva sans réplique, ainsi que ses confrères, à ceux qui en sont persuadés, et il la termina par une distribution solennelle de prix. On en distribue aux Prytanées, aux Écoles-Centrales, dans toutes les écoles possibles, et notre curé eût été au désespoir de n'en pas distribuer aussi.

Les prix, disent tous les maîtres, alimentent l'émulation. Ils ne conviennent pas qu'un écolier laborieux qui n'en obtient jamais, subit une humiliation qu'il n'a point méritée, dont il ne peut accuser que la nature marâtre, et que, ne trouvant point de remède à cet obstacle-là, il tombe dans un découragement absolu; mais il faut des prix à la gloriole des maîtres; la distribution est pour eux une pompe triomphale; c'est à eux seuls qu'ils rapportent les succès des couronnés, qui, pourtant, ne sont dus qu'aux soins des répétiteurs, mais

Sic vos, non vobis, etc.

Nous avions donc des prix, et on ne les devait point à la munificence du curé, assez pauvre diable, très-fidèle observateur surtout de l'axiome : *Il ne faut pas faire la guerre à ses dépens.* L'église a toujours soutenu le trône, et le trône l'église. Ce sont deux corps qui ne s'aiment pas, qui ne s'estiment pas, mais qui ont besoin l'un de l'autre, et qui se comblent d'égards. D'après ce principe, une laitière avait rapporté, dans les paniers de son âne, de quoi couronner les élus, et voici à quoi nous devions les saint Augustin, les saint Éphrem, et autres saints, proprement reliés en basane, et rougis sur tranche : l'administration municipale avait destiné deux cents francs aux réparations d'un chemin impraticable, qui ne fut pas réparé.

Et l'église, toujours reconnaissante, et faisant toujours valoir les béatilles qu'elle accorde à ses enfans, avait fait, au maire, le sacrifice de quelques bouts de galons faux, perdus dans un coin de la sacristie, dont le municipal avait bordé le collet, les paremens et les poches de son habit vert-pomme, afin d'avoir quelque chose de l'uniforme. Il avait pris son chapeau à trois cornes, ses souliers ferrés neufs, et le sabre du garde-champêtre, proprement attaché avec une ficelle, sous l'écharpe tricolore.

A voir les complaisances du maire pour le curé, et du curé pour le maire, on croirait, si je ne les avais pas nommés, qu'il s'agit au moins de Clément V et de Philippe-le-Bel : tant il est vrai que les hommes sont partout les mêmes au fond, et ne diffèrent que par la forme.

On sait que Philippe-le-Bel accordait tout à Clément V, très-saint pontife, éperduement amoureux de la comtesse de Périgord, et, de plus, voleur d'églises, et que Clément V, pour reconnaître la docilité de Philippe-le-Bel, lui permit de brûler et de voler les Templiers, ce qui n'était pas chrétien du tout; mais qu'importe?

Pourquoi, me demanderez-vous, ce maire, charretier de son métier, aimait-il mieux employer les sous additionnels de sa commune à acheter des bouquins, qu'à réparer un chemin, dont le délabrement lui coûtait une paire de roues tous les six mois? En voici la raison : ce maire avait un fils, un grand dadais de dix-sept ans, le petit Voltaire du village, qui devait partir au premier jour pour être clerc d'huissier à la petite ville voisine, parce qu'il est dans l'ordre que le fils soit toujours plus que le père. Au moins les pères le veulent ainsi, et quand les convenances sociales le permettront aussi, il n'y aura, en France, que des empereurs, comme il n'y a, depuis long-temps, que des seigneurs en Espagne, et des barons en Germanie; empereurs en carrosse, empereurs à pied, empereurs millionnaires, empereurs mendians, et quand il sera reconnu, de nouveau, qu'il n'existe pas de dignité sans fonctions, à l'exception pourtant de celle de cardinal, évidemment établie par Jésus-Christ; quand on se rappellera que celui-là seul est empereur, qui peut acheter plus de baïonnettes que son voisin, alors l'empereur mendiant servira l'empereur millionnaire, et reprendra son nom de Guillot, qui veut dire quelque chose, quand l'autre ne signifie plus rien. Alors on renoncera à la folie de l'orgueil, pour se livrer à d'autres sottises, car les hommes, nés pour ne faire que cela, en ont fait et en feront, malgré le sang du sauveur, inutilement répandu pour les rendre parfaits. Mais revenons.

Je vous disais que le maire avait un benêt de fils, et le curé avait glissé dans l'oreille du papa que sa digne progéniture aurait tous les premiers prix. Cela devait être, parce que le monsieur était le fils d'un homme en place, et parce qu'il devait soutenir un exercice sur un cours de morale de la composition du curé.

Or, la satisfaction de conduire son fils à la

petite ville voisine, ses couronnes de lierre passées à un bras, et ses bouquins ficelés sur l'autre, devait l'emporter sur le bien de la commune, comme les Alexandre, les Gengis, les Tamerlan, les Charles XII, et tant d'autres, se donnaient le petit plaisir de faire tuer cent mille hommes en bataille rangée pour faire parler d'eux dans l'histoire : leur peuple devenait ce qu'il pouvait. Je le répète, les hommes ne diffèrent que par les formes, et ne différeraient pas trop si les moyens étaient en leur pouvoir.

Tout était prêt au presbytère : à force de génie et d'activité on avait suppléé à une pénurie absolue. Comme le blé avait été brûlé, la grange était vide, et on l'avait transformée en musée; comme il faut un théâtre, le bedeau, qui dirigeait toutes les grandes affaires, avait cloué six planches sur des futailles vides; comme il faut des décorations, il avait tendu le pourtour de son théâtre des draps blanc et noir dont on décorait l'église aux funérailles de ceux dont les héritiers pouvaient donner au *decorum* ce qu'ils n'étaient pas maîtres d'accorder à la douleur; comme on ne doit rien voir de ce qui se passe sur la scène avant le coup de sifflet, le devant était fermé avec les rideaux d'indienne du lit du curé, jetés sur la corde à puits, fortement tendue à deux pièces de la charpente; comme il faut une fanfare pour chaque front couronné, le ménétrier avait été invité à la cérémonie, et, comme le ménétrier ne savait pas de fanfares, il était convenu qu'il jouerait le menuet d'Exaudet.

Mademoiselle Javotte, dans tous ses atours, jolie à tourner toutes les têtes, était chargée de faire placer les spectateurs, et de leur distribuer, dans les entr'actes, un quarteau de vin du crû, et un demi-cent de reinettes, que le maire avait envoyés au son du tambour et de la cloche, parce que les hommes constitués en dignité ont, dans les villages, comme dans les capitales, la manie de la représentation, et veulent représenter à bon marché.

C'est ainsi, en suivant ma comparaison, qu'aux mariages des princes on jetait au peuple, qu'on méprisait, des petits pains et de mauvais cervelas, sur lesquels le peuple méprisable se ruait, et que, pendant qu'on tirait deux douzaines de fusées volantes, on reportait chez eux ceux qui s'étaient fait casser bras et jambes pour se procurer une indigestion.

La cérémonie allait commencer. Le maire recevait, d'un air complaisant, les éloges anticipés que monsieur son fils allait sans doute mériter : il y a des flatteurs partout. Tel Astiage souriait aux exploits que promettait le caractère turbulent du petit Cyrus.

On avait distribué, à ceux qui savaient lire, un programme composé par le curé, et dont, par principe d'économie, on m'avait fait tirer vingt copies, précaution nécessaire, car si quelqu'un, sur l'annonce d'un cours de morale, eût demandé au fils du maire qu'elle est la véritable vertu, celle qui honore celui qui la pratique, parce qu'elle est utile à tous, le nigaud n'eût su que répondre, son curé ne lui ayant point appris cela, par la raison très-simple qu'il n'en savait rien.

Le ménétrier avait joué la Monaco, la Boulangère, et le Postillon par Calais. On nous attendait avec impatience, et cette impatience se manifestait par des sifflets, quoique le spectacle ne coûtât rien à personne. C'est ainsi qu'à Paris les porteurs de billets donnés, sont les premiers à dénigrer la pièce nouvelle, et à déconcerter les acteurs qui la jouent.

Notre lenteur avait une cause très-légitime; mais dont on ne pouvait, sans petitesse, instruire le public. C'est que le bedeau avait oublié de nous ménager une entrée, et pendant que l'auditoire sifflait, et que le ménétrier raclait, il perçait, à coups de pioche, le mur de derrière de la grange, et chacun répétait son rôle dans le poulailler attenant, qui était vide aussi depuis le massacre des très-innocentes poules.

Nous paraissons enfin. Le curé figure dans le fond du théâtre, et à sa gauche et à sa droite sont rangés, en demi-cercle, ses bambins par rang de taille. Sur le devant de la scène est une table surmontée du tablier de taffetas de mademoiselle Javotte, et sur le tablier sont rangés les couronnes et les livres, objets des désirs de tous.

A ce spectacle magnifique, des applaudissemens unanimes et prolongés firent retentir le toit de la grange.

Et le premier enthousiasme calmé, chacun regarda le maire, qui devait interroger le premier, et par la prééminence que lui donnait sa place, et par le rôle brillant que son cher fils allait jouer.

Martin, qui ne perdait jamais l'occasion de faire une malice, rappela au maire, d'un ton comico-ironico-respectueux, que l'homme en place qui préside à une distribution de prix ne manque jamais d'ouvrir la séance par un discours de son secrétaire, qui rappelle aux écoliers le respect dû au maître qui a fait de chacun d'eux autant d'excellens citoyens; au maître, l'étendue et l'importance de ses fonctions; aux parens, la reconnaissance que doit attendre d'eux celui qui les a si dignement remplacés dans l'observance d'un devoir qu'ils n'ont pu ou qu'ils n'ont pas voulu remplir; quelques lieux communs et une chaleur factice à la péroraison; un court ou long extrait dans le journal du lendemain, et le surlendemain on ne pense plus à rien de tout cela.

Le maire, étourdi de l'interpellation, balbutia qu'il n'avait pas de secrétaire, et qu'ainsi il n'avait pas fait de discours, et, pour empêcher Martin de faire quelque autre demande saugrenue, il me demanda ce que c'est que Dieu.

Je lui répondis avec autant d'assurance que si

j'en avais su quelque chose, et lorsque j'eus dit ce qu'est Dieu, où plutôt ce qu'il n'est pas, mademoiselle Javotte battit des mains et entraîna l'auditoire : une jolie femme donne le ton partout.

Après m'avoir parlé du Père, on interrogea mon voisin sur le fils, un troisième sur madame sa Mère, un quatrième sur le Saint-Esprit, et tous répondirent aussi joliment que moi, parce que rien n'est aussi facile que d'être clair et précis quand on parle de choses, positives comme une proposition d'Euclide.

Un vieux procureur retiré dans notre village, et boudant dans un coin de la grange, se leva brusquement, et demanda au fils du maire ce qu'un honnête homme mourant portait à Dieu qu'il n'eût point.

Le benêt se retourna d'un air d'indécision vers le curé, et le curé, se hâtant de répondre pour tirer son élève d'embarras, dit que Dieu étant le principe de tout, l'homme ne peut rien lui reporter qui ne dérive de lui.

Le procureur n'était pas aimé : l'auditoire lui rit grossièrement au nez, et applaudit à la sage réponse de son pasteur.

Vous êtes un ignorant, répliqua au curé le procureur en colère. L'honnête homme mourant porte à Dieu le néant, la misère, les fautes et le repentir.

Martin cria bravo, en riant de tout son cœur.

« L'idée est belle, reprit le curé en se pinçant

« les lèvres. Est-elle de saint Thomas? — Non,
« monsieur, elle est de Suzène de Suze : ne la
« trouve-t-on pas dans votre catéchisme? — Hé,
« monsieur, est-ce avec des Suzène de Suze qu'on
« fait des catéchismes? Je n'ai jamais entendu
« parler de cet homme-là. — Je le crois bien,
« curé. »

Et pour prévenir de nouvelles questions, toujours désagréables pour un prêtre qui n'est pas préparé, mais qui, cependant, répond à tout, *Non ut aliquid diceretur*, dit saint Augustin, *sed ne taceretur*, l'instituteur passa à son cours de morale.

Il observa, avec beaucoup de gravité, que s'il est beau de former des ames pour Dieu, il est utile d'apprendre aux hommes l'art de se conduire sagement dans le monde. Il ajouta qu'il se flattait d'avoir complètement réussi dans ce noble dessein, et qu'on en jugerait en interrogeant le fils de monsieur le maire. Il finit en priant qu'on ne s'écartât point du programme, parce qu'un cours à l'usage de la jeunesse est nécessairement borné.

Je vous rendrais bien le traité par demandes et par réponses, tel qu'il fut composé; mais cette méthode ôtant même au meilleur ouvrage la liaison et la vie, je l'ai arrangé à ma manière, en conservant scrupuleusement les pensées, les préceptes et les tours de phrase de l'auteur. Le voici :

Le grand-voyer dans le livre de la science universelle.

« Pendant l'été, mon fils, vous vous promè-
« nerez tous les jours, parce que le beau temps
« engage à la promenade, et que le grand air
« fait du bien.

« Quand vous passerez près d'un homme qui
« conduira un cheval, passez du côté du mon-
« toir, car si vous étiez de l'autre côté, et que
« le cheval vînt à se cabrer, il pourrait vous cas-
« ser les reins.

« Quand vous passerez sur un pont, marchez
« sur le parapet du côté que vient le vent, parce
« que s'il fait tomber votre chapeau, il tombera
« sur le pont et non dans l'eau.

« Quand vous irez deux personnes à la pro-
« menade dans un sentier, laissez passer votre
« compagnon le premier, parce que s'il y a des
« toiles d'araignées qui coupent le sentier d'une
« branche à l'autre, il les recevra dans le visage,
« et non vous. Ne le suivez cependant pas de trop
« près, parce que s'il vient à apercevoir un cra-
« paud, il fera un pas en arrière, tandis que
« vous en ferez un en avant, et il vous marchera
« sur les os des jambes. Restez donc à trois pieds
« de lui.

« Quand vous suivrez une lourde voiture, res-

« tez à la même distance, parce que si elle s'ar-
« rête tout à coup, on se frappe l'estomac contre.

« Quand vous lâcherez de l'eau dans la rue,
« ne vous mettez pas près d'un plomb, parce
« que souvent il en dégorge précipitamment de
« l'eau sale qui fait des éclaboussures sur les bas.

« Ne passez pas trop près des maisons, et sur-
« tout des allées, car, quelquefois, des étourdis
« en sortent en courant, vous attrapent et vous
« renversent.

« Le soir, prenez le milieu de la chaussée,
« pour ne pas encourir la même disgrace qui
« advint à Jeannot, et qui fit tant rire les Pari-
« siens.

« Si vous allez au spectacle avec un habit pro-
« pre, ne vous placez pas sous le lustre; souvent
« il en tombe des gouttes d'huile.

« Quand vous verrez un aveugle marcher seul,
« cédez-lui le haut du pavé ! vous le devez *primo*
« par humanité ; *secundo* par prudence, parce
« qu'en voulant tâter le mur avec son bâton, il
« vous le donnera dans les jambes.

« Si vous voyez une femme sortir d'un cabrio-
« let, jetez-vous précipitamment entre elle et la
« muraille, dussiez-vous lui barrer le passage,
« parce qu'en restant du côté opposé, un désir
« indiscret peut porter vos regards vers sa jambe,
« et la jambe d'une jolie femme porte avec elle
« je ne sais quel attrait, qui fait faire bien des
« sottises à la jeunesse.

« Si après vous être sauvé, par mes conseils,
« des immondices et des malencontres, vous vous
« trouviez entre une fille et un tas de boue, et
« qu'il vous fallût passer sur l'une ou sur l'autre,
« vautrez-vous dans la boue ; cela s'en va à la
« lessive, mais il n'est point de buanderie pour
« laver la tache que nous font ces impures.

« Si une belle femme vous regarde, baissez
« aussitôt les yeux, parce que c'est par les yeux
« que commence l'adultère.

« Si une jolie demoiselle vous regarde, baissez
« encore les yeux, parce que c'est encore par les
« yeux que s'introduit le démon de la concupis-
« cence.

« Si une laide vous regarde, baissez aussi les
« yeux, parce qu'il n'est pas défendu d'éviter la
« vue d'une chose désagréable.

« Si celle que vos respectables parens vous
« choisiront pour épouse légitime vous regarde,
« baissez toujours les yeux, de peur de l'aimer
« plus que Dieu si elle est jolie, et de ne pas
« l'aimer assez si elle ne l'est pas.

« En général et en particulier, baissez toujours
« les yeux devant les femmes, parce que tant s'en
« faut qu'elles aient fait du bien, qu'au contraire,
« elles n'ont fait que du mal. Ève perdit le genre
« humain, Hélène perdit Troie, Cléopâtre perdit
« Antoine, Frédégonde perdit l'état, Cathérine
« de Médicis perdit ses trois fils, et si Dieu avait
« voulu que nous pussions naître sans nombril,

« je vous conseillerais de renoncer à jamais aux
« femmes; mais puisqu'il faut des chrétiens, et
« que les femmes seules ont le privilége d'en faire,
« fécondez-en une, mon cher fils, baissez les
« yeux devant elle, et fuyez toutes les autres.

« En joignant à la pratique de ces maximes
« salutaires celle des principes religieux que je
« vous ai inculqués, vous deviendrez, mon cher
« fils, un homme véritablement recommandable,
« l'honneur de vos respectables parens, et la
« consolation de leur vieillesse. »

Quand le fils du maire eut débité toutes ces différentes maximes, on sentit quel avantage il aurait sur les jeunes gens d'une petite ville, qui ne savent que danser, se moquer des vieillards, tromper les femmes, et se mettre ridiculement. On ne douta point qu'avec le temps il ne parvînt aux places les plus distinguées, et que la commune ne lui dût alors la résidence du sous-préfet et deux ou trois cloches de plus. Mademoiselle Javotte eut beau dire qu'il était affreux de médire ainsi des femmes; que le curé, qui les dénigrait, y tenait au moins par sa mère; qu'il n'est pas d'homme sensible qui ne leur doive des momens heureux, M. Mouton l'interrompit, s'écria que le fils du chef municipal méritait tous les prix, et qu'il fallait les lui donner tous. Mademoiselle Javotte, à son tour, coupa la parole à M. Mouton, et s'écria que Jérôme, bien plus jeune, et qui connaissait Dieu parfaitement, avait plus de mérite que celui qui ne sait que se garder des toiles d'araignée, des crapauds, et du bâton des aveugles. Le sergent-major dit comme M. Mouton; Martin dit comme mademoiselle Javotte, pour le plaisir de contredire, et il trouva le moyen de ramener les opposans à son avis : ce fut de leur verser, en abondance, le vin que le maire n'avait pas envoyé pour cela. Tant il est vrai que les choses ne sont pas toujours employées d'après leur première destination. Une caisse militaire soudoie souvent l'armée ennemie; les troupes envoyées pour calmer les troubles d'une province grossissent, quelquefois, le parti insurgé, et tel qui avait pris une femme pour lui seul, est tout étonné de ne l'avoir épousée que pour les autres.

J'allais donc avoir tous les prix. Je sentais bien que je ne les méritais pas; mais j'étais bien aise d'humilier mes camarades, comme un homme d'état est enchanté de souffler une place à un concurrent qui la mérite mieux que lui.

Le maire, partie trop intéressée, et obligé, d'ailleurs, à paraître maintenir l'ordre, ne disait mot; mais il écumait de colère. D'un coup d'œil il avait rallié à lui M. Mouton et les hauts et les bas-officiers de la garde nationale. Martin rappelait ses déserteurs en élevant le broc. Les deux partis se menaçaient. Mademoiselle Javotte restait ferme à la tête des siens, et leur montrait son Jérôme. Telle autrefois Marie Thérèse, voulant gagner les cœurs de ses Hongrois, se promenait dans leurs rangs, portant sur ses bras son fils nouveau-né.

Nos paysans ne tirèrent point le sabre comme les Hongrois, parce qu'ils n'en avaient point; ils ne crièrent point, comme eux, *Moriamur pro rege nostro Theresiâ*, parce qu'ils ne savaient pas le latin, et que mademoiselle Javotte n'était pas reine, bien qu'elle eût au trône de l'univers les droits qui avaient porté Aline au trône de Golconde; mais nos paysans avaient les muscles du visage en contraction, les poings fermés, et Martin faisant continuellement circuler cette liqueur qui fait des héros en Europe, comme l'opium en Asie, j'allais l'emporter sur mon rival, par le droit du plus fort, reconnu partout pour le plus juste, parce qu'il est toujours incontestable.

Tout à coup nos preux s'arrêtèrent spontanément, et, inébranlables dans leur position, ils ressemblaient à autant de statues.

Conticuere omnes, intentique ora tenebant.

Les plus grands effets sont dus quelquefois aux plus petites causes. C'était tout simplement le bedeau qui rentra, lorsque le vieux procureur s'échappait, et qui, frappant de sa canne à pomme de fer-blanc l'aire de la grange, criait à tue-tête : Gare ! gare ! place à monsieur le grand-vicaire !

Et le grand-vicaire le suivait en effet. C'était

un homme d'une taille avantageuse, d'une figure distinguée; il avait je ne sais quoi qui force le respect de ceux qui se laissent prendre par l'extérieur, et c'est malheureusement le grand nombre. Lorsque les qualités de l'esprit et du cœur ne répondent point aux graces du corps, les hommes sont doublement dupes; mais le grand-vicaire réunissait tout ce qui justifie les égards que la modestie ne commande jamais; mais dont elle jouit intérieurement. Ce grand-vicaire-là ne plaira point à monseigneur Geoffroi et compagnie. Ils le calomnieront comme ils ont calomnié l'honnête curé de M. Botte. Hé qu'importe, après tout? ne sait-on pas qu'il faut que l'illustrissime et révérendissime Geoffroi vive de calomnies?

Conticuere omnes, intentique ora tenebant, vous disais-je à l'instant. Celui qui destinait un coup de pied à son adversaire était resté la jambe et le sabot en l'air; celui qui allait asséner le coup de poing restait le bras levé et la main fermée, et, comme le chien d'amour propre veille toujours chez les hommes les moins imparfaits, le grand-vicaire ne douta point que ces différentes positions fussent l'effet de l'admiration et de l'étonnement. Il salua l'auditoire d'un air reconnaissant, et adressa au maire des choses trop flatteuses et trop bien dites pour qu'il y comprît rien.

Comme l'arrivée d'un grand-vicaire est un évènement dans un village, celui-ci fit oublier les prix et les querelles, et tout rentra dans l'ordre.

Cependant le curé, qui possédait à fond son Louis de Paramo, savait que, dans le temps où l'on forçait le roi d'Espagne à voir brûler ses sujets condamnés par la très-sainte Inquisition, monseigneur le grand-inquisiteur prenait impertinemment la droite, et se plaçait sur un siége plus élevé que celui de son souverain. Le bedeau fut donc envoyé prendre le fauteuil à oreillettes du pasteur, les gradins qui servaient au reposoir de la Fête-Dieu, et, pour les couvrir, la courtepointe piquée de mademoiselle Javotte. Il reçut, en outre, l'injonction formelle de placer cette espèce d'estrade à la droite de la chaise de paille qu'occupait le maire, et bien que le grand-vicaire rejetât cet honneur, et eût pris tout simplement le siége qu'avait évacué le procureur, le bedeau, aussi opiniâtre que son curé, n'en partit pas moins pour remplir sa mission.

Le pasteur savait aussi que, lorsque les princes arrivaient tard au sermon, le prédicateur était dans l'usage de recommencer son discours; et il voulait faire recommencer son cours de morale, parce que des égards accordés aux rois doivent, à plus forte raison, l'être à un grand-vicaire, si supérieur aux têtes couronnées par la sainteté de son ministère, et leur égal, au moins, par sa dignité ecclésiastique; car si le serviteur des serviteurs de Dieu a pris, en conséquence de ce titre, trois couronnes, les évêques doivent en avoir deux, et les grands-vicaires, qui les représentent, au moins une.

Quelle joie pour l'auteur-curé de briller dans une telle circonstance, en s'honorant lui-même dans la personne de son supérieur! Cependant, par une exception trop rare à une règle trop générale, ce grand-vicaire-ci n'ambitionnait d'autre gloire que celle de faire du bien, et, lorsque quelqu'un de ses confrères parlait de renouveler le règne du père le Tellier et autres semblables potentats, il leur fermait la bouche avec ces paroles de Jésus-Christ, qui devraient être gravées sur tous les portails d'église : « Mon royaume « n'est pas de ce monde. Rendez à César ce qui « appartient à César. »

Quoique le fils du maire se fût présenté, d'un air bête, pour nous redire lequel vaut mieux de se vautrer dans un tas de boue, ou de se ruer sur une catin, le grand-vicaire persista dans son refus. Le curé, jaloux de saisir la seule occasion qu'il aurait jamais de faire valoir son ouvrage, insistait sans ménagement, et, comme un homme bien élevé est dans l'habitude de céder à celui qui l'est mal, le pasteur allait vraisemblablement avoir satisfaction, lorsque le bedeau rentra en sautant : « Elle est trouvée, elle est trouvée.

« Et où? demanda très-vivement Martin. Sous « la courte-pointe de mademoiselle Javotte, ré« pondit imprudemment le bedeau. Et il y a un

« an qu'elle est perdue, ajouta malicieusement
« Martin. »

À ces mots cruels, mademoiselle Javotte rougit, pâlit, et disparut avec la vivacité de l'éclair. Le curé, hors de lui, renversa la table qui portait les couronnes de lierre et les prix. On n'entendit, de toutes parts, que des éclats de rire immodérés, car les hommes rient toujours, chez les autres, d'évènements qui, chez eux, feraient leur désespoir, et cela parce qu'ils naissent bons.

Le grand-vicaire se leva. « Mes chers enfans,
« dit-il, gardez-vous de soupçonner votre curé.
« Vous vous rappelez que j'ai officié à mon der-
« nier voyage ici. Mon domestique a mis, par
« inadvertance, cette étole dans ma valise, et j'ai
« négligé de la renvoyer. Je l'ai rapportée aujour-
« d'hui, et Antoine l'aura mise dans la première
« chambre où il sera entré. Oui, sous la courte-
« pointe, répliqua Martin. Sous la courte-pointe,
« reprit le grand-vicaire, d'un air froid. Cette
« étole est assez belle pour ne pas la laisser expo-
« sée aux animaux domestiques qui vont et vien-
« nent dans une chambre ouverte. Il est vrai,
« dit le bedeau, déjà persuadé, que la chambre
« était assez mal fermée.

« Mais, monsieur le grand-vicaire, reprit Mar-
« tin, vous savez bien que tout ce que vous dites
« là... — Je sais, monsieur, qu'il est des lois qui
« punissent les calomniateurs, et je suis assez
« estimé pour que mon témoignage l'emporte sur

« celui de tel qui se mettrait en opposition avec
« moi. »

Et, pour prévenir de nouvelles observations, le grand-vicaire se hâta de dissoudre l'assemblée. Il prononça que la distribution des prix était remise à l'année suivante. Il prit un maintien, il parla d'un ton, qui en imposèrent à tout le monde, même à Martin : tant il est vrai qu'il est des hommes qui paraissent nés pour mener les autres.

Il joignit Martin dans la foule, qui s'écoulait, et le tira à part. « Mon ami, lui dit-il, on a com-
« mis une action infame, et, au peu de mots qui
« vous sont échappés, j'ai malheureusement lieu
« de croire que vous en êtes l'auteur. Vous
« n'avez pas réfléchi qu'en perdant votre curé de
« réputation, vous vous seriez donné celle d'un
« homme gratuitement méchant. Êtes-vous père
« de famille? — Oui, monsieur. — Voilà de
« quoi vous aider à l'élever. Allez, mon ami, et
« ne parlez jamais d'une chose qui vous couvre
« de honte. »

Le grand-vicaire ne pouvait se dissimuler que le détour qu'il avait pris pour justifier le curé dût paraître invraisemblable dans une grande ville, où la première impression, lorsqu'elle est plaisante surtout, ne se détruit jamais. Ici, il avait affaire à des gens aussi méchans qu'ailleurs ; mais plus simples, et trop occupés pour trouver le temps de médire. Il sentait aussi que ce qu'affirme un homme, qui n'a jamais été soupçonné d'une faiblesse, est d'un grand poids partout; enfin, il avait dit ce qu'il avait trouvé de mieux, dans un moment où il n'avait pas eu le temps de réfléchir, et s'il restait quelques doutes, du moins avait-il fait ce qui était en lui pour étouffer le scandale.

J'avais vu rougir, pâlir, et disparaître mademoiselle Javotte. Je ne devinais pas la cause de ces mouvemens; mais, sans doute, elle était vivement affectée, et que m'étaient tous les prix du monde comparés à ma charmante, à ma bonne protectrice? Je volai après elle.

Mademoiselle Javotte s'était enfermée dans un cabinet, où elle donnait un libre cours à ses sanglots. « Martin, disait-elle, Martin, quel trait
« cruel vous m'avez lancé! et cela parce que je
« n'ai pas répondu à vos sentimens. Le pouvais-
« je étant l'amie de votre femme?..... Ne suffi-
« sait-il pas que je fusse faible ici? Fallait-il deve-
« nir libertine, et pouvais-je être plus durement
« punie, si j'eusse consenti à m'avilir?.... »

Je frappai doucement à la porte : elle ne me répondit point. Je m'assis à terre, et je me mis à pleurer aussi. Elle reconnut le son de ma voix, et ouvrit « Ah! dit-elle, celui-là sera toujours
« mon véritable ami, et sa douleur sécherait mes
« larmes, si elles pouvaient s'arrêter. »

DEUXIÈME PARTIE.

CHAPITRE PREMIER.

Grands évènemens au presbytère.

Lorsque le grand-vicaire entra chez le curé, il avait un front sévère, que tempérait pourtant une teinte de douceur.

Le curé confus, embarrassé, ignorait si son supérieur avait voulu cacher sa faute personnelle, ou couvrir l'honneur du clergé. Il était debout, les yeux baissés; il salua le grand-vicaire sans oser le regarder, et il attendait qu'il s'expliquât.

« Je conçois, monsieur le curé, que votre si-
« tuation est pénible; la mienne ne l'est pas
« moins. Il m'est dur d'avoir des reproches à
« faire à ceux que je voudrais estimer. Laissons
« la scène qui vient de se passer dans votre
« grange; nous en parlerons quand vous serez
« remis du trouble où je vous vois. Venons à
« l'objet de mon voyage.

« Il est un journal accrédité, qu'on dit payé
« pour soutenir la religion, et que je crois salarié
« pour lui nuire. Ce journal attaque, avec opiniâ-
« treté et acrimonie, un parti qui réunit beau-
« coup de lumières et de talens. Les injures pro-
« diguées par le journaliste aux chefs morts de ce
« parti, ne sont propres qu'à aigrir ceux qui exis-
« tent, et à leur faire prendre la plume.

« C'est dans ce journal que monsieur l'évêque
« a lu une série de sottises plus révoltantes les
« unes que les autres. La lettre d'une soi-disant
« Geneviève; la mort de deux couvreurs, miracu-
« leusement frappés en volant des plombs d'é-
« glise; l'histoire d'un cordonnier de Strasbourg,
« en commerce réglé avec le Saint-Esprit, etc., etc.,
« et enfin, monsieur le curé, votre manie de vou-
« loir faire des miracles, ce que monsieur l'é-
« vêque ne veut pas que vous fassiez.

« Si quelque membre du clergé se permet des
« jongleries ou des faiblesses publiques, le parti
« opposé triomphe d'autant plus facilement, que
« les personnes les plus pieuses ne sont plus à
« nos pieds, veulent de la décence dans notre
« conduite, de la raison dans nos discours,
« et monsieur l'évêque pense comme ces per-
« sonnes-là.

« Il se rappelle les sottises qu'a fait faire le
« diacre Pâris, les troubles et les plaisanteries
« qu'elles ont excités, et il vous défend expres-
« sément de les renouveler.

« — Mais, monsieur le grand-vicaire, il s'est
« fait des miracles dans tous les temps, et Dieu
« peut en faire encore.

« — Oui, monsieur le curé, Dieu peut en
« faire, et non nous. Il n'en fait point : n'allez
« pas au-delà de sa volonté.

« — Sa volonté, monsieur le grand-vicaire !
« Dieu le veut, ou ne le veut pas. Il ne le veut
« pas selon vous : donc il le veut.

« — J'entends, monsieur le curé. Il pleut ou
« il ne pleut pas. Il ne pleut pas : donc il pleut.
« Puérilités d'école, subtilités absurdes que je
« vous ordonne d'abandonner sans retour.

« Respectez ce que le temps a consacré, par-
« lez-en le moins possible, et n'imaginez rien de
« nouveau.

« Soulagez vos pauvres, si vous le pouvez;
« consolez vos malades; entretenez la paix dans
« les familles; prêchez rarement, et souvenez-
« vous qu'un sermon sur la concorde, qui aura
« réuni deux voisins brouillés pour les limites
« de leur champ, est plus utile que ce que vous
« pourrez dire de la Sainte-Trinité ou de l'imma-
« culée Conception.

« Écoutez dans la confession ce qu'on vous
« dira, et n'interrogez jamais. Plus d'une vierge
« a dû à un confesseur indiscret la perte de son
« innocence.

« Que le tribunal de la pénitence ne soit pas
« un lieu où se discutent les intérêts et les que-

« relles de famille; que les haines ne s'y allument
« jamais; gardez-vous d'y soulever le voile épais
« qui doit couvrir l'intimité des époux, et si,
« malgré votre réserve, les divisions, qui agitent
« quelquefois les meilleurs ménages, parviennent
« jusqu'à vous, efforcez-vous de les apaiser, sans
« approuver ni blâmer personne : celui des deux
« époux qui serait fort de votre approbation au-
« rait trop d'avantage sur l'autre.

« Que le confessionnal, enfin, ne soit que le
« refuge de l'homme pénétré de ses fautes; qu'il
« n'y trouve que des consolations et l'encourage-
« ment au bien.

« Vous rencontrerez souvent dans le monde
« des gens qui ne sont pas de votre avis en ma-
« tières religieuses : que leurs opinions n'excitent
« pas votre colère. Souvenez-vous que Jésus-
« Christ communia Judas, quoiqu'il sût qu'il de-
« vait le trahir.

« Autrefois tout était dans la religion; aujour-
« d'hui la religion est dans le gouvernement, et
« le gouvernement veut former des hommes :
« que la religion soit donc la morale mise en ac-
« tion. Annoncez toutes les vertus, rendez-les
« simples et aimables; pratiquez-les surtout, car
« l'homme qui s'établit médiateur entre ses sem-
« blables et Dieu, doit être au-dessus des fai-
« blesses dont il veut corriger les autres.

« Telle est, monsieur le curé, la règle de
« conduite à laquelle il faut vous conformer, et

« je vous déclare, à regret, que vous encourrez
« l'indignation de votre évêque, si vous vous per-
« mettez de l'enfreindre.

« Mais j'aime à croire que vous suivrez scru-
« puleusement les documens de votre supérieur,
« et que je n'aurai, à mon prochain voyage, que
« des félicitations à vous adresser.

« Passons maintenant à l'éclat qui a eu lieu
« tout à l'heure. Quelle est cette Javotte qui
« vient de partager avec vous les traits malins de
« vos paroissiens ? Est-ce celle que vous aviez
« l'année passée ? — Ah ! vous vous la rappelez,
« monsieur le grand-vicaire ! — Oui, monsieur le
« curé ; mais rappelez-vous aussi que je vous dis
« alors que l'âge et la figure de cette jeune per-
« sonne ne convenaient pas à un prêtre... — A
« qui ne conviendrait-elle pas, monsieur le grand-
« vicaire ? — Je vous pressai de la congédier...
« — Abraham ne renvoya Agar qu'après lui avoir
« fait un enfant, monsieur le grand-vicaire. —
« Prenez garde, monsieur, à qui vous parlez et
« à ce que vous dites. — Je ne dis pas toujours
« ce que je voudrais dire, monsieur le grand-
« vicaire. Je voulais vous faire entendre que si le
« chef des patriarches a chassé sa servante, après
« lui avoir fait un enfant, j'ai pu garder la mienne
« à qui je n'ai rien fait, et je vous proteste, mon-
« sieur, que malgré les apparences... — Ici, mon-
« sieur, les apparences sont tout. — Vous con-
« naissez, monsieur le grand-vicaire, le bienheu-

« reux Robert d'Arbriselles, l'auguste fondateur
« du couvent de Fontevrault? — Je sais, mon-
« sieur, que ce Robert était un sot, et que son
« monastère, depuis très-respectable, n'était dans
« l'origine qu'une misérable pétaudière. — Vous
« savez, monsieur le grand-vicaire, comme il
« s'éprouvait, lui et son ami le grand saint Ad-
« helme? — Je pense, monsieur, que de telles
« épreuves ne sont que les marques d'un liberti-
« nage avéré. — Quoi! monsieur le grand-vicaire,
« vous ne croyez pas que des saints puissent
« coucher avec de jolies filles, uniquement pour
« mortifier leurs sens? — Non, monsieur, car,
« en pareil cas, la continence est au-dessus de
« nos forces, et je ne crois rien de ce qui est
« surnaturel. — La comtesse de Guastalla, mon-
« sieur le grand-vicaire, avait plus de foi que
« vous... Pardon, s'il vous plaît, de ma période...
« — Elle ne m'offense pas, je vous assure : je
« n'ai, en matière de foi, que ce que je dois
« avoir. Mais qu'était cette comtesse de Guas-
« talla? — Disciple de Robert d'Arbriselles, elle
« fonda la confrérie de la Victoire. — Je n'ai ja-
« mais entendu parler de cette confrérie-là. —
« On mettait un jeune confrère et une jeune
« consœur au lit; on plaçait un crucifix entre
« eux, et il n'y a pas d'exemple que le crucifix se
« soit jamais trouvé, le matin, au bord ou à la
« ruelle. — Le matin, je le conçois; mais que
« voulez-vous conclure des sottises que vous me

« débitez, et auxquelles j'ai la patience de ré-
« pondre? — Que membres de la confrérie de
« la Victoire, mademoiselle Javotte et moi, nous
« couchons, à la vérité, ensemble depuis un an;
« mais je vous jure que jamais... — Prenez garde,
« monsieur, à ce que vous allez dire : je vous
« préviens qu'un faux serment ne me persuadera
« pas. — Que faut-il donc, monsieur le grand-
« vicaire, pour vous convaincre de ma sincérité?
« — M'écouter d'abord, et faire ensuite ce que
« je vous prescrirai.

« Monsieur, l'homme le plus fort n'a qu'un
« moyen de ne pas succomber; c'est de fuir l'oc-
« casion, et vous, loin d'avoir osé faire un pas en
« arrière, vous êtes arrivé, de chute en chute,
« jusqu'au scandale public. Cependant je ne vous
« jugerai pas avec plus de sévérité que je vou-
« drais l'être moi-même ; mais je vous fais observer
« qu'un prêtre doit, plus qu'un autre, faire ou-
« blier ses écarts par tous les sacrifices que lui
« prescrivent sa raison et la dignité de son état.
« Ici, vous n'en pouvez faire qu'un ; mais il est
« indispensable, et je l'exige de la manière la
« plus positive : aujourd'hui même cette jeune
« personne sortira de chez vous, pour n'y rentrer
« jamais. — Mais, monsieur le grand-vicaire...—
« Mais, monsieur, plus de gouvernante de dix-
« huit ans, ou l'interdiction : choisissez. — Ah !
« Jésus, Marie, Joseph! quelle menace vous me
« faites-là ! — Et croyez qu'elle ne sera pas vaine.

« — Je congédie ma gouvernante. — Vous ne ferez
« plus de miracles ? — J'y renonce plus aisément
« qu'à mademoiselle Javotte. — Vous vous con-
« duirez dans l'exercice de votre ministère, d'a-
« près les avis que je vous ai donnés à l'instant?
« — Je ne m'en écarterai pas. — A ces condi-
« tions vous pouvez me mettre au nombre de
« vos meilleurs amis. — Grand merci, monsieur
« le grand-vicaire. »

Au ton d'autorité qu'on prenait avec mon curé,
à l'avantage réel qu'on avait sur lui, et qui ne
m'échappait point, malgré mon inexpérience, je
jugeai qu'il n'avait pas tout le mérite que lui avait
attribué mademoiselle Javotte, lorsque j'entrai au
presbytère. J'ai pensé, depuis, que les femmes sont
naturellement portées à décorer, de qualités qu'ils
n'ont pas, ceux qu'elles honorent de leurs bontés,
pour rendre leurs faiblesses excusables aux yeux
des autres, et pour pouvoir se les pardonner à
elles-mêmes.

Il m'était fort égal, à moi, que mademoiselle
Javotte sortît ou non du presbytère : je n'y tenais
que par elle, que pour elle, et j'étais bien décidé
à la suivre partout. Enfant du hasard, je n'avais
personne qui pût contrarier mes goûts, et j'étais
bien sûr que mademoiselle Javotte ne me repous-
serait pas.

« Puisque nous voilà d'accord, reprit le grand-
« vicaire, je prendrai la moitié de votre dîner,
« que vous ne pensez pas à m'offrir. — Monsieur,

« vous ferez bien mauvaise chère. — Tant mieux,
« M. le curé ; cela prouve que vous êtes économe
« du bien des pauvres, et je suis charmé de trou-
« ver en vous quelque chose digne d'éloge. — Ce
« n'est pas là précisément, M. le grand-vicaire,
« ce que je voulais vous faire entendre.—Eh! quoi
« donc? — C'est que ma gouvernante, confuse de
« l'éclat de ce matin...—J'y suis, j'y suis. Eh bien!
« curé, nous ne dînerons pas, voilà tout. Mais où
« est-elle donc, cette pauvre fille? L'homme
« de bien déteste les vices, sans haïr ceux qui s'y
« livrent. La haine aigrit les coupables et ne les
« corrige pas. Notre tâche, à nous, est de les ra-
« mener par la douceur; notre devoir est de les
« plaindre quand nos efforts sont infructueux.
« Faites venir Javotte.

« Je cours la chercher, m'écriai-je à l'instant. »

Je la trouvai où je l'avais laissée. Elle ne pleurait plus, parce qu'on ne peut pas toujours pleurer; mais elle paraissait profondément affligée. Je
lui dis que monsieur le grand-vicaire la demandait.
« Jamais, jamais, je n'oserai paraître devant lui.
« — Oh! il a l'air si bon, mademoiselle Javotte!
« — Et c'est cette bonté même que je supporte-
« rais moins que les plus durs reproches. — Venez
« trouver ce digne homme, je vous en prie, je
vous en supplie, » et j'étais à ses pieds, et je
pressais ses genoux de toutes mes forces.

Elle se lève, et se laissant retomber sur sa chaise:
« Non, mon cher Jérôme, tu ne peux rien juger

« de ce qui se passe. Je suis perdue, perdue sans
« retour. — Vous ne l'êtes pas, mon enfant, dit en
« entrant le grand-vicaire. Qui se repent de bonne
« foi est plus loin du crime, peut-être, que celui
« qui ne l'a jamais commis... A mes genoux, à
« mes genoux, ma fille! Relevez-vous. Je n'ai que
« des représentations à vous faire, et si j'avais le
« droit de vous juger, je n'écouterais que mon
« indulgence. — Ah! monsieur, combien je suis
« humiliée! — Ma fille, l'état le plus déplorable
« où puisse tomber un coupable est le découra-
« gement. Ayez le noble orgueil de faire dispa-
« raître vos fautes sous l'éclat de vertus nouvelles
« que vous pouvez acquérir.— Ah! Martin, Martin!
« si j'avais prêté l'oreille... — Mon enfant, corri-
« gez-vous et n'accusez personne. Rien n'échappe
« au grand Juge, et il n'invoque pas le témoignage
« des hommes. »

Il la relevait avec bonté; il s'asseyait à côté
d'elle; il tenait une de ses mains dans les siennes.

« Je dois juger, d'après ce que je vois, que
« vous êtes une victime de circonstances que vous
« n'avez pu ni prévoir ni prévenir. Oui, le liber-
« tinage est étranger à votre cœur. — Oh! je vous
« le jure, monsieur. — Je vous crois, mon enfant,
« et je suis persuadé que vous ne balancerez pas
« à changer de conduite. — Et comment le puis-je,
« monsieur? — Aujourd'hui même vous sortirez du
« presbytère. — Et que deviendrai-je, grand dieu!
« — Rassurez-vous, ma fille. Il serait injuste et

VIII.

« barbare de vous retirer du précipice et de vous
« abandonner sur ses bords. Je dois vous garantir
« également du vice et de la misère.

« On a supprimé, avec raison, des monastères qui
« n'étaient que l'asile de l'oisiveté; on a conservé
« cet ordre estimable de filles qui passent leur vie
« à secourir l'humanité souffrante. C'est parmi
« elles que je vous donnerai un asile; c'est par la
« pratique des vertus utiles que vous effacerez
« vos fautes passées, et que vous en mériterez le
« pardon.

« Observez que je ne vous fais ici qu'une
« simple proposition. Malheur à celui qui abuse
« des droits du moment pour tyranniser le faible.
« Répondez à mes offres avec une entière liberté.
« — Le genre de vie que vous me proposez, mon-
« sieur, m'est si étranger que j'ignore... — Si vous
« pourrez vous y faire? Eh bien! mon enfant, si
« après quelques mois d'épreuve, les fatigues,
« les dégoûts inséparables de votre état, vous le
« rendaient trop pénible, je verrais à vous pro-
« curer d'autres moyens honnêtes d'existence,
« et... — Ah! monsieur, disposez de moi, dispo-
« sez-en pour la vie : qui pourrait vous entendre
« et ne pas revenir à la vertu?

« — Partez, ma fille, partez à l'instant même. Je
« vais écrire à la supérieure de la maison où vous
« entrerez. Pendant que je ferai ma lettre, vous
« rassemblerez vos petits effets, et vous prendrez
« mon cabriolet. Antoine vous conduira : il n'est

« pas dans les convenances que nous voyagions
« ensemble. — Et vous, digne et respectable
« homme, et vous? — Je me passe volontiers de
« ma voiture lorsqu'elle est utile à d'autres (1). »

Il sortit, et mademoiselle Javotte commença
son petit paquet. Je courus chercher le peu que
je possédais, et je le jetai dans sa cassette. « Pour-
« quoi cela, mon petit Jérôme? — Je fais aussi
« mon petit paquet. — Je te devine, aimable en-
« fant. Ce que tu projettes ne peut avoir lieu. —
« Je ne projette pas, mademoiselle Javotte; je
« pars avec vous. — Eh! mon cher petit, que
« puis-je pour toi, quand je vais avoir besoin de
« la protection de tout le monde? — Comment,
« mademoiselle Javotte! vous me laisseriez au

---

(1) M. de Partz-de-Pressy était évêque de Boulogne lorsque j'étudiais chez les Oratoriens de cette ville. Un charretier
de l'endroit, nommé Caboche, perdit son cheval, qui le
nourrissait lui et sa famille. Il fut trouver son évêque, et
déplora devant lui la perte qu'il venait de faire. « Combien
« valait le cheval? — Cent écus, monseigneur. — Un tel,
« donnez cent écus à cet homme. Mais, monseigneur, vous
« donnez tous les jours; il n'y a rien à votre caisse. — Eh!
« bien, donnez-lui un de mes chevaux. — Eh! monsei-
« gneur! vous n'en avez que deux. — Allons, allons, don-
« nez-lui-en un : j'irai à pied jusqu'à ce que je puisse en
« acheter un autre. »

Cet évêque, et M. Duteil, alors curé de Calais, pouvaient
servir de modèle à tout le clergé du monde chrétien. Je suis
fâché de n'avoir à citer que ces deux-là.

9.

« presbytère?—Il le faut, petit ami.—Vous ne sa-
« vez pas quel mal vous me faites! — Tu ignores
« ce que je souffre. C'est à ton affection que j'ai
« dû les seuls instans heureux dont j'aie encore
« joui. »

Je pleurai amèrement; c'est la ressource de l'enfance malheureuse. Mademoiselle Javotte pleura aussi, et je pleurai plus fort. En pleurant elle ôtait de sa cassette ce que j'y avais mis; elle la fermait à clé.

Elle me rendit le chiffon qui renfermait mes six sous. « Garde cela, me dit-elle. Si un jour tu
« deviens riche, comme tant d'autres, ce chiffon
« te rappellera ce que tu as été, et ton cœur ne
« s'endurcira point. Accepte cet écu de cinq francs,
« c'est tout ce qui me reste. Conserve-le aussi si
« tu le peux : tu penseras, en le regardant, à Ja-
« votte qui t'aimait bien, et qui te regrettera long-
« temps. Adieu, Jérôme, je pars. »

Je ne pouvais plus parler. Je la suivais, suffoqué de sanglots ; je tenais sa jupe avec force; je voulais la retenir, et j'arrivai avec elle à la salle où étaient le grand-vicaire et le curé.

« Monsieur, dit-elle à son ancien maître, nous
« allons nous séparer. Je vous demande une der-
« nière grace, que peut-être vous n'avez pas le
« droit de me refuser. Prenez soin de cet enfant;
« cultivez ses heureuses dispositions, et, lorsqu'il
« se permettra quelques espiègleries, si naturelles
« à cet âge, souvenez-vous que je ne suis plus là

« pour tempérer votre sévérité, et traitez-le avec
« douceur. »

Le curé, l'œil morne, les mains croisées sur sa poitrine, ne répondit pas un mot. Le grand-vicaire promit pour lui. Que me faisaient à moi ces promesses ? Que m'eussent fait les marques d'affection de l'univers entier ? Mademoiselle Javotte partait, et sans moi !

Antoine vint prendre sa cassette et lui dire que le cabriolet l'attendait. Elle salua profondément le grand-vicaire, reçut de lui la lettre qu'il venait d'écrire, et regarda le curé, qui se leva à demi de son siége, en poussant un profond soupir.

Je la suivis dans la cour; elle se baissa vers moi, et mes bras s'enlacèrent à son cou : elle ne pouvait se détacher de moi. Antoine, le cruel Antoine, sépara ses mains si caressantes, et il aida mademoiselle Javotte à monter. J'eus à peine le temps de baiser le plus joli pied, et je restai sur la chaise où il s'était appuyé, et où je démêlais encore son empreinte.

On trouvera que j'ai bien de la mémoire. Que serait-ce donc si je rendais compte des différentes nuances de sentimens qui se succédaient en moi avec une rapidité étonnante, et dont aucune ne m'est échappée ! Tout ce qui sort des habitudes de la vie se grave sur des organes neufs comme sur l'airain, et ne s'efface jamais.

Le grand-vicaire, qui ne considérait ma douleur que comme un simple enfantillage, ne pensa point à me consoler. J'avais cependant un grand besoin de consolation, et de tous les malheurs que j'ai éprouvés dans le cours de ma vie, aucun ne m'a été aussi sensible que celui-ci.

Je restai isolé dans ce presbytère, ne voyant rien de ce qui m'environnait, et y cherchant toujours celle qui n'y était plus. Il n'y existait pas un meuble, il n'y avait pas une place qui ne me donnassent des souvenirs heureux, et des regrets cuisans, toujours accompagnés de larmes. Quel est donc ce sentiment, si ordinaire à l'enfance, si étranger à l'amour, et si supérieur à la simple amitié?

Il y avait quelques jours qu'elle était partie. Le curé ne m'adressait jamais la parole; le bedeau me brusquait; une vieille gouvernante, qui avait remplacé mademoiselle Javotte, me donnait, d'un air refrogné, mon très-exact nécessaire. Pourquoi donc les vieilles filles sont-elles toujours acariâtres? Ah! c'est qu'on n'oublie jamais les dédains qu'on a éprouvés. L'amour-propre blessé est un ver qui ne périt qu'avec le cœur qu'il ronge.

Mon état était réellement insupportable pour un enfant accoutumé à être gâté. C'est alors que je sentis tout ce que je devais à mademoiselle Javotte, et que j'éprouvai le plus vif désir de la retrouver. Je lui avais, à la vérité, promis de rester au presbytère; mais je ne m'étais point engagé à ne m'en point faire chasser. Elle m'avait prié de garder son écu de cinq francs; mais le dépenser pour me réunir à elle, c'était en faire un très-bon usage. Ces raisonnemens me paraissaient sans réplique; et, à tous les âges de la vie, on connaît l'art de mettre une sourdine à sa conscience.

Je ne savais où la trouver; mais en supposant que Paris fût du double plus grand que la ville que j'habitais, je ne devais, pour trouver mademoiselle Javotte, que prendre la peine de la nommer. Une figure comme la sienne devait avoir été remarquée de tous ceux qui l'avaient vue, et recherchée par les autres, qui n'auraient pas manqué d'en entendre parler. Je résolus donc de me faire chasser.

Dans le même jour, je renversai le pot-au-feu de la vieille, qui me donna du pied dans le derrière; je laissai tomber le missel sur le nez du bedeau, qui me donna par les reins du bâton argenté de la croix; je répandis toute la sauce d'un civet de lapin sur le rabat de monsieur le curé, qui me tira les oreilles.

Ce n'était pas là mon compte : je voulais être chassé et non battu. Je jugeai qu'il fallait trancher dans le vif. Je me fis des papillottes avec les feuillets d'un beau bréviaire romain; je barbouillai les joues de sainte Marie-à-la-Coque avec du réglisse noir, et je mis sur la patène un morceau de parchemin au lieu d'hostie.

Oh! cette fois il n'y eut plus de rémission. Le curé demanda à son bedeau si de pareils griefs ne justifieraient pas mon expulsion auprès de monsieur le grand-vicaire. Le bedeau répondit que si ceux-là ne suffisaient point, on pouvait en ajouter d'autres. Le curé, pour avoir tout le monde de son côté, fit un prône, où il exposa charitablement mes fautes de la manière la plus désavantageuse pour moi, et, en descendant de la chaire de vérité, il me notifia que je redevenais l'enfant de la Providence, c'est-à-dire que je ne devais plus compter sur lui.

Je ne me le fis pas dire deux fois ; je sautai hors de la sacristie, et je donnai, en sortant, un grand coup de sabot dans les jambes de l'humoriste gouvernante. C'est la seule fois que j'aie manqué à la vieillesse. J'ai respecté, depuis, toutes les vieilles femmes qui méritaient de l'être; mais je n'ai pu en aimer aucune. Une vieille femme est un arbre usé qui n'a ni fruits ni feuilles ; mais qui tient encore à la terre.

CHAPITRE II.

Je la retrouve.

J'étais fort aise d'être débarrassé de mon curé, et je m'applaudissais des niches que je lui avais faites. Je ne savais pas trop ce qui s'était passé entre lui et mademoiselle Javotte; mais j'avais fort bien compris qu'il avait eu des torts avec elle, et cela avait singulièrement ajouté à l'antipathie naturelle qu'il m'avait toujours inspirée. Elle était telle, alors, que je n'avais pas voulu rentrer au presbytère pour y prendre ma seconde chemise et mon second mouchoir.

Gai comme le plaisir, droit comme un jonc, j'avançais à grands pas sur la route de Paris. Je me proposais de ne ménager ni mes jambes ni ma bourse. L'espérance doublait mes forces, et avec un écu de cinq francs et six sous, on peut faire le tour du monde.

Pour me réconforter, je pris, dans le jour, deux fort bons repas qui valaient quinze sous chacun, et que je payai quatre francs les deux, parce que les aubergistes sont de très-honnêtes gens, qui se feraient surtout scrupule de tromper un enfant.

J'étais un peu étonné de la rapidité avec laquelle disparaissaient mes finances; mais j'arrivai le soir à Charenton, bien que la journée fût très-forte pour mon âge. Je n'avais plus, à ce qu'on me disait, qu'une lieue à faire pour la retrouver, et jamais je n'avais eu besoin d'argent auprès d'elle.

J'avais faim, et je me décidai à manger mon reste. Je me fis servir magnifiquement le morceau de petit salé et chopine de vin à douze. Je réfléchis, en mangeant, qu'il était inutile que je couchasse à Charenton, parce que je ne m'approcherais pas de mademoiselle Javotte en dormant, et quoique je sentisse de grandes douleurs dans les jambes, je résolus de me remettre en route à l'instant, et de respirer, au moins, l'air que respirait mademoiselle Javotte, si je ne pouvais la voir avant le point du jour.

Je ne trouvai qu'une difficulté à l'exécution de mon dessein : c'est que le cabaretier me demandait trente sous, et je n'en avais que vingt-six. Je me repentis d'avoir fait si bonne chère; mais cela ne comblait pas le déficit. J'avais heureusement affaire à un homme à expédiens. Pour les quatre sous qui me manquaient, il m'ôta très-poliment ma veste de dessus le corps, et il me souhaita un bon voyage du ton le plus affectueux.

Que m'importait à moi de n'avoir plus de veste? Ce n'était pas, d'ailleurs, mes vêtemens que mademoiselle Javotte aimait : ainsi il devait lui être égal que je fusse nu ou habillé.

J'arrivai à la barrière, où un monsieur me demanda, en étendant les bras et en bâillant, si je n'avais rien à déclarer. J'étais en chemise, et je ne portais qu'un bâton que j'avais trouvé le long du parc de Bercy. Je répondis que je déclarais que je venais voir mademoiselle Javotte, et je priai qu'on m'indiquât sa demeure. « Qu'est-ce « que c'est que cette Javotte? — Comment, mon-« sieur, vous ne connaissez pas mademoiselle Ja-« votte? — Eh! non, je ne la connais point. — « Vous ne connaissez pas mademoiselle Javotte! « — Allons, passe, morveux, et ne me fait pas « perdre mon temps à écouter tes niaiseries. »

Il n'est pas poli, ce monsieur-là, me disais-je, en enfilant la première rue qui se présenta : j'en trouverai sans doute de plus obligeans. J'avance; je tourne à droite, je tourne à gauche, et je ne rencontre que quelques chiens, qui couchaient sous les auvens, faute de mieux. Minuit sonna, et je marchais toujours. J'arrivai à un endroit où il y avait beaucoup de parapluies ou de parasols rouges. Je jugeai qu'à Paris il ne pleut où il ne fait grand soleil qu'à cet endroit-là, et je crus convenable de m'y coucher sur le pavé, afin de me réveiller aux premiers rayons du jour.

Je m'étais fait un oreiller d'une poignée de feuilles de choux qui s'étaient trouvées à mes pieds, et j'allais, en effet, me coucher, car ce que j'avais de mieux à faire était de dormir. J'entends quelque bruit; je me retourne. Je vois un beau monsieur qui me fit peur d'abord, parce qu'il avait l'épée à la main; il était suivi de quelques autres messieurs qui me firent peur aussi, parce qu'ils avaient un fusil sur l'épaule.

J'invoquai mademoiselle Javotte, et j'abordai bravement le beau monsieur. Je lui réitérai l'interpellation que j'avais faite au commis, et il répondit à ma question par une autre : ces messieurs-là ont la manie d'interroger. Il voulut savoir qui m'avait déshabillé. Je lui racontai le fait en quatre mots, parce que je n'avais pas de temps à perdre, et je demandai encore où demeurait mademoiselle Javotte. « Je n'en sais rien, mon

« petit homme, et certainement personne ne te
« donnera de ses nouvelles à l'heure qu'il est. La
« nuit est fraîche, viens en passer le reste au
« corps-de-garde, et demain nous verrons. »

Un beau monsieur comme celui-là devait avoir un meilleur domicile que celui que je m'étais élu sous le parasol. Ce qu'il appelait le corps-de-garde, était sans doute un magnifique château, et, puisqu'il fallait attendre, j'aimais mieux être bien que mal.

Je suivis le beau monsieur, qui me fit entrer dans une espèce de trou, dans lequel on n'avançait qu'à travers un nuage de fumée de tabac qui obstruait l'atmosphère, depuis le sol jusqu'au plafond. Mon conducteur m'approcha des yeux une chandelle mince et jaune qui devait s'éteindre sans avoir été mouchée, parce que tout le monde n'a pas le courage de moucher la chandelle avec ses doigts.

« Il est vraiment très-joli garçon! Mon ami,
« veux-tu servir en qualité de mousse sur les
« vaisseaux de l'état? — Monsieur, je ne veux
« servir que mademoiselle Javotte. — Dans la
« marine, mon petit homme, on ne manque de
« rien. — Oh! je ne manque de rien avec made-
« moiselle Javotte... et... je... vous assure... mon-
« sieur... » Ici, mes deux mâchoires commencèrent à battre l'une contre l'autre, avec une force et une inégalité remarquables. J'étais excédé de fatigue; j'avais eu chaud; j'avais eu froid, et une

fièvre violente se manifestait de manière à persuader à mon beau monsieur, que de long-temps je ne serais en état d'entreprendre la route de Brest à pied.

Il tira de sa poche une fiole empaillée, et m'invita à en prendre rasade, en m'assurant que cela me ferait le plus grand bien. Je bus sans goûter, et je fis une grimace épouvantable en rendant la bouteille : c'était la première fois que je goûtais l'eau-de-mort, si improprement appelée eau-de-vie.

Le frisson dura deux heures, et au frisson succédèrent la chaleur et l'altération. Je vidai sept à huit triboulettes d'eau, dans lesquelles mon nouveau protecteur jetait toujours quelques gouttes de sa fiole, pour corriger, disait-il, la crudité du fluide. La fièvre exalta mon cerveau comme celui de tous ceux qu'elle attaque, et comme tous les fiévreux, je parlai plus, et mieux que de coutume. Il y a même apparence que je parlai bien, car tous ces messieurs m'entourèrent et écoutèrent, dans le plus profond silence, le récit de mes aventures, que j'interrompais souvent pour adresser à mademoiselle Javotte des actes jaculatoires d'affection et de reconnaissance. L'un de mes auditeurs, grand diable à moustaches, et décoré d'une cicatrice qui commençait au haut du front et se terminait au bas de la bouche, tira de sa poche un mouchoir bleu, farci de tabac, grand comme un carré de papier ; il le porta sur

ses yeux : « Sacrebleu! dit-il, jamais Va-de-bon-
« cœur n'avait versé une larme : est-ce que ce
« petit B......-là est sorcier? » Mon protecteur me
regardait d'un air attendri. L'un étendait sa capote sous moi; un autre essuyait la sueur qui coulait à flots sur mon visage; un troisième agitait, avec son chapeau, l'air qu'il cherchait à rafraîchir. A ces soins empressés, donnés à un enfant, eût-on reconnu ces hommes qui, sur le champ de bataille, bravent la mort et la donnent sans pitié? Les peuples de l'Orient avaient eu raison d'admettre, jadis, un bon et un mauvais principe qui nous dominent tour à tour.

Il était jour, et le mauvais principe avait considérablement empiré mon état physique. Une voiture couverte passa devant le corps-de-garde, et le beau monsieur appela le conducteur. « Quelle
« est cette espèce de charrette? — Mon officier,
« c'est le corbillard de l'Hôtel-Dieu. — Es-tu
« chargé? — Non, mon officier, je retourne. —
« Lève ton couvercle, et prends ce petit garçon.
« — Et que voulez-vous que j'en fasse? — Com-
« ment, coquin! ne vois-tu pas qu'il est malade,
« très-malade? — Après, mon officier? — Descends-le à ton hôpital, et remets-le à la supé-
« rieure. — Mais, monsieur... — Paix! — On ne
« reçoit chez nous... — Paix, te dis-je. — Que
« des malades recommandés. — Eh bien! tu diras
« que je le recommande. — Mais cela ne suffit
« pas, mon officier. — Quelle recommandation

« faut-il donc encore?—D'abord, il faut la vôtre
« par écrit. — Oui? allons, je vais écrire, quoique
« je n'entende pas à manier une plume comme
« un sabre. »

« Moi, lieutenant au deuxième bataillon de la
« sixième demi-brigade, qui ai laissé un pouce à
« Arcole, un œil à Lodi, et presque tout mon
« sang à Hohenlinden ; qui ai été fait sergent à
« la première affaire, sous-lieutenant à la seconde,
« et lieutenant à la troisième, parce que je suis
« dans l'habitude de prendre, à chaque action, un
« drapeau ou une batterie à l'ennemi ; moi, dé-
« nommé ainsi que dessus, je recommande aux
« sœurs de la Charité, qui doivent être charita-
« bles, un beau petit garçon, qui mourra à la
« porte de l'Hôtel-Dieu, si on ne lui permet pas
« d'y entrer, ce qui serait fâcheux, car le petit
« drôle doit faire un jour un joli soldat.

« Je recommande aussi ma redingotte dans la-
« quelle je vais l'envelopper, et que j'irai re-
« prendre, quand l'enfant sera mort ou guéri,
« attendu que je n'ai que celle-là.

« Votre serviteur,

RUDER.

« Écoute, cocher de la mort, ce que je vais te
« lire, et plus de raisonnemens. »

Lecture faite, il y avait bien encore des for-
malités à remplir, selon le cocher ; mais selon
M. Ruder, M. Va-de-bon-cœur et compagnie,

tout était à merveille, et quelques jurons, accompagnés de gestes significatifs, terminèrent la contestation. Mon protecteur me porta dans le corbillard, me roula dans sa capote, mit sous ma tête une bûche en forme d'oreiller, me souhaita un prompt rétablissement, et referma le couvercle sur moi.

La force du mal, l'eau-de-vie que j'avais bue, le défaut d'air, les cahots de la voiture, les coups que je me donnais à la tête contre mon oreiller, tout contribuait à me rendre bien plus malade encore; je me sentais défaillir. J'appelai le cocher à mon aide. Ce cri où j'avais mis ce qui me restait de forces, acheva de les épuiser, et je m'évanouis.

Je ne vous dirai pas encore ce qui se passa pendant ma léthargie, ni combien de temps elle dura. Lorsque je revins à moi, je promenai autour de ma chambre des yeux étonnés : j'étais en paradis, où je rêvais.

Des murs presque d'or; des miroirs plus grands que moi; de tous les côtés, des fauteuils de soie; des rideaux de même; une horloge portée par deux femmes de neige; un lit où j'enfonçais jusque par-dessus les oreilles; que sais-je moi? Tout cela était aussi supérieur au presbytère, que le presbytère l'était à la cabane de maître Jacques.

Un monsieur tout noir et habillé tout de neuf, mais qui avait à ses manchettes autant de petits trous qu'il y a d'étoiles au firmament, tenait une de mes mains dans les siennes ; il levait les yeux au ciel de mon lit, il les reportait sur moi ; il me quittait pour aller chanter un petit air devant la cheminée ; il revenait pour me faire tirer la langue, ce que je ne voulais pas me permettre d'abord, parce que je savais qu'il n'est pas honnête de tirer la langue à quelqu'un.

Le monsieur noir me tira la sienne, sans doute pour me persuader par l'exemple, et, en effet, je lui rendis, en franc polisson, grimace pour grimace. « Bien, s'écria-t-il, bien, au mieux ! la « langue est humide, vermeille... Voilà une langue « admirable. » Je ne me doutais pas qu'on pût admirer ma langue ; mais, comme j'ai toujours eu assez d'amour-propre, je ne fus pas insensible à ce compliment, quoiqu'il me parût d'un genre extraordinaire.

Bientôt mes idées se représentèrent, et la première qui me vint, fut le souvenir de mademoiselle Javotte. Je priai le monsieur aux manchettes trouées de l'envoyer chercher à l'instant ; il me répondit, à peu près, comme ceux que j'avais déjà interrogés. Outré, furieux de ne pouvoir rien apprendre d'elle, je fis un effort pour me lever, en protestant que j'allais la chercher moi-même. Le monsieur, effrayé de ces paroles, courut tirer un cordon, et deux grands messieurs, galonnés comme des princes, entrèrent aussitôt. « Picard, « Tourangeau, dit l'homme noir, ne le perdez « pas de vue, et empêchez-le de se lever. » A l'instant MM. Picard et Tourangeau passèrent l'un à ma droite, et l'autre à ma gauche, et s'emparèrent de ma personne. Dès que je levais la tête, et je ne pouvais lever que cela, bien que je voulusse courir après mademoiselle Javotte, ils me la replaçaient bien doucement sur l'oreiller, et je cessai de lever la tête quand je vis que cela ne me menait à rien.

Le monsieur noir prit son chapeau, fit, en passant, une espèce de révérence à je ne savais encore quoi, qui était derrière mes rideaux, et sortit en disant : « Elle dort, et, en effet, elle doit être « fatiguée. Si je vous avais laissé faire, madame « de la Nativité, il y a huit jours que ce petit « garçon serait en terre. »

Dès que le monsieur fut sorti, MM. Tourangeau et Picard quittèrent le ton caressant qu'ils avaient pris avec moi. L'un s'assit sur le bord de mon lit, et l'autre fut faire des mines devant un miroir.

« Parbleu ! madame avait bien besoin de s'in-
« quiéter des cris qui sortaient de ce corbillard.
« — Et de recueillir ce petit malheureux-là. De-
« puis huit jours nous ne cessons de tourner au-
« tour de lui ; je suis sur les dents. — Et moi
« donc ? et les deux femmes de chambre malades
« de fatigue ? — Oh ! toi, tu as un tempérament
« de fer. — Pas du tout. J'ai perdu l'habitude du
« travail... — Et il n'y a que six mois que tu es
« laquais. — Il n'en faut pas tant pour s'accoutu-

« mer au bien-être, et tiens, Picard, tâchons
« d'oublier notre origine. — Je le veux bien,
« Tourangeau. Cette méthode a ses agrémens;
« elle est de plus très à la mode.

« Viens donc ici et laisse ce marmot. Sa ma-
« ladie coûtera plus à madame qu'une gratifica-
« tion à chacun de nous... — Que nous n'aurons
« pas... — Nous, qui la servons avec un zèle!...—
« Ou qui du moins en avons l'air. Ah! le plaisir
« d'entendre chuchoter dans un thé, dans un
« cercle : cette femme-là est aussi bienfaisante
« que jolie... — Oui, et la lettre que l'on fait écrire
« par un ami, aux journalistes, qui font un ré-
« cit bien pathétique, bien exagéré de l'aventure.
« Et quand elle a pénétré jusqu'à la rue Saint-
« Denis, et que l'enthousiasme est tombé, on met
« le petit protégé à l'hôpital, et on ramène sur
« soi l'attention par un équipage vélocifère, ou
« par des diamans montés sur un dessin nouveau.

« — Mais sais-tu, Picard, que nous ne médisons
« pas mal de nos maîtres? — Ma foi! c'est un dé-
« dommagement bien naturel des dégoûts dont
« ils nous abreuvent. — Convenons, aussi que sans
« certains petits désagrémens, notre sort serait
« plus heureux que le leur. — Je le crois bien,
« ma foi! nous jouissons du présent, sans nous
« inquiéter de l'avenir. Si une femme de chambre,
« un peu piquante, a des bontés pour nous, nous
« ne les devons qu'à notre mérite, lorsque le
« maître ne les obtient qu'à force d'argent. — Et

« lorsque la maîtresse elle-même nous préfère au
« maître ! — Oh ! ici, ce n'est pas l'usage. Madame
« a de la vertu. — Elle est pourtant bien jolie.
« — Où serait le mérite si c'était une guenon ? »

La conversation se fût, sans doute, prolongée sans deux ou trois bâillemens que j'entendis très-distinctement, et qui ramenèrent MM. Picard et Tourangeau à leur poste. Ils recommencèrent à me sourire ; ils arrangèrent mon oreiller, et m'humectèrent les lèvres avec du miel rosat.

Un moment après j'entendis marcher très-doucement, et ensuite je vis une dame qui me parut vieille, mais qui avait le regard doux ; qui n'était vêtue que de laine grise ; mais qui était d'une grande propreté. Elle tenait d'une main une superbe tasse, et de l'autre une cuiller d'or. Elle en prit quelques gouttes et me les présenta. J'ouvris la bouche et je bus. « Comment donc s'écria-t-elle,
« la connaissance lui serait-elle revenue ? — Oh !
« tout-à-fait, madame, répondit M. Tourangeau.
« — Où en serions-nous, reprit la vieille, si je
« n'avais modifié les ordonnances du docteur ?
« l'enfant eût fini le quatrième jour. Au reste,
« que le bon Dieu soit loué ; voilà encore un de
« ses miracles. » Au seul mot miracle, je frissonnai de peur, et je m'écriai à mon tour : « Ne
« parlez pas de cela, madame ; monsieur le grand-
« vicaire ne veut plus qu'il s'en fasse, et je me
« crois encore attaché à la queue du cheval de
« saint Martin. — Allons, allons, dit-elle, il y a

« encore du délire; mais un grand mieux. D'a-
« bord, il ne parle plus de sa Javotte. — Eh!
« madame, reprit Picard, il fait bien pis : tout à
« l'heure il voulait se lever pour courir après
« elle. — En ce cas, continuons une diète austère.
« Il faut affaiblir ce cerveau-là pour le calmer.
« Je cours annoncer à madame la révolution qui
« vient de se faire. » Et elle se mit à trotiller, et
un gros trousseau de clés attaché à sa ceinture,
battait sur l'auguste face d'un Christ pendu à un
énorme chapelet.

Pour passer le temps agréablement, je pensai à ma bienfaitrice. Son éloignement m'affli-
geait beaucoup ; mais son image amenait toujours quelques pensées de bonheur.

La vieille dame rentra bientôt ; elle était suivie
d'une jeune femme..... jolie..... oh! jolie..... et
mise... il fallait voir! Elle s'approcha de mon lit
avec beaucoup d'empressement. A son aspect,
MM. Picard et Tourangeau prirent une attitude
respectueuse ; mais un troisième monsieur, bien
plus doré qu'eux, tenait, sans façon, la main de
la jeune dame, qui ne s'en défendait pas du tout,
et il lui parlait du ton le plus familier.

« Je suis enchantée, lui dit-elle, du succès de
« mes soins ; le voilà qui revient à la vie. Voyez
« donc, mon ami, comme il est bien ! Mais que
« ferons-nous de cet enfant quand il sera rétabli?
« — Comment, madame, ce que nous en ferons ?
« — Nous ne l'aurons pas tiré des bras de la

« mort pour le jeter dans ceux de l'indigence.
« — Eh bien ! madame en pourra faire un fort
« joli jokei. — Oh ! non, non, Général, ne
« l'avilissons pas : le bienfait tout entier. » Ici,
MM. Picard et Tourangeau firent la grimace.

« Voyons donc, madame, ce que vous comptez
« faire de ce petit garçon. Cela ne sait rien, et...
« — Pardonnez-moi, monsieur, je sais très-bien
« lire. — Ah, ah! — Oui, monsieur ; j'écris même
« très-proprement, à ce qu'assure mademoiselle
« Javotte. — En vérité ? — Et j'irai très-loin dans
« la latinité, à ce qu'a dit monsieur le curé. —
« Diable ! — Allons, mon ami, ne le persiflez
« pas ; songez qu'il ne peut se défendre. — Je
« me garderai bien, madame, de persifler un
« savant, fort du témoignage d'un curé et de
« mademoiselle Javotte. Il faudra que j'en fasse
« au moins mon secrétaire. — Ah ! c'est de moi
« que monsieur s'amuse maintenant. — Il est
« vrai que je vous aime trop, madame, pour
« vous respecter beaucoup. — Et pas assez pour
« me marquer des égards. — De l'humeur, ma
« chère amie, de l'humeur pour de simples plai-
« santeries ! Crois-moi, ne bannissons point la
« saillie; elle picote quelquefois; mais elle ramène
« au sentiment, qui, malheureusement, s'use
« quand on n'en est pas économe. » En disant
cela, le monsieur tirait la dame sur ses genoux ;
la dame lui donnait de petites tapes sur les joues ;
enfin elle l'embrassa de tout son cœur.

« Sais-tu ce que je me propose de faire de mon
« petit malade ? — Non, conte-moi cela. — Je
« l'habillerai convenablement. — Bien ! — Je lui
« ferai partager les leçons qu'on donne à mon
« fils. — Au mieux ! — L'émulation s'établira
« entre eux, et ils y gagneront l'un et l'autre. —
« A merveille ! — Mais, monsieur, vous me
« traitez comme un enfant. — Oh ! une femme
« raisonnable comme toi ! — Apprenez de moi,
« monsieur le Général, qu'il est sage de se mé-
« nager des souvenirs heureux : c'est un baume
« pour les infirmités de la vieillesse. — Je re-
« prends mon sérieux, ma bonne amie, et je
« n'ai rien à objecter à un semblable motif. Voilà
« donc votre protégé établi ici à perpétuité. —
« Général, tu es charmant quand tu le veux. —
« Vous daignez encore vous en apercevoir. —
« Allons, mon petit ami, remerciez le Général.
« Ah ! comment vous nommez-vous ? — Jérôme,
« madame, pour vous servir. — Ce nom-là n'est
« pas sonore ; mais qu'importe ? on peut l'em-
« bellir avec du mérite et des qualités. Jérôme,
« remerciez le Général. »

J'étais, sans doute, très-disposé à remercier le
Général, ou tout autre époux qu'il eût plu à la
jeune dame de se donner ; mais il m'avait fait une
phrase qui m'embarrassait, parce que je ne l'entendais pas précisément, et il me sembla bon de
l'entendre. Je demandai, d'un air timide, ce que
voulait dire *établi ici à perpétuité*. La jeune dame

me répondit, avec bonté, que cela signifiait que je ne la quitterais plus. « Ah ! mon dieu ! m'é-
« criai-je, loin de remercier, comment voulez-
« vous que je retrouve mademoiselle Javotte ? —
« Quelle est donc cette Javotte, demanda le Gé-
« néral ? — C'est une jeune fille, belle comme
« madame ; qui ne me connaissait pas plus que
« madame ; qui ne m'a fait que du bien comme
« madame ; qui m'en a fait beaucoup ; qui m'en
« a fait long-temps, et il faut que je la retrouve
« ou que je meure. — Ma bonne amie, il est re-
« connaissant ; le bien fait est très-bien placé, et je
« veux partager avec vous un acte estimable, que
« je ne considérais que comme une simple fan-
« taisie. Mais retirons-nous. — Un moment, Gé-
« néral ; je veux savoir l'histoire de mademoi-
« selle Javotte.—Ma bonne amie, il y a eu putridité :
« l'histoire de mademoiselle Javotte peut se re-
« mettre à un autre jour. — A la bonne heure...
« Ah ! j'ai deux mots à dire à madame de la
« Nativité.

« Je vous remercie, madame, des soins que
« vous avez rendus à cet enfant ; mais je ne souf-
« frirai pas que vous les prolongiez davantage :
« je vais vous faire reconduire, et vous m'enver-
« rez une de vos sœurs... Adieu, Jérôme... J'ai
« pourtant bien envie d'entendre l'histoire de
« mademoiselle Javotte !... Allons, allons, mon
« ami, je sors : il est inutile de me tant serrer
« les doigts. »

Si la jeune dame avait envie de connaître mademoiselle Javotte, j'en avais une bien plus forte d'en parler. Il est si doux de s'entretenir de ceux qu'on aime ! La jeune dame avait paru s'intéresser à ma bienfaitrice : c'était assez pour que je l'aimasse aussi.

Malgré cela, je pensais, qu'en dépit du décret qui me fixait là à *perpétuité*, je ne manquerais pas de m'échapper, dès que j'aurais recouvré l'usage de mes jambes ; mais aussi je me promettais de n'oublier jamais la jeune et jolie dame.

Une autre jeune personne, à l'œil noir et perçant, au nez en l'air, à la bouche perlée, vint prendre madame de la Nativité. Elle était suivie d'un troisième monsieur tout galonné, portant des paquets sous les deux bras. « Eh ! mon dieu ! « qu'est-ce que tout cela, dit la vieille religieuse ? « C'est du sucre et du café, lui répondit la de- « moiselle au nez retroussés. — Mais madame sait « bien que mon devoir est de servir les malades. « — Elle sait aussi qu'une marque de reconnais- « sance ne saurait vous déplaire. — Me déplaire, « non. — Madame accepte. La Fleur, mettez cela « dans la voiture. »

Madame souriait d'un air agréable et se disposait à sortir, lorsque le monsieur aux manchettes à mille trous rentra, et revint me prendre la main. Apparemment, me disais-je, que ce monsieur-là a un goût particulier pour les langues et les mains. « De mieux en mieux ! Je per-

« mets une pincée de vermichelle dans le bouil-
« lon, et la cuillerée de gelée de groseille, quand
« cela flattera le malade : il faut lui rendre un
« peu de force. — Pas du tout, monsieur le mé-
« decin, reprit madame de la Nativité ; observez
« qu'il y a encore dérangement au cerveau. —
« Parce qu'il est vide. — Parce qu'il est exalté.
« — Du vermichelle. — De la diète. — De la
« gelée de groseille. — De la diète, de la diète,
« vous dis-je. — Ah ! madame exerce aussi la
« médecine ? — Point d'ironie, monsieur. Si je
« n'ai pas le bonnet de docteur, je possède ce
« qu'il ne donne point, une longue expérience.
« — Vous me permettrez, madame, de l'estimer
« à sa juste valeur. — Ces jeunes médecins sont
« d'une hauteur !... — Et les vieilles d'une impor-
« tance ! — Modérez-vous, s'il vous plaît, mon-
« sieur, et sachez que j'étais supérieure de l'Hôtel-
« Dieu, que vous n'étiez pas encore sur les bancs.
« — Oh ! je sais cela, madame ; je sais même que
« vous aviez déjà une *longue expérience* lorsque
« vous êtes entrée à l'hospice. — J'avoue que je
« n'étais pas jeune ; aussi, détrompée des vaines
« jouissances du monde, je me suis livrée exclu-
« sivement à mon état. — Je le crois, madame ;
« les femmes ressemblent aux girouettes : quand
« elles se rouillent elles se fixent. »

Madame de la Nativité se taisait, se rongeait
les ongles, rougissait, pâlissait. Elle cherchait,
sans doute, quelque méchanceté qui pût s'ac-

corder avec les bienséances de son état, et il faut, pour trouver de ces traits-là, une présence d'esprit que n'a pas toujours une femme piquée, et cette vivacité d'imagination qu'a rarement une sœur de la Charité. Aussi madame de la Nativité continuait à garder le silence ; elle paraissait tourmentée en proportion des difficultés qu'elle éprouvait à exhaler décemment sa bile, et le docteur, ajustant son jabot, regardait, d'un air triomphant, la Roxelane de l'hôtel, si loin encore de l'âge où les femmes se *fixent*, qu'elle ne croyait pas que la comparaison pût la regarder jamais. Il est une saison de la vie où on ne connaît que les ris, les jeux et l'amour. Derrière eux se cachent l'ennui, les chagrins, le repentir, et on ne les aperçoit que lorsque l'on ne peut plus leur échapper.

Monsieur de la Fleur ne savait que faire de ses paquets ; madame de la Nativité ne savait comment sortir ; le docteur, las de chiffonner son jabot, ne savait plus quelle contenance tenir ; MM. Picard et Tourangeau se regardaient, et avaient l'air de se dire : voyons comment cette scène finira. La demoiselle au nez retroussé chantait : c'est assez ordinairement ce que fait une jeune personne qui craint d'adopter un parti, parce qu'elle veut les ménager tous. Pour moi, à qui tout cela était fort égal, j'attendais le vermichelle et les confitures avec assez d'impatience, lorsqu'un grand bruit, un bruit du diable se fit entendre dans la cour.

Madame de la Nativité feignit d'avoir peur et se sauva ; M. de la Fleur la suivit avec son sucre et son café ; Roxelane suivit M. de la Fleur ; le médecin sortit, et glissa un papier roulé dans la main de Roxelane, et cette main, passée derrière le dos, attendait probablement quelque chose.

MM. Picard et Tourangeau n'avaient pas précisément déserté leur poste ; mais, aux premiers cris, ils avaient couru à la croisée pour voir ce qui se passait dans la cour, et le docteur ne soupçonnait pas qu'un enfant pût remarquer un billet donné et reçu : avis aux imprudens de toutes les classes.

Cependant le bruit croissait et s'approchait toujours. La voix du Général se mêlait à celle de deux hommes dont l'un paraissait traiter l'autre de la plus dure manière ; enfin on entra dans ma chambre.

C'était le lieutenant Ruder qui tenait par le collet le cocher du corbillard de l'Hôtel-Dieu. « Tu dis, coquin, que tu l'as déposé ici. Je ne « m'en rapporte point à toi ; je veux le voir de « l'œil qui me reste. — Je vous répète, mon offi- « cier, que, d'après l'ordre d'une dame, je l'ai « pris sous mon bras, et que je l'ai monté dans « cette chambre même où je viens de vous con- « duire... Et ! que diable, le voilà dans son lit ; « regardez-le de votre œil et laissez-moi.

« Il est fort extraordinaire, mon camarade, re- « prit le Général, qui se mettait toujours en tiers

« dans la conversation sans pouvoir se faire écou-
« ter, il est fort extraordinaire que vous vous
« conduisiez chez moi avec cette indécence. »

Monsieur Ruder, qui m'avait vu, se calma tout à coup et lâcha l'homme au corbillard. « Pardon,
« mille pardons, mon Général ; mais je voulais
« avoir des nouvelles de ce joli petit garçon que
« j'ai expédié, par le fourgon de ce drôle-là, pour
« l'Hôtel-Dieu, où trois ou quatre béates m'ont
« assuré qu'il n'avait pas été déposé. Depuis huit
« jours, je cherche ce coquin sans pouvoir le trou-
« ver, parce qu'il est toujours sur le siége, ou
« au cabaret, et, enfin, je viens de le rencontrer,
« chargé pour Clamar. Je l'ai fait descendre à
« coups de plat de sabre, et j'ai commencé l'ex-
« plication par cinq à six paires de soufflets. Un
« homme, qui marchait en avant, me criait sans
« cesse de respecter sa médaille, et il voulait
« ôter ce maraud de mes mains. J'ai respecté la
« médaille, mais j'ai rossé l'homme avec le fouet
« du cocher. Les chevaux, sur qui je frappais,
« quand je manquais l'homme, ont pris le mors
« aux dents ; ils ont renversé un cabriolet, l'âne
« d'une laitière, et enfoncé le vitrage d'une mar-
« chande de modes. La marchande de modes,
« ses filles de boutique, la laitière, son chien,
« un monsieur qui était dans le cabriolet, se
« sont mis aux trousses de l'homme à la médaille.
« Étourdi par le nombre, il a pris la fuite, et le
« chien a couru après lui ; il a déchiré son habit,

« et l'a mordu à la fesse. Pendant que l'homme
« se frottait la partie malade, les assaillans ont
« eu le temps de le rejoindre. La dispute a re-
« commencé de plus belle, et on a fini par se
« battre. Je les ai laissés là, parce que je ne me
« mêle jamais de ce qui ne me regarde pas; mais
« j'ai serré la gorge à ce coquin-ci, que je soup-
« çonnais d'avoir enterré ce pauvre petit tout
« vif, et je suis venu vérifier la déclaration qu'il
« m'a faite. — Oui, en me faisant marcher à
« coups de pied et à coups de poing.

« — Mon camarade, vous avez blessé l'ordre
« public, et je vous ordonne les arrêts. — Mon
« Général, je ne sais pas manquer à la discipline,
« et je m'y rends. Observez, cependant, que vous
« m'avez toujours dit qu'un soldat ne devait con-
« naître que son sabre. J'emploie le tranchant
« avec les ennemis de l'état, et le plat avec les
« miens. — Comment donc ! avez-vous servi sous
« moi ? Eh ! mais... que je me rappelle... Pardon,
« mille pardons à mon tour, brave homme. Com-
« ment j'ai pu vous méconnaître ! — Il n'y a pas
« de mal à cela, mon Général. Pour vous rap-
« peler tous les braves, il faudrait faire une ca-
« serne de votre cerveau. — Mais je vous dois
« beaucoup, moi, personnellement. — Rien du
« tout, mon Général. — J'étais démonté dans la
« mêlée et vous m'avez remis à cheval. — C'est
« tout simple cela. — Un moment après, un ca-
« valier hongrois me porta un coup de sabre;

« vous vous jetâtes entre lui et moi, et vous l'é-
« tendîtes à vos pieds. — J'ai fait mon devoir.
« — Mon ami, ceux qui le remplissent comme
« vous méritent d'être distingués. Cependant, dans
« cette circonstance, j'en ai un indispensable à
« remplir : rendez-vous en prison, mon cher
« Ruder.

« — Mais tout à l'heure, Général, il ne s'agis-
« sait que des arrêts. — Je ne vous avais pas re-
« connu, mon ami, et un homme comme vous,
« quand il fait des sottises, doit être puni plus
« sévèrement qu'un autre. Joignez à l'habitude
« de battre l'ennemi, celle moins brillante, mais
« aussi louable, de protéger les derniers citoyens.
« En prison, mon ami. — En prison soit, Géné-
« ral... Ah ! diable, j'oubliais... ce petit garçon
« m'avait fait perdre de vue... Et ma redingote,
« coquin, l'as-tu aussi déposée dans cette maison ?
« — Oh ! pour la redingote, mon officier... —
« Eh bien ! qu'en as-tu fait ? — Je dois vous
« avouer... — Quoi ? — Que pressé d'argent... —
« Le fripon a vendu ma redingote ! — Non, mon
« officier, je l'ai mise en gage. — Ah ! Général,
« et je n'avais que celle-là. »

Et M. Ruder reprend le cocher, et le rosse
d'importance, et, à chaque taloche, il s'écriait :
« Vingt-quatre heures de prison de plus, mon
« Général. »

Aux exclamations de Ruder, aux lamentations
du cocher, la jolie dame accourut, précédée de

toute la valetaille de l'hôtel. En la voyant, Ruder devint immobile; il ôta respectueusement son chapeau, il s'inclina profondément, en passant devant elle, et il s'en allait effectivement, en prison. « Ruder, lui dit le Général, on n'offre point « une redingote à un officier; mais on prête de « l'argent à ses amis : voilà ma bourse. — Mon « Général, un honnête homme n'emprunte que « lorsqu'il peut rendre, et un lieutenant n'a ja- « mais d'économies. — Vous n'êtes que lieute- « nant, Ruder?... C'est vrai; je n'avais pas re- « marqué l'épaulette. Mon ami, si un lieutenant « n'a pas d'économies, un capitaine peut en avoir, « et vous ne tarderez pas à l'être. Prenez cet ar- « gent, et, pour que vous puissiez plus tôt me le « rendre, vous accepterez ma table en sortant « de prison. — Quel est donc, Général, cet offi- « cier qui paraît vous intéresser tant? — Madame, « c'est un homme qui m'a sauvé la vie. »

Et la jeune et jolie dame passe ses deux bras arrondis au cou de M. Ruder, et baise ses joues cavées et de couleur de pain d'épices, et Ruder de s'écrier : « Morbleu! on tuerait vingt Hongrois « pour un baiser comme celui-là! Et le Gé- « néral de dire : Il n'y a, ma bonne amie, que « Jérôme et vous qui ayez adouci l'humeur fa- « rouche de Ruder. »

M. Ruder sortit, et se rangea pour laisser entrer une jeune sœur de la Charité, qu'envoyait la supérieure. Elle avait la taille, la démarche de celle que je regrettais tant. Je poussai un cri de joie, et elle se tourna de mon côté. Quelle différence, grand dieu! une figure hachée, une partie du nez et des sourcils mangée! O précieuse vaccine! et on balance encore entre toi et un mal inévitable! et on te calomnie, comme Geoffroi fait de ceux qui ont porté, d'une main ferme, le flambeau au milieu des ténèbres qui obscurcissaient l'entendement humain! L'homme est donc né pour l'erreur, puisqu'il souffre, qu'il tolère, qu'il protége ceux qui font métier de l'égarer au physique et au moral.

Il est possible, cependant, qu'on force les hommes à renoncer à toute espèce de charlatanisme, en supprimant les charlatans. Après des siècles d'empoisonnemens publics, la police vient de défendre, enfin, de vendre des poisons aux coins des carrefours. Elle réprimera, sans doute aussi, ces distributeurs de poisons imprimés, qui dégradent une des plus belles, des plus utiles inventions, celle qui multiplie et perpétue les œuvres du génie.

Ah! si l'art de l'imprimerie eût été connu du temps du farouche Omar, que de découvertes perdues eussent passé jusqu'à nous! Que de siècles il a fallu pour arriver où nous sommes et rester en arrière des anciens, peut-être, en nous traînant sur leurs traces! O fureur de détruire! On n'imprimait pas, Omar, lorsque tu commandas cet incendie sacrilége, et ton nom détesté de génération en génération, n'en est pas moins parvenu jusqu'à nous.

Que sera-ce donc à présent des souverains oppresseurs de leurs sujets ? La postérité trouvera, contre eux, autant d'arrêts qu'il y a d'imprimeries dans le monde. Honneur à l'inventeur de l'imprimerie : il se nommait Guttemberg.

On a bien fait, très-bien fait de conserver son nom. Il est bon aussi qu'on sache que Jean Goja trouva la boussole ; Bacon-Roger, la poudre inflammable de son temps ; Galilée, les télescopes, le compas de proportion, les taches du soleil, les satellites de Jupiter ; Aporta, les besicles ; Toricelli, les baromètres ; Drebelluis, les thermomètres ; Copernic, le systême du monde ; Finiguera, les estampes ; Jean-de-Bruges, le secret perdu de la peinture à l'huile ; Huyques, les pendules ; Cassini, la méridienne ; Pecquet, le canal thorachique ; Azélius, les veines mézaraïques ; Botal, le trou communiquant du cœur au poumon ; Newton, le calcul intégral, différenciel, le vrai systême de la lumière, et la gravitation ; Renaud, les galiotes à bombes ; Moëland, la trompette parlante ; Montgolfier, les ballons, etc., etc.

On nous a même conservé les noms d'Érostrate, qui brûla le chef-d'œuvre de l'architecture ancienne, le temple de Delphes, seulement pour faire parler de lui ; d'Alexandre, qui, pour le même motif, extermina le cinquième des hommes de son temps ; de César, qui versa aussi le sang à flots pour asservir sa patrie ; de Charles XII, le plus intrépide de tous les fous, et nous ignorons quel est celui qui nous apprit à substituer le blé au gland (1); quel est celui qui imagina de greffer les arbres à fruits ; quel est celui qui inventa la scie et le rabot ; quels sont ceux qui nous apportèrent les pêches de la Perse, les abricots d'Ibérie, les cerises de Cérasunte au royaume de Pont, les prunes de Syrie, les grenades, les oranges d'Afrique, la soie de la Chine, le coton, le lin d'Égypte, etc., etc. Nous avons oublié ces gens-là, et nous nous rappelons les tragédies qui ont ensanglanté la terre, comme les enfans qui se rappellent les contes de revenans et de sorciers de leurs bonnes, et n'ont jamais su le nom de leur boulanger. Tout ce qui frappe notre imagination s'y grave, et il ne s'y grave presque rien qui ne soit extravagant.

Ne pourrait-on pas, à l'exemple des anciens, qui élevaient des temples aux dieux inconnus, fêter à la Toussaint, où on réunit tant de pauvres hères en masse, la masse des bienfaiteurs de l'humanité? Bien des gens raisonnables qui ne vont jamais à la messe, iraient peut-être ce jour-là.

Un moment; ce n'est pas de tout cela qu'il s'agit, c'est d'une sœur de la Charité. Elle remit à

---

(1) On dit, sans la moindre preuve, sans aucune présomption fondée, que ce fut Triptolème.

la jolie dame une lettre de madame de la Nativité qui, lui mandait qu'elle ne pouvait mieux faire que de lui envoyer madame de la Conception, et madame de la Conception fut établie près de moi.

Elle était bien laide ; mais elle avait cet air bon et patient, ordinaire à ces dignes filles ; elle avait même, dans sa laideur, quelque chose qui voulait dire : je sens le besoin d'être aimable, et on est toujours disposé à aimer ces laides-là. Son ensemble était moins cagot que celui de sa supérieure, et cela me fit plaisir : j'étais si las d'offices et de catéchismes !

Elle se montra aussi attentive près de moi que si elle eût été dévote. C'est que la sensibilité est de tous les âges, et qu'on ne se livre à la piété, dite solide, qu'à une certaine époque : quand on ne tient plus à rien, on se fait dévot pour tenir à des chimères.

Alors on est de vieux enfans. On troque ses lisières contre une étole ; son hochet contre une hostie, et la réception du malade imaginaire contre des processions.

« Mon cher ami, dit la jolie dame, nous avons
« assez bien employé une partie de la journée ;
« il faut changer de plaisirs ; je tiens à la variété.
« — Moi, de même, madame. Il n'y a que deux
« choses dont je ne me lasse jamais. — Les-
« quelles, Général ? — T'aimer et te le dire.
« — Monsieur, vous m'avez volé l'expression ;

« mais, la pensée?... — Entre gens qui s'aiment,
« celui qui rend la sienne à l'autre ne lui apprend
« rien; il n'a que le mérite de parler le premier,
« et c'est bien peu de chose. — Toujours mo-
« deste. — Toujours indulgente.

« — Voyons, mon ami, que ferons-nous? — Ce
« que voudra madame. — Oh! moi, je ne veux
« rien. — En ce cas restons ici. — Non, mon
« ami; il y a eu putridité dans cette chambre:
« c'est vous qui en faisiez l'observation, et le
« grand air peut vous être très-utile. — Vous
« voyez bien, madame, que déjà vous voulez
« quelque chose. — Oh! je ne fais qu'une simple
« observation. — Friponne! où irons-nous, par-
« lez. — Allons voir danser, mon ami. — Où?
« — Où l'on danse bien. — A l'Opéra? — Oh! je
« ne saurais plus nommer ce spectacle ainsi;
« j'aime que chaque chose ait un nom qui lui
« soit propre. Autrefois la danse servait à embel-
« lir un ouvrage; aujourd'hui on ne chante, on
« ne récite que pour donner le temps aux ama-
« teurs de ballets d'arriver. — Pas toujours, ma
« bonne amie, pas toujours. Quand on donne
« Œdipe à Colonne, par exemple? — Eh bien!
« monsieur, il n'y a personne. — Il y a peu de
« monde, j'en conviens, madame; mais ceux qui
« y sont écoutent, jouissent, et s'embarrassent
« peu du diable vert et des tours de force de
« Psyché, qui attirent la multitude. En savez
« vous la raison? C'est qu'un chef-d'œuvre dra-

« matique convient à peu de personnes, et qu'un
« ballet convient à tous, parce qu'il flatte les
« yeux, et que tout le monde en a.

« — Mon ami, il me vient une idée excellente,
« admirable. — Je n'en doute pas, ma chère
« amie. — La première fois qu'un savant dînera
« chez vous, vous le prierez de me trouver, dans
« le grec, un nom qui veuille dire : *spectacle où*
« *la danse est tout, et le poëme rien.* — Quoi de
« facile à trouver comme ce nom là? On dit
« qu'avec un mot grec on rend cinq à six phrases
« françaises, ce qui fait que, très-incessamment,
« nous ne parlerons plus que le grec. Il sera un
« peu difficile de le faire apprendre aux ouvriers,
« aux domestiques et aux vicaires de paroisses;
« mais ils feront comme le petit peuple de Flan-
« dre, qui ne sait ni le flamand, ni le français, et
« qui se fait deviner dans les deux langues. —
« Voilà qui est décidé, l'Opéra changera de nom,
« et il ne faut, pour faire prendre le nouveau,
« qu'une femme répandue, aimable et jolie. —
« Vous, madame, par exemple. — Et pourquoi
« pas, monsieur? Allons voir danser. — Oui, ma
« bonne amie. — Et de là où irons-nous? — Mais
« nous rentrerons, je l'espère. — Fi donc! mon-
« sieur! Je suis engagée à deux thés et à un bal,
« et rien n'est d'aussi mauvais ton que de ren-
« trer à la sortie du spectacle. — Ma chère amie,
« laissez le bon ton à celles dont il fait, à peu
« près, tout le mérite : vous avez assez de qua-

« lités pour vous en passer. Les Graces ne le
« connaissaient pas; elles n'en étaient pas moins
« séduisantes, et vous leur ressemblez beaucoup.
« — Le refus perce, Général, malgré la douceur
« de l'enveloppe.

« —Eh, quel plaisir pour une femme d'entendre
« dire d'elle, à trente ans, qu'elle est encore
« bien! qu'elle..... — Oh! à trente ans! d'ici là
« j'ai un siècle à parcourir. — Oui douze ans à
« peu près. Mais ce siècle-là s'écoulera rapide-
« ment, ma bonne amie. Selon les probabilités
« ordinaires, il s'en écoulera quatre encore, et il
« serait dur de les passer dans les infirmités et la
« douleur, pour avoir bu du thé, et pirouetté aux
« heures où la nature veut qu'on dorme. Votre
« beauté est à moi, et je la conserverai le plus
« long-temps que je le pourrai. Votre santé est né-
« cessaire à l'éducation de vos enfans, et vous la
« conserverez pour eux. Ainsi plus de veilles, ma
« bonne amie, je vous en prie. — Mais le ridi-
« cule, monsieur? — Les gens sensés vous approu-
« veront : que vous importe l'opinion des fous? »

La jeune dame fit une petite moue si jolie! et
elle courut, en dansant, au-devant d'un monsieur que je ne voyais encore que par derrière.
« Mon cher oncle, mon cher oncle, que vous
« êtes aimable de venir nous voir! que vous
« allez être content de moi! Si je n'ai pas renoncé
« tout-à-fait aux plaisirs bruyans, j'ai du moins
« suivi la moitié de vos conseils. J'ai fait un peu

« de bien, et c'est, comme vous le dites, une
« douce jouissance. Voyez cet amour que j'ai
« arraché à la mort.

« Monsieur le grand-vicaire, monsieur le grand-
« vicaire, m'écriai-je, en joignant mes mains d'un
« air suppliant, dites-moi où demeure mademoi-
« selle Javotte. » Le Général et sa femme se mirent à rire. « Il ne parle que de mademoiselle
« Javotte, il en demande des nouvelles à tout le
« monde. — Mais il s'adresse bien cette fois,
« puisque c'est moi qui l'ai placée. — Où, mon
« oncle? — à l'Hôtel-Dieu. — Juste ciel! Et ce
« charriot couvert m'y conduisait! J'avais bien à
« faire de crier. A la vérité, je souffrais cruelle-
« ment. — Dites-moi donc, mon oncle, ce que
« c'est que cette Javotte? — Son secret ne m'ap-
« partient pas. Sachez seulement que je me suis
« engagé à savoir si l'état auquel elle s'est vouée
« lui convient, et que je suis à Paris pour cela.
« — Monsieur le grand-vicaire, faites-moi porter
« avec vous à l'Hôtel-Dieu; que je la voie, que
« je l'embrasse! — Il est plus facile, ma nièce,
« de la faire venir ici, et si vous voulez donner
« cette satisfaction à Jérôme... — Oh! du meil-
« leur de mon cœur, et puis, en cela, j'agirai
« un peu pour moi. Mademoiselle Javotte ne sera
« pas si discrète que vous, mon oncle; elle me
« contera son histoire... Si madame la Con-
« ception voulait prendre la peine... — Très-
« volontiers, madame. Mais quel est, monsieur

« le grand-vicaire, le nom de religion de made-
« moiselle Javotte ? — Ayez la bonté d'envoyer
« sœur Madeleine. — Madame Madeleine (1)! Oh!
« c'est un modèle d'exactitude et de douceur;
« elle est estimée de la communauté et des offi-
« ciers de santé; chérie des malades... — Mais
« allez donc, repris-je avec la plus vive impa-
« tience, allez donc, je vous en conjure. — Et
« assurez-la, poursuivit le grand-vicaire, que le
« bien que vous m'en dites lui assure mon ami-
« tié. »

Et on remet les chevaux à la voiture, et madame de la Conception descend l'escalier en deux
sauts, et j'entends le bruit des roues, qui n'a-
vançaient pas à mon gré. Si j'avais pu me soutenir, j'aurais poussé le carrosse par derrière.
J'étais dans une joie!... dans une agitation!... mon
cœur battait avec une violence!... des mots sans
suite s'échappaient... On s'étonna de l'état où
j'étais. Monsieur le grand-vicaire remarqua que
j'étais né avec des passions violentes, et qu'il
était difficile que je ne fusse pas malheureux.

Sa nièce le pria de lui dire, au moins, d'où il

---

(1) Ces bonnes filles ont aussi la manie de s'élever au-
dessus de leur état.

Tout petit prince a des ambassadeurs,
Tout marquis veut avoir des pages.

LA FONTAINE.

me connaissait. Il répondit simplement qu'il m'avait rencontré chez un curé de son diocèse. Cette réponse était peu propre à satisfaire une femme curieuse. Elle n'insista pas, parce qu'elle jugea que sœur Madeleine serait plus communicative que son oncle. Elle l'attendait avec presque autant d'impatience que moi, car elle déclara qu'elle n'irait pas voir danser, et elle se fit adroitement honneur du sacrifice auprès de son oncle. Le Général la regarda d'un air qui voulait dire : « Oh ! petite curieuse, je vous pénètre », et pour vérifier ses soupçons, il proposa de passer dans le salon; mais elle voulut absolument rester dans ma chambre, où elle entrait, à la vérité, dix fois le jour; mais où elle ne s'arrêtait jamais.

Il fallait que le carrosse eût volé, car, bien que je comptasse les momens, je le croyais à peine arrivé à l'hospice, et il rentrait à l'hôtel. « Ah! m'écriai-je, son empressement est égal au « mien : elle aime toujours son pauvre petit Jé- « rôme. »

Elle entra, et sans saluer, sans voir personne, elle se précipita sur mon lit. Je me sentis pressé dans ses bras!... Quel moment! Et pourquoi en a-t-on si peu de semblables dans la vie ?

CHAPITRE III.

Évènemens ordinaires, mais difficiles à prévoir.

Nous parlions tous les deux à la fois, et ce n'était pas le moyen de nous entendre. Elle était toujours penchée sur mon lit; personne ne pouvait la voir, et la jeune dame en mourait d'envie. Il y a toujours quelques irrégularités dans la figure la plus vantée; il n'y a pas de femme qui ne s'empresse de les remarquer.

Le Général aussi curieux, mais probablement par un autre motif, avertit sœur Madeleine qu'il était temps de me laisser respirer. On aime sa femme; on est très-fidèle à sa femme; mais un minois charmant n'en a pas moins l'attrait du fruit défendu. Heureusement, nous autres hommes, nous ne succombons jamais à la tentation.

Quand elle se leva, elle obtint ce tribut d'admiration qu'il est impossible de refuser à la beauté, et j'étais tout fier, moi, de l'enthousiasme qu'elle excitait. Le Général lui sourit de la manière la plus agaçante; il lui dit des choses très-flatteuses d'un ton qui n'était pas d'accord avec ses yeux : sa femme était là.

La jeune dame pinça d'abord ses lèvres rosées, et fronça les deux arcs d'ébène qui couronnaient ses grands yeux bleus. « Que je suis folle, dit-

« elle, un moment après! Quoi, j'aurais de l'hu-
« meur, parce que je rencontre une femme plus
« jolie que moi! Je dois une réparation à celle-
« ci », et elle causa avec elle de la manière la
plus franche et la plus amicale. Son oncle, qui
savait ce qu'un tel procédé coûte à ce sexe, quelquefois si taquin, la pressa tendrement contre
son cœur.

J'avais cru remarquer une légère teinte de mélancolie qui perçait dans les traits de la charmante religieuse. Le grand-vicaire, à qui rien
n'échappait, fit, sans doute, la même observation.
« Vous n'êtes pas heureuse, lui dit-il. — Pardon-
« nez-moi, monsieur. — Non, mon enfant, vous
« ne l'êtes point, et l'exactitude avec laquelle
« vous remplissez des devoirs qui vous sont à
« charge, vous donne des droits à mon estime,
« et me prescrit ce que je dois faire.

« Rappelez-vous que j'ai voulu vous servir et
« non vous contraindre; que je vous ai laissé la
« plus entière liberté de persévérer dans votre
« état, ou de le quitter : je mérite donc votre
« confiance. Avouez que vous n'êtes pas heureuse.
« — J'avoue, monsieur, que le parti que j'ai em-
« brassé n'est pas celui qui me convient le plus;
« mais j'ai le courage de la résignation. — Ce
« genre de courage-là, mon enfant, n'est pas
« dans la nature : aussi s'épuise-t-il promptement.
« L'abattement lui succède, et il conduit d'abord
« à la négligence, source imperceptible, mais

« sûre des faiblesses humaines : je veux vous
« soustraire à ce nouveau danger. On vient de
« vous confier cet enfant, que vous avez toujours
« aimé; les soins que vous lui rendrez n'auront
« rien de pénible pour vous, et, pendant sa con-
« valescence, madame Derneval, ma nièce, vou-
« dra bien penser à vous placer convenablement;
« je l'en prie, et je lui dirai ce qu'il vous faut. »

Il y avait, dans ce qui précède, certaines tournures de phrases propres à piquer ma curiosité
déjà très-active. Madame Derneval manifesta in-
directement le désir de faire parler sœur Madeleine. Elle réfléchit, sans doute, car elle se tut,
qu'elle ne pouvait devoir qu'à sa confiance le récit de ses aventures, et ce n'est pas un court en-
tretien qui inspire cette confiance que le temps
et la bienveillance insinuent doucement. Une
très-jolie femme, d'ailleurs, quel que soit son
état, commande toujours certains égards, et madame Derneval ne pouvait agir aussi librement
avec sœur Madeleine, qu'avec madame de la Nativité ou de la Conception. Elle sortit, en pro-
mettant de nous revoir bientôt. Le Général et
son oncle la suivirent.

Je racontai à mademoiselle Javotte ce que j'avais
fait pour la retrouver, les accidens que j'avais
éprouvés uniquement pour elle. Je ne cherchai
pas à rien faire valoir. Je contais avec la naïveté
de mon âge, et cette ingénuité même était un
garant certain de ma sincérité. Elle m'écoutait

avec le plus tendre intérêt; elle m'engageait à parler bas; elle m'interrompait pour me faire prendre ma potion; elle se replaçait à mon chevet, et, à chaque trait qui peignait mon affection, elle m'accablait des plus douces caresses.

Elle me parla aussi des désagrémens de son état, et m'en dit ce qui était à la portée de mon faible entendement. Je compris que l'aspect continuel d'infortunés, attaqués de maladies dégoûtantes, contristait un cœur malheureusement trop sensible, et que sa raison ne se prêtait pas aux momeries de ces filles, si respectables, d'ailleurs, par leur entier dévouement. Elle me parla d'un jeune médecin de l'hôpital, beau comme moi, disait-elle; mais bien plus dangereux, et elle marqua sa double satisfaction de sortir d'une maison où elle était constamment entre le dégoût et la séduction.

Ce jeune médecin me déplut beaucoup, sans que je susse précisément pourquoi. J'avais déja un instinct de jalousie qui fermentait avec violence, et la manière même dont le Général l'avait regardée m'avait fait souffrir. Je voulais que tout le monde la trouvât charmante; mais je voulais l'aimer seul, et je tremblais qu'elle en aimât un autre que moi.

Une partie de la nuit se passa dans ces alternatives d'ivresse, de crainte, de douleur. Trop faible encore pour supporter cette succession rapide d'affections si différentes, j'éprouvai une crise terrible vers les deux heures du matin. Ma bonne amie, alarmée, ne savait quel parti prendre. Elle ne connaissait pas l'intérieur de l'hôtel, et, dans la persuasion où l'on était qu'elle ferait de moi ce qu'elle voudrait, on avait permis à MM. Picard et Tourangeau d'aller se mettre au lit.

Dans le trouble dont elle était agitée, elle parcourait les appartemens, une bougie à la main; elle appelait à son secours, et, à force d'ouvrir et de fermer des portes, elle parvint à l'antichambre de madame Derneval.

Le Général, homme du meilleur ton dans la société, avait chez lui le ridicule de la canaille. Il couchait avec sa femme, et convenait volontiers qu'il peut être plus commode de faire lit à part; mais il ajoutait que cette commodité n'est recherchée que des époux qui se gênent, ce qui n'arrive que lorsqu'ils ne s'aiment plus.

Il se leva à l'instant et appela son valet de chambre; il lui ordonna de faire mettre les chevaux, et d'aller chercher le médecin. Il était décidé que je mettrais gens et bêtes sur les dents.

Madame Derneval s'était levée aussi, et était accourue dans le désordre d'une femme qui n'a point à craindre les regards profanes. Sœur Madeleine ne pouvait alarmer sa pudeur, et je n'étais qu'un enfant. Mais ces appas, que trahissait sans cesse le plus perfide ou le plus heureux négligé, n'échappaient pas à des yeux d'autant plus hardis qu'on s'en défiait moins, et la force du mal ne me rendait pas insensible à la beauté de ces formes, que je ne connaissais pas encore, dont j'ignorais le pouvoir magique, et dont le charme me subjuguait: voyez avec quelle adresse le diable s'insinue!

Madame Derneval attaquait sœur Madeleine d'une autre manière; elle provoquait, par l'aménité et les graces de sa conversation, cette confiance dont elle croyait avoir besoin : projet de femme, quel qu'il soit, devient son affaire importante.

Je voyais avec quel plaisir ma jolie religieuse écoutait madame Derneval. Mais il est des aveux qu'on ne fait pas facilement, et sœur Madeleine, en protestant de la vivacité de son amitié naissante, gardait le silence sur ce qui lui était personnel.

Je ne sais pas trop cependant quelle tournure eût prise la conversation, si le Général, fatigué de la longue absence de sa femme, ne fût venu la prier de lui accorder le reste de la nuit.

Le médecin n'arrivait pas ; sœur Madeleine était seule avec moi, et madame Derneval lui promit d'envoyer Roxelane pour la désennuyer, et lui aider, s'il en était besoin.

La crise était calmée, et il ne me restait, des évènemens de cette nuit, qu'un souvenir très-actif des jolies choses que la jeune dame n'avait point pensé à cacher. Il me vint une pensée lumineuse : c'est que les jolies choses que cachait sœur Madeleine devaient être au moins aussi séduisantes que celles qu'avait montrées madame Derneval, et comme je baisais, tant que je voulais, les mains, les joues, les yeux de sœur Madeleine, je ne prévoyais pas de difficulté à baiser partout, et je la priai, tout simplement, d'ôter l'épingle de sa guimpe.

Elle me regarda d'un air étonné qui m'étonna moi-même. Je crus qu'elle ne m'avait pas compris. Je lui développai mes idées dans toute leur étendue, et je finis en la priant de me laisser juger quels étaient les plus jolis de ceux de madame Derneval ou des siens. Elle partit d'un éclat de rire prolongé, qui me mit dans une véritable colère, et j'enlevai fort adroitement l'épingle protectrice. Elle me prit les deux mains et voulut me parler; je ne voulais rien entendre, et je cherchai à me dégager. Elle me dit que je lui ferais beaucoup de peine si je refusais de l'écouter. Cette phrase seule eut le pouvoir d'un talisman, et me rendit toute ma docilité. Mais je lui demandai pourquoi elle me cachait ce que madame Derneval m'avait laissé voir. Elle me répondit que madame Derneval avait été distraite, et que, bien certainement, elle n'avait eu aucune intention. Je lui demandai pourquoi on empaquetait ces jolies choses-là, lorsqu'on ne craignait pas de laisser à découvert le plus joli visage. Elle me répondit que la décence le voulait ainsi. Je lui demandai ce que c'est que la décence. Elle me répondit que c'est le voile de la pudeur.

Tout cela me parut un vrai galimatias. « La dé-
« cence, lui dis-je, est une sottise, puisqu'elle
« défend ce qui fait tant de plaisir, sans faire de
« mal à personne. — Serais-tu bien aise, Jérôme,
« que je montrasse cela à mon jeune médecin?
« — Oh! j'en serais au désespoir! — Eh bien!
« il y a quelqu'un qui se fâcherait, avec plus de
« raison que toi, si je t'accordais ce que tu me
« demandes. — Qui donc? — Celui qui voit nos
« actions et les juge. » Cette réponse sentait un peu la nonnette ; mais on ne sort pas d'un couvent sans en emporter certaine odeur mystique.

« Pourquoi, repris-je, celui qui pèse nos ac-
« tions me fait-il désirer ce qu'il m'interdit? —
« C'est pour t'éprouver, mon petit homme. — Et
« qu'a-t-il besoin de me tendre des piéges, et
« pourquoi vous donner de jolies choses unique-
« ment pour les cacher, et comment les femmes
« les cachaient-elles avant qu'elles eussent de
« quoi se vêtir? — Oh!... dame... la décence n'était
« pas encore inventée. — La décence n'est donc
« qu'une invention. J'avais bien raison de vous
« dire que la décence est une sottise.

« Mais voyez donc, disait-elle entre ses dents,
« voyez comme il raisonne; comme l'esprit vient
« aux enfans! Un joli teton lui en a plus appris
« en un instant que notre curé en six mois. Et

« cela se damnera pourtant, ajoutait-elle d'un air
« attendri. Oh! charmant petit damné! »

Je m'étais soumis, pour ne pas lui faire de peine, à la retenue austère qu'elle avait exigée de moi. Mais en causant, ma tête s'était appuyée sur son épaule; ma joue, ma bouche touchaient ce fichu, transformé d'un seul mot en une barrière impénétrable. Rien de facile comme d'opposer Dieu et la décence à des désirs qu'on ne partage pas: un temps viendra où elle ne parlera qu'amour.

Nous causions, et j'étais à la conversation, autant que le permettaient deux petits globes durs comme l'albâtre, probablement aussi blancs, dont le mouvement régulier prolongeait une chaleur brûlante qui doublait mes forces en les épuisant. Tout à coup, la porte de ma chambre s'ouvre avec fracas. Un homme entre en simple chemise, sa culotte sous le bras; sœur Madeleine se sauve en jetant un grand cri; moi, je regarde: c'est tout ce que je peux faire.

Sur les pas de l'homme en chemise accourt le Général, et sur les pas du Général, cinq à six domestiques un pied chaussé et l'autre nu. L'homme en chemise court çà et là; il tourne à droite, à gauche, et le Général tourne comme lui. Il était difficile qu'il s'échappât. Les domestiques lui barrèrent le passage et le prirent.

« Je saurai donc enfin, dit le Général, quel est
« l'insolent... Comment, docteur, c'est vous qui

« osez vous introduire clandestinement!... — Gé-
« néral, ces expéditions-là se font toujours incog-
« nito. — Par l'appartement de madame Derne-
« val!... — Il n'y a pas d'escalier dérobé. — Pour
« coucher avec Roxelane! — Elle en vaut bien la
« peine, Général. — Et la gravité de votre état?
« — Je ne suis pas médecin au lit. — Et les bien-
« séances publiques? — Je n'avais pas l'intention
« de les violer; c'est vous qui êtes l'unique cause
« de l'esclandre. — Oh! il est fort celui-là! —
« Vous enfoncez une porte, parce qu'on ne l'ouvre
« pas assez vite. — Il y avait dix minutes au moins
« que madame y frappait. — Je vous demande, là,
« si je pouvais ouvrir à madame; si un homme
« *usagé* comme vous, ne devait pas se douter de
« quelque chose, et donner au tourtereau de Roxe-
« lane le temps de s'esquiver par la fenêtre? — Je
« vous demande, à vous, s'il n'était pas plus simple
« de vous en aller tout droit par la porte de la rue,
« que de parcourir l'hôtel, votre culotte à la main,
« et de porter l'alarme partout? — Eh! Général,
« je cherchais à vous échapper. Vous êtes vif, et
« je craignais que quelque coup d'épée ou de pis-
« tolet prévînt l'explication.

« — Et mon valet de chambre, qui va vous
« chercher chez vous, et à qui on répond que
« vous passez la nuit ici. — Il y a franchise au
« moins dans cette réponse. — Eh! qui pouvait
« y comprendre quelque chose? Et cette Roxe-
« lane, avec son air hypocrite! la petite fourbe,

« — Allons, allons, Général, pouvait-elle vous
« confier cela?

« — Ce n'est pas qu'au fond je trouve là un très-
« grand mal ; mais voilà un éclat de tous les dia-
« bles. Les gens de la maison sont instruits. Je
« ne peux plus me servir de vous, et j'en suis fâ-
« ché, car vous êtes plein de talent. Mais voyez
« quelle idée! Venir coucher avec cette Roxelane!
« Il faut aussi que madame la congédie, et j'en
« suis encore fâché : j'aime à voir des figures
« agréables. Mettez donc votre culotte, docteur.

« — Écoutez, Général, il y a un moyen tout
« simple d'arranger cette affaire. — Ma foi, je n'en
« vois aucun. — Quand vous serez malade, vous
« me ferez revenir, parce que vous tiendrez plus
« à votre existence qu'aux bienséances publiques.
« Si je vous guéris, personne ne vous blâmera ;
« si je vous tue, on n'aura plus rien à vous dire.
« — Voilà qui est fort bien ; mais Roxelane? — Je
« suis garçon ; je la prends à mon service. — A la
« bonne heure. Mettez donc votre culotte, que
« diable, sœur Madeleine peut rentrer. — Et mes
« habits, Général? vous sentez que je ne puis re-
« passer chez madame pour les aller prendre. —
« Mes gens ne peuvent pas plus s'y présenter à
« cette heure : vous verrez que je vais être obligé
« de servir de valet de chambre à monsieur. —
« Eh! Général, tout ceci n'est qu'une plaisan-
« terie. — Je ne sais comment madame la prendra.

« Et son oncle le grand-vicaire ! il faut qu'il dorme
« comme un sourd. En vérité, docteur, vous êtes
« un drôle de corps. »

Le grand-vicaire ne dormait pas ; mais il n'était
pas homme à se montrer sa culotte sous le bras.
Il s'habillait à la hâte, très-inquiet de la rumeur
qu'il entendait de tous côtés, et il se montra au
moment où on ne le craignait plus.

Ce n'était pas avec lui que le Général pouvait
rire d'une anecdote, qui blessait ouvertement les
bonnes mœurs, et tel est l'ascendant de la véritable vertu, qu'il force les gens les moins scrupuleux à en prendre le masque. Le Général ne
pouvant dissimuler l'aventure, à cause de sa publicité, prit le ton qu'il jugea convenir au nouveau personnage qui entrait en scène. Il parla
morale ; il s'étendit sur le respect dû à sa maison,
et particulièrement à madame Derneval. Le docteur, qui saisit parfaitement son intention, joua
le trouble, le repentir, la confusion.

Le Général, en parlant, se pénétrait de plus
en plus de son sujet. Il s'échauffa au point que
le grand-vicaire, complètement dupe de cette
comédie, se crut obligé de prévenir une scène
tragique. Il interposa sa médiation et obtint, avec
bien de la peine, qu'on laisserait au coupable le
temps de s'habiller, et qu'on lui permettrait de
se retirer librement. Quant à Roxelane, le Général ne parlait de rien moins que de la faire

mettre à l'hôpital. Mais monsieur le grand-vicaire représenta que cette fille pourrait changer de conduite, et qu'on la jetterait dans le découragement en la dégradant à ses propres yeux. Le Général se rendit à ces raisons ; il fit encore une fois mettre les pauvres chevaux, et il chassa, d'une voix terrible, Roxelane et son docteur, qui furent tranquillement s'établir à leur autre domicile.

Chacun retourna chez soi, et moi, fatigué de toutes les manières, je pris le parti de m'endormir, et je m'éveillai assez tard. Le premier objet qui s'offrit à mes yeux, fut sœur Madeleine, qui me souriait avec complaisance.

Madame Derneval entra bientôt après. Elle s'était fait accompagner par son oncle, à qui elle devait, disait-elle, faire des ouvertures sérieuses sur l'avenir de la jolie religieuse, et elle ne voulait s'expliquer qu'en sa présence, pour savoir, disait-elle encore, si ses propositions lui conviendraient. Au fond, elle n'était plus maîtresse de sa curiosité ; elle comptait frapper un grand coup, et lire sur le visage de sœur Madeleine jusqu'à quel point étaient fondés certains soupçons, nés des discours prononcés la veille par le respectable oncle.

L'occasion paraissait d'autant plus favorable, qu'on était seuls, absolument seuls. Moi je comptais pour rien, et le Général était sorti de bonne heure, pour une affaire qui paraissait l'intéresser beaucoup.

Madame Derneval était couverte, boutonnée, épinglée du menton à la plante des pieds ; ainsi, point de distraction pour le précoce malade ; ainsi, attention entière de sa part.

« Vous savez mon oncle, pourquoi j'ai ren-
« voyé Roxelane. Une fille qui se jette dans les
« bras d'un homme, sans l'aveu des lois sociales,
« ne mérite aucun ménagement d'une femme qui
« se respecte. » Ici la jeune dame fixa sœur Madeleine, qui rougit jusqu'au blanc des yeux.
« J'ignore, ma nièce, quel est le degré d'humi-
« liation où une femme respectable peut réduire
« une femme faible. Les prudes étendent ces
« droits très-loin ; mais la vraie sagesse est sévère
« pour elle-même, et indulgente pour les autres.
« — Quoi, mon oncle ! vous blâmeriez en moi
« la haine du vice? — Non, ma nièce ; mais je
« n'approuve pas que cette haine se manifeste par
« des sorties virulentes. L'apparence de la vertu
« est partout ; la chose est rare, et, dans le tour-
« billon où vous êtes lancée, il faut savoir fermer
« les yeux sur bien des choses. Vous ne sauriez
« déclamer contre un vice, sans faire la satire de
« quelqu'un en particulier. Tel qui paraît vous
« approuver, et sur qui vos traits auront porté,
« cherchera secrètement l'occasion de vous dé-
« crier et de vous nuire. Or, rien de facile comme
« de perdre une femme honnête, parce que,
« forte du sentiment d'une conscience pure, elle
« est sans crainte comme sans défiance. Elle ne

« pare aucun coup, parce qu'elle ne pense pas
« même qu'on puisse l'attaquer. Elle périt victime,
« à la vérité; mais enfin elle succombe, et vous
« frémiriez si je vous rapportais vingt traits lan-
« cés par la calomnie, qu'il était aussi impossible
« de prévoir que d'éviter. — La leçon, mon oncle,
« est d'un homme qui connaît le cœur humain,
« et je vous en remercie; mais il me semble que
« ma femme de chambre sort de la classe de
« ceux que je pourrais craindre. — Mon enfant,
« il n'est pas d'ennemi méprisable : puissiez-vous
« ne pas l'apprendre un jour! Mais en admettant
« que vous n'ayez rien à redouter de Roxelane,
« est-ce une raison pour la dénigrer sans néces-
« sité? — Mais ceci, mon oncle, est entre nous.
« — Pas du tout, madame. Vous apprenez à sœur
« Madeleine des détails que, peut-être, elle eût
« toujours ignorés. — Je n'avais pas réfléchi à
« cela, mon oncle, et je sens que sœur Made-
« leine, si jeune, si sage, si incapable d'une fai-
« blesse, pouvait, malgré l'éclat de la scène, ne
« pas soupçonner... » Le grand-vicaire se lève
hors de lui, marche à grands pas dans ma
chambre. Sœur Madeleine pâlit, rougit, baisse
les yeux, veut parler, se tait, et ne sait quelle
contenance tenir.

« Madame, reprend le grand-vicaire, il y a mé-
« chanceté et perfidie dans ce qui vient de vous
« échapper. Méchanceté, parce que vous avez
« éclairci, par un moyen cruel, des soupçons aux-

« quels je me souviens d'avoir donné lieu invo-
« lontairement ; perfidie, parce que vous pro-
« diguez la louange à celle que vous méprisez
« intérieurement. Et quelle est donc cette odieuse
« pureté qui cherche sa récompense dans les
« larmes de ses semblables? Moins de vertu, ma
« dame, et plus de charité, si la vertu, en vous,
« ne peut s'allier qu'à l'intolérance et à l'orgueil.
« Et quel garant avez-vous que cette égide, dont
« vous êtes si fière, ne s'échappera pas de vos
« mains? Votre Dieu a dit, en parlant de la femme
« adultère : Que celui de vous qui est sans péché
« lui jette la première pierre, et une enfant sans
« expérience, une femme qui entre à peine dans
« le monde, ose porter sa main téméraire sur la
« balance divine, et se montrer plus sévère que
« son Dieu ! »

Il eût pu continuer plus long-temps encore sans qu'on pensât à l'interrompre. Sœur Madeleine sanglottait, et ne trouvait pas une larme ; madame Derneval, rendue à son heureux naturel, lui prodiguait toute sorte de secours, l'embrassait et lui demandait pardon. Sœur Madeleine, humiliée, confondue, ne pouvait articuler un mot ; elle lui tendait la main, et la regardait d'un air plein de douceur.

« Parlez, continua le grand-vicaire, en s'adres-
« sant à l'infortunée. Parlez, avouez vos fautes
« à celle qui n'a ni le droit d'en connaître, ni
« celui de vous juger. Accusez-vous, pour être à

« l'abri d'une coupable curiosité, et moi, ministre
« du Dieu qu'on offense, je vous absous, car
« quelles qu'aient été vos erreurs, vous les avez
« expiées par le repentir et la pratique des œu-
« vres de miséricorde.

« — Ah! mon oncle, comme vous me traitez?
« Imitez la générosité de sœur Madeleine. — Vous
« avez froissé son cœur. Elle est l'offensée; elle
« peut, elle doit être généreuse. Mais qui proté-
« gera ceux que vous opprimez, qui aura le cou-
« rage de vous reprocher vos torts? Seront-ce
« les flatteurs que votre jeunesse, votre beauté,
« votre rang, votre fortune attirent sans cesse
« sur vos pas? Moi seul, peut-être, j'ose être
« vrai avec vous, et vous dire la vérité tout en-
« tière. — Mon oncle, sa nudité m'effraie. — Ma-
« dame, je n'ai jamais su la parer.

« — Je m'estime encore assez, mon oncle,
« pour vous avouer qu'une curiosité, que je de-
« vais surmonter, a amené cette scène que je
« n'oublierai de ma vie. J'ai voulu faire parler
« sœur Madeleine; mais croyez que je n'avais pas
« le projet atroce de faire couler ses larmes. —
« Si je vous en avais crue capable, madame, j'au-
« rais gémi sur vous, et je me serais retiré : quand
« le cœur est corrompu, il ne reste plus d'espoir.
« — Pardonnez-moi, mon oncle, pardonnez-moi
« comme elle. » Et son attitude était suppliante;
elle prenait les mains du grand-vicaire, elle les
mouillait de ses pleurs. « Venez, mon enfant, et

« tombez dans les bras de votre oncle. Il a dû
« vous blâmer; mais il est doux pour lui de vous
« retrouver digne de sa tendresse. — Ah! sœur
« Madeleine, comment vous faire oublier... — En
« écoutant, ma nièce, un récit qui, j'aime à le
« croire, vous la montrera plus malheureuse que
« coupable, et qui justifiera cette indulgence que
« vous lui accordez aussi facilement que vous avez
« été prompte à la condamner. — Oui, monsieur,
« je parlerai, j'en aurai le courage. En proie au
« méchant, à l'âge où on ne soupçonne pas encore
« qu'il existe des vices; vaincue sans avoir pu me
« défendre; soumise ensuite à l'ascendant d'un
« maître sur une fille sans ressources, j'ai conservé
« des droits à la pitié, et je me crois au-dessus
« du mépris, qui ne doit frapper que le vice.

« J'ignore où je suis née. Je ne me rappelle
« rien d'antérieur au presbytère où monsieur m'a
« trouvée. C'est là que mes yeux ont été frappés
« des premiers objets; c'est là que j'ai articulé les
« premiers sons. Le prédécesseur du curé actuel
« avait une gouvernante qui dut avoir été belle,
« car elle était bien encore, malgré un fonds de
« mélancolie qui la minait insensiblement. Elle
« me nommait sa nièce, et ce titre justifiait la
« tendresse dont elle ne cessait de me donner des
« marques.

« A mesure que ma raison se développait, je
« remarquais, entre elle et le curé, une intimité
« qui n'existe pas ordinairement du maître à la

« domestique. Ceci n'était qu'une simple obser-
« vation, dont je ne pouvais encore tirer de con-
« séquences.

« La santé de celle qui se disait ma tante s'af-
« faiblit au point de ne plus laisser d'espoir. Elle
« exigea alors que je restasse constamment auprès
« d'elle, et les caresses les plus tendres ajoutaient
« à la douleur que m'inspirait déja une prochaine
« et éternelle séparation. Au moment terrible, où
« on n'a plus d'intérêt à se mentir à soi-même,
« elle me bénit, et elle dit à son maître : Expiez
« vos erreurs et les miennes. Aimez cette enfant
« qui n'a pas demandé à naître, et cachez-lui le
« malheur de sa naissance.

« J'avais douze ans alors, et ces paroles me
« laissèrent pressentir ma déplorable origine. Je
« sentis les devoirs que j'avais à remplir envers
« le curé, et je ne m'en écartai jamais. Jamais un
« regard de bienveillance ne fut le prix de mes
« soins. Je vécus au presbytère sans avoir à me
« plaindre, ni à me louer des traitemens que j'y
« recevais.

« Deux ans après, les orages révolutionnaires
« forcèrent le curé à fuir et à se cacher. Il n'avait,
« au monde, que son bénéfice; la misère deve-
« nait son partage, et la misère amollit les cœurs
« les plus durs. Pour la première fois, il me pressa
« contre son sein; il me donna, en présence de
« témoins recommandables, ce qu'il crut devoir

« me laisser, et, en sortant du presbytère, il me
« recommanda à la Providence.

« Sa tête était proscrite; il l'avait dérobée à la
« fureur de ses assassins. Ils se vengèrent sur
« moi, et sans égard pour mon âge et l'état dé-
« plorable où ils m'allaient réduire, ils me dé-
« pouillèrent entièrement, et me bannirent de
« cette maison, berceau de mon enfance.

« J'en sortis en pleurant : les larmes sont la
« défense ou le soulagement du faible. Seule dans
« l'univers, placée entre la misère et le désespoir,
« il fallait mourir ou tendre la main. A quatorze
« ans on commence à sentir le prix de l'existence;
« mais à quatorze ans il paraît affreux d'implo-
« rer la commisération publique. Assise sur une
« pierre, mon visage caché dans mes mains, je
« dévorais des sanglots qui ne devaient attendrir
« personne : je le croyais au moins. Ma mère
« avait fait du bien à une femme pauvre et âgée.
« Soit qu'elle eût pénétré le secret de ma nais-
« sance; soit qu'elle ne cédât qu'à la compassion,
« elle me chercha, et m'offrit de partager ses hail-
« lons, son grabat, son pain noir et ses travaux.
« C'était, disait-elle, une dette quelle acquittait,
« et je crus en payer une plus réelle en m'exté-
« nuant de travail, pour lui procurer quelque
« repos.

« La fatigue et le besoin l'avaient usée avant
« le temps : je n'étais pas la seule avec qui elle

« eût partagé ce qui ne lui suffisait pas. Vertus
« obscures, personne ne vous recherche, ne vous
« connaît, ne vous récompense. Elle tomba ma-
« lade, et je renonçai au sommeil pour fournir
« aux dépenses que son état exigeait. Elle me
« remerciait comme si j'eusse fait plus que mon
« devoir.

« L'on remarquait, dans le village, mon dé-
« vouement et ma tendre sollicitude; on me louait
« hautement; on me marquait de la considéra-
« tion, et je n'en concevais pas d'orgueil. Je pen-
« sais, seulement, qu'il faut qu'il y ait bien des
« ingrats pour qu'on traitât, avec distinction, une
« fille qui n'avait d'autre mérite que celui de sa
« mémoire.

« Les prêtres n'exerçaient pas publiquement
« leur ministère; mais on avait cessé de les per-
« sécuter. Le curé actuel s'était établi dans le
« village, et il y administrait les sacremens en
« secret. Il vint aider ma vieille amie à mourir,
« et il voulut voir la jeune personne dont on lui
« disait tant de bien. J'étais profondément affli-
« gée. Il me dit de me consoler et d'avoir con-
« fiance en Dieu.

« Je crois un Dieu, monsieur le grand-vicaire.
« Si j'ai reçu de lui quelques agrémens qui ont
« fait mes malheurs, je lui dois aussi la résignation
« avec laquelle je les supporte, et le ferme désir
« de réparer mes erreurs. Courbée sous le poids

« de sa justice, je m'interdis jusqu'au plus léger
« murmure ; mais pourquoi ceux qui se disent
« ses interprètes, sont-ils les premiers à l'outrager
« et à braver ses lois ? — Continuez, ma fille, et
« respectez la sainte obscurité dans laquelle la
« Providence a voulu se cacher. Rien n'échappe
« à sa vigilance, car son centre est partout, ses
« bornes ne sont nulle part. Au moment où le
« crime se commet, un trait, lancé de sa main
« invisible, déchire le cœur du coupable. S'il a
« trompé les yeux des hommes, il ne saurait se
« tromper lui-même ; partout il porte le trait
« vengeur, partout il traîne, avec lui, son juge,
« et ce juge est sa conscience. Continuez, ma
« fille, continuez.

« — La terre couvrait ma bienfaitrice, et plusieurs
« particuliers m'avaient offert un asile. Le curé
« demanda qu'il lui fût permis de me recueillir,
« afin, disait-il, de faire fructifier, en moi, le
« germe des vertus.

« De toutes les habitations du lieu, nulle n'a-
« vait, pour moi, d'attrait que celle où j'avais
« été élevée. Je trouvai une douce satisfaction à
« y rentrer, et, maîtresse de choisir, je courus à
« ma perte.

« Bientôt mes misérables vêtemens furent rem-
« placés par des habits simples ; mais d'un goût
« recherché. Je me regardai avec complaisance,
« j'eus la vanité de me croire belle, et j'éprouvai

« un sentiment plus vif que la simple reconnais-
« sance, pour celui qui me procurait la seule
« jouissance que j'eusse encore connue.

« Il souriait aux expressions que m'arrachait
« l'espèce d'ivresse où j'étais plongée. Était-il
« sensible au tribut que lui offrait l'innocence,
« ou s'applaudissait-il du succès des piéges qu'il
« tendait sous mes pas? Soins tendres et soute-
« nus; égards sans affectation; empressemens ré-
« glés par la plus austère décence, il me prodi-
« guait tout. Il m'inspira bientôt cette confiance
« qui empêche de s'occuper de l'avenir, parce
« que le présent s'empare de toutes nos sensa-
« tions. Oh! qu'il est facile, madame, de sur-
« prendre un cœur pur! Il ne peut voir, dans
« les choses les moins équivoques, qu'humanité
« et bienveillance.

« J'étais contente, j'étais heureuse, je ne dési-
« rais rien de plus. J'ignorais qu'il existât diffé-
« rentes sortes de bonheur : le séducteur devait
« mettre le sien à me désespérer.

« Il m'avait habituée à l'embrasser tous les
« soirs avant de me retirer. Ce baiser, qu'il ap-
« pelait le baiser de paix, fut modeste pendant
« quelque temps. Insensiblement ce furent des
« caresses, nommées encore caresses paternelles.
« Enfin, ces baisers se prolongèrent avec une
« énergie qui éveilla en moi la nature, et qui
« m'avertit du danger.

« Il fallait fuir; mais où aller? Ceux qui m'a-

« vaient offert leur maison, n'auraient vu, dans
« ma sortie du presbytère, qu'une légèreté con-
« damnable, car je ne pouvais accuser le curé
« d'aucun acte vraiment répréhensible, et mon
« témoignage, d'ailleurs, n'eût été d'aucun poids
« contre un homme revêtu de ce caractère. J'avais
« contracté l'habitude du bien-être, et ceux qui
« s'intéressaient à moi vivaient dans une extrême
« médiocrité. La crainte des privations d'une
« part, celle de perdre dans l'opinion publique
« de l'autre, tout concourait à retenir une fille
« qui avait trop peu d'expérience pour penser
« qu'on pût lui arracher ce qu'elle était décidée
« à n'accorder jamais.

« Je me bornai donc à me refuser à ces perfides
« caresses; je remplaçai, par une réserve absolue,
« la liberté qui avait régné entre nous; un res-
« pect attentif succéda à la sincère amitié qu'il
« m'avait inspirée, et la nuit je m'enfermai exac-
« tement dans ma chambre.

« Nous dînions à la même table quand il était
« seul, et nous soupions toujours ensemble, parce
« qu'il n'avait jamais personne le soir. Je remar-
« quais, quelquefois, son teint enflammé, son
« regard ardent. Alors je me sentais rougir; je
« baissais les yeux, et je me retirais.

« Un soir, vers la fin du repas, je me sentis
« prise d'un assoupissement que je ne pus vain-
« cre, ni même combattre. Le sommeil appesantit
« tous mes membres, engourdit tous mes sens.

« J'ignore combien de temps dura ce sommeil
« léthargique. Je me réveillai dans mon lit, et
« je me trouvai dans les bras du curé.

« Je criai, je pleurai!... Il me ferma la bouche
« avec un mouchoir, et m'ordonna de l'écouter.

« Ce qui est fait, dit-il, est sans remède ; vos
« larmes, vos cris, aucune puissance ne peuvent
« vous rendre ce que vous avez perdu. Ainsi,
« consolez-vous, et gardez le silence.

« Je n'ai dû qu'à la ruse le bonheur que je
« désirais depuis si long-temps. Je veux, désor-
« mais, vous devoir à vous-même : il faut que
« vous partagiez mes plaisirs pour qu'ils soient
« parfaits. Si je ne vous inspire pas d'amour, ef-
« forcez-vous de paraître tendre, soyez complai-
« sante au moins, et je vous rendrai aussi heu-
« reuse qu'une fille de votre état peut l'être, et
« que mes moyens le permettent.

« Il renouvela ses entreprises ; je me défendis
« avec fureur. Cédez, dit-il d'un ton féroce, cé-
« dez, ou vous êtes perdue. J'ai enfermé, dans
« votre cassette, un couvert d'argent. Choisissez,
« de vous donner à moi, ou d'être, à l'instant
« même, accusée d'un vol que vous n'avez pas
« commis ; mais dont vous porterez la peine.

« L'idée du vice m'avait révoltée ; je frissonnai
« à celle des cachots et d'un jugement infamant.
« Si je n'eus pas la force de consentir ouverte-
« ment à ma honte, je n'eus pas, non plus, celle
« de résister plus long-temps.

« Je n'ai jamais pu aimer le curé; mais l'habi-
« tude, la nature, toute-puissante sur des organes
« neufs, tempérèrent le dégoût que m'inspira
« d'abord cette vie de désordre. Je retrouvai de
« la gaieté, et, lorsque le remords se réveillait au
« fond de mon ame, je cherchais à m'étourdir,
« et je rejetais tout sur la nécessité, à qui je m'é-
« tais immolée.

« Il est inutile de vous raconter, madame,
« comment ce commerce illégitime fut enfin dé-
« couvert. Vous en savez assez pour établir votre
« opinion, pour me juger, et je me recommande
« à votre indulgence.

« — Vous la méritez jusqu'à un certain point,
« reprit le grand-vicaire. — Oh! elle la mérite
« tout entière, mon oncle. — Non, ma nièce;
« apprenez à vous garder de deux extrêmes. Le
« crime du curé n'est pas le sien; mais les fautes
« qu'elle a volontairement partagées?... — Et la
« crainte des tribunaux, mon oncle? — Et le
« dévouement qu'exige la vertu? L'innocent ac-
« cusé présente sa tête et la perd s'il le faut. Il
« ne la rachète pas par des moyens indignes de
« lui. Voilà le véritable martyr, celui que la palme
« immortelle attend, celui dont les hommes doi-
« vent vénérer la mémoire, parce qu'il leur a
« donné un grand exemple. — Ces exemples sont
« rares, mon oncle. — Ils n'en sont que plus
« précieux. — Je ne sais pas même si l'on en
« trouve dans vos livres... — Laissez nos livres,

« madame. Ici, je suis un honnête homme qui
« raisonne avec une femme du monde.

« — Convenez au moins, mon oncle, que peu
« de femmes, à la place de sœur Madeleine, au-
« raient eu le courage de se conduire autrement.

« — Aussi me suis-je élevé contre la sévérité
« que vous lui avez d'abord marquée. Il est, ma
« nièce, une différence essentielle entre l'indul-
« gence aveugle qui autorise le désordre, et la
« fermeté compatissante qui ramène le faible en
« lui pardonnant.

« — Pauvre Madeleine! pauvre Madeleine!
« non, vous n'êtes pas méprisable; non, je ne
« vous méprise point, et je vous le prouve en
« vous offrant, chez moi, la place qu'occupait
« Roxelane. — Votre maison, ma nièce, ne lui
« convient pas. — Et pourquoi donc, mon oncle?
« — Je crois que votre mari a des mœurs; mais
« il a sans cesse à sa suite une foule de jeunes
« officiers qui peuvent n'être pas très-scrupuleux.
« L'occasion, l'habitude, peuvent être plus fortes
« que les résolutions les plus sincères, et je n'ex-
« poserai pas cette jeune personne à des combats
« dont l'issue est incertaine. Si elle est prudente,
« elle entrera chez une ouvrière d'une conduite
« sans reproche; elle y apprendra à vivre de son
« travail, et, indépendante du besoin et des
« hommes, elle pourra se rapprocher d'eux avec
« moins de danger.

« — Mon oncle, mon oncle, j'ai une lingère

« excellente. — A la bonne heure, ma nièce. —
« Qui demeure dans un quartier tranquille. —
« Bien! — Qui est mère de famille, et qui n'a
« d'ouvrières que ses filles. — Fort bien! — Elles
« ne sont pas jolies du tout; mais... — Tant mieux,
« ma nièce : la beauté est presque toujours un
« présent funeste que les femmes paient bien cher.

« Parlez, sœur Madeleine, consentez-vous à
« ce que madame vous propose? — Il y a long-
« temps, monsieur, que je vous ai assuré de mon
« entière soumission. — Il y a long-temps que je
« vous ai répondu que cela ne me suffisait point.
« Consultez votre inclination beaucoup plus que
« le désir de me complaire. — Eh bien! monsieur,
« ce projet m'est agréable autant qu'il me paraît
« utile. — Il sera exécuté, et je me charge de
« tous les frais. — Non pas, s'il vous plaît, mon
« oncle. Vous n'avez pas eu de torts envers sœur
« Madeleine, et je veux... — Non, mon enfant,
« on me confie des fonds uniquement destinés à
« cet usage. Faites du bien de votre côté, puisque
« vous avez du superflu; vous trouverez, à cha-
« que pas, un malheureux à soulager. Mais prenez
« garde d'alimenter la paresse, au moins inutile
« quand elle n'est pas nuisible. Étudiez l'art de
« placer vos bienfaits. Je l'appelle un art, parce
« qu'il mène à connaître le cœur humain, avan-
« tage si nécessaire dans le monde, et si généra-
« lement négligé.

« — Mon oncle, je monte en carrosse, et je

« cours chez ma lingère. — Un moment, ma
« nièce. Il est d'abord des devoirs de bienséance
« à remplir envers la supérieure de l'Hôtel-Dieu;
« un habit à remettre, et je me charge de tout
« cela.—Abrégeons, s'il est possible. Vous, sœur
« Madeleine, venez avec moi. » Et madame Derneval emmène ma jolie religieuse et rentre, avec elle, au bout de cinq minutes. Je ne la reconnaissais pas. La jeune dame avait ouvert sa garderobe; l'avait forcée à choisir; l'avait aidée à s'habiller. Madeleine avait pris ce qu'il y avait de plus simple; mais qu'elle était bien comme cela!

« Tenez, mon oncle, voilà le paquet de bure.
« Faites-le mettre sur le devant de la voiture, et
« reportez-le à madame de la Nativité. Excusez
« ma protégée auprès d'elle... — Non, ma nièce,
« je n'excuserai pas un oubli volontaire des pro-
« cédés les plus simples. Ma fille, venez remer-
« cier cette bonne religieuse. Mais reprenez cet
« habit, et vous le changerez à l'Hôtel-Dieu
« contre ceux que vous y avez déposés. Ils con-
« viennent à votre situation, et vous êtes ridicule
« avec ceux-ci.—Ridicule, dites-vous, mon oncle?
« ah! elle est jolie comme un ange. — On est
« toujours ridicule, ma nièce, quand on sort de
« son état. »

Monsieur le grand-vicaire tâchait toujours d'avoir raison quand il voulait quelque chose; aussi voulait-il fortement, et il fallut que sœur Madeleine reprît le juste de bure grise. Tout ce qu'il accorda à la pétulance de la jeune dame, ce fut de partir sur-le-champ avec sa protégée, pour lui faire prendre congé de madame la Nativité.

Il est à peine sorti, que madame Derneval demande une autre voiture, et part pour le faubourg Saint-Germain. Elle règle les conditions avec la lingère; paie une année d'avance, malgré les observations de son oncle, et revient enchantée d'elle-même. Il était arrêté là-haut, ou là-bas, ou ailleurs, ou nulle part, que mademoiselle Javotte ne serait ni religieuse, ni femme de chambre, ni lingère.

La jeune dame rentrait à peine, que le Général parut; il tenait, par la main, le camarade Ruder, et le présenta à sa femme. « Ma bonne
« amie, félicitez le capitaine. Je n'ai eu que la
« peine de rappeler ses services pour obtenir la
« compagnie. Mon cher Ruder, vous pourrez
« encore perdre une capote quand l'occasion se
« présentera; mais ne battez plus personne, parce
« qu'un capitaine doit l'exemple aux jeunes gens
« du bataillon.

« Mon cher ami, il est convenu que vous
« vivrez à l'hôtel tant que vous serez en garni-
« son à Paris. — Très-volontiers, mon Général;
« mais j'ai l'honneur de prévenir madame que si
« je pense bien, je parle mal. — Allons, allons,
« mon camarade, vous n'êtes pas plus obligé
« d'être un Voltaire, que Voltaire le fut d'être
« un Turenne. — Ce n'est pas cela, mon Géné-

« ral ; c'est que je jure ordinairement. — Eh
« bien ! mon ami, vous jurerez le moins pos-
« sible, et quand il vous échappera un gros mot,
« je vous marcherai sur le pied.—Mais le mot sera
« lâché.—Mais vous serez sur vos gardes.—Ainsi,
« Général, madame est sûre que je ne lui pous-
« serai qu'un juron à la fois. »

Le grand-vicaire nous ramena mademoiselle Javotte tout-à-fait dégagée des liens de saint Vincent-de-Paule. C'était un bien brave homme que ce Vincent ! c'est l'unique saint qui ait fondé une congrégation utile. Le cardinal de Bérulle méritait bien aussi la canonisation pour avoir établi les Pères de l'Oratoire ; mais il y avait déja tant de saints ! et puis la foi était si faible !... Elle est redevenue à la mode.

Hommes d'état, voulez-vous que la secte la plus absurde fasse des prosélytes ? persécutez. Ministres d'absurdités religieuses, voulez-vous qu'on écrive contre les dieux de votre façon ? déclamez contre les Non-Conformistes.

Mademoiselle Javotte avait repris les vêtemens qu'elle avait le jour où il plut au fils de Joseph, de Gabriel, du Saint-Esprit, ou d'un autre de se baigner dans la mare. Jour précieux où elle eut pitié de ma misère ! Depuis long-temps je ne tenais à elle que par la tendresse : ses habits me rappelèrent à la reconnaissance.

Le grand-vicaire demanda quel était cet officier à l'œil de moins, et d'un ensemble original. La jolie dame lui raconta ce que vous savez, et le grand-vicaire serra affectueusement la main du Général.

Monsieur Ruder n'avait rien entendu, ou avait feint de ne rien entendre. On louait sa modestie, sans réfléchir que s'éloigner de quatre pas de ceux qui font notre éloge, c'est les mettre à leur aise, et se procurer le plaisir innocent d'entendre quelque chose de plus. Le capitaine s'était approché de mademoiselle Javotte, et, droit et ferme comme un pieu, il la regardait avec une ténacité qui ne me flatta point du tout.

Madame Derneval annonça à sa protégée que sa place était arrêtée, et qu'elle entrerait quand il lui plairait chez madame Dupont. Mademoiselle Javotte répondit qu'elle désirait attendre mon entier rétablissement, et qu'elle considérerait, comme une nouvelle grace, la permission qu'elle sollicitait. On se rendit, avec bonté, à ce qu'elle demandait, et je sus, de tout cela, un gré infini à la charmante solliciteuse et à ceux qui allaient au-devant de mes vœux les plus doux.

Cet arrangement rendit la parole à monsieur Ruder. « Parbleu ! madame, je m'intéresse aussi
« à cet enfant, et je vous offre mes soins. Vos
« domestiques sont sur les dents ; cette belle de-
« moiselle est délicate, et moi je suis bien par-
« tout. Un matelas dans un coin, une roquille
« d'eau-de-vie et une pipe, voilà tout ce qu'il me
« faut. »

On représenta à M. Ruder que l'odeur du tabac ne me valait rien ; il répondait qu'il fumerait dans la cheminée. Je lui représentai que mademoiselle Javotte me suffirait ; il me répondit que je ne savais ce que je disais. Il accrocha son épée à une espagnolette de croisée, son chapeau à une autre ; il tira son bonnet de police, se l'enfonça jusqu'aux oreilles, et s'installa dans un fauteuil.

Il ne dit plus rien de toute la journée ; mais il était très-attentif. Au moindre mouvement de mademoiselle Javotte il était debout. Il sautait sur ce qu'elle allait prendre, de manière que la main décharnée rencontrait toujours la main blanche et effilée. Me soulevait-elle pour me présenter le vermichelle ou la gelée de groseille, cette diable de main se joignait à la sienne, et si elle lui faisait observer que je commençais à m'aider assez pour qu'une personne suffît, il ne répondait rien ; mais il serrait davantage la main qui cherchait à lui échapper. Je me décidai à rester assis, et je fis mettre près de moi tisane et cordiaux.

On vint avertir le capitaine qu'on avait servi. Il demanda qu'on lui apportât un morceau sous le pouce. On mit un joli couvert pour lui et mademoiselle Javotte, et il déclara au domestique qui se disposait à les servir, que cela le gênerait, parce qu'il n'était pas dans l'habitude d'être servi. Il ajouta qu'il était très-capable d'offrir le meilleur morceau à la belle demoiselle, et d'entretenir son verre plein. Tout cela me déplaisait de plus en plus.

Le domestique se retira, et monsieur le capitaine se plaça, le dos tourné de mon côté. Je ne sais comment il regardait mademoiselle Javotte ; mais elle ne leva pas les yeux de dessus son assiette. Elle mangea peu, elle but moins, et vint reprendre sa place près de moi.

M. Ruder abandonna la sienne, et se mit à celle qu'elle quittait, sans doute pour ne la pas perdre de vue. Il mangea comme un tigre, il but comme un Allemand, et, de temps en temps, il tâchait de se donner un air tendre, qui était bien la plus drôle de grimace!... Mademoiselle Javotte en riait en tournant la tête, et j'étais, moi, dans une colère épouvantable.

« Calme-toi, mon petit Jérôme ; calme-toi, me
« disait-elle à voix basse. Tu vois bien que cet
« homme n'est que ridicule. — Mais cet homme-
« là vous aime, mademoiselle. — Mais, moi, je
« ne l'aime pas, monsieur. — Oh ! si j'avais seu-
« lement seize ans ! — Que ferais-tu, petit ami ?
« — Je tuerais tous ceux qui vous aiment, pour
« que vous ne puissiez aimer que moi. »

La journée, la nuit, se passèrent dans ces alternatives de gaieté, de crainte, et de soupirs amoureux. M. Ruder continuait ses mines ; mais il ne laissait parler que son œil. Il y trouva tant de plaisir qu'il oublia sa pipe ; il ne fêta que sa roquille. Son silence me calma peu à peu, et je finis aussi par le trouver plaisant.

Il ne sortait pas de ma chambre, et le Général, sa femme et le grand-vicaire, le louaient beaucoup de son humanité et de l'empressement qu'il mettait à soulager mademoiselle Javotte : elle et moi, savions mieux que personne ce qui en était.

Je reprenais des forces, et on avait décidé que, sous deux jours, je pourrais me lever : c'était le quatrième depuis que M. Ruder s'était établi près de moi. Je voyais que le besoin de parler le tourmentait d'une étrange manière ; il s'était même essayé plusieurs fois dans la journée à articuler quelques mots. Il s'approchait d'elle d'un air guindé ; il avançait les bras, inclinait la tête, ouvrait la bouche, la regardait, faisait un demi-tour à droite, et retournait à son fauteuil.

On trouvera, sans doute, ces détails puérils ; mais c'est un enfant qui conte, et ces détails sont autant de degrés qui nous mènent à la catastrophe.

Au commencement de la nuit, il fit un usage fréquent de sa roquille, sans doute pour se donner le courage de s'expliquer, ou la facilité de s'expliquer en beaux termes. Après quelques préliminaires qui n'aboutissaient à rien, il commença enfin.

« Mademoiselle... mademoiselle... Que le diable
« m'emporte si je sais par où commencer. Ma-

« demoiselle, vous êtes charmante. — Vous me
« flattez, monsieur. — Et je vous aime de tout
« mon cœur. — Monsieur, vous êtes trop bon.
« — Voulez-vous m'épouser, mademoiselle? —
« Non, monsieur. — Comment, mademoiselle!
« vous ne voulez pas épouser un capitaine? —
« Je ne vous épouserais pas, fussiez-vous colonel.
« — Et la raison, s'il vous plaît? — Je n'ai pas
« de goût pour le mariage. — Mais j'en ai moi,
« mademoiselle; vous seule me l'avez inspiré,
« et corbleu! vous m'épouserez. — Je ne vous
« épouserai pas. — Comment ventrebleu! Ruder
« a pris Mantoue, et il ne prendrait pas une
« femme! — C'est que les femmes ne se prennent
« pas à coups de canon. — Aussi n'est-ce point
« à l'arme à feu que je vais vous réduire. » Il
ferme la porte à double tour, et il met la clé
dans sa poche. Il enlève mademoiselle Javotte
dans ses bras, il la jette sur le tapis, et il l'arrange comme saint Martin avait essayé de le faire
dans la cuisine du curé.

Furieux, je me levai en poussant de grands
cris. Mademoiselle Javotte criait autant que le
permettait un combat qui lui ôtait parfois la respiration. Elle égratignait, elle mordait. Je tirais
Ruder par les cheveux, par un bras, par une
jambe; l'enragé ne sentait rien. Enfin, son épée
frappa mes yeux. Je sautai sur l'arme; mais je fis
de vains efforts pour la sortir du fourreau. Je
continuais de crier, et je frappais du pommeau

sur la tête et sur les reins du frénétique assaillant. « Frappe, frappe, petit b....., moi, j'é-
« pouse. »

J'étouffais de colère et de jalousie, lorsque des coups redoublés ébranlèrent la porte qui céda enfin. Le Général parut ; mais, hélas ! il parut trop tard. Hors de moi, et poussant les sanglots du désespoir, je me jetai à ses pieds, et je lui demandai justice. Je lui racontai comment la chose s'était passée : il pouvait en juger comme moi.

Il restait pétrifié d'indignation. Ruder se releva fort tranquillement, et présenta la main à mademoiselle Javotte avec assez de politesse. La pauvre fille sanglotait à son tour, cachée sous mes rideaux. « Malheureux, dit enfin M. Derneval, « vous ne rougissez pas de l'infamie que vous « avez commise ?... —Non, Général, parce que le « mariage efface tout. — D'une infamie consom- « mée chez moi. — Eh bien ! Général, faisons « ici la noce, et que tout soit dit. Allons, allons, « ma petite femme, ne vous chagrinez pas : j'en « ai violé plus d'une en pays ennemi, et aucune « n'en est morte. — Un viol, Ruder, un viol ! « quelle atrocité, quelle horreur ! — C'est elle « qui m'y a forcé, Général. Je lui offrais ma main ; « la proposition était honorable ; elle a refusé. Je « n'aime pas les affaires qui traînent en longueur, « et je l'ai violée aujourd'hui pour la forcer à

« m'épouser demain. Allons, ventrebleu ! vive la
« joie ! »

Madame Derneval entra, et demanda par quelle fatalité il arrivait toujours dans cette chambre quelque chose d'extraordinaire. « Il ne s'y est
« rien passé que de très-ordinaire, madame, lui
« dit tranquillement Ruder ; une noce à faire,
« voilà tout. J'épouse mademoiselle Javotte, et
« ce qui ne m'était pas encore arrivé, je l'ai trou-
« vée pucelle, et je vous prie de croire, madame,
« que je m'y connais. »

Tout cela n'était rien moins que clair pour madame Derneval ; mais la virginité de mademoiselle Javotte la fit partir d'un éclat de rire qu'elle comprima aussitôt, parce qu'elle en sentit l'inconvenance. Toujours curieuse, malgré les remontrances du cher oncle, elle voulut tout savoir, tout absolument, et moi, toujours prêt à exhaler ma fureur, je m'appesantissais sur les moindres circonstances, espérant que quelqu'un voudrait bien faire ce que j'avais vainement assayé, que quelqu'un tuerait M. Ruder.

A mon grand mécontentement, le Général se contenta de lui notifier de quitter l'hôtel pour n'y rentrer que lorsqu'il y serait mandé. Le capitaine, toujours soumis à la discipline, remit le bonnet de police en poche, et prit son chapeau et son épée. Jusque-là tout était bien ; mais il présenta le bras à mademoiselle Javotte, du droit, disait-il, qu'a un officier de conduire sa femme à la caserne. L'infortunée jeta un cri d'effroi et se roula dans ma couverture. Ruder la déroula, et il allait la charger sur son épaule pour en finir, lorsque madame Derneval lui représenta que la violence ne donnait aucun droit, et qu'il ne pouvait rien attendre que du consentement de celle qu'il avait outragée. Ce raisonnement ne lui parut d'aucune valeur, et il continua à faire le mari. Le Général, outré de colère, lui protesta que s'il ne cessait de violenter mademoiselle Javotte, il le ferait casser à la tête du bataillon. Cette menace apaisa la rage d'épouser du capitaine; il sortit, en priant le Général de ne pas trop différer le mariage, parce qu'il venait, disait-il, de se mettre en goût.

On frappait à une autre porte; c'était le grand-vicaire qui, selon sa coutume, s'était habillé de la tête aux pieds. Au premier bruit, madame Derneval, qui s'était rappelé l'histoire du médecin, et qui se promettait de rire encore, sans savoir de quoi, madame Derneval avait vérouillé l'antichambre du digne oncle, parce qu'il est des choses que certains yeux ne doivent jamais voir. Les femmes ont toujours la présence d'esprit du moment : aussi nous dupent-elles avec une grâce, une facilité, nous, qui nous croyons si fins !

Elle fut ouvrir, et dit à son oncle que j'avais eu une nouvelle crise qui avait jeté mademoiselle Javotte dans de vives alarmes; mais que j'étais fort bien, et que ce qu'il pouvait faire de mieux était de se remettre au lit. Le grand-vicaire se rendit volontiers à ce conseil, et la jeune dame revint administrer des consolations à mademoiselle Javotte, qui en avait vraiment besoin. Que de jouissances pour madame Derneval! remplir un devoir indispensable pour un cœur sensible, et savoir précisément, bien précisément, à quel point le capitaine avait poussé l'insolence. Prétendre que les choses n'avaient été que là, pour s'entendre dire qu'elles avaient été plus loin; porter mademoiselle Javotte à un mariage, devenu à peu près nécessaire, pour opposer de l'esprit à la répugnance, et des raisonnemens à la conviction, tout cela tient encore au sexe féminin. Nous serions vos esclaves, mesdames, vos très-humbles esclaves, si vous étiez sans défauts.

Sauvez-nous du danger de vous trouver parfaites.

Grace à Dieu, s'il y en a un, nous n'avons rien à craindre de ce côté-là.

Mademoiselle Javotte se plaignait amèrement de l'inutilité de la sagesse, qui ne l'avait pas empêchée de tomber dans les bras de deux hommes qu'elle haïssait également; elle protestait qu'elle mourrait plutôt que d'être la femme du capitaine. J'affirmais que je me tuerais si ce mariage avait lieu. Mademoiselle Javotte m'embrassait; madame Derneval riait de mon transport, et le Général disait, en bâillant, que si le grand-vicaire savait cette nouvelle aventure, il aurait de la peine à la concilier avec la profonde sagesse de la Providence, dont il était forcé de parler souvent, et à laquelle, probablement, il ne croyait pas.

Il fallait prendre un parti. Délaisser une affligée, dont la peine était aussi fondée, paraissait dur; passer le reste de la nuit, sans pouvoir apporter de remède au mal, paraissait inutile. Mademoiselle Javotte concilia ce qu'on devait aux bienséances et au sommeil; ses instances furent si franches et tellement réitérées, qu'on put s'y rendre sans indécence, et je restai seul avec elle.

Mon état était au moins aussi déplorable que le sien, et elle oubliait sa douleur pour ne s'occuper que de la mienne. Je me modérai enfin, parce que mademoiselle Javotte n'avait cédé qu'à la force, parce que je ne voyais pas qu'elle en ressentît un grand mal, parce qu'enfin le chagrin qui affecte le plus vivement est aussi le moins durable. Mademoiselle Javotte se calma également, parce qu'elle me voyait plus tranquille, parce qu'elle ne pouvait faire que ce qui était fait ne le fût pas, parce que ses ongles imprimés sur la figure du capitaine attestaient son innocence. Je compris que, semblable aux femmes du pays ennemi, mademoiselle Javotte n'en mourrait pas.

Pourquoi parlera-t-on toujours de Lucrèce ?

c'est qu'elle se punit d'un crime qui n'était pas le sien, et qu'on ne citera, en exemple, que l'illustre Romaine, nos femmes ayant le bon esprit de distinguer le coupable de la victime.

Le lendemain, autre scène. Il semblait que le livre du destin s'ouvrît toujours, où j'étais, au chapitre des évènemens. Le grand-vicaire était près de moi, et on annonça un homme qui demandait à lui parler avec les plus fortes instances. Il ordonne de faire entrer. Un malheureux se précipite à ses pieds. Mademoiselle Javotte se cache, moi je ferme les poings, le grand-vicaire s'étonne : c'était notre curé.

« Vous m'avez fait interdire et bannir de ma
« cure, monsieur; vous me livrez à la misère et
« au déshonneur, après m'avoir surpris par une
« indulgence perfide... — J'ai été indulgent; je
« l'ai été de bonne foi pour ce que je croyais
« n'être qu'une faiblesse. J'ai dû m'élever contre
« le crime, le faire punir, ou en être en secret
« le complice. — Et de quel crime me parlez-vous?
« — D'un breuvage soporifique donné à un en-
« fant qui opposait des vertus innocentes à un
« libertinage effréné. — On vous a trompé, mon-
« sieur. — N'ajoutez pas le mensonge à tant d'a-
« trocités. — On vous a trompé, vous dis-je. —
« Eh bien ! voilà celle qui vous accuse; osez la
« démentir. » Il force Javotte à se découvrir et à confondre le scélérat. Elle l'écrase du poids de

la vérité toute puissante ; elle lui courbe le front dans la poussière. Il bégaie, il s'égare ; il ne peut que demander grace.

« Non, lui répondit le grand-vicaire avec fer-
« meté. Si vous n'étiez dans les ordres, je serais
« moins sévère sans doute ; mais un prêtre qui se
« livre à des excès que n'osent se permettre les
« hommes les plus crapuleux ; un prêtre qui ap-
« proche des autels le cœur et les mains souillés
« de luxure, est un membre corrompu que le
« clergé doit rejeter de son sein. Loin de vous
« plaindre du traitement que je vous fais éprou-
« ver, rendez-moi grace de ne vous avoir pas
« livré aux tribunaux. Je n'eusse point balancé,
« sans doute, sans la crainte du scandale, tou-
« jours terrible dans ses effets, car les hommes
« superficiels jugent la religion par ses ministres.
« Allez, n'attendez plus rien que de la clémence
« divine, et sachez la mériter. »

Madame Derneval avait rencontré l'homme qui demandait à parler à son oncle, et, selon ses petites habitudes, elle fut bien aise de savoir ce qu'il lui contait. Quand le curé fut sorti, elle parla au grand-vicaire du secret qu'il avait mis à la destitution du curé. « Mon enfant, il est dur,
« bien dur pour moi d'être obligé de punir. Lors-
« que je le fais, je ne dois pas aller au-delà de
« mon devoir, et j'en passerais les bornes en
« livrant le coupable à la malignité des hommes. »

Si M. Ruder eût été présent, il se fût convaincu

que ses connaissances, sur certaine matière, étaient excessivement bornées. Mais, d'après le caractère de l'homme, il eût dit : « Je croyais épouser une « vierge ; j'épouse une veuve, et la différence « n'est que du plus au moins. »

Le lendemain, M. Derneval tira mademoiselle Javotte à part. La conférence fut longue, et sa durée m'intrigua beaucoup. Elle rentra, les yeux rouges et le teint animé.

« Jérôme, me dit-elle, tu pars demain pour la « campagne avec madame Derneval, son fils et « son précepteur. — Et vous, m'écriai-je ? — Je « partirai après-demain, avec les femmes de « chambre. — Et pourquoi pas avec moi ? — « Les voitures sont arrangées ainsi. Que t'importe « d'être un jour sans me voir ? — Demandez-moi « ce qu'il m'importe d'être heureux ? » Elle recommença à pleurer et me dit qu'il est des circonstances auxquelles on ne peut se dispenser de céder.

Avec un peu plus d'expérience, il m'eût été facile de tout pénétrer. M. Derneval lui avait représenté que si Ruder n'était ni jeune, ni beau, sa valeur extraordinaire pouvait le conduire aux grades les plus distingués ; que celui qu'il avait déjà était honorable, et qu'une fille, sans parens, sans ressources, ne devait pas balancer entre sa main et l'apprentissage d'un métier qu'elle n'était pas certaine d'exercer d'une manière lucrative. Il ajouta qu'elle tenait à Ruder par son attentat même ; qu'il était possible que la chose eût des suites, et que le capitaine changeât de façon de penser lorsqu'elle sentirait la nécessité de donner un père à son enfant ; que le métier des armes dispense une femme, qui n'est pas folle de son mari, de vivre continuellement avec lui, et que rien n'était plus facile que de déterminer le capitaine à la laisser à Paris, lorsqu'il changerait de garnison ; qu'on lui ferait, à cet effet, un établissement de commerce qui ne lui permettrait pas de se déplacer ; que madame Derneval se ferait un plaisir d'offrir la moitié des fonds, et que le grand-vicaire fournirait volontiers l'autre. Il l'exhorta à réfléchir sur les avantages du parti qu'il lui proposait, et sur les inconvéniens d'un refus.

Toutes ces raisons étaient bonnes sans doute ; mademoiselle Javotte en sentait la solidité, et elle n'y opposait que la douleur que me causerait son mariage. Le Général lui répondait que je n'étais qu'un enfant. Elle répliquait que j'étais beaucoup plus avancé qu'on ne l'est ordinairement à mon âge, et qu'elle ne pouvait supporter l'idée de me faire du chagrin. Après bien des débats, on convint qu'on me tromperait, qu'on m'éloignerait, qu'on m'amuserait, et que je ne saurais la vérité que lorsque je pourrais l'apprendre sans danger. Ces arrangemens ne m'ont été connus que plusieurs mois après.

Toujours frivole et curieuse, mais toujours essentiellement bonne, madame Derneval entra dans les vues du Général. Proposer du bien à faire au respectable oncle, c'était lui procurer la plus douce jouissance. Le mariage se fit; une boutique de mercerie fut établie rue de Bussy, et moi, j'errais dans les jardins d'un superbe château, pensant toujours à elle, et toujours abusé par des réponses concertées d'avance entre la jeune dame et ses gens.

D'abord, le Général était incommodé, et il avait retenu mademoiselle Javotte; ensuite l'incommodité avait pris une tournure sérieuse, et la présence de la charmante fille était devenue indispensable. Plein de reconnaissance pour la bienfaisante famille, je voulais aller aussi secourir le Général. Madame Derneval m'opposait ma faiblesse et les dangers de la fatigue. Enfin, huit jours, quinze jours, un mois s'écoulèrent en instances d'une part, et en défaites de l'autre.

Un matin, je déjeunais avec la jeune et belle dame, ce qui arrivait rarement. Un courrier entra couvert de sueur et poudreux; il remit, sans rire, à madame Derneval un paquet cacheté qu'elle prit avec la négligence la plus naturelle. Je reconnus l'écriture, et je sautai de joie, persuadé que mademoiselle Javotte annonçait sa prochaine arrivée. Madame Derneval, en parcourant la lettre, prit, tout à coup, un air affecté qui

lui allait à merveille, et qui n'avait rien d'étudié.
Je m'inquiétai, je m'écriai, et elle eut la complaisance de lire haut.

Mademoiselle Javotte lui faisait part de la perte récente de son père, et elle ajoutait qu'elle montait, à l'instant même, en voiture pour aller recueillir sa petite succession. Je n'avais jamais entendu parler de ce père-là ; mais comme il est assez naturel qu'on en ait au moins un, et qu'il finisse, par la raison qu'il a commencé, je ne m'arrêtai qu'à l'oubli impardonnable d'indiquer le lieu où était cette malheureuse succession. « C'est affreux, dit madame Derneval. — Affreux,
« madame, me paraît bien fort. — Mettre ses
« amis dans l'impossibilité de lui écrire ! — Com-
« ment, madame, de lui écrire ? D'aller la joindre
« armé jusqu'aux dents, et de tuer ce M. Ruder
« s'il avait eu l'audace de la suivre ! — Elle est
« capable de le permettre. — Non, madame ;
« vous ne la connaissez pas. — Une fille qui
« manque à l'amitié est capable de tout. — Ce
« n'est qu'un oubli, je vous le jure, madame. —
« Eh ! l'oubliez-vous un instant, Jérôme ? — Ah !
« croyez, madame, qu'elle ne m'oublie pas non
« plus. — Elle vous oublie comme moi ; elle ou-
« blie tous ceux qui lui veulent du bien. — Mé-
« nagez-la, par grace, madame, ménagez-la : en
« dire du mal devant moi, c'est m'arracher la vie.
« — Mais, lisez donc, Jérôme, lisez cette lettre.
« Ce n'est qu'une marque d'attention, prescrite

« par l'usage du monde, et qui, d'ailleurs, ne
« signifie rien; ce sont de ces billets que nous
« payons au-delà de leur valeur, en prenant la
« peine de nous faire écrire à la porte de ceux
« qui nous les adressent. »

Je pris la lettre : elle était d'un froid, oh! d'un
froid! pas un mot pour son pauvre petit Jérôme,
et une contrainte dans le style! Oh! qu'elle était
loin de cette agréable facilité avec laquelle madame Derneval me trompait! Chère Javotte!
combien cette lettre a dû te coûter! avec quelle
tendresse je t'en ai remerciée plus tard!

J'oubliais mon chagrin pour excuser la charmante fille ; je croyais faire un beau discours,
et je répétais toujours les mêmes choses. Madame
Derneval ne se calmait pas, et je sentais combien il est cruel d'entendre déprécier ce qu'on
a de plus cher au monde. La belle dame voulut
bien enfin se rendre ou oublier son mécontentement, fatiguée probablement de mes répétitions
éternelles. Oh! combien je fus dupe de cette comédie! combien, depuis, je l'ai été de tant d'autres, et, lorsque j'ai voulu faire le comédien, à
mon tour, il ne m'a pas été possible de tromper
la moindre femmelette, seulement pendant une
demi-heure.

Quelle brillante et longue dissertation je pourrais faire ici sur le cœur métaphysique de ce sexe
enchanteur! O femmes! semblables à ce qu'on
appelle l'Être suprême, vous faites sentir votre

influence, vous la répandez partout, jusque dans l'air que nous respirons. Il faut céder, tomber à genoux, adorer, sans que pour cela on puisse vous pénétrer jamais.

Assemblage incompréhensible de vertus et de vices, de qualités et de défauts, de courage et de faiblesse, mais possédant, au plus haut degré, l'art de tout embellir, qui dit vous connaître est un sot; qui vous croit est une dupe; qui se livre à vous est heureux!

CHAPITRE IV.

Aurez-vous la bonté de lire encore celui-ci?

Toujours aimant, mais piqué jusqu'au vif, j'opposai l'amour-propre à mon cœur : triste moyen, qui n'a pas même le mérite d'être suffisant, surtout quand on est oisif. J'en fis bientôt l'expérience, et je pris la ferme résolution d'échapper à moi-même en m'occupant.

Il me fallait des maîtres; je n'avais pas de quoi les payer, et ils veulent qu'on les paie. Pourquoi la profession d'instituteur, si utile, si honorable, n'est-elle exercée que par des gens nécessiteux? C'est qu'on n'attache aucune considération à cet état, qu'ainsi il devient un métier, et que l'homme aisé ne veut pas être traité comme un artisan.

Ne pouvant donc avoir de maîtres à *tant le cachet*, je regardai autour de moi, et j'eus bientôt choisi.

A propos, il est bien temps, je crois, de vous faire connaître la famille et les différens individus qui composaient la maison du Général, et que je n'ai connus, moi-même, qu'après mon entier rétablissement.

Vous savez que madame Derneval a dix-huit ans; qu'elle est très-jolie; qu'elle a d'excellentes qualités, que déparent, aux yeux de l'observateur, la curiosité et la frivolité; mais si peu d'hommes observent!

Le général est bel homme dans toute l'étendue du mot, et il le sait. Il a de l'esprit, le meilleur ton, et il le sait encore. Brave, lorsqu'il s'agit d'un coup de main, *temporiseur* quand il le faut, il connaît parfaitement la guerre, et il l'a prouvé par tous les genres de succès. Mais il se croit le premier capitaine du siècle; il se garde bien de le dire, et, cependant, la haute opinion de soi-même perce lorsqu'il parle de ses égaux. Du reste, doux et traitable dans les choses indifférentes, et se laissant conduire par sa femme, qu'il croit fermement gouverner.

Son fils, âgé de trois ans, est joli comme sa mère et bon comme elle, parce qu'il n'est pas gâté. Ceux qui viennent au château ne sont pas obligés de le croire le plus beau des enfans, de s'extasier au moindre mot qui lui échappe, et sa mère ne les fatigue pas du récit de ce qu'il a fait ou dit depuis sa naissance. On ne m'a pas condamné à n'être que l'agent de ses volontés, et à me laisser pincer ou égratigner selon son bon plaisir. J'ai le droit de dire *non* quand ce qu'il exige n'est pas raisonnable, et, alors, il a le bon esprit de ne pas se mettre en colère, parce qu'il n'a pas l'habitude de voir tout ployer devant lui. J'ai, moi, assez de jugement pour sentir ma position, et la nécessité d'être agréable à tout le monde. Je m'empresse, surtout, à plaire à l'aimable bambin ; j'invente, pour lui, de petits jeux ; je m'en amuse, parce qu'il est encore des momens où je suis enfant moi-même, et je m'applaudis d'épargner à mon petit camarade l'ennui, toujours père des fantaisies enfantines, lesquelles tourneraient sûrement à mon désavantage.

Sa mère, qui ne cède jamais au caprice, mais toujours à ce qu'elle appelle la raison, si la raison peut être le partage de la première enfance, sa mère l'a accoutumé à être aussi raisonnable qu'elle peut raisonnablement le désirer ; elle l'adore, quoiqu'elle n'en convienne pas ; elle me sait un gré infini de mes complaisances, et elle entretient les dispositions favorables que j'ai fait naître dans le cœur du Général.

Je n'étais pas d'âge à faire encore des réflexions philosophiques ; mais j'ai pensé depuis, et je crois fermement, que le monde est gouverné par des enfans. Vous riez ? l'idée vous semble exagérée? elle est pourtant toute naturelle. Un enfant mène sa mère, et la mère mène le mari. Que le mari soit seulement souverain, c'est l'enfant qui règne, sans s'en douter, et sans que le potentat le soupçonne. Il en est de même, de proche en proche, jusqu'aux dernières conditions.

On a donné un précepteur au petit Derneval, non pour lui apprendre quelque chose dans un âge aussi tendre; mais pour former d'abord son jugement, et l'accoutumer à mettre de l'ordre dans ses idées. Sa mémoire n'est chargée de rien. Il est incapable de réciter, d'un ton maniéré, et en faisant de ses bras un télégraphe, une fable de La Fontaine ou une idylle de Berquin. Il ne sait pas lire, et l'instituteur ne pense même pas à lui faire ouvrir un livre; mais en jouant, en se promenant avec lui, il pique sa curiosité; il provoque la question qui amène un précepte, ou une explication simple comme l'enfance. Ce petit cerveau est une bonne terre qu'on dispose à recevoir toutes sortes de semences.

M. Dupré est très-instruit, ce qui n'est pas rare; mais il est très-modeste, ce qui n'est pas commun. Il ne parle guère qu'on ne l'interroge; il n'a rien de particulier avec les femmes de chambre, et il étudie quand il n'a pas de devoir à remplir, parce qu'il n'est pas chargé de l'emploi de soutenir la conversation, par la raison que madame et monsieur ne sont pas des imbécilles.

Il est considéré de toute la famille, parce qu'il le mérite, et cette considération a gagné son élève, parce que les enfans, qui n'ont pas d'idées à eux, commencent par être imitateurs. Que d'hommes vieillissent et meurent sans être sortis de l'enfance!

Le Général a deux aides-de-camp, jeunes et bien faits. L'un tire des armes comme Saint-Georges, et danse comme Vestris; l'autre, écuyer consommé, chante comme Garat, et joue du violon comme Rhodes. Ignorans, d'ailleurs, comme des jeunes gens persuadés qu'un officier en sait assez lorsqu'il a le talent de plaire, et qu'il est toujours disposé à se faire tuer.

M. Derneval est laborieux et écrit avec facilité. Aussi son secrétaire n'a rien à faire que d'aller à la chasse, et jamais il ne manque, le soir, de faire hommage du produit de ses exploits à la jeune dame, qui ne l'estime que comme un bon tireur, c'est-à-dire assez peu. Cet homme, enfin, n'est à monsieur, que parce qu'un général doit avoir un secrétaire.

Un instinct naturel me disait que tous les hommes aiment la louange, et lorsque j'eus reconnu le faible de chacun, plutôt par ce que j'en entendais dire, que par mes propres observations, il ne me fut pas difficile de me mettre bien avec tout le monde : cela tenait à mon projet d'éducation.

On aime à être prisé ce qu'on vaut, et ma

déférence respectueuse pour M. Dupré, m'attira enfin son attention. Il parut bien aise que je susse lire, écrire, et que j'eusse un commencement de latinité. Un jour que je lui avais adressé, avec intention, quelque chose de plus flatteur et de mieux tourné qu'à l'ordinaire, il m'offrit de me faire suivre mes études, et de me donner quelques leçons de géométrie.

Je sentais la nécessité de faire mon état moi-même, et d'acquérir des connaissances pour parvenir. Ainsi, j'acceptai avec des transports de reconnaissance qui charmèrent M. Dupré, et qui n'étaient, pourtant, que l'effet de l'intérêt personnel satisfait. Ainsi ce que le bienfaiteur prend pour lui, ne s'accorde guère qu'au bienfait.

Si je sentais l'utilité de la science, je comprenais aussi l'avantage des talens aimables : j'avais déja reconnu qu'on a bien plus souvent affaire à l'homme léger qu'à l'homme profond. J'arrêtai donc que je saurais, de plus, monter à cheval, tirer des armes, danser, chanter, et jouer du violon. J'aurais appris la mécanique, l'astrologie, l'anatomie, la chimie, si j'eusse trouvé quelqu'un qui pût m'en donner des leçons. La difficulté était de ployer deux hommes frivoles au métier de professeurs. Je leur fis une cour assidue; ils en parurent flattés, mais ils ne me proposaient rien. J'eus d'abord envie de leur offrir service pour service : c'était de leur apprendre à bien lire et à bien écrire, en échange de ce qu'ils me montreraient. J'eus assez de sagesse pour sentir ce que ma proposition aurait de désobligeant, et j'entrepris de les amener, de force, à mon but, sans rien perdre de leur amitié.

Quelques mots, hasardés de loin en loin, en présence de madame Derneval, et auxquels elle ne faisait pas grande attention, furent répétés si à propos, qu'elle crut avoir conçu l'idée de faire de moi un petit homme accompli. Pleine de son nouveau plan, et toujours avide de l'exécution, elle le proposa aux deux jeunes gens avec une chaleur qui ne leur permit pas la moindre objection. Un aide-de-camp, d'ailleurs, n'a rien à faire à la campagne que de plaire à madame, et il s'en occupe exclusivement : c'est la règle.

Me voilà donc travaillant sans relâche les deux tiers du jour, et jouant, le reste du temps, avec le petit Derneval. Le jeu l'ennuyait-il? Je sautais sur mes genoux une jolie petite sœur que lui avait donnée sa maman six mois avant mon installation chez elle, et que nourrissait une grande, grosse et belle fille. C'est la mode maintenant de faire nourrir les enfans par des filles, parce qu'on ne craint ni une grossesse, ni la présence importune d'un mari balourd. A la vérité, ces demoiselles échauffent bien un peu leur lait, et s'exposent souvent à quelque chose de pis; mais il faut des nourrices filles, puisque la mode l'ordonne et que ce mot dit tout.

Je faisais des progrès rapides en tout genre,

et j'obtenais, maintenant, de l'amour-propre satisfait de mes maîtres, ce que je n'avais dû d'abord qu'à la complaisance ou à la contrainte. Le souvenir de mademoiselle Javotte venait-il me troubler dans un genre d'étude, je la fuyais dans un autre; je cherchais à l'étouffer dans mon cœur, et son image adorée me poursuivait jusque dans mes songes. Que de peines m'a causées cette femme-là! Mais aussi!...!...!

J'étais occupé, très-occupé à résoudre une des propositions d'Euclide, sur lesquelles tout le monde est parfaitement d'accord, ce qui arrivera peut-être un jour de la religion chrétienne, juive, musulmane, et autres, qui sont démontrées à un point, qu'il faut être d'une mauvaise foi insigne pour contester rien de ce qu'elles annoncent.

Je tenais la solution de mon théorème, lorsque de longs éclats de rire me rendirent incapable d'aucune espèce d'attention. Je reconnaissais l'organe de la jeune et jolie dame; je savais qu'elle ne riait pas sans sujet; je savais qu'elle n'aimait pas à rire seule, et, jetant crayon, règle et compas, je courus pour m'amuser, si, en effet, la chose en valait la peine; mais décidé à trouver plaisant, très-plaisant, ce qui faisait rire madame.

O petit flatteur! allez-vous vous écrier. Eh! mon cher ami, quel homme ne l'est pas lorsque son intérêt le commande? N'avez-vous pas persuadé à votre maîtresse que ses défauts étaient des qualités, que sa figure, assez gentille, était plus que céleste? N'appelez-vous pas actes d'une juste sévérité les oppressions de l'homme en place dont vous avez besoin? Ne trouvez-vous pas de l'esprit, beaucoup d'esprit à celui dont vous mangez la soupe, pourvu qu'il vous traite bien et souvent? Ne nommez-vous pas effrontément prudence, sagesse, prévoyance, l'avarice de l'usurier qui vous prête à un intérêt *pendable*, lorsque vous savez que vous ne lui rendrez rien? Votre femme, dont vous n'espérez pas plus, est la seule que vous ne flattiez pas. Aussi peut-elle prendre pour des vérités les choses agréables que vous lui adressez, si cela vous arrive, et si elles sont sincères, ce qui n'est pas encore certain.

J'oublie donc mon Euclide; je cours, je saute, j'arrive dans la cour. « Oh! qu'il est plaisant! oh! « qu'il est plaisant! répétait madame Derneval. « — Et qui donc, madame? — Vous ne voyez « pas dans l'avenue?... » C'était M. Ruder, juché sur un cheval de louage, ressemblant à celui de l'Apocalypse, ouvrage très-respectable, car il est de saint Jean, à ce que tout le monde dit, sans que personne le prouve; ouvrage sacré où personne n'entend rien, que l'auteur n'entendait pas davantage, et que je croirais écrit aux petites-maisons de Jérusalem; si, pourtant, il y en avait dans cette cité sainte, ce que je n'assure pas, parce que je n'en sais rien.

Le *dada* du capitaine galoppait aussi fort que

le permettait ses vingt ans et la roideur de ses jambes, parce que le cavalier avait les pieds en dehors, ce qui faisait que les éperons ne sortaient pas du ventre du pauvre animal. Du talon à la ceinture, Ruder ressemblait parfaitement à une paire de pincettes, et son échine rappelait le dos courbé de ces monstrueuses et magnifiques carpes du Rhin, qu'on aime tant à trouver chez les autres, et qu'on achète rarement, parce qu'on ne les paie pas avec des courbettes : cette monnaie, qui a cours dans la bonne compagnie, n'est pas connue à la halle.

Le capitaine arrivait à toute bride, et il annonçait, par ses grimaces et ses tours de croupion, certaine incommodité, causée par cent mille et un soubresauts. Donnez-moi, disait un grand physicien, de la matière et du mouvement, et je vous ferai un monde. S'il est constant que le mouvement fait tout, il ne l'est pas moins qu'il détruit tout aussi, et je doute fort que le monde de mon savant eût duré long-temps, si, comme les deux demi-lunes de Ruder, il eût été renfermé dans un pantalon de drap, et froissé contre une selle rembourrée avec des noyaux de pêche.

Le capitaine voyait, avec un plaisir bien naturel dans sa position critique, le moment où son cheval ne pourrait aller plus loin, et où il lui serait possible de se couler à terre, et d'aller demander, à l'office, du vinaigre et du sel. Il n'était plus qu'à trente pas d'une grille de fer, plantée sur un mur, à hauteur d'appui, qui séparait la cour d'un délicieux jardin anglais. Il était certain ou que le bidet s'arrêterait là, ou qu'il renverserait la grille, ce qui ne paraissait pas probable. Aussi Ruder traversait la cour, son chapeau au bout du bras tendu, en signe de joie de sa prochaine délivrance. Mais, hélas! et cent fois hélas! le *locati*, dont les flancs sont ouverts, et dont les blessures deviennent, à chaque seconde, plus douloureuses, galope jusqu'à la grille, enfile sa tête, son cou, son poitrail à travers les barreaux, les fait ployer à droite et à gauche; mais ne renverse rien, parce que dans le château d'un général tout est dans le meilleur état possible.

Ruder, très à son aise à pied, très-mauvais cavalier, mais incapable de jamais rien craindre, et humilié de la manière dont il paraissait devant madame, Ruder jurait et jouait des talons pour faire reculer son cheval. L'animal, au supplice, faisait de vains efforts pour vaincre l'obstacle qui l'arrêtait, et furieux, à son tour, du traitement injuste qu'on lui faisait éprouver, il se mit à ruer, ne pouvant faire autre chose. Il rua si ferme et si long-temps, qu'il enleva l'ignorantissime écuyer, qui partit la tête en bas, le postérieur en l'air, et qui, faisant une culbute complète, se retrouva debout, mais accroché, par la ceinture de sa culotte, à l'une des piques de la grille de fer.

Madame riait!... elle riait! Et les aides-de-camp, le secrétaire riaient!... Oh! et la valetaille qui accourait déja, disposée à imiter madame. Le premier aspect de Ruder avait renouvelé en moi certain souvenir qui, toujours, excitait ma colère; je me proposais de l'appeler en duel, et je cherchais la botte secrète que je lui porterais, lorsque sa nouvelle position et les ris universels me firent rire moi-même, autant qu'on le peut quand on a de l'humeur.

J'avais quitté Euclide, et le général quitta le marquis de Feuquières pour savoir la cause de ces ris immodérés. « Madame, dit-il à sa jolie « épouse, vous voyez quelques ridicules à ce « brave homme, et je vous assure qu'il y a fort « peu de générosité à s'en amuser. Mais vous « n'apercevez pas ses cicatrices, parce qu'elles « sont couvertes des ailes de la gloire. Je conseille « aux rieurs, qui n'ont encore que le très-petit « mérite de faire de jolies gargouillades avec les « jambes et le gosier, je leur conseille de tâcher « d'imiter Ruder un jour, et, surtout, d'être mo- « destes, comme lui, au milieu des témoignages « de l'estime générale.

Je dansais fort mal, je chantais plus mal encore; j'avais ri très-peu; ainsi je ne pouvais rien prendre, pour mon compte, de la mercuriale du maître du château. Je laissai faire la moue à la jeune dame et aux aides-de-camp, et je m'empressai, selon l'usage, de saisir le moment de mettre au jour mon petit mérite, et de faire preuve d'érudition. « Monsieur, dis-je au Général, permettez-moi de vous représenter que vous « ressemblez un peu aux héros d'Homère, qui « parlaient toujours très-bien, mais qui ne par- « laient pas toujours à propos. — Comment donc « cela, M. Jérôme ? — C'est qu'il me semble, Gé- « néral, que ce qui presse le plus, est de dépen- « dre le capitaine. — Il a parbleu raison! Allons, « messieurs les rieurs, aidez-moi à décrocher Ruder. Ne nous souvenons du passé que pour « être plus discrets à l'avenir, et allons nous « mettre à table. Un verre de bon vin ne vous « déplaira pas, n'est-il pas vrai, capitaine? — Par « les cent diables, Général, j'en boirai bouteille; « mais je la viderai debout, car de six semaines « je ne pourrai m'asseoir. — Des coussins, des « oreillers, force cérat pour le camarade, et à « table. Allons, allons, messieurs, présentez la « main à madame; il ne faut pas rougir d'une « leçon reçue à propos; il n'y aurait de honte « qu'à n'en pas profiter. »

M. Dupré, qui riait très-rarement, mais qui s'empressait toujours d'être utile, offrit de frictionner la partie macérée. Les aides-de-camp empilèrent tout l'édredon qu'ils trouvèrent au château; Ruder se plaça du mieux qu'il lui fut possible, et le dîner commença très-gaiement, parce que le Général donnait l'exemple de la gaieté. Il savait que la jeunesse souffre difficilement les remontrances, et que, pour qu'elles soient utiles, il faut faire oublier ce qu'elles ont eu de sec et d'amer. On rince la bouche d'un malade qui a pris une potion désagréable; le goût s'en perd; mais le remède agit.

Le capitaine, seul, en mangeant comme quatre, et en buvant à proportion, ne cessait de faire la grimace et de secouer la tête, ce qu'on attribua, d'abord, à certaine excoriation douloureuse que vous connaissez comme moi; mais son poing qu'il portait, de temps en temps, à sa mâchoire, son œil enflammé qui menaçait le plafond, et quelques jurons qui brochaient sur le tout, firent soupçonner, au Général, qu'il s'agissait d'autre chose que d'une écorchure. « Vous jurez beau-
« coup, mon cher Ruder? — Général, je demande
« pardon à madame; mais j'ai eu l'honneur de la
« prévenir que telle est mon habitude. — Oui,
« mon ami, je me rappelle même qu'à cet égard
« elle vous a laissé, à peu près, liberté tout
« entière; mais qu'avez-vous qui puisse vous agi-
« ter ainsi? — Ce que j'ai, Général, ce que j'ai!
« on vient de me faire chef de bataillon... — Eh
« bien! mon ami, je vous en félicite. — Mais on
« m'envoie, avec mon corps, à Dijon. — Mon
« camarade, il faut y aller. — Y aller! sans doute
« j'irai, et je viens vous faire mes adieux. Mais
« Ruder à une armée de réserve! Ruder, dans
« l'intérieur de la France, tandis qu'on se bat en
« Italie et sur le Danube! me prend-on pour un

« invalide? J'irai à Dijon; mais sacrebleu, j'en-
« rage, et ce n'est pas là l'unique sujet qui me
« donne de l'humeur, car il est bon que vous
« sachiez que j'en ai, et beaucoup. — Et contre
« qui donc, mon cher Ruder? — Contre celui
« qui a été dire là-haut : il y a là-bas un brave
« homme que vous laissez dans un coin... —
« Comment, un service essentiel vous donne de
« l'humeur! — Ah! si ce n'était pas un officier-
« général!... Je vais vous conter l'affaire.

« Hier, après la parade, il m'emmène dîner
« chez lui; c'est fort bien! au dessert, il me pré-
« sente mon brevet; c'est au mieux! en quittant
« la table, il me propose une partie charmante,
« à ce qu'il dit; c'est à merveille! je monte dans
« son carrosse; nous partons. Savez-vous où il
« me mène?... dans un mauvais lieu. — Cela n'est
« pas croyable. — Cela est vrai, ou le diable
« m'emporte. Ruder viole une fille, une femme,
« une veuve; mais Ruder a des mœurs, et, pour
« l'empire du monde, il ne coucherait ni avec
« sa mère, ni avec sa sœur. Il est vrai que la
« première est morte, et que la seconde à cin-
« quante ans.

« Nous entrons dans un appartement qui ne
« finissait pas, et où il faisait clair comme en
« plein jour. Un tas de gens que je ne connais
« pas, qui ne valent pas grand'chose, étaient ran-
« gés en demi-cercle, et passablement alignés, il
« faut que j'en convienne; mais savez-vous ce

« que cette canaille faisait là ? Elle écoutait une
« coquine, une madame Pèdre qui disait tout
« haut, devant tout le monde, qu'elle est amou-
« reuse du fils de son mari. L'effrontée contait
« cela à mademoiselle Pet-de-None, qui trouvait
« la chose toute naturelle, et on applaudissait à
« ces infamies, et je criais, à travers les *bravos*,
« que j'allais couper en rubans de queue les ju-
« pons de ces deux malheureuses, et, par la mort,
« je l'aurais fait, si le Général ne m'avait retenu.

« Mais ce n'est rien encore que cela. Arrive
« dans le salon, un salon à colonnes, ma foi, un
« joli jeune homme, à qui la déhontée fait en-
« tendre, clairement, qu'elle veut coucher avec
« lui. Le jeune homme rougit, baisse les yeux,
« et refuse net, quoique la belle-mère en vaille
« assez la peine. Brave garçon; me suis-je dit,
« que cet Hippolyte. C'est sans doute un descen-
« dant de ce comte de Douglas, qui se battait si
« bien et qui aimait tant les filles. Vous saurez
« que cet Hippolyte-ci est amoureux, fort amou-
« reux d'une petite demoiselle Durécit, qui n'est
« pas plus grosse que mon poing, qui est longue
« comme une asperge montée, qui ne dit pas
« grand'chose, qui n'en pense pas plus; mais qui
« est, sacredieu, fort gentille, et qui m'intéres-
« sait beaucoup.

« Ne voilà-t-il pas que cette enragée de Pèdre,
« piquée des refus d'Hippolyte, complote avec
« cette vilaine Pet-de-None de dire au papa que

« c'est le pauvre jeune homme qui a voulu dé-
« baucher sa mère. Oh! alors, j'étais d'une co-
« lère... je jurais! et tout le monde riait autour
« de moi. C'est bon, c'est bon, leur disais-je,
« rira bien qui rira le dernier. Vous entendez
« bien, Général, que je me proposais d'avertir
« le père de tout ce qui se passait. Enfin, il arrive
« ce père, un monsieur Taisez, qui ferait bien de
« se taire, car il ne dit que des bêtises, et il croit
« tout ce qu'on lui dit.

« Aussitôt cette vilaine Pèdre lui raconte la
« chose comme elle l'avait arrangée avec Pet-de-
« None, et cela devant nous tous, qui savions le
« contraire de ce qu'elle disait. J'étais confondu,
« pétrifié; mais comme M. Taisez ne jurait pas,
« et que son sabre restait dans le fourreau, je
« me suis dit : voyons jusqu'où ces créatures
« pousseront l'effronterie. Il sera toujours temps
« de rejoindre ce père Taisez dans son salon ou
« dans sa salle à manger.

« J'avais bien raison de vous dire que ce papa
« n'est qu'un imbécile. Ne sachant comment ar-
« ranger tout cela, il s'adresse à un certain Nez-
« de-Plume, et lui fait sa prière, dévotement,
« comme un aumônier de bataillon. Je me suis
« douté que ce Nez-de-Plume est le Jésus-Christ
« de ces gens-là, et je me suis moqué de la prière,
« parce que je ne crois pas aux miracles. Mais
« tout à coup entre un monsieur Je-te-Ramène,
« qui ne ramène personne, et qui conte bien

« tranquillement, et bien longuement, que le jeune
« homme et son chariot ont été avalés par un
« requin que Nez-de-Plume avait envoyé là tout
« exprès. Ah ! f....., ah ! b..... me suis-je écrié de
« toutes mes forces, le coup est trop fort et je
« vengerai Hippolyte. Je saute par-dessus les uns,
« j'écarte, je renverse les autres, et je tombe, le
« sabre à la main, sur ce vieux sot de Taisez qui
« se sauve. Je vois dans un coin, derrière un
« morceau de toile peinte, que j'avais prise pour
« une colonne, cette infâme Pèdre et sa Pet-de-
« None, et je me dispose à les sabrer toutes deux.
« Elles trottent, elles courent, elles crient, elles
« rentrent dans le salon, et vont, sans doute pour
« m'échapper, se jeter dans un ruisseau de feu
« que je n'avais pas vu là-bas, mais qui ne m'ef-
« frayait point : j'aurais passé en enfer pour les
« joindre... Pan ! je tombe dans un trou ; on ferme
« une trappe sur ma tête, et me voilà dans une
« cave. Je vais, je viens, je trouve, à chaque pas,
« des poutres plantées comme des échalas, contre
« lesquelles je me casse le nez et me meurtris les
« genoux. C'est égal, je vais toujours, et je me
« moque de la rumeur infernale que j'entends
« sur ma tête. Enfin je rencontre un petit esca-
« lier, je le monte et je vois en haut un piquet
« de trente hommes en bataille. Ma foi ! mes
« amis, leur fis-je, je n'avais pas besoin de vous ;
« mais puisque vous voilà, nous allons exterminer
« ces coquins-là ensemble. — Non pas, me dit

« l'officier, il ne faut exterminer personne; mais
« nous retirer paisiblement. Ce qui vous a donné
« tant d'humeur n'est qu'un poëme. — Comment
« un poëme? — Oui, une tragédie, une fable,
« et tenez, voilà Hippolyte; vous voyez bien
« qu'il n'est pas mort. — Et qu'est-ce donc que
« Je-te-Ramène est venu nous conter? — Je vous
« dis que vous n'avez rien vu que des jeux d'es-
« prit... — Ah! je me doute maintenant... oui, je
« devine... c'est à la comédie qu'on m'a mené. —
« Précisément, vous y voilà. — Eh bien! mor-
« bleu! je n'en démordrai pas; ce lieu-ci est un
« mauvais lieu. Qu'est-ce que des jeux d'esprit
« où on suppose des crimes? Qu'est-ce que le
« plaisir avec lequel on écoute ces ordures-là,
« sinon un penchant marqué à se permettre les
« mêmes choses, et que combat seule la crainte
« de la publicité? Oui, je suis dans un mauvais
« lieu, et ceux qui ont imaginé ces infamies, et
« ceux qui viennent là pour les entendre méri-
« tent tous d'être fouettés en place publique. »

Quelques égards qu'eût M. Derneval pour les braves gens, il ne lui fut pas possible de garder son sérieux. Sa jolie petite femme s'amusait... elle s'amusait!... Et les aides-de-camp, que le Général mettait à leur aise par son exemple, et M. Dupré, qui connaissait son Euripide, comme Geoffroi la méchanceté, personne n'y tenait, et on attendait la fin de l'aventure que Ruder paraissait, malgré la gaieté générale, très-disposé à raconter,

lorsqu'on annonça un courrier du ministre de la guerre. Il apportait au Général l'ordre de se tenir prêt à partir sous huit jours pour Dijon.

Madame Derneval ne rit plus. Les femmes n'aiment pas les poltrons, et plus d'un grand homme a dû à sa maîtresse la moitié de sa gloire. Ah ! si madame me voyait, disait un de nos anciens chevaliers, montant le premier à l'assaut ! Mais si l'héroïsme plaît à ce sexe charmant, s'il le séduit, ce n'est que pour ajouter à sa sensibilité naturelle. Armide adorait le brave Renaud ; mais fière de son choix et de la gloire de son amant, elle voulait qu'il n'en connût plus d'autre que celle de porter ses fers. Ainsi madame Derneval soupirait d'une séparation qui froissait son cœur. Ses enfans orphelins, leur mère veuve dans l'âge des amours, le Général arrêté au milieu de la plus brillante carrière, et pour balancer la crainte d'un évènement incertain, mais plus que possible, un laurier à ajouter à des lauriers qu'on ne comptait déja plus.

Les aides-de-camp étaient au comble de la joie, et s'écriaient qu'on ne faisait pas courir un homme comme le Général, uniquement pour passer des revues, et M. Derneval, affectant de prendre un air modeste, paraissait persuadé, très-persuadé, de ce que disaient les jeunes gens. Ruder, qui ne pénétrait que ce qu'on lui expliquait de la manière la plus claire, demandait à ces messieurs où ils voulaient qu'on allât de Dijon. « Peut-être

« en Italie, dit le Général. — Et par où, reprit
« Ruder? — Par les Alpes, mon ami, rien n'est
« impossible aux Français. — Je le voudrais, mor-
« bleu! — Et moi aussi, mon camarade. — Il y aura
« à tirer pour gagner la hauteur; mais quand on
« est arrivé, on se délasse en faisant le coup de
« fusil. »

J'étais né ardent, impétueux, et le dévouement
de ces braves, et les nouveaux dangers où s'allait
exposer le Général, et le sentiment profond de
ce que je lui devais, électrisèrent mon ame.
« Général, lui dis-je avec enthousiasme, j'ai une
« grace à vous demander. — Et laquelle, Jérôme?
« — Emmenez-moi avec vous. — Et pourquoi
« faire, mon ami? — On trouve toujours l'occa-
« sion d'être utile à son bienfaiteur. — C'est fort
« bien dit, reprit Ruder; mais, mon petit homme,
« qui tiendra compagnie à madame, qui conso-
« lera ma femme si je me fais tuer? — Comment
« votre femme! m'écriai-je en me levant? Eh!
« oui, continua le chef de bataillon, qui ne voyait
« rien des signes qu'on lui faisait de tous côtés,
« ma femme, la petite Javotte, que tu aimes tant,
« et avec qui j'ai passé les plus jolies nuits!... Il
« serait, sacrebleu! damnant de s'en tenir là. »

Ma tête se bouleversa à l'instant, et l'idée du
vilain homme profanant les appas d'une femme
adorée me rendit furieux. Je sortis de la salle;
je fus prendre une épée dans la chambre de
l'aide-de-camp qui me montrait à tirer des armes;

j'allai la cacher sous une touffe de lilas, et je me promenai, en attendant le ravisseur, la tête haute, la poitrine ouverte et le jarret tendu. Il devait y avoir dans mon ensemble quelque chose de romain.

Je n'attendis pas long-temps. M. Ruder avait allumé sa pipe, et, pour n'incommoder personne, il venait fumer à l'odeur de la rose, du jasmin, de l'héliotrope. Je l'abordai fièrement et lui dis en grossissant ma voix : « Vous m'avez enlevé, « par une action atroce, une femme que vous « n'auriez jamais eue sans cela : il faut à l'instant « m'en rendre raison. — Comment donc, petit, « tu es brave? — Pas de plaisanteries; je ne suis « pas d'humeur à les entendre. L'épée à la main, « sans verbiage et sans délai. — Allons, mon ami, « je n'ai jamais refusé de me battre avec per- « sonne. Voyons comme tu te tireras de là. »

Nous gagnons un endroit couvert; nous mettons habit bas, et nous dégaînons. J'avoue que lorsque je vis la pointe de la flamberge ennemie dirigée contre ma poitrine, j'éprouvai plus que de l'émotion. Mais je sentis qu'un mot, un seul mot qui tendrait à amener un raccommodement me déshonorerait sans retour; je le croyais au moins, et pour ranimer mes esprits, qui tombaient de plus en plus, j'attaquai vivement Ruder. Il me reçut de pied ferme, et du talon de son épée il fit sauter la mienne à dix pas. « Fort bien! « dit-il, fort bien! voilà un début qui promet,

« et je serais bien fâché de tuer un brave petit
« b..... comme toi. Ramasse ton épée, et sache,
« Jérôme, qu'il ne t'est plus permis de la tirer
« contre celui à qui tu dois la vie. » J'avoue que
cette conclusion me fit le plus grand plaisir, tant
il est vrai que l'amour de la vie l'emporte sur
tout autre sentiment.

Ruder m'embrassa, me prit par la main et me
présenta à la compagnie, qui me cherchait dans
les pièces d'eau, dans les puits, partout où m'avait pu conduire la nouvelle désespérante du
mariage de mademoiselle Javotte. Il raconta de
quelle manière héroïque je m'étais présenté, et
il assura le Général qu'il pouvait m'emmener, et
que je ne reculerais pas d'une semelle au feu.
Fier de cet éloge, que je méritais incontestablement, puisque j'avais surmonté la peur, je renouvelai mes instances ; je protestai que je voulais, dans toutes les occasions, couvrir le Général
de mon corps ; je pleurais sur le pan de son habit brodé que je serrais de toutes mes forces ; je
protestais que, si on ne m'emmenait pas, je me
ferais tambour dans le bataillon de M. Ruder ;
enfin, je suppliai la jeune dame d'intercéder
pour moi. Elle le fit avec une extrême répugnance, je lui dois cette justice ; mais, enfin, elle
céda à mes vœux, et le Général, selon son habitude, se rendit aux désirs de son épouse.

Je sautai de joie à mon tour. J'embrassais les
aides-de-camp ; j'embrassais M. Dupré ; je baisais

les mains de madame Derneval, qui me laissait faire. Oh! qu'elles étaient jolies ces petites mains-là! Une réflexion vint troubler ce moment si doux, où on me donnait le prix de ma reconnaissance! La cruelle m'avait trompé par une lettre mensongère ; elle s'était donnée volontairement à un homme qu'elle haïssait, disait-elle, à l'égal de la mort ; elle m'avait condamné à traîner une vie malheureuse ; mais je l'adorais ; pouvais-je partir sans la voir? Étais-je sûr alors de la revoir jamais ?

Elle est à Paris, sans doute ; mais où demeure-t-elle? Voudra-t-on me le dire? Me permettra-t-on d'aller puiser, dans ces yeux si doux, de l'aliment à la flamme que depuis si long-temps on cherche à éteindre? Cependant, il faut que je la voie, il le faut absolument ; que je lui reproche sa perfidie, que je lui pardonne et que je retrouve ces baisers de feu qui ont allumé mon sang à un âge aussi tendre. Je ne confierai donc mon projet à personne : je concentrerai la haine que m'inspire Ruder, et qui se développe, avec une nouvelle violence, à mesure que la crainte de la mort s'éloigne et s'éteint. Je le ferai parler ; cela est plus aisé que de le vaincre. Depuis que je sais me tenir à cheval, on me permet des promenades dans les environs du château. Hé bien, je pousserai jusqu'à Paris. Une heure, rien qu'une heure avec elle, et je reviens au grand galop.

Je rejoignis Ruder, et nous nous promenâmes

bras-dessus, bras-dessous. Oh! quelle violence je me faisais pour me modérer, et pour donner à mes questions une tournure sans conséquence! Ce bon Ruder! il m'en apprit plus que je lui en demandais. Je sus qu'elle demeurait rue de Bussy, la première boutique de mercerie à droite en entrant par la rue Saint-André-des-*Arcs* et non des *Arts*; qu'elle poussait la modestie jusqu'à refuser les caresses de son mari, qui, le plus souvent, employait le moyen qui lui avait si bien réussi à l'hôtel du Général. Le malheureux! il appelait de jolies nuits celles où il ne tenait dans ses bras qu'une femme inanimée! heureux encore, comme tant de maris, qui veulent bien prendre l'aversion pour un effet de la pudeur!

Il était clair pour moi qu'elle haïssait toujours son époux; qu'elle n'avait cédé qu'aux circonstances et aux sollicitations: on ne possédait donc que son corps. C'était beaucoup, c'était trop, sans doute; mais quel soulagement que d'être certain que son cœur demeurait libre, qu'il pouvait être à moi quand la nature me permettrait d'y prétendre.

La nature! eh! n'est-ce pas elle qui me fait aimer? et aimer et prétendre à plaire, n'est-ce pas un seul sentiment, un unique désir toujours indivisible? Pourquoi donc ne plairait-on pas dès que l'on peut aimer? Ne m'a-t-elle pas aimé dès ma plus tendre enfance, et serait-elle changée après six mois d'absence, pendant lesquels j'ai grandi de trois pouces, et qui m'auraient embelli, si Narcisse pouvait être plus beau? Peut-elle ne pas joindre à son affection une profonde estime qu'elle me doit incontestablement, à moi qui me suis exposé à me faire tuer pour elle? Oui, je lui raconterai mon combat : je me garderai bien d'y manquer. Elle haïra son époux un peu plus, et elle m'aimera davantage.

Pendant que je faisais ces réflexions, peu modestes, mais consolantes, un piqueur sellait, pour moi, le cheval du Général, son cheval de bataille, ma foi! Il grognait, il n'avançait pas. « Je ne « sais si monsieur sera satisfait... — Enchanté, « Francœur. — Son cheval favori... — Il y a deux « jours qu'il n'est sorti, et ses jambes s'engor- « gent. — Mais le Général doit le monter de- « main. — Je le sais bien, et je veux l'assouplir. « — Mais vous le ramènerez couvert de sueur et « d'écume. — Pas du tout, je le mènerai au pas. « —Vous lui gâterez la bouche, et je serai chassé. « — Pas du tout. Je vous protége, je suis pro- « tégé de madame, elle n'aura qu'un mot à dire. « Ce mot, elle le dira; ainsi plus d'observations, « s'il vous plaît : elles me fatiguent et ne vous « mènent à rien, » et j'aidais à Francœur, qui ne répliquait plus; mais qui avait toujours l'air un peu récalcitrant. Je serrais un sanglon, j'arrangeais les rênes du filet, tissues d'or, en vérité; j'attachais la housse la plus belle du Général;

je mettais dans les fontes une superbe paire de pistolets de Versailles : un homme qui part pour l'armée ne marche pas sans armes à feu. Enfin me voilà à cheval, et Francœur de s'écrier : « Ne « le disais-je pas qu'il ramènerait Pompée sur les « dents. » Et, en effet, j'allais comme la foudre ; j'allais de manière à ne pouvoir quelquefois respirer. Les cabriolets, les charrettes, les carrosses, les diligences, tout se rangeait. Postillons, charretiers, voyageurs, tremblaient que je sautasse par-dessus leurs têtes.

J'entre dans Paris et je vais le même train. Les piétons se collent contre les murs, lorsqu'ils n'ont pas le temps de se jeter dans une allée ; ceux que la crainte pétrifie tombent au milieu du ruisseau, et Pompée s'élance et franchit tout avec la légèreté de l'hirondelle qui joue sur l'eau. Ceux qui sont à l'abri du danger crient, le cou tendu, les bras en avant : arrête, arrête ! aucun ne se présentait, et je ne sais si les tours de Notre-Dame eussent arrêté Pompée.

J'arrive enfin à cette rue de Bussy et je modère l'ardeur de mon coursier. Je regarde, je cherche cette boutique où mon ame, mon cœur m'avaient devancé au comptoir. Je la vois, je saute à terre, j'attache Pompée bien ou mal, et j'entre.

Vingt jeunes gens étaient dans la boutique. L'un marchandait des rubans, l'autre du tulle ; celui-ci une pièce de nankin, celui-là une paire de gants, et, contre l'ordinaire des jeunes gens, qui font tout retourner pour le plaisir de voir une jolie marchande, ceux-ci achetaient tous; ils achetaient même pour de petites sommes assez rondelettes, parce qu'elle était non-seulement charmante, mais si persuasive! Aussi sa boutique était achalandée, il fallait voir! Rien n'était beau que ce qui en sortait. A la vérité, chacun paraissait se flatter, en particulier, que vidant sa bourse et ne marchandant pas, il serait remarqué de la marchande. Tous lui disaient de jolies choses, et elle répondait à tous avec l'expression qui convenait à chaque interlocuteur. Tel, autrefois, César dictait à quatre en style différens.

Vous pensez bien que je n'étais pas disposé à attendre que la foule fût écoulée; j'aurais attendu long-temps : il en sortait un, il en rentrait quatre. Je me fis faire place à la façon de M. Ruder, lorsqu'il sauta sur le théâtre pour perforer le roi d'Athènes. On me repoussait, et mes gestes devenaient plus significatifs; elle m'aperçut enfin, et, légère comme Zéphire, elle sauta par-dessus le comptoir et tomba dans mes bras.

« Comme il est grandi!... Comme ses traits se
« sont développés!... Quel maintien! quelle grace!
« Ah! Jérôme! que n'avais-tu vingt ans lorsque
« M. Ruder... — Je les aurai, femme charmante,
« et je ne vous aimerai pas davantage. »

Elle répondit; je répliquai... On se rappelle toujours les sensations vives qu'on a éprouvées;

mais les expressions s'effacent... L'amour a un langage à lui seul, que lui seul entend bien, auquel lui seul sait répondre.

Un de ces messieurs qui avait dépensé à la boutique un mois de sa petite pension, et qui, ainsi que les autres, n'en était pas plus avancé, jugea à propos de s'apercevoir que je lui avais froissé une côte : les amans malheureux prennent facilement de l'humeur. Celui-ci me prit par le collet de mon habit, et d'un geste menaçant... Elle était là, la dame de mes pensées ; j'avais puisé dans ses yeux un courage surnaturel ; j'avais respiré la gloire sur ses lèvres. Plutôt mourir mille fois que de souffrir un affront devant elle ! c'était là ma devise, la seule que je pusse, que je voulusse connaître. « Laissez les « gestes aux goujats, dis-je à mon adversaire. Les « gens comme moi ne connaissent que le champ « de l'honneur. J'ai des pistolets aux arçons de « ma selle ; suivez-moi. » Il était brave ; il sort. Je crois remonter Pompée ; quinze ou vingt drôles l'avaient détaché et l'emmenaient, disait-ils, en fourrière. Je proteste que personne ne touchera davantage au cheval de bataille du général Derneval. On conclut de ma protestation que j'étais l'étourdi qui avait mis tout un quartier en rumeur. On me prend, on m'enlève, on me porte. Je déclare que je pars pour l'armée, et qu'on n'a pas le droit d'arrêter un défenseur de la patrie ; on me rit au nez. Je me fâche ; on rit plus fort. Je demande où on me conduit : à la Préfecture de police. Je réponds qu'un militaire n'est pas justiciable des administrations civiles; on réplique que je conterai cela à ceux qui vont recevoir la plainte. Je me débats, on me serre. Je pince, je mords; je me sens frapper. Furieux, je double, je quintuple mes forces. Je fais des efforts inouïs qui eussent été inutiles, si trente coups d'un vigoureux bâton, roulant sur les têtes de mes détenteurs, ne leur eussent fait lâcher prise. C'était le jeune homme avec lequel j'allais me brûler la cervelle, qui, indigné de la manière dont on me traitait, avait pris ma défense. « Vous « êtes un brave garçon, me dit-il, et je ne dois « pas vous laisser accabler : disposez de moi en « ce moment. Demain nous nous verrons. » Et il frappait à outrance, et je m'armai de la pince d'un paveur que je trouvai sous mes pieds, et j'essayais de frapper aussi roide que mon nouvel allié. Tout ce que je pouvais faire était de soulever l'instrument. On esquivait les coups; je frappais l'air; mais je tenais les assaillans à une distance convenable.

Nous avancions toujours; mais cela ne suffisait pas. Il fallait s'esquiver, et la foule, qui augmentait à chaque instant, formait, autour de nous, un cercle mobile, et, par conséquent, inabordable.

Tout à coup un officier, à la tête d'une garde, pénètre au milieu de l'enceinte; écoute les griefs des plaignans, et comme je ne pensais qu'aux moyens de rejoindre madame Ruder, et qu'ainsi je ne niais rien, l'officier me tira de mes illusions amoureuses en nous enjoignant de marcher, à moi et à mon compagnon. La première chose qu'apprend un aspirant à l'honneur de se faire tuer en ligne, c'est la soumission à ses supérieurs : je me laissai donc conduire sans répliquer à la Préfecture.

O joie ! ô surprise ! elle n'avait pu supporter l'inquiétude où la jetait cet évènement : elle m'avait suivi. Elle venait me défendre si j'étais innocent, ou solliciter ma grace si j'avais commis quelque faute, et elle avait la bonté de me dire cela d'un ton si doux, si caressant !

On m'interrogea avec un sérieux, une importance qui m'eussent fait rire en toute autre circonstance. Il semblait, en vérité, que j'eusse compromis la sûreté de l'état. Peu fait aux manières rébarbatives, je me troublais, je répondais gauchement. Déja on murmurait le mot prison. Elle s'avança vivement, et dit, en quatre mots, que j'étais un enfant adoptif du général Derneval. Ici, on m'honora d'une légère inclination de tête. Elle ajouta que cet officier m'aimait beaucoup. Ce membre de phrase me valut un regard de bienveillance ; qu'à la vérité mon cheval m'avait emporté, mais qu'il n'y avait personne de blessé, et que le parti le plus simple était de me remettre entre les mains du Général.

Le juge le plus sévère se déride à l'aspect d'une jolie femme, et j'ai toujours reconnu, que de toutes les recommandations, celle-là est la meilleure. Le désir, d'ailleurs, d'être agréable au Général était un motif de plus pour changer totalement de façon de voir, et on fit demander quatre dragons et mon cheval de bataille pour me reconduire au château.

Parfaitement remis de mon trouble; fort des égards qu'on marquait au Général, et des attentions que l'on ne pouvait refuser à la plus séduisante des protectrices, je revins à mon caractère, à mon amour, à mes désirs; je déclarai, très-haut, que j'étais venu uniquement pour voir cette belle dame; que j'avais une affaire de la plus haute importance à lui communiquer; que je n'avais pu trouver le moment de lui parler encore, et que je ne partirais que le lendemain. Le ton tranchant du petit drôle, qu'on daignait à peine regarder cinq minutes auparavant, fut nommé énergie de caractère, noblesse d'ame, fierté de courage, que sais-je encore? On m'invita à passer, avec elle, dans un arrière-cabinet, où j'entamai de suite la grande affaire. Voici ce que c'était.

Je voyais, tous les jours, le Général coucher avec sa femme, et cela me paraissait tout simple, parce qu'il l'aimait. Par la même raison, je trouvais tout naturel de coucher avec madame Ruder, et je lui déclarai nettement que tel était mon vœu, mon espoir, mon intention. Elle rougit, ses yeux s'animèrent; mais elle me répondit que si je n'étais pas tout-à-fait un jeune homme, je n'étais plus aussi un enfant, et que des plaisanries, autorisées autrefois par mon âge, n'étaient plus innocentes en ce moment. Flatté d'être regardé comme une espèce d'homme, je n'en devins que plus opiniâtre, et je jurais que je coucherais avec elle. Elle jurait que non; elle me parlait de la dignité du mariage, des obligations qu'il impose, et, en me faisant une leçon de morale, elle me passait la main sur les joues, sous le menton; elle me chiffonnait une oreille, le bout du nez, et ce n'était pas du tout le moyen de me faire respecter le mariage. Je l'accablais de caresses qu'elle ne pouvait prévoir ni éviter toutes. Elle me repoussait doucement, et cette douceur même était un charme attirant, qui multipliait les attaques, et les rendait toujours plus vives. Je devenais entreprenant à l'excès; je brûlais; c'était du vitriol qui coulait dans mes veines. Sa voix était altérée, son œil humide; sa poitrine se gonflait, son cœur battait avec une extrême violence. J'avançais toujours, et bien que très-jeune encore, j'aurais fini par faire le petit Ruder, si, se levant tout à coup, elle n'eût été ouvrir la porte du cabinet, et s'asseoir sous le chambranle même, en se plaignant de la chaleur. Furieux d'être dupé de cette ruse de guerre, et comptant bien reprendre mes avantages dans un moment plus favorable, je protestai que les dragons me hacheraient plutôt que de m'emmener. Elle revint à moi; elle me supplia, les larmes aux yeux, de ne pas la perdre par un éclat public ; elle me conjura de partir, et me promit, pour prix de ma docilité, que je la verrais le dimanche suivant, jour qu'elle avait fixé pour aller prendre congé du Général, et lui souhaiter un heureux retour.

Oui, elle était vraiment sage. Victime des circonstances avec son curé et son mari, elle craignait de l'être encore de son cœur avec moi. Trop jeune pour connaître l'art de la séduction, d'amener, de saisir l'instant favorable, j'avais déja assez d'expérience pour sentir combien sa manière de me craindre était différente des terreurs que lui avait inspirées Ruder. Il me manquait quelques années encore pour savoir tout hasarder à propos; mais alors cette femme charmante descendant à la prière, me suppliant, mouillant mes mains de ses larmes, devenait sacrée pour moi. Il me semblait entendre la divinité même, et j'étais aussi incapable de lui désobéir que de cesser de l'adorer. Heureux âge où l'on sent encore le charme de la vertu, où on trouve une satisfaction secrète à la pratiquer, où on ne prévoit pas que, pour être à la mode, il faudra, un jour, n'avoir que des vices aimables.

Je me soumis donc à ce qu'elle demandait, mais je fis mes conditions. Je lui fis promettre, jurer qu'elle viendrait dimanche, dimanche matin, de très-grand matin, et qu'elle passerait la journée entière, tout entière au château. Je ne parlai pas de la nuit : Ruder était là, et, lorsqu'il s'approchait d'elle, j'aurais voulu qu'il fît sans cesse jour, et qu'on abattît toutes les cloisons.

Cette affaire réglée, je pensai au jeune homme avec qui je devais me casser la tête le lendemain. S'il me tue, je ne la verrai pas dimanche; si je ne me bats pas, je suis déshonoré, et comment partir si je me bats?

Ces réflexions sont cruelles; elles m'absorbaient. Connaissant mon caractère comme mon cœur, elle jugea que j'étais occupé de tout autre chose que de mon amour : elle m'interrogea. Il me paraissait affreux de la tromper, et je trouvais de la lâcheté à lui dire la vérité : c'eût été la placer entre mon adversaire et moi.

Un billet qu'on me remit très à propos, me tira d'embarras : il était de mon jeune homme. Conscrit et reconnu, on l'avait emprisonné. Il me demandait mes bons offices près du Général, qu'il avait entendu nommer par madame Ruder; il me priait instamment d'oublier notre démêlé, qu'il reconnaissait avoir grossièrement provoqué; il finissait en m'offrant franchement son amitié, et en me demandant la mienne. Toutes ces propositions m'arrangeaient fort. J'étais très-disposé à aimer les braves gens, parce je les estimais; ensuite je ne demandais pas mieux que de le servir auprès du Général, parce qu'après le plaisir d'aimer, je n'en ai jamais connu de plus doux que celui d'obliger; enfin il me faisait des excuses positives, satisfaisantes, et il est dur de se battre au moment même où on vient de connaître le prix de la vie, et où l'on peut espérer une longue suite de jouissances plus réelles.

Je lui passai le billet; elle le lut, et me regarda d'un air si touché! elle croyait sentir les coups auxquels je me serais exposé. Qu'elle était bonne, qu'elle était aimante! Je me gardai bien de lui dire que je m'étais mesuré avec son mari; elle n'eût pas manqué de me faire un discours à la *Chimène*, sur l'éternelle barrière que *Rodrigue* eût élevée entre elle et lui. Qui sait même si elle ne se fût pas avisée d'aimer Ruder mourant, Ruder tué pour elle, Ruder tué par moi, pourvu, toutefois, que Ruder mourût, car lorsqu'on s'est donné la peine de faire des grimaces d'usage, il est infiniment désagréable, il est dur de les avoir faites en pure perte.

On m'avertit que les dragons m'attendaient. Je répondis que ma dame avait parlé, et que je lui donnais ma parole d'honneur de me rendre de suite au château, et par le chemin le plus court; qu'ainsi je n'avais pas besoin d'escorte. Mon juge, désormais disposé à tout faire pour elle, lui demanda si on pouvait compter sur moi. Elle protesta qu'elle m'outragerait, si elle doutait, un moment, que je dusse tenir ma parole.

Messieurs les dragons furent donc, à leur grand mécontentement, renvoyés à leur corps-de-garde : toute corvée utile à un général, vaut, au moins, une station à l'office. Je l'embrassai encore, une fois, deux fois, autant de fois qu'elle voulut le permettre devant des témoins qui pouvaient n'être pas indulgens. Je lui fis répéter qu'elle viendrait dimanche, bien sûrement dimanche, et je demandai Pompée.

Je le demandai si haut, et d'un ton si impératif, que le chef de division, choqué de mon impertinence, me dit : « Mon cher ami, vous ne « vous apercevez pas que vous êtes complète- « ment ridicule. Sachez que je ne fais rien que « pour le Général et madame, et que si vous « ressentez les effets de la considération que je « leur marque, elle ne vous est pas du tout per- « sonnelle. Reprenez le ton modeste que vous « aviez en entrant ; c'est celui qui convient à « votre âge. » Je rougis jusqu'au blanc des yeux ; j'étais humilié, battu à terre ; mais j'eus le bon esprit de sentir que je méritais la leçon. Combien de jeunes gens me lisent, qui n'ont que des aïeux, qui traînent un grand nom, qui, plus impertinens que je l'étais encore, pourraient s'appliquer la mercuriale, en profiter, et n'en feront rien !

Aussi rouge, aussi confuse que moi, elle entreprit de m'excuser. J'avouai, je reconnus ma faute, et j'en demandai l'oubli avec la franchise d'un bon cœur qui aime à réparer les écarts du cerveau. Le chef me sourit, me pressa la main, et je me disposai à remonter à cheval.

O mon dieu!... mon dieu! je ne reconnais pas Pompée. Les galons, les crépines de la housse et des chaperons sont arrachés; les rênes de tissu, les étriers d'argent enlevés! « Ciel!... juste ciel!
« que pensera le Général? — Il te pardonnera,
« Jérôme. — Et le soupçon, madame, le soupçon
« d'une bassesse... — L'idée ne lui en viendra pas.
« — Je n'oserai jamais me présenter devant lui,
« non, je n'en aurai pas la force. — Veux-tu que
« je lui écrive, petit ami? — Non, madame, non;
« cela ne suffit pas. Avant que le cachet soit
« rompu, on aura vu Pompée dépouillé, nu, et
« l'imputation déshonorante aura volé de bouche
« en bouche. — Eh bien! je partirai avec toi. —
« Oh! oui, ma bonne, mon excellente amie, par-
« tez aujourd'hui; dimanche en sera plus aisé à
« attendre. — Je me présenterai la première. — Sans
« doute; je vous en prie : votre présence dispose
« toujours aux sentimens doux. — J'attesterai que
« lorsque tu es descendu à ma porte, Pompée
« brillait de toute sa parure, et que ces mes-
« sieurs, qui trouvent mauvais qu'on galope sur
« le pavé, ne font pas difficulté de s'emparer du
« bien d'autrui. — Au mieux, à merveille! Que
« le Général me punisse pour être venu à Paris
« sans sa permission; mais que je conserve son
« estime, celle de madame Derneval, de mon

« sieur Dupré, de tous les honnêtes gens. Je
« cours, je vous amène une voiture; j'attache
« Pompée derrière, et nous partons. — Non pas,
« petit ami, non pas. Le cheval de bataille du
« Général n'est pas fait pour être attaché derrière
« une vinaigrette, et un aspirant à la gloire ne
« voyage pas comme une femme. Vous monterez
« Pompée, qui, pour être dégalonné, n'en est
« pas moins le plus fier des coursiers, très-diffé-
« rent de ces hommes par qui nous nous laissons
« si souvent éblouir, et qui ne montrent que la
« plus pauvre nudité lorsqu'on les déshabille. »

Ah! elle ne veut pas que je partage sa voiture. Elle se défie donc d'elle-même; elle m'aime donc plus qu'elle ne le voudrait? Oh! oui, oui, sa conduite m'éclaire, je suis aimé de la femme charmante... Et si son vilain Ruder n'était pas au château... peut-être que loin des fâcheux... dans l'ombre du mystère... Oh! non... elle ne consentira jamais... Eh! pourquoi pas? L'Amour, jeune comme moi, ne triompha-t-il pas de Psyché, et ne suis-je pas beau comme lui, puisque tout le monde le dit?

Je faisais ce monologue en courant à la place Saint-Michel, d'où je ramenai le cabriolet le moins sale, tiré par le cheval le moins décharné.

Je lui présente la main, elle monte; je saute sur Pompée, et nous partons. Oh! comme je marchais sagement pour ne pas perdre un de ces regards, qui pénétraient au fond de mon cœur!

Quel doux sourire embellissait ses yeux lorsqu'ils rencontraient les miens! Mais la distance de mon cheval à sa voiture; mais les équipages, les charrettes, les crocheteurs, qui me la dérobaient à chaque instant; mais le plus ridicule des mariages, s'il n'était le plus détestable!... Oh! lorsqu'on s'aime, il faudrait n'avoir à redouter ni maris ni témoins; n'être esclave ni des préjugés ni des usages; n'être que deux enfin, isolés du genre humain, dans un coin de terre oublié, désert, inaccessible... dans l'île des Cocos, par exemple. Quatre lieues de circonférence, c'est plus qu'il n'en faut pour se promener; des ombrages épais, formés par la nature, où on mêlerait ses soupirs au chant des oiseaux amoureux; des cocotiers en abondance, et partout une végétation vigoureuse, voilà pour la nourriture, car il faut penser à tout. L'eau, la plus pure, en abondance... Et l'arbre à pain, que j'oublie, l'arbre à pain, ce don précieux qu'on ne daigne pas penser à naturaliser en Europe; et l'arbre à parasol, dont les habitans de la mer du Sud tirent leurs vêtemens; et des roches qui garnissent les côtes, et en éloigneraient ceux qui ne vivent pas uniquement pour l'amour... Oh! si j'étais avec elle dans l'île des Cocos!... Eh! pourquoi n'irions-nous pas?... J'arrangerai cela, moi, rien n'est plus facile.

Elle n'aime point son mari : elle le quittera. Elle vendra son fonds de boutique, et avec le produit, mille écus au moins, je frêterai un bâtiment, élégant comme la galère qui porta Cléopâtre allant au-devant d'Antoine. Nous nous embarquons. La mer courbe ses ondes devant nous. Zéphire enfle doucement nos voiles de pourpre; les Nymphes et les Tritons jouent autour du navire, et saluent la Vénus nouvelle qui le monte. C'est moi qui tiens le gouvernail, le plaisir dans les yeux, le sourire sur les lèvres, et les cheveux ornés d'une couronne de myrte qu'ont arrangée ses jolies mains. Le voyage ne dure qu'un moment, et nous bénissons, en abordant, la terre protectrice qui nous dérobera à tous les yeux, et où, semblables à Philémon et Baucis, nous vieillirons sans connaître l'ennui ni les infirmités de la vieillesse. C'est là... « Eh! ventrebleu! mon« sieur, prenez donc garde à ce que vous faites. « Vous me tirez du rêve le plus délicieux, et vous « prenez mon genou pour une borne. »

TROISIÈME PARTIE.

CHAPITRE PREMIER.

J'arrive au but.

C'était un jeune homme qui menait son cabriolet, comme j'avais mené Pompée le matin, et qui m'avait accroché la rotule avec son moyeu. Il était déja loin lorsque je me retournai, et la douleur que j'éprouvai me fit sentir, plus positivement que toutes les remontrances possibles, le tort qu'on a de galoper dans les rues. Si tel, qui est aujourd'hui en carrosse, daignait penser que demain il peut être à pied; si celui qui oublie la main première qui le tira de la boue, réfléchissait que l'échelon qui le soutient peut manquer tout à coup; si l'autre, qui fait valoir une faveur légère que lui arrache l'importunité, sentait l'obligation de payer ses bienfaiteurs, en répandant lui-même des bienfaits; si chacun, enfin, apprenait à se juger soi-même, il n'y aurait qu'une espèce de justice, la justice relative, et avec celle-là plus de lois, plus de tribunaux, plus d'avoués, plus de défenseurs, plus de clercs, plus d'huissiers, plus de recors, plus de garnisaires, plus de papier marqué. A la vérité, ce serait un grand mal pour tous ces gens-là, si l'équité s'emparait, enfin, de la balance incertaine de Thémis; mais nous y gagnerions beaucoup, nous autres pauvres diables, qui formons l'immense majorité, et... oh! encore un château en Espagne, et mon genou enfle à vue d'œil. Je ne saurais me tenir plus long-temps à cheval; je souffre horriblement.

Elle crut que je cherchais un prétexte pour partager sa voiture, et elle voulut s'assurer elle-même de mon état. Elle fit arrêter sa vinaigrette, descendit, examina mon genou, me crut estropié, se plaignit plus haut que moi, repoussa son conducteur qui se présentait pour m'aider à descendre, voulut me recevoir elle-même dans ses bras, et me porter dans son cabriolet. J'ajoutai à la douleur en me prêtant à ce qu'elle exigeait; mais mon cœur battait contre le sien; ma bouche touchait sa joue, ses yeux, son sein, et elle ne s'alarmait de rien, parce que Vulcain n'est pas dangereux, et que j'étais plus boiteux que lui.

Légère comme les graces, mais faible comme elles, ma charmante amie ploya sous le faix, et perdit l'équilibre. En vain je voulus la retenir; l'impulsion était donnée; elle m'entraîna avec elle ; nous roulâmes dans la poussière. Bienheureux saint Paul! le troisième ciel, qui n'existe pas, mais que vous avez vu, ne vous offrit rien de comparable à l'aspect des trésors que je découvris en ce moment. C'est avec raison que saint Denis, présent alors, se fût écrié, en vrai gendarme : Sacredié, que c'est beau !

Elle, toute honteuse, moi enchanté, et tous deux gris de poussière, nous nous juchons, tant bien que mal, sur notre banquette, et Pompée, le fier Pompée, humilié de sa position, suit l'humble wiski, l'oreille basse et au petit pas. Nous ne disons rien, parce qu'elle ne veut pas parler de sa chute, et que je jouis encore dans le recueillement.

Comme nous n'avons que des facultés bornées, et que la jouissance, surtout, les fatigue promptement, je reposai mon imagination en pensant à l'accueil qui m'attendait au château.

Je me rassurai en la regardant : était-il possible qu'on lui refusât quelque chose? Mais je tremblais lorsque je voyais Pompée par la petite lucarne de derrière. Je me représentais le Général me fixant d'un air terrible, et me demandant compte de ma conduite, avec cette sévérité dont s'armera le bon Dieu, lorsqu'il écoutera le récit de nos folies et de nos vilains péchés, que lui ni son cher fils, malgré leur toute-puissance et les plus bénévoles dispositions, n'ont pu nous empêcher de commettre. Heureusement le jugement dernier n'arrivera qu'à la fin du monde, qui n'arrivera point, et on est fort tranquille sur ce jugement-là; mais celui du général? Diable! il m'inspira bien d'autres frayeurs, et je n'étais guère qu'à deux lieues du château.

Si un trouble violent dérange nos facultés d'un côté, de l'autre, il exalte l'imagination, qui saisit rapidement les ressources qui nous restent. Je me flattais, au moins, qu'un sentiment de pitié fléchirait sa rigueur. Je bénis alors l'étourdi qui avait failli à me casser la cuisse, et je pris bravement la position qui me faisait souffrir le plus, pour empêcher l'enflure de tomber. Mais je réfléchis bientôt qu'un officier accoutumé à voir voler des bras, des jambes, des têtes, ne s'arrêterait pas à une simple contusion. Je regardai encore la plus aimable des femmes. Elle était calme; la paix de son ame se peignait dans ses traits; elle ne craignait donc rien pour son Jérôme, que pouvait-il craindre lui-même?

L'espérance rentra tout-à-fait dans mon cœur, et je m'aperçus alors que nous ne retournions point par la route que j'avais suivie le matin. J'avais pris la plus courte, par une raison très-simple : je volais dans ses bras. Quel motif l'avait pu porter à ordonner, positivement, à son cocher de suivre cet autre chemin, plus long d'une grande lieue? Le besoin de temps pour préparer ma défense? Bah! elle a tant d'esprit!... Et puis la véritable éloquence n'est-elle pas fille du sentiment, et se prépare-t-on à sentir?... Je l'interrogeai : pas de réponse. Ah! ah, me fis-je, les femmes sont donc, quelquefois, dirigées par des raisons dont elles ne veulent pas convenir. Hé, parbleu! quand on ne peut les faire parler, il faut savoir les deviner, et cela n'est difficile que pour les sots : moi qui ai beaucoup d'esprit, à ce qu'on dit, et je le crois, je ne suis pas embarrassé du tout.

D'abord, continuai-je à part moi, inquiets de ma longue absence, mais bien sûrs que je n'ai été qu'à la rue de Bussy, M. et madame Derneval, pour m'empêcher d'y faire des extravagances, auront dépêché sur mes traces, et les aides-de-camp, et ce trop heureux coquin de Ruder. Si nous avions pris le chemin le plus court, nous aurions été rencontrés ; le commandant de bataillon se fût emparé de sa femme ; l'eût ramenée à Paris sans que j'eusse le mot à dire ; messieurs les aides-de-camp se fussent saisis de ma personne ; bon gré, mal gré, il eût fallu les suivre au château, et j'y serais arrivé sans la plus aimable des médiatrices, réduit à mes propres moyens de défense, et on est si bête quand on a peur ! Je savais bien qu'elle n'était jamais flattée de rencontrer son vilain Ruder, et puis je ne sais quoi me persuadait qu'elle aimait mieux, bien mieux, sans doute, passer avec moi un jour, deux jours, une semaine ; me soigner, me consoler, me caresser... et, en vérité, c'est tout simple... je suis si bien, j'ai une si jolie petite tournure, je l'aime tant! je le lui dis avec tant de grace, et elle m'écoute avec tant de complaisance!... « Ah! fripon, vous entends-je dire, la « fatuité vous domine toujours, lors même que « vous ne savez ce que vous dites. — Non, « monsieur, il n'y a pas l'ombre de l'amour-pro- « pre dans ce que je rêve là ; j'ai deviné tout ce « qu'elle pensait, tout précisément. Rappelez- « vous que le temps des scrupules religieux est « déja loin, et trouvez bon que je vous prévienne « que celui des aveux approche. Avec quel plaisir « nous nous étendîmes alors sur les détails char- « mans de mon enfance, sur la naissance et les « progrès d'une passion mutuelle à qui nous « avons dû les momens les plus heureux de notre « vie! »

Déja je distingue la grille, la grille fatale de la cour du château. Malgré mes réflexions consolantes, rassurantes, le cœur me battit d'une force... oh!

Cependant, comme je prétendais n'être plus un enfant, je voulus me conduire en homme, et m'armer de courage, ce qui veut dire, assez communément, dissimuler sa frayeur.

Le portier, en reconnaissant mon amie, pousse un cri de joie : c'est ainsi qu'on la recevait ordinairement au château. Ce cri attire un piqueur, celui-là même qui a eu la complaisance de me laisser monter Pompée. Le piqueur, qu'on a tancé vigoureusement, et auquel on a donné huit jours pour se pourvoir ailleurs, se met en devoir de me faire une scène. Il parle très-haut; j'élève le ton plus haut encore, et on arrive, à la hâte, de tous les côtés. Je m'entends crier aux oreilles qu'il est affreux d'abuser de la confiance d'un vieux serviteur, et de lui faire donner son congé. L'expression de la vérité pénètre jusqu'à mon cœur. J'embrasse le malheureux domestique; je lui demande pardon. Mes larmes coulent; le vieillard, désarmé, y mêle les siennes.

« Bien, me dit-on, bien; le premier mouve-
« ment à la vivacité, le second à la nature : j'at-
« tendais ce retour-là. » C'était M. Dupré qui me prit la main, et me conduisit droit au vestibule. Je reconnus le Général à travers une croisée, et je me retournai pour m'assurer qu'elle me suivît. Elle ne m'eût pas quitté, alors, pour l'empire du monde. J'avançai donc d'un pas assez ferme, et je me présentai, puisqu'enfin il fallait finir par là.

Le Général était debout, appuyé sur la poignée de son sabre. Il fronçait le sourcil; son regard était menaçant; il avait précisément l'air que je lui voyais de deux lieues de son château. Madame Derneval faisait semblant de broder, et ses yeux retombaient sur son métier lorsqu'ils rencontraient les miens. Elle les relevait furtivement lorsque je regardais son époux, et un léger sourire effleurait ses lèvres rosées.

« Hé bien, monsieur, me dit le Général, vous
« avez donc enfreint mes ordres en allant à Paris,
« et vous n'avez pas craint de me déplaire en
« emmenant Pompée? » Je ne sais ce qu'il allait
ajouter... Ma bonne amie l'interrompit, et plaida
ma cause avec une chaleur, un charme, qui ramenèrent l'aménité sur la figure de mon juge,
et lorsqu'elle en vint aux galons et aux crépines,
qu'elle protesta de mon innocence, le Général
l'interrompit à son tour. « Je sais, madame, que
« Jérôme est incapable d'une bassesse. L'incident
« sur lequel vous allez vous étendre est une suite
« imprévue de sa première faute, et je n'en ai
« pas le moindre ressentiment. Passez sur cet ar-
« ticle, madame, et continuez, car j'ai beaucoup
« de plaisir à vous entendre. »

Sans être rhétoricienne, sans savoir ce que
c'est que la rhétorique, elle fit une péroraison
tellement sentimentale, tellement entraînante,
que madame Derneval laissa tomber son aiguille,
et vint lui jeter les bras au cou. Le Général fit
aussi deux pas vers elle, et s'arrêta tout à coup,
sans doute parce qu'il se souvint que les juges
ne sont pas dans l'usage d'embrasser les avocats.

Il allait prononcer : « Doublez, m'écriai-je,
« mon Général, quintuplez ma peine. Mais grace,
« grace pour l'infortuné palfrenier, que j'avoue
« avoir trompé. Il est époux, Général, il est père;
« me reprocherai-je, toute ma vie, d'avoir ôté
« l'existence à une honnête famille? » M. Dupré

m'embrassa; les domestiques, qui formaient l'auditoire dans le bas du salon, se précipitèrent; tous voulaient m'embrasser à la fois. Je cherchai parmi eux, je trouvai mon vieux piqueur; je le saisis par le bras, je l'entraînai, je le présentai au Général, et je tombai à ses pieds. Grace! grace! m'écrai-je de nouveau, et vingt bouches répétèrent ce cri.

Le Général me releva, et je crus sentir qu'il me serrait la main. « Retourne à tes occupations, « dit-il avec bonté au vieillard; mais plus de che- « vaux à monsieur, sous aucun prétexte. Pour « vous, Jérôme, qui voulez servir, et qui com- « mencez votre carrière par un acte d'indisci- « pline, vous serez puni, et sévèrement : je vous « donne pour prison le château et ses dépendan- « ces, et vous n'en sortirez que pour me suivre « à l'armée. »

La punition était douce et paternelle, sans doute; mais si, dans un moment d'enthousiasme, je m'étais mis à la discrétion du Général, je n'en fus pas moins sensible à l'humiliation de subir un châtiment quelconque, et, surtout, avec le chagrin de l'avoir mérité. Madame Derneval, habile, comme toutes les femmes, à démêler les sensations des hommes, qu'ils ne savent ou qu'ils ne daignent pas prendre la peine de cacher, madame Derneval, toujours bonne, toujours aimante, voulut répandre sur la plaie un baume consolateur. « Mon ami, dit-elle au Général, la « punition, toute militaire, que vous infligez à

« Jérôme, ne s'accorde point avec l'habit qu'il
« porte. — Vous avez raison, madame : qu'il
« monte à sa chambre. Il y trouvera, grace à
« vos soins, de quoi s'équiper en soldat. »

Fatigué de la scène qui venait de finir, je ne
fais pas répéter; je monte machinalement, j'ouvre, et je cherche le surtout de drap bleu. Quelle
est ma surprise! un habit de hussard complet,
l'uniforme que j'ai toujours préféré, et celui-ci
d'un goût exquis, et d'une richesse à éblouir. Je
me frotte les yeux, je regarde, je les frotte encore, j'admire, je saute de joie. Je touche, avec
précaution, toutes les pièces de ce brillant costume, je les baise, et, en deux tours de main,
je me dépouille de mes vêtemens bourgeois que
je jette, avec dédain, dans un coin de ma garderobe. Je me couvre lentement, très-lentement de
l'uniforme chéri, quoique je ne perde pas une
seconde; mais c'est que je m'arrête de minute en
minute, que je me contemple dans une glace,
et que, toujours plus satisfait de ma petite personne, j'en prolonge complaisamment l'examen.
Enfin, le bonnet sur la tête et le sabre au côté,
je m'étourdis si complètement que je ne sais plus
où je suis, ce que je fais, ce que je pense.

Bientôt il ne me suffit plus de m'admirer; je
voulais que les autres m'admirassent aussi. J'avais
pour prison le château et ses dépendances : en
quatre sauts je descends l'escalier. Je pensais, en
sautant, que le cadeau de madame Derneval avait

le double mérite de l'agrément et de l'à-propos, que son sexe saisit toujours avec tant de grace, et je sentis que la jolie dame me devenait plus chère encore.

Je passais devant le salon, et j'allais parcourir les cours, les jardins, le parc : des éclats de rire prolongés m'arrêtèrent. Je savais qu'il n'était pas bien d'écouter; mais cette transition subite de la sévérité à l'extrême gaieté me fit soupçonner que la première pouvait bien avoir été jouée. Pour savoir ce qu'il en était, j'approchai l'oreille de la serrure. « Avouez, madame Ruder, que notre
« pauvre Jérôme a eu une cruelle peur. — Oh!
« Général, vous ne vous en faites pas d'idée, et
« je vous avoue que je n'étais pas moi-même trop
« à mon aise.—Vous, madame!—Écoutez donc,
« Général, je suis la première cause de son es-
« capade. — Et vous avez pu croire que je me
« fâcherais sérieusement des folies que vous faites
« faire? Puis-je vous faire un crime d'être char-
« mante, et en vouloir à Jérôme, parce qu'il a
« des yeux? Entre nous, cependant, je m'ap-
« plaudis de son prochain départ. Il commence à
« n'être plus enfant. Il est ardent, impétueux,
« très-joli garçon, et cette espèce d'amoureux-là
« donne souvent de la tablature à une femme
« honnête, mais sensible. — Oh! Général, j'ai
« sur lui un empire absolu.—Et vous l'avez, sans
« doute, aussi sur vous-même; ainsi je ne vous
« ferai pas observer que de l'amitié à l'amour le

« pas est très-glissant, surtout quand on ne s'est
« marié... — Allons, allons, mon ami, tu fais
« rougir cette pauvre madame Ruder jusques aux
« yeux. Venez, jolie petite femme, venez faire
« un tour de jardin avec moi. Nous rentrerons
« quand cette fantaisie de persifler sera un peu
« calmée. »

J'entends pousser un fauteuil, et crac je m'envole, vous devinez où; où je savais que j'allais la rencontrer, en tiers à la vérité; mais un instinct secret me disait que les vieilles seules sont sans indulgence pour des plaisirs et des peines qu'elles ne peuvent plus partager.

Fort de ce que je venais d'entendre, je me promis bien de profiter de la première occasion de pousser mes avantages, et de jouer, dorénavant, le repentir aussi bien que le Général jouerait le mécontentement.

Je ne voulais pas qu'elles me vissent de loin, et qu'elles m'examinassent en détail. Mon petit amour-propre exigeait qu'elles fussent frappées de mon ensemble, et qu'aucune des exclamations qui leur échapperaient ne fût perdue pour moi. Je me cachai derrière des touffes de rosiers.

Je les voyais venir : jouissance d'amour, jouissance de vanité, je me procurais tout. Madame Derneval, appuyée sur le bras de mon amie, la regardait avec le plus tendre intérêt. Elles parlaient à demi-voix ; j'étais tout oreilles, et je n'entendais rien. Elles approchèrent enfin. « Votre

« époux a raison, madame. Je l'aime trop, et je
« sens qu'il faut qu'il parte; mais qui me rendra
« ces momens si innocens et si doux qui m'ont
« fait, quelquefois, oublier mes chagrins? —
« Songez qu'il ne part pas seul, madame Ruder,
« et quel chagrin vous restera-t-il lorsque celui
« qui les cause sera également loin de vous? Ser-
« vez-vous de votre raison; combattez un pen-
« chant qui n'a rien de répréhensible encore;
« mais qui est déja dangereux. Songez, d'ailleurs,
« que ce jeune homme se développe, que le
« plaisir va devenir pour lui un besoin, et que
« des objets nouveaux le distrairont d'une pas-
« sion qu'il croit, aujourd'hui, devoir être éter-
« nelle. »

Il n'y a qu'un enfant qui fasse connaître à une femme qu'il a entendu les secrets confiés à l'amitié. C'est la forcer à rougir; c'est clouer dans sa bouche cet aveu si doux à entendre répéter; c'est l'avertir de se défier de tout. Mais calcule-t-on rien quand on aime passionnément, et qu'on est sans expérience? « Jamais, m'écriai-je en sor-
« tant impétueusement de ma cachette, jamais
« je n'oublierai mon adorable amie : cessez, ma-
« dame, de calomnier mon cœur. Ne plus l'aimer,
« ne plus l'aimer, grand dieu ! Je perdrais plutôt
« le souvenir de vos bienfaits, de ces bienfaits
« que le temps grave chaque jour plus profon-
« dément dans mon ame », et à qui croyez-vous que j'adressasse ces belles choses-là? Au vent.

Confuses de s'être laissé surprendre, elles avaient fui, légères comme l'hirondelle qui rase l'herbe fine, et au lieu de voler sur leurs traces, de réparer une sottise, et de profiter d'un moment si favorable, je restai là comme un nigaud, et je haranguai les nymphes, les faunes, les sylvains. Qu'on est dupe à quinze ans! On l'est d'une autre manière à cinquante.

Je réfléchis enfin, je sentis ma faute et je voulus la réparer. Je courus aussi de toute mes forces. Elles étaient retranchées dans l'appartement de madame Derneval, sanctuaire sacré et impénétrable, où je n'entrais jamais que je n'y fusse appelé.

« C'est le diable, criait une voix rauque dans la
« cour, c'est le diable que ce petit b...... là. Croi-
« riez-vous qu'il m'a volé ma femme? Le fait
« n'est, sacrédié, que trop certain. Les voisins l'ont
« vu fermer la boutique, prendre la donzelle sous
« le bras et disparaître avec elle. Et moi, qui
« courais les champs, comme un imbécile, pendant
« qu'on me faisait... Par la mort! je les trouverai,
« fussent-ils en enfer, et, pour lui, je le coupe en
« deux comme une asperge. »

C'était Ruder qu'on avait envoyé à ma poursuite, qui descendait de cheval, et qui, aussi sot que moi, mais d'une autre manière, contait aux palefreniers ce qu'il aurait dû cacher à toute la terre, si le fait eût été vrai comme il le prétendait; mais hélas! hélas! et cent mille fois hélas!...

Je me présentai pour interrompre ce maudit conteur, qui compromettait la plus intéressante des femmes. « Mon épouse, monsieur, mon épouse, « où est-elle? il me la faut à l'instant même, ou « sans égards pour votre âge... » Il porta la main sur la poignée de son sabre. Outré de cette manière d'interroger, et toujours prêt à me battre avec ce chien d'homme-là, je mets flamberge au vent... On se jette entre lui et moi... C'était sa femme qui avait reconnu sa voix, qui m'avait suivi des yeux, et qui tremblait!... Était-ce pour lui ou pour moi?

Ruder, désarmé à son aspect, s'avança pour l'embrasser, et savoir comment il ne nous avait pas rencontrés sur la route. Elle lui présenta ses deux oreilles, ne lui répondit pas un mot, me dit que madame me demandait, me poussa devant elle, me fit entrer par une porte, passa par une autre, en ferma quatre ou cinq sur elle, et s'alla cacher je ne sais où.

J'entrai chez madame Derneval, à qui je n'osai pas désobéir, et au lieu de la jolie dame, je trouvai le Général, qui me fit une mercuriale très-vive sur ma nouvelle crânerie. Le résumé de son discours était qu'il n'est pas d'usage de tuer le mari parce qu'on est amoureux de la femme. Je savais cela comme lui; mais la tête était montée, et je répondis avec assez de fermeté : « Mais quand « le mari fait l'insolent? — On supporte tout, « monsieur, par égard pour l'objet qu'on aime.

« — On ne souffre rien, Général, quand on porte
« cet habit-là. — Monsieur, vous ferez aujourd'hui
« les fonctions d'aide-de-camp auprès de moi,
« et vous ne me quitterez pas d'un instant, à
« peine de désobéissance au premier chef. » Il
n'y avait pas de réplique à cela ; mais j'enrageais,
j'enrageais... oh !

On vint avertir le Général qu'on avait servi. Il
était arrivé au château une société nombreuse et
choisie, et je ne m'étais aperçu de rien, parce
qu'où elle était je ne voyais qu'elle. Je suivais
modestement le Général, plus haut que moi de
sept à huit pouces. Je ne voyais personne et personne ne me voyait. Mais, lorsque mon brillant
serre-file, en saluant, en s'asseyant, permit enfin
que j'entrasse en scène, un murmure général
d'enchantement, j'allais presque dire d'ivresse,
éclata aussitôt, et les éloges volaient de bouche
en bouche. Je la vis rougir de plaisir, et plus
belle de moitié.

Le Général, à qui rien n'échappait, jugea à
propos de tempérer le mouvement de satisfaction
que je ne me donnais pas la peine de dissimuler.
« Jérôme, me dit-il, la beauté d'un soldat est
« dans sa valeur. Vénus seule pouvait aimer le
« lâche Pâris, et, pour les femmes estimables, le
« front le plus beau est celui qu'ombragent les
« lauriers. Il ne lui manque que cela, dit à demi-
« voix une dame qu'on eût trouvée charmante,
« si celle que vous connaissez bien n'eût été là.

« J'en cueillerai, madame, répondis-je d'un ton
« de voix assuré, et je prends désormais pour de-
« vise : la gloire ou la mort. »

J'aurais bien mieux fait de ne rien entendre, de ne rien répondre. Pendant que je me livrais à mon enthousiasme chevaleresque, ce vilain Ruder s'était glissé à côté d'elle, et la place était prise lorsque je me présentai. Allons, me dis-je, encore une occasion manquée ; nous verrons, à la première qui s'offrira, si j'aurai enfin l'esprit du moment.

La figure balafrée et grotesque de Ruder était remarquable ; mais ses tournures de phrases ne l'étaient pas moins : il avait un idiome à lui. Il adressait à sa femme des saillies grivoises, que ces dames avaient l'air de ne pas entendre, lorsque le rire ne les trahissait point. Il allongeait les bras à droite et à gauche, pour se saisir des meilleurs plats, et lui servir les meilleurs morceaux. Par intervalles, il lui prenait la tête dans ses deux mains, et lui baisait les deux joues, sans s'apercevoir que sa moustache était humectée du jus du croupion d'un chapon au gros sel. Comme on peut s'amuser de ces choses-là, sans avoir l'air d'oublier la décence, un éclat général mit à son aise le beau sexe, la victime exceptée : elle ne savait quelle contenance prendre. La femme qui aime le moins son mari, souffre toujours en pareille circonstance : elle ne se dissimule jamais qu'elle partage ses ridicules.

Le Général, toujours plein d'estime pour les braves gens, et craignant, peut-être, de paraître ridicule lui-même en admettant un tel homme à sa table, le Général s'efforçait d'arrêter les sarcasmes et les ris, en répétant jusqu'à satiété que Ruder était un héros. Le héros n'en paraissait pas moins plaisant. « Riez, ventrebleu, riez, disait-« il; j'aime ma femme, et j'ai raison, car c'est la « plus jolie créature que j'aie vue de ma vie, et « par la mort, quelques jours d'absence sont la « rocambole de l'amour, » et, pour finir d'une manière saillante, il procède à une nouvelle embrassade. Sa femme, fatiguée, excédée, se jette brusquement de côté. Le buste de Ruder tombe d'à-plomb sur ses genoux. Outrée, désespérée d'une pareille scène, elle le pousse avec colère, et, par conséquent, avec force. Il roule sous la table, veut se retenir à un tréteau et le renverse. La table, les bouteilles, les carafes chancèlent. L'officieux M. Dupré fait les plus grands efforts pour soutenir la table. Il ne s'aperçoit pas qu'il pousse sur le second tréteau, qui, n'étant pas cloué sur le parquet, perd l'équilibre et tombe comme le premier. Les plats se brisent, les sauces coulent, Ruder crie, et personne ne l'entend, parce que, lorsqu'on rit, on ne s'occupe pas du chapitre des accidens, et cependant il serait sage de penser à tout. Quand les valets eurent fait disparaître les débris, ils relevèrent la table, et les éclats recommencèrent avec une unanimité et

un bruit qui n'étaient pas sans fondement : c'était Ruder qui se relevait avec un pan et une manche d'habit de moins. Un chien d'arrêt lui avait arraché la manche, imprégnée d'un coulis de fricandeau. Un basset avait mangé des cervelles de veau, qui avaient coulé dans sa poche, et, pour les trouver plus vite, il avait déchiré le contenant. Le commandant, inhabile à se remuer, et, par conséquent, à se défendre, avait en vain poussé des cris du diable. « Mille par-
« dons, mon Général, je suis, sacredié, désespéré ;
« d'autant plus désespéré, que nous n'étions qu'au
« premier service. Je vois qu'il faut faire chaque
« chose en son temps ; se battre au feu, manger
« à table, et caresser sa femme au lit. A ce soir
« donc, ma poule, et par la corbleu, demain
« vous en direz des nouvelles à ces dames. Je ne
« le crois pas, lui répondit-elle froidement. » Je frissonnai de jalousie.

Le désordre fut bientôt réparé. Un autre couvert et le second service invitèrent les convives à se remettre à table. Ruder, obligé d'aller changer d'habit, laissait une place précieuse, et, cette fois, je ne m'amusai point à faire l'orateur. Madame Derneval me vit auprès d'elle : on était monté sur le ton de la plus grande gaieté, et aussitôt elle prit par la main un voisin et une voisine ; elle commença à chanter une ronde. Le cercle se forma, et, lorsque chacun fut le plus loin possible du siége qu'il occupait, elle se jeta dans le premier fauteuil, les autres en firent autant, et on passa au second acte du dîner. Bon, me dis-je, d'après ce nouvel arrangement, je n'aurai pris la place de personne. Un coup d'œil de reconnaissance adressé par ma charmante amie à madame Derneval, un regard expressif de celle-ci, en forme de réponse, me firent sentir que tel avait été le but de la ronde. O femmes, femmes ! ces soins délicats, ces attentions fines sont trop au-dessus de nous. Humilions-nous, superbes.

Ruder rentra paré, et beau comme il pouvait l'être. Il restait une place entre M. Dupré et une femme respectable, au moins par son âge. Le commandant s'assit après avoir observé qu'il était, sacredieu, fort drôle qu'on eût interverti l'ordre établi d'abord, et qui lui convenait beaucoup. Nouveau coup d'œil d'elle à madame Derneval, et de madame Derneval à elle.

Comme M. Dupré et la très-estimable maman n'inspiraient rien à Ruder d'aussi vif que son appétit, il se mit à manger et à boire comme un convive allemand. « Fort bien, lui dit M. Dupré, « vous voilà ce que vous devez être, et, dans « toute les circonstances, *age quod agis*. — Agé « vous-même, reprit Ruder. Je sais bien que je « ne suis plus un jouvenceau ; mais à toute espèce « de combat je vaux mieux que vous, et si vous « en doutez, je vous le ferai voir. — Ne vous fâ- « chez pas, mon camarade, interrompit le Géné-

« ral, qui, malheureusement, ne savait pas le
« latin. Agis était un célèbre prince grec, auquel
« M. Dupré vous fait sans doute l'honneur de
« vous comparer. — Qu'est-ce que c'est, mon
« Général, qu'est-ce que c'est, s'il vous plaît?
« M'a-t-on vu filer la carte, faire le service à un
« joueur, escroquer de l'argent à quelqu'un pour
« me traiter de grec? Corbleu, M. Dupré, si vous
« étiez homme de cœur, je vous ferais voir que
« je suis un Français, et un Français de la plus
« rude trempe. — Vous entendez mal, mon cher
« Ruder. Les villes grecques formaient une asso-
« ciation... — Précisément, Général, une société
« de fripons. — Pas du tout, mon ami. Les Grecs
« ont brillé long-temps par... — Je le crois bien,
« parbleu! leurs successeurs du pharaon et du
« trente-un brillent aussi aux dépens des dupes,
« et je ne souffrirai jamais... Un moment donc,
« M. Picard, laissez ce levraut, je vous en prie.
« — Il me semblait, reprit Picard avec une mo-
« destie ironique, que monsieur en avait mangé.
« — J'en mangerai encore deux fois, monsieur
« le domestique, » et pendant que ce dialogue
occupait l'assemblée, que M. Dupré souriait de
la méprise du Général, j'adressais à mon amie de
ces choses insignifiantes pour les cœurs froids,
mais que l'amour se plaît à saisir, et auxquelles
il sait si finement répondre; ses joues se colo-
raient, son sein s'agitait. Je voyais cela à merveille; mais je me gardai bien de lui donner l'é-

veil; je cherchais à prolonger, à accroître le délire : je n'avais pas oublié la leçon du matin.

Pour remplir le rôle que je croyais jouer, il faut avoir simplement le goût du plaisir, inspirer beaucoup d'amour; toujours maître de soi, en calculer les progrès, et être heureux avant que le soupçon puisse naître. Si j'avais eu cet empire sur mes sens, j'aurais fait encore une gaucherie, en attaquant lorsqu'il était impossible de vaincre. Je ne tardai pas, au contraire, à me livrer au charme qui m'entraînait; penché, presque appuyé sur elle, je la dévorais des yeux; mon cœur battait avec une violence extrême; je ne voyais, je n'entendais plus qu'elle; j'allais prendre sa main et la porter à mes lèvres brûlantes, lorsque madame Derneval, notre Minerve fidèle, que les chances de la ronde ou sa prévoyance avaient placée à l'autre côté de notre amie, lui marcha sur le pied de manière à la faire crier.

« Eh bien! eh bien! qu'y a-t-il, corbleu, dit
« Ruder, qui oublie le levraut, se lève et court
« à sa femme? Un sentiment de colique, répond
« celle-ci. — Ma petite cocote, j'ai un remède
« sûr pour ce mal-là, et pour tous les maux d'a-
« lentour. Passez chez vous, et, corbleu, je vais
« vous l'administrer à l'instant. Mesdames, ne pre-
« nez pas garde, s'il vous plaît, » et sa figure était enluminée, et il faisait feu de l'œil qui lui restait.

Il l'avait prise sous le bras, et bon gré, mal

gré, il prétendait la conduire n'importe où. Sa proposition l'eût guérie de la fièvre quarte, si elle l'eût eue, et la colique se dissipa à l'instant. Mais elle était debout, et une de mes bottines, imprimée sur sa robe blanche, ne laissait aucun doute sur mon intention et sur sa complaisance. « En voici bien d'une autre, s'écria le comman-
« dant. Ce petit démon-là vient de mettre ma
« femme à la cire luisante. Savez-vous bien, mon-
« sieur Jérôme, qu'on fait l'amour avec les jam-
« bes comme avec les mains? — Non, monsieur,
« je ne savais pas cela. — Hé bien, corbleu, je
« vous l'apprends. Ma femme est sage, mesdames,
« elle n'a pas grand mérite à l'être, car elle est
« excessivement froide ; mais cet étourdi-là fini-
« rait par la compromettre, et je n'entends pas
« cela. Observez-vous, Jérôme, je vous en prie.
« Monsieur, balbutia-t-elle plus confuse que ja-
« mais, j'ai bien senti quelque chose... —Ventre-
« bleu, madame, vous avez senti !... Et vous avez
« souffert que cette bottine vous polluât ! — J'ai
« cru, monsieur... j'ai cru... que c'était... le tré-
« teau, dit madame Derneval. Ah oui, le tréteau,
« reprit la femme charmante. Je l'ai cru aussi,
« commandant, poursuivis-je. — Hé ! quel chien
« de plaisir trouvez-vous tous deux à avoir pen-
« dant tout un dîner la jambe collée contre un
« morceau de bois ? On n'évite pas toujours ce
« qui déplaît, ajouta madame Derneval, et mon
« fauteuil, collé à celui de madame, ne lui per-

« mettait pas de faire le moindre mouvement. —
« Enfin, commandant, j'ai eu la maladresse de
« prendre la jambe de madame pour un morceau
« de bois ; je l'ai cru, je vous en donne ma pa-
« role d'honneur. »

A ces derniers mots le Général fronça le sourcil, et m'ordonna de le suivre. Il me conduisit dans son cabinet. « Ignorez-vous, monsieur,
« qu'un militaire n'engage jamais son honneur
« en vain? — Pardon, Général ; mais je crois
« que vous m'avez dit qu'on doit tout faire pour
« l'objet qu'on aime. — Si vous n'eussiez pas
« commis la sottise, monsieur... — Elle était faite,
« Général, fallait-il que je l'avouasse ? — Ne me
« quittez pas d'un instant, monsieur, je vous le
« répète. Si le mari ne voit pas clair, il n'est pas
« moins le premier grenadier de l'armée, et je
« ne souffrirai pas qu'il soit le jouet de personne.
« Tourangeau, Tourangeau, dites à madame que
« je la prie de passer dans son salon, et de faire
« servir le café. »

Qu'on ait cru ou non à la défaite du tréteau, elle était sortie pour changer de robe, et en paraissant écouter avec la plus respectueuse déférence, je l'avais vue, conduite par madame Derneval, entrer dans une chambre du rez-de-chaussée qui communiquait à l'appartement de la jolie femme. Bon, me fis-je, Ruder n'ira pas la chercher là malgré elle, et une migraine, que lui donnera son amie, la tirera d'affaire. Si je suis réduit à penser à elle sur ma couche solitaire, au moins son mari ne sera pas plus heureux, et c'est quelque chose que cela pour un amant, et un amant jaloux.

Elle craignait, sans doute, la malignité des interprétations, car madame Derneval déclara qu'elle ne paraîtrait pas de la soirée, et, au lieu d'une migraine, elle lui donna une attaque de nerfs. Ruder se récria sur une incommodité venue aussi mal à propos ; il protesta qu'ayant promis, au pieds des autels, de garder sa femme en maladie comme en santé, il entendait passer la nuit auprès de son lit ou dedans. Madame Derneval lui répondit sèchement qu'une de ses femmes veillait auprès d'elle ; qu'elle coucherait dans une chambre de son appartement, et qu'elle espérait qu'aucun homme ne se permettrait d'y entrer sans son aveu. Le Général me regarda d'un air qui voulait dire que la consigne me regardait spécialement ; je répondis, par une inclination presque imperceptible, que je m'y soumettais ; mais je conservais une arrière-pensée qui me permettait d'interpréter, plus tard, ma révérence comme bon me semblerait. Ruder jura ; il dit que ce n'était pas la peine d'épouser une jolie femme qui a des attaques de nerfs à l'approche de la nuit, et qui se retranche dans un lieu impénétrable. On commençait une bouillotte, et quand on a *passe, jeu, va-tout*, à dire, on ne saurait faire la moindre attention aux plaintes d'un mari désolé.

Pour moi, après avoir bien mûri mon petit projet, je bâillai cinq à six fois, et je demandai au Général s'il avait quelque chose à m'ordonner. « Non, me dit-il; allez vous reposer, vous « devez en avoir besoin. » Je monte, et je me déshabille, comme si, en effet, j'allais me coucher; je mets mon dolman sur une chaise, mon pantalon sur une autre, près de mon lit, mes bottines sur le parquet, près de la table de nuit, je fourre une grosse bûche entre mes draps ; je bourre mon bonnet de coton d'une chemise et d'un mouchoir, et le place sur l'oreiller, l'ouverture tournée vers le mur. J'allais reprendre l'habit bourgeois si méprisé le matin; je comptais m'échapper à la faveur de l'obscurité, et aller attendre, sous ses croisées, quelque occasion favorable.... O douleur ! J'entends donner deux tours de clé à ma serrure.

Ce ne pouvait être que le Général ou quelqu'un qui agissait par son ordre. Appeler, interroger, me plaindre de la défiance qu'on me marquait, c'eût été manifester tout autre intention que celle de dormir.

Je ne soufflai point; j'ouvris une fenêtre, et je me flattai que le grand air et la fraîcheur calmeraient une tête toujours exaltée. Triste remède pour le mal d'amour que le grand air ! Hélas ! il n'en est qu'un efficace, infaillible, divin, que tout le monde connaît, et dont, cependant, je n'avais encore pu faire usage.

La lune éclairait ses persiennes de sa lumière argentée. C'est quelque chose pour un amant, timide et novice, que l'aspect du réduit qu'embellit l'objet de ses feux. Je regardais alternativement les persiennes et la lune. « O lune, m'é-
« criai-je d'un ton sentimental, ô lune si souvent
« favorable aux amans, ne ferez-vous rien pour
« Jérôme? » Jérôme ne voyait pas trop comment la lune pourrait le favoriser ; mais cette invocation nocturne avait quelque chose de poétique, d'auguste, de mélancolique qui me rangeait parmi les héros de roman, et j'en avais déja lu, je vous l'avoue, en secret. Oh ! si alors j'eusse connu Ossian, que de belles phrases j'aurais faites ! Hélas ! des phrases et la lune ne pouvaient abaisser un mur de quinze pieds, ni ouvrir des persiennes.

Mon œil, au moins, cherche à percer dans l'intérieur de sa chambre ; pas de lumière. « Sans
« doute elle repose déja. Elle repose ! et moi, je
« regarde tristement, mais avec une sorte de vo-
« lupté, cette enceinte qui la dérobe à ma tendresse.
« Elle repose ! et moi, je passerai la nuit à cette
« fenêtre ; mais je ne me bornerai point à con-
« templer les siennes... Déja je pénètre bien au-
« delà. Mon imagination, peintre rapide et fidèle,
« me la représente livrée au plus doux sommeil.
« Nulle draperie ne voile ses charmes séducteurs ;
« elle repose avec la sécurité et l'abandon de l'in-
« nocence. Les songes légers la bercent ; d'une
« main, ils répandent des pavots ; de l'autre, ils

« couvrent de roses le lit fortuné qui la recèle.
« Vénus, jalouse de la voir si belle, croit qu'elle
« lui a dérobé sa ceinture. La mère des amours
« tremblerait, si un regard, si une caresse de
« Mars ne la rendaient à la confiance et au plai-
« sir... Diable, c'est beau, ça ! Amplification de
« rhétorique, en vérité. Je m'en rapporte à Geof-
« froy : il en a tant fait faire ! Il en fait tant !

« Mais qu'aperçois-je ?... Un homme !... Oui,
« c'en est un. Il marche droit à ses persiennes...
« Quelle audace ! quelle impertinence ! S'il y porte
« la main, je l'étends sur la place. » J'avais saisi
mon fusil de chasse, bien déterminé à le faire
comme je le disais. « Mais, me trompé-je? C'est
« lui... Non... Si fait, si, parbleu, c'est ce vilain
« Ruder. Remettons le fusil, car, ainsi que me
« l'a observé le Général, il n'est pas dans les rè-
« gles de tuer le mari parce qu'on est amoureux
« de la femme. Mais, quel que soit son projet, il
« ne réussira pas, je le jure. Je vais faire un ca-
« rillon d'enfer, et le forcer à battre en retraite.

« Mais que je suis simple, moi ! Il ne lui gué-
« rira pas les nerfs à travers les barres de ses
« persiennes. Voyons ce qu'il va faire ; quelque
« sottise, sans doute, et les fautes du mari tour-
« nent toujours au profit de l'amant. Après tout,
« il sera toujours temps de mettre celui-ci en fuite.

« Le voilà qui opère ; il veut ouvrir ; le châssis
« résiste... Bon, tout est bien fermé. Ah ! mon-
« sieur tire son sabre. A qui diable en veut-il ?...

« Il insinue la lame entre les barres; le bas de la
« persienne joue; il est parvenu à lever le cro-
« chet. Oui, mais le ressort d'en haut... Que
« cherche-t-il donc encore?... Oh, le malheureux!
« Il amène en-dehors, avec son sabre, le cordeau
« qui sert à faire jouer le ressort... O ciel! La
« persienne s'ouvre; il n'est plus séparé d'elle que
« par un verre fragile... » Je frissonnai : je connaissais sa manière d'obtenir ce qu'on lui refusait, et, avant qu'on pût secourir la plus intéressante des femmes, il était homme à avoir cassé
les vitres, et renouvelé la scène qui l'avait forcée
au plus bizarre, au plus ridicule mariage. Cette
idée me causait des tourmens incroyables, et, ne
pouvant mieux faire, je gonflai ma poitrine pour
crier vingt fois de suite : au voleur!

« Mais que vois-je! Il recule... Ruder reculer!
« Que se passe-t-il donc? Il pousse doucement
« les persiennes... Ah! j'aperçois de la lumière.
« Elle quitte probablement madame Derneval;
« elle va se mettre au lit, et mon amplification
« est perdue.

« Il se colle contre le mur; il attend que le
« sommeil la lui livre sans défense. Le traître!
« Plutôt mourir que de lui laisser consommer...
« Mourir! c'est bientôt dit. Je n'ai, pour cela que
« deux moyens; mes armes, ou un saut par la
« croisée, et cette mort-là serait sans fruit pour
« toi, parfaite et chère créature, et ma perte, je
« le sais, ajouterait à l'amertume de ta vie. Mou-

« rons, s'il le faut; mais que ce ne soit pas comme
« un sot.

« Il ne fait pas le moindre mouvement, et déja
« une demi-heure s'est écoulée. Parbleu, je serai
« aussi patient que lui, et je verrai s'il attendra
« que le jour le chasse. Ah! il se rapproche, il
« rouvre les persiennes... Encore ce sabre!... Il
« attaque un carreau; il veut en détacher le mas-
« tic... Oh! je le vois, pour les imbécilles, comme
« pour les gens d'esprit, l'invention et la ruse
« sont filles de l'amour. Il sait, à présent, que
« penser de l'attaque de nerfs; il voit qu'on l'a
« joué : il sera sans miséricorde... Que va-t-elle
« devenir?

« Le mastic crie sous l'acier... bon, j'entends
« la voix argentine demander qui est là... Eh!
« mon dieu, mon dieu! Il se voit découvert; il
« hasarde tout; avec le pommeau de son arme,
« il brise le carreau... Il s'élance, par l'ouverture,
« comme un vautour fondant sur sa proie... Il
« n'y a pas une seconde à perdre. »

Je saute sur la bûche qui devait me représenter
dans mon lit; je la mets en travers de ma fenêtre, et j'y attache mes draps. En un clin d'œil
je suis dans la cour, sans penser que je suis nu,
qu'il m'est impossible de remonter, et que, le
lendemain, mon échafaudage déposera contre
moi. J'entends crier d'une part, jurer de l'autre;
je cours, je vole; j'entre aussi dans cette chambre, sans avoir eu le temps de rien résoudre,

sans savoir ce que je vais faire. Une porte s'ouvre; plusieurs personnes entrent avec des lumières... Je me jette sous le lit.

C'était le Général, qui, fidèle à ses douces habitudes, couchait toujours avec madame. Il avait entendu les cris et les juremens; il connaissait les manières expéditives de Ruder, et, en chemise, comme moi, il arrivait, suivi de deux femmes de chambre, aussi simplement vêtues. Il n'était pas trop tard; mais il était temps.

Le Général, arrêtant le commandant par une jambe, commença un fort beau discours sur le respect dû aux lieux et aux convenances. Ruder l'interrompit brusquement, en lui disant que cette affaire-ci ne touchant en rien à la discipline militaire, elle n'était pas de sa compétence, et qu'il trouverait très-mauvais que qui que ce fût s'arrogeât le droit de l'empêcher de jouir des siens. Le Général, qui se fâchait même contre les héros, quand ils le poussaient à bout, tire le commandant sur le parquet; le commandant se relève en jurant, et se dispose à recommencer l'attaque. Le Général ne savait plus quel parti prendre; les sanglots de la femme charmante m'avaient mis en fureur; j'allais sortir de ma cachette, au risque de tout ce que pourrait dire et faire M. Derneval, lorsque Picard et Tourangeau, qui couchaient au-dessus des remises, parurent aussi en panvolant, et tenant chacun une fourche à la main.

Le Général leur ordonna de mettre le commandant dehors, et de veiller, le reste de la nuit, à ce que personne ne vînt rôder auprès des croisées. Ruder, exaspéré, fit la plus brillante défense; mais il fut contraint de céder à la vigueur des deux jeunes gens.

Le Général, maître de la place, pensa aussitôt à en défendre les approches ; il referma les persiennes, monta sur une chaise, et avec le sabre de Ruder, qui était tombé dans la bagarre, il coupa les cordons des ressorts, aussi haut que peut atteindre un homme de sa taille, élevé encore d'un pied et demi ; il arracha le fil de fer d'une sonnette, en fit cinquante tours aux crochets et aux pitons, et quand ces précautions eurent rassuré la femme tremblante, M. Derneval se plaignit amèrement de Ruder, qui semblait choisir sa maison pour y donner les scènes les plus scandaleuses; mais il blâma la résistance opiniâtre de sa femme, qui n'était propre, disait-il, qu'à aliéner le cœur de son mari ; il ajouta que cette résistance était déplacée, puisqu'elle avait été vaincue plusieurs fois, et que Ruder devant s'éloigner au premier moment, un dernier acte de complaisance ne devait pas lui paraître si cruel. Ce raisonnement me parut absurde ; elle ne le trouva point plus convaincant que moi ; elle entreprit de justifier sa conduite, et la discussion finit, comme elles se terminent presque toutes entre un homme galant et une très-jolie femme :

il l'embrassa sur les deux joues, et retourna auprès de madame.

Le plus profond silence régnait dans la chambre; il n'était interrompu que par le bruit doux et réglé de sa respiration. Je croyais respirer son haleine, et, comme l'imagination ne s'arrête jamais, je me laissais aller à des idées, mais à des idées... En effet, rester immobile sous ce lit, c'est plus que la raison elle-même n'eût osé promettre. Essayer de m'y établir?... Oh! oh... oh!... il faut cependant rester dessous, ou y entrer, et, entre ces deux extrêmes, le choix n'était pas embarrassant. « Oui, mais au premier mouvement que « je vais faire, la peur la saisira encore, ses cris « me décèleront... Ah! il y a un troisième parti à « prendre, c'est de me retirer. Mais comment, « sans échelle, ouvrir les persiennes? Comment « éviter encore qu'elle m'entende? Je me décide, « et puisque je ne puis éviter des cris, que ce « soit une tentative de l'amour qui les arrache. « Un moment donc... Si près de madame Derne- « val, oserais-je jamais... Hé, madame Derneval est « heureuse, pourquoi ne chercherais-je pas à le « devenir? Que vais-je faire après tout, que d'imi- « ter Ruder? eh! quoi de plus louable que de « suivre l'exemple d'un mari? » Le dilemme n'était pas sans réplique; mais comme tout le monde juge bien dans sa propre cause, à ce que tout le monde croit, je me conduisis comme l'avare, qui nomme l'usure un intérêt honnête ; comme le voleur, qui ne vise qu'à rétablir l'égalité primitive des biens ; comme la coquette, qui prétend que tromper les hommes, c'est venger son sexe ; comme l'ambitieux, qui affirme que ses sujets sont trop heureux de mourir pour sa gloire.

Un profond soupir interrompit mes réflexions, et mon ame tout entière passa dans mes oreilles. « Un dernier acte de complaisance n'est pas si « cruel, répéta-t-elle à demi-voix ! Oh ! il est tou- « jours affreux d'être dans les bras d'un homme « qu'on abhorre. Pauvre petit Jérôme ! il n'a rien « entendu : sans doute, il eût été le premier à me « secourir. Il ne m'eût pas fait de ces raisonne- « mens qui ne coûtent rien aux cœurs insensi- « bles ; il m'aime, lui, et il part, et, quand je « l'aurai perdu, il ne me restera que le souvenir « de mes malheurs. Oh ! Jérôme, Jérôme ! — Il « est près de vous, répondis-je enchanté », et, sans doute, le son de ma voix n'avait rien d'effrayant, car s'il lui échappa un cri, il fut si léger, si faible ! Ce n'était, peut-être, que l'accent du plaisir.

Léger comme Zéphire, ardent comme le désir, et ferme comme Hercule, je m'élance dans son lit... M'y voilà... dans son lit, entendez-vous ? Elle s'enlace dans mes bras ; cent baisers donnés et rendus, portent, des deux côtés, le délire à son dernier terme ; je crois toucher au suprême bonheur. Tout à coup elle se dégage, elle me

repousse... « Non, Jérôme, non. Le nœud qui me
« lie m'est insupportable; mais il est sacré. Res-
« pecte-le, mon ami; laisse-moi mon estime,
« et la satisfaction intérieure de ne pas mériter
« mon sort. »

Étourdi de cette sortie morale, que je trouvais
des plus déplacées, je m'arrêtai en effet, soit par
une suite de l'étonnement où elle me jetait, soit
plutôt par la crainte de déplaire à une femme
que j'idolâtrais. Lui donner le temps de se remettre! Quelle faute, allez-vous dire! Apaisez-
vous, censeur, celle-ci est la dernière.

Elle se remit si bien, qu'elle commença à causer avec moi, aussi paisiblement que si elle eût
été dans un cercle de vingt personnes. Oh! combien je me repentis, alors, d'avoir cédé à des
instances que, lorsqu'on aime pour la première
fois, on croit toujours sincères, et qui, vraiment,
le sont quelquefois! Piqué de la voir aussi calme
auprès de moi, qui croyais pouvoir compter sur
sa tendresse, sur une tendresse aveugle, absolue, je n'écoutai plus que ma vanité; mais ce
sentiment factice, qui me rendit plus entreprenant que jamais, disparut bientôt sous le sentiment toujours dominateur. L'amour reprit tout
son ascendant, et, seul, il dirigea ces caresses
brûlantes qui animeraient une femme insensible.
« Que risqué-je, après tout, dit-elle? n'ai-je pas
« pris, contre M. Ruder, des précautions qui ar-
« rêteront ce bel enfant, et je n'y pensais plus. »

Elle cessa de se défendre. Forte de ces précautions, que je ne soupçonnais pas encore, pour la seconde fois, elle partagea mon ivresse. La fièvre d'amour m'embrasait; les mêmes feux circulaient dans ses veines. Je ne prévoyais plus d'obstacles... O surprise! ô rage! une aiguille perfide a fermé toutes les avenues...; elle est cousue dans sa chemise.

Ma colère excita des éclats de rire qu'étouffait la crainte de nos heureux voisins. Ces éclats, dans un pareil moment, me parurent un outrage; ils ajoutèrent aux transports de l'amour déçu. Nouvel Alexandre, je ne cherchai pas à dénouer le nœud gordien : en un instant, la batiste fut en pièces.

Cette femme si gaie, si forte, si sûre d'elle quelques instans auparavant, devint craintive et suppliante. « Oh! Jérôme, je te prie, je te conjure... » Pouvais-je écouter encore? La foudre eût éclaté sur ma tête, que je ne l'eusse pas entendue. « Cruel enfant, c'en est donc fait! » Tel fut le dernier cri de sa vertu mourante.

Quelle nuit, grand dieu, quelle nuit! je n'entreprendrai pas de la dépeindre. Geoffroi, seul, peut tenter l'impossible : il veut prouver que Voltaire fut un sot.

Dans un de ces intervalles où les amans, accablés de plaisirs, cherchent le repos, si nécessaire pour amener des plaisirs nouveaux, elle parla de notre aventure; c'était toujours s'occuper de

notre amour. Elle passa aux suites que cette nuit pourrait avoir, et qui n'étaient pas, à beaucoup près, aussi satisfaisantes. Elle exigea un récit détaillé de tout ce que j'avais fait, et lorsqu'elle sut que mes habits étaient restés dans ma chambre, et que mes draps pendaient à ma fenêtre, elle devint froide comme un marbre. « Nous som-
« mes perdus, me dit-elle. Nous sommes perdus,
« répétai-je avec complaisance! Nos destinées
« sont donc enfin communes; tu y consens, tu
« viens de le dire. Non, je ne pars plus. Point
« de gloire, point d'honneurs, point de fortune.
« Mon amie, toujours mon amie, et je suis le
« plus heureux des hommes.

« — Mon ami, tu sais combien je t'ai toujours
« aimé. Enfant, je disais c'est l'amour ; adoles-
« cent, je le dis encore ; mais l'amour tel qu'il se
« montra aux yeux ravis de Psyché, et les mo-
« mens que je viens de passer avec toi devaient
« être les plus délicieux de ma vie. Mais je ne
« suis pas de ces femmes qui rapportent tout à
« elles seules, et qui plongent leurs amans dans
« une lâche oisiveté. Je veux que le mien soit un
« héros; je veux qu'il justifie, s'il est possible,
« mon amour et ma faiblesse. Je veux, enfin,
« pouvoir me dire, en pensant à toi : sa gloire
« est mon ouvrage, et sa constance est le prix de
« mes sacrifices. Tu partiras donc; tu emporteras
« mon cœur, ma vie, tout mon être; mais tu
« partiras, il le faut, je l'ordonne. Obéis, ou je

« te méprise, et sache que je ne puis aimer ce
« que j'ai cessé d'estimer. — Hé bien ! vous le
« voulez ; je conserverai votre estime et votre
« amour : je partirai.

« — Raisonnons, maintenant, sur les dangers
« auxquels nous sommes exposés. Je crois qu'il
« faut que tu sortes. — Oh ! ne parlons pas de
« cela encore. — Cher enfant, la nuit s'avance :
« il n'y a pas de temps à perdre. Tu ne veux
« pas me déshonorer ? — Je vous reverrai donc
« pendant la journée ? — Oh ! oui, Jérôme, oui,
« nous nous reverrons. — Et vous serez seule ?
« — Hélas ! peut-être. — Songez que cette journée
« est la dernière qui nous reste. Ferez-vous, au
« moins, ce que vous pourrez pour recevoir mon
« dernier adieu ? — N'es-tu pas le choix de mon
« cœur ? Ne t'appartiens-je pas tout entière ? —
« Je sors, je sors à l'instant même ; mais par où ?
« — Je ne sais. — Ni moi. Oh ! il me vient une
« idée. — Voyons-là, petit ami. — Je ne suis pas
« mal fort ; je vais vous élever dans mes bras ;
« vous ouvrirez les ressorts de la persienne, et
« pour le fil de fer qui tient les crochets d'en bas...
« — Et Picard, étourdi, et Tourangeau qui veil-
« lent là. — Ah ! je l'avais oublié... Hé bien, la
« cheminée... — Non, cher enfant, non ; je ne
« le permettrai pas. Une chute, mortelle, peut-
« être... Attends, mon ami. Je ne demande qu'un
« moment. »

Elle passe une robe; elle me prend la main; elle ouvre doucement, très-doucement, la porte de madame Derneval... Une lampe brûlait... Première transe. Elle s'arrête, elle écoute...; elle avance. « Avez-vous besoin de quelque chose, « madame Ruder? Non, madame. Mais la scène « de cette nuit m'a agitée; je ne saurais rester « au lit, et le Général a si bien fermé mes croi- « sées... Je vais prendre l'air sur le balcon », et ses genoux ployaient sous elle, et je tremblais comme la feuille. Heureusement madame Derneval, à moitié endormie, parlait à travers un double rideau. « Madame Ruder, prenez l'escalier « dérobé; éveillez Fanny, elle vous tiendra com- « pagnie. — Oui, madame. — Avouez que Ruder « a été bien attrapé. — Oui, madame. — Nous « rirons demain de sa mésaventure. — Oui, ma- « dame. — Ah! allumez une bougie à la lampe. « —C'est inutile, madame, je connais l'escalier », et comme enfin les rideaux pouvaient s'ouvrir, elle me faisait tourner autour d'elle, selon les tours et détours qu'il fallait prendre, et, en parlant, et en répondant, elle avançait toujours.

Il fallut bien entrer chez Fanny : les autres passages étaient fermés. Mademoiselle Fanny avait aussi sa lampe, parce que madame l'appelait quelquefois, et elle n'avait pas tiré ses rideaux : nouvelle transe. Le ronflement le plus prononcé nous rassura... Mais, que vis-je? c'était M. Picard qui ronflait à côté d'elle. Je pensai, alors, que les rideaux font du bruit, et on avait d'excellentes raisons pour n'en pas faire.

Nous passons; nous arrivons chez mademoiselle Clotilde. Mêmes sujets de crainte, et même spectacle. Là s'était établi M. Tourangeau. « Tout « le monde est occupé ici, ma bonne amie, lui « dis-je, en gagnant, avec elle, les grands appar- « temens. J'aurais pu me retirer par la fenêtre; « mais qui eût deviné tout cela? » Un soupir d'allègement s'échappa, lorsque nous ne courûmes plus aucun danger. Je la serrai dans mes bras, et elle me pressa sur son cœur. Elle ouvrit les portes vitrées du balcon, et, pour que madame Derneval fût bien sûre qu'elle était là, elle se mit à chantonner, quoiqu'elle n'en eût aucune envie.

Il faisait un clair de lune effrayant, et mes draps, mes malheureux draps... « Ah! lui dis- « je, si Picard et Tourangeau eussent bien servi « le meilleur des maîtres, ils fussent venus lui « faire part de leur découverte; on m'eût cher- « ché, non pas chez vous, probablement; mais « tout le monde étant sur pied, la retraite deve- « nait impossible. — Plus d'imprudence, mon « ami, n'en fais plus; tu en vois les conséquen- « ces. — Je vous le promets; mais, au moins, « rendons grace à l'amour, qui nous a si bien « servis. »

Un baiser bien voluptueux, bien prolongé, fut

le tribut que nous lui offrîmes : j'étais trop jeune, encore, pour multiplier de plus doux sacrifices. Elle me serra la main, et je m'éloignai.

Je marchai, à grands pas, vers ma chambre, persuadé que la plus belle des nuits se terminerait comme je l'avais commencée. Je cherche, je tâtonne... Pas de clé, et je n'avais pas prévu, jusque alors, que celui qui avait cru s'assurer si complètement de ma personne, n'avait dû rien négliger; ou, plutôt, je ne m'étais occupé que d'elle, et sa réputation sauvée, tout m'était à peu près égal. Cependant je réfléchis, dans le calme des passions, que le Général pourrait se lasser d'avoir quatre ou cinq mercuriales à m'adresser tous les jours, et, ramené au sentiment de ses bontés, au néant où me réduirait son abandon, je sentis de quelle importance il était, pour moi, de rentrer. Je commençais là-dessus, selon l'usage des gens préoccupés, un monologue fort intéressant sans doute... On me frappe sur l'épaule : je me retourne stupéfait. « Ah! vous voilà enfin, « petit sacredieu! et d'où diable venez-vous à « l'heure qu'il est? — Mais je viens... je viens de « faire un tour dans le corridor. — Chansons, « M. Jérôme. Ce n'est, sacrebleu, pas pour faire « un tour de corridor, qu'on se donne la peine « de descendre dans la cour avec ses draps. — « Je descendais... je descendais... — Pour aller « trouver quelqu'un qui ne te tient pas rigueur, « n'est-il pas vrai? — Mais... M. Ruder, vous in-

« terprétez d'une manière étrange... — Par la
« mort, j'ai deviné; son embarras le trahit. Te-
« nez, Jérôme, j'ai cru, long-temps, que vous
« étiez amoureux de ma femme, et hier, encore,
« cette robe à la cire luisante n'était, ventrebleu,
« pas trop claire. Ce n'est pas que je te redoutasse,
« mon ami. Ma femme est blanche, dure et froide
« comme la Vénus du musée Napoléon ; mais ces
« assiduités-là chiffonnent toujours un mari. Je
« vois avec plaisir, mon camarade, que l'amitié
« est pour madame Ruder, et ce que tu sais bien
« pour une autre. Touche là, mon garçon, et dé-
« sormais entre nous, c'est à la vie et à la mort. »

Oh! de quel poids je me sentis soulagé! le
courage et la parole me revinrent à la fois. « Mais
« vous-même, M. Ruder, que faites-vous là deux
« heures avant le jour? — Tu ne sais donc rien?
« — Pas la moindre chose. — Tu n'as rien en-
« tendu? — Non, en vérité. — Mon ami, un va-
« carme de tous les diables. Des larmes, des cris,
« des ongles, des fureurs... cela ne m'alarme
« point, moi, j'y suis accoutumé, et je vais tou-
« jours mon train; mais on est venu m'interrom-
« pre de la manière la plus désagréable. Le Gé-
« néral m'a fait un beau discours, et ses laquais
« m'ont mis à la porte. — A la porte! de chez
« qui? — De chez ma femme, que Dieu anime,
« s'il en a le pouvoir. — Quoi! vous avez voulu...
« — Ne va-t-il pas s'étonner qu'on veuille cou-
« cher avec cette femme-là? — Au contraire,

« commandant. Enfin, que faites-vous là, et que
« me voulez-vous? — Tu penses bien qu'on ne
« chiffonne pas une femme comme celle-là pen-
« dant un quart-d'heure, sans se mettre le diable
« au corps. — Je ne sais pas cela, M. Ruder. —
« Mais je le sais, moi; je suis resté dans un état...
« Tiens, si tu en doutes...— Oh! je m'en rapporte
« entièrement à vous. — Le moyen de coucher
« seul, attaqué d'un pareil mal? J'allais me jeter
« dans le bassin pour tâcher d'en finir, et en
« traversant la cour, j'ai vu tes draps pendans à
« ta fenêtre. J'ai jugé que tu t'en donnais à cœur-
« joie, lorsque j'allais me morfondre; j'ai changé
« de dessein, et je suis venu t'attendre.

« Or ça, camarade, tu ne tiens pas trop à ta
« belle, n'est-ce pas? Quelque fille de la laiterie,
« de la cuisine? entre militaires on doit se passer
« ces effets-là de main en main, et il faut, sacre-
« dieu, que tu me conduises...— Mais, comman-
« dant, je suis excédé de fatigue. — Raison de
« plus; moi, je suis frais. — Mais cette fille... —
« A tout à gagner. Écoute, Jérôme, tu ne peux
« rentrer chez toi; le Général se doutera du fait,
« et tu seras tancé d'importance. — Ma foi, j'en
« ai grande peur. — Allons, mon ami, service
« pour service. Je t'aiderai à planter une échelle
« sous ta fenêtre, et tu me mettras dans le lit de
« ta princesse. Qu'en dis-tu? le traité te rit-il? »

La première partie m'en plaisait fort, et je trouvais plaisant que ce fût le mari lui-même qui

m'aidât à effacer jusqu'à la dernière trace que pouvait suivre le soupçon ; mais on ne lui manquait pas impunément de parole, et cette laitière, cette cuisinière, où la trouver ? Je n'étais jamais entré, je crois, dans les basses-cours, ni dans les mansardes. Cependant, tout bien calculé, je crus qu'il valait mieux avoir une affaire avec Ruder, que d'encourir la disgrace du Général. J'acceptai la proposition, au hasard de tout ce qui en résulterait : nous descendîmes ensemble.

Le seul meuble qui pût me servir à rentrer chez moi, était une échelle double, longue comme celle de Jacob, montée sur quatre roues, et qu'il fallait amener du fond des bosquets. Ruder, stimulé par le feu de la luxure, la roula presque seul.

Je grimpe, je saute les échelons ; je touche à la fenêtre si désirée ; enfin, je suis chez moi. Vite j'allais dérouler mes draps d'autour de la bûche, les jeter dans le premier coin et refermer la croisée : Ruder était monté aussi lestement que moi. Il m'arrêta par le bras. « De la bonne foi, cor-
« bleu, ou je me fâche sérieusement. Vous me
« livrerez votre belle, sinon l'échelle restera là.
« Or, cette échelle ne sera pas venue seule ; on
« ne l'aura pas amenée sans motifs, et, sacredieu,
« ce témoin sera presque aussi fort que les draps. »

L'argument était fort ; je crus devoir m'y rendre. Je passai un caleçon, je redescendis, et je pris, en enrageant, le chemin de la basse-cour.

Je ne savais pas comment cette affaire-ci finirait ; mais Ruder était sur mes talons ; il me poussait ; il n'y avait pas moyen de s'en dédire. Je vois un petit bâtiment isolé, j'ouvre la porte qui se présente ; j'avance, je tâte : « C'est ici, lui dis-je.
« Voyons, répondit-il à voix basse, s'il n'y a pas
« de supercherie. Un lit, bon. Des jambes mi-
« gnonnes, à merveille. Tout à l'heure, ma petite,
« vous allez voir beau jeu. »

Nous retournons ; je remonte, je ferme, et j'entends l'échelle rouler lentement. J'arrange mes draps aussi mal que devait le faire un jeune homme qui, depuis long-temps, ne savait plus où il en était. Je me jette sur mon lit, et je m'endors profondément.

CHAPITRE II.

L'Exorcisme, le Sermon.

Je ne savais quelle heure il était ; mais il faisait grand jour. Nouvellement, très-nouvellement initié aux mystères de l'amour, et l'imagination pleine de leurs délices, je me hâtai de jouir des courts instans qui me restaient encore. Je m'habillai très-vite, mais avec toute la recherche d'une coquetterie raffinée. Je remarquai complaisamment certain air de langueur qui ajoutait un charme de plus à ma figure, ma foi, très-séduisante. Je n'avais pas entendu ouvrir ma porte ;

mais elle l'était, et je descendis, décidé, pour éviter toute explication, à paraître ne m'être aperçu de rien.

On déjeunait. Pas de place auprès d'elle : on n'en trouve jamais auprès d'une jolie femme, quand on arrive le dernier. Je m'assis précisément en face, et corrigé par les évènemens de la nuit passée, et par la certitude d'être aimé uniquement, je ne la regardais qu'à la dérobée. Qu'elle était belle! Le contentement et la volupté brillaient dans ses yeux; le sourire était sur ses lèvres, et la saillie en partait comme l'éclair.

Ruder, outré de ses privations passées et futures, la regardait de travers. Je crus lui voir deux ou trois bosses au front.

Le Général observa que j'avais trop dormi; que le sommeil me rendait pesant, et empêchait ma gaieté ordinaire d'éclater. Il fit à sa femme quelques mines qui signifiaient, pour les gens au courant, que ma clôture me donnait de l'humeur. Sa pénétration me fit sourire ; mais je conclus de ma réserve trop remarquable, que dans le monde il faut, pour dérouter toute espèce de soupçon, ne rien changer à ses habitudes. Je redevins à l'instant enjoué, folâtre, et quoi de plus facile? j'étais en fonds de gaieté pour un an, pour la vie : je le croyais du moins.

On parla enfin du départ, du cruel, du désespérant départ. Elle ne m'adressa qu'un coup d'œil ; mais quel regard ! c'était Vénus désolée, lorsque elle perdit son fils.

Le Général rappela au commandant qu'il n'avait pas de temps à perdre pour être présent à la revue de son bataillon. Il l'engagea à monter à cheval à l'issue du déjeuner. Une autre mine à madame Ruder, qui voulait dire : Soyez reconnaissante du service que je vous rends.

On se leva de table, et on avertit le commandant que son cheval était bridé. Sa femme s'avança pour le saluer ; il lui tourna le dos, en l'envoyant... Le Général le conduisit jusqu'au péristyle, et moi jusque dans la cour. Il me prit à l'écart.

Je ne savais s'il s'agissait de tirer l'épée, ou de lui rendre quelque service : j'étais prêt à l'un comme à l'autre. « Mon jeune camarade, je crois « devoir te prévenir que ta maîtresse te fait.... te « fait.... — Eh bien ! quoi ? — Cocu, sacredieu, « cocu. — Bah ! — Je l'ai prise sur le fait. — « Pas possible. — Écoute. Je débutais avec elle « à ma manière, et c'est la bonne. Quelque dif- « férence de toi à moi, sensible, sans doute, lui « donna probablement des soupçons ; du moins, « je le pensai ainsi. Elle jeta un cri ; je m'y atten- « dais, et pan, je lui applique, pour la réduire, « une vigoureuse paire de soufflets : ce moyen- « là m'a souvent réussi. Tout à coup un grand « coquin, admis à l'honneur de te remplacer, et

« que je n'avais pas senti d'abord, m'allonge cinq
« à six coups de poing sur la tête... Tiens, re-
« garde mon front. Je lâche la fille, elle s'enfuit,
« et, ventrebleu, je tombe sur le drôle... tu au-
« rais eu du plaisir à voir cela. Je l'oblige à se ré-
« fugier sous le lit, où je le laisse enfin, de peur
« que le Général vienne encore pérorer.

« Ah çà, mon garçon, ta donzelle m'a paru
« bien, je l'avoue. Pas de gorge, à la vérité; mais,
« d'ailleurs, des formes très-jolies. Cependant,
« ce n'est qu'une dévergondée qui te jouera quel-
« que vilain tour, et je te conseille de la laisser
« là, comme un caisson vide. Adieu, camarade,
« nous nous reverrons bientôt, et, par la mort,
« j'espère que tu recevras le premier coup de feu
« à mes côtés. »

J'éprouvais une sorte de curiosité de connaître
mon infidèle prétendue. La femme chérie travail-
lait avec madame Derneval, et, n'ayant rien de
mieux à faire, j'entrai dans les basses-cours, en
paraissant rêver profondément, et, par conséquent, ne pas prendre garde où se portaient mes
pas. Trois ou quatre fillettes, tant laides que jolies, préparaient des fromages. L'une d'elles, âgée
de quatorze à quinze ans, les cheveux blonds,
l'œil bleu et tendre, point de gorge encore, fixa
particulièrement mon attention. « Est-ce vous,
« jolie enfant, qui demeurez là ? » Et je lui mon-
trais la maisonnette où j'avais introduit Ruder.
« Non, mon beau monsieur, ce n'est pas moi.

« — Laquelle de vos compagnes y loge donc ? —
« Aucune, monsieur. — Cependant cette maison
« est habitée. — La nuit seulement. Le garde-
« chasse y couche avec son fils. » Je ne pus m'empêcher de rire du quiproquo, et je me promis
bien d'en amuser qui vous savez. « Vous ne ririez
« pas, monsieur, si vous saviez ce qui s'est passé.
« — Qu'est-ce donc, ma petite ? — Le diable ou
« le démon a battu, cette nuit, à outrance le père
« et le fils. » Et je me mis à rire de plus belle.
« Je vous assure, monsieur, que rien n'est plus
« sérieux. Le père ne peut sortir de son lit, et le
« jeune garçon est allé chercher le curé pour
« exorciser l'esprit malfaisant. »

Un murmure de satisfaction se fit entendre
dans la cour : c'est monsieur le vicaire-général ;
voilà monsieur le vicaire-général. Il vient dire
adieu à notre bon maître. Les coquins! leur bon
maître! vous savez comment ils le servent.

Madame Derneval accourt pour recevoir son
cher oncle ; le Général court sur les pas de sa
femme, et les aides-de-camp sur ceux du Général.
M. Dupré s'avance gravement, son Homère sous
le bras.

Le Général avait cessé de m'attacher à sa personne, sans doute à cause de l'éloignement de
Ruder. Je pars comme un trait, je me glisse, je
pénètre, j'arrive. Elle était seule... elle me sourit.

Plus de remords, plus de scrupules. Tout entière à l'amour, pouvait-elle oublier qu'elle s'était

dévouée sans réserve ? Le boudoir de madame était là, elle s'y laissa conduire. Boudoir charmant, que notre bonheur embellit encore ! O sommeil bienfaisant, sommeil réparateur, je ne te dus pas ses bontés, ses douces complaisances; mais c'est par toi que je goûtai encore la félicité suprême.

Le son d'une clochette, le bruit discordant d'un mauvais chant d'église, nous rappelèrent que si nous étions seuls dans l'appartement, il y avait des fâcheux dans le château. Elle sortit d'un côté, je m'esquivai de l'autre, et nous fûmes présenter nos respects à monsieur le vicaire-général.

Il la félicita sur son air de satisfaction. Il en conclut que son mariage, qu'il avait désapprouvé d'abord, n'était pas malheureux. Il me trouva grandi, embelli, mais toujours l'œil trop éveillé, ajouta-t-il, en me donnant une petite tape sur la joue. Le Général nous quitta pour aller demander, d'un ton très-sec, au curé, ce qu'il venait faire chez lui, suivi de tout le village, et où il portait, en chantant, ce seau d'eau bénite, dans laquelle nageait le goupillon. Le grand-vicaire accompagna le Général, et la curiosité amena tout le monde après eux.

Elle était appuyée sur mon bras, et regardait le cortége ecclésiastique avec étonnement. Comme je l'intéressais plus qu'une procession, elle se tourna bientôt de mon côté. « Tu ris, bel enfant ; « tu es donc au courant de l'affaire ? — Oui,

« oui, je vous conterai cela. — Oh! de grace,
« ne me fais pas languir. — Le démon qu'on va
« exorciser, c'est votre mari. — Je ne t'entends
« pas. — Je le crois bien. — Passe donc aux dé-
« tails. — Oh! il y en a pour une heure. Ma ten-
« dre amie, remettons cela à cette nuit. — Non,
« Jérôme, non. J'ai reçu avec délices le premier
« tribut de tes forces naissantes; mais je ne t'aime
« pas pour moi seule : plus de tête à tête, mon
« ami. — Cependant l'histoire est piquante. —
« Monsieur, vous me la raconterez. — Je ne de-
« mande pas mieux. — En faisant un tour dans
« le parc. — Et la chaleur? — Eh bien! ce soir.
« — Et le serein! — Cruel enfant, non, non...
« une route sans fin à parcourir à cheval... non,
« je ne me prêterai point à cela, je ne le veux
« pas absolument. »

Nous avions marché très-lentement : elle ne
jugea pas convenable de rester plus long-temps
en arrière. « Général, dit le curé, sans être inti-
« midé par la taille, par le costume, par l'entou-
« rage, je viens remplir un devoir indispensable,
« et j'ose me flatter que vous ne vous y oppose-
« rez pas. — Mais encore, monsieur, dois-je sa-
« voir de quoi il est question? — Général, il y
« a chez vous des apparitions, des esprits im-
« mondes. — Curé, il n'y a de sorciers et d'es-
« prits que pour les sots. — L'expression est forte,
« Général, et n'en est pas plus juste. Je vous ap-
« prends, moi, qu'il y a des incantations, des

« maléfices, et que j'entends exorciser. — Mon-
« sieur l'abbé, j'entends que vous vous retiriez,
« et promptement. — Monsieur, qui paraissez
« ecclésiastique, et qui êtes probablement de la
« maison... — Monsieur est mon oncle, vicaire-
« général du diocèse voisin, et homme du pre-
« mier mérite. — Tant mieux. Monsieur est versé
« dans les écritures; il est en état de prononcer,
« et je le supplie de m'entendre. — Monsieur ne
« descendra point à de semblables sottises. Finis-
« sons, et qu'on me mette tous ces gens-là à la
« porte. — Des sottises ! à la porte ! Mettre à la
« porte un prêtre en fonctions ! Monsieur le
« vicaire-général répondra à son métropolitain
« et à notre saint-père le pape de l'opprobre dont
« on couvre le clergé, et de la faiblesse qu'il
« montre dans une occasion de cette importance.
« — Permettez, mon neveu... — Non, mon cher
« oncle, non. — Que j'entende votre curé (et à
« voix basse), cet homme est un imbécille, puis-
« qu'il croit à ces chimères ; mais l'église y croit
« aussi ; que voulez-vous que j'y fasse ? Parlez,
« monsieur le curé, parlez. »

« — Ce jeune garçon est venu me raconter des
« choses étonnantes, et que Dieu permet rare-
« ment. Mais il lui a plu de manifester ici sa
« toute-puissance, pour donner lieu à l'église,
« toujours triomphante, de déployer la sienne.
« Incapable de croire légèrement, j'ai interrogé
« ce jeune homme; je suis entré dans les plus

« minutieuses particularités, et qu'ai-je appris !
« Ô ciel ! Satan voulait en faire un incube. —
« Ah çà, curé, qu'est-ce que c'est qu'un incube ?
« — Général, je n'oserai jamais expliquer devant
« ces dames... — Eh ! monsieur, ces dames le
« permettent. Au fait, qu'est-ce qu'un incube ?
« — Puisque monsieur me l'ordonne, que ces
« dames le permettent, et qu'il peut être utile à
« tous de connaître les manœuvres de l'esprit
« malin, je vous apprendrai qu'il y a incubes et
« succubes. Lorsque le diable fait un enfant à
« une jeune fille, la jeune fille est succube. Lors-
« qu'un jeune homme fait un enfant à une dia-
« blesse, le jeune homme est incube, et peu s'en
« fallut que saint Antoine ne le devînt, selon le
« fameux cantique qui nous rappelle le sopha, la
« diablesse en falbalas, *et cœtera*, Or... — Vous
« êtes fou, curé, ou le diable m'emporte. » Nous
riions tous aux éclats, le grand-vicaire excepté.
Je riais plus fort que les autres, et j'avais bien
mes raisons.

« Ah ! je suis fou, Sainte-Vierge, je suis fou !
« vous n'avez donc jamais lu dans la Bible l'évo-
« cation de l'ame de Samuel, et tant d'autres
« évocations, dont parlent les écrits immortels des
« saints pères ? Vous ne connaissez donc pas les
« auteurs profanes, qui ont approfondi cette im-
« portante matière, tels que le célèbre Boguet-
« le-Grand, del Rio, le prince Pic de la Miran-
« dôle *in libro de promotione*, et le fameux Bodin

« qui dédia son livre des Sorciers au savant
« président de Thou? Ah! je suis fou! et le dé-
« cret célèbre de la Sorbonne, qui n'a jamais été
« révoqué, et qui dit : *Per tales artes et ritus im-*
« *pios et invocationes dæmonum nullus unquam*
« *sequatur effectus ministerio dæmonum, error.*
« Ce qui signifie... — Oui, curé, vous me ferez
« plaisir de mettre cela en français. — Ce qui si-
« gnifie : *C'est une erreur de croire que ces arts*
« *magiques et ces invocations du diable soient*
« *sans effet.*

« Et si vous contestez l'autorité de la Sorbonne,
« qui, je l'avoue, n'était pas infaillible, récuserez-
« vous celle de notre mère la Sainte-Église, qui
« a daigné consigner, dans le Rituel, les paroles
« efficaces qui expulsent l'esprit immonde? Éclai-
« rez votre neveu, monsieur le vicaire-général;
« enflammez-le du feu de votre piété, et qu'il
« cesse de se placer entre l'Esprit-Saint et Satan. »

L'honnête homme tira le Général à part. « Il
« n'en démordra pas; laissez-le faire. D'ailleurs,
« il s'appuie d'autorités que je ne dois pas com-
« battre. Vous ne voudriez point qu'il m'imputât
« la résistance que vous lui opposez. Je n'ai ja-
« mais exorcisé; mais j'ai fait quelque bien. Ne
« m'ôtez point, en me compromettant, les moyens
« d'en faire encore. »

« Allons, curé, je me rends, dit le Général.
« Je ne résiste point à l'onction avec laquelle
« notre oncle vient de me parler. Chassez le dia-

« ble, auquel je crois maintenant autant qu'au
« fameux Bodin et au célèbre Pic de la Miran-
« dole. »

Il retourna au château avec madame. Il avait à donner ses derniers ordres pour une autre espèce de procession qui devait partir de Paris, faire reposoir à Dijon, et finir, nous ne savions où. La femme charmante ne pouvait maîtriser sa curiosité : elle resta. Moi, je n'étais bien qu'auprès d'elle : je restai aussi. « Mais, donne-moi « donc, Jérôme, la clé de tout cela. — La dia- « blesse, c'est M. Ruder. — Mon mari diablesse ! « — Oui, il voulait être la succube de ce petit « blondin-là. — Ah ! je commence à entendre. « Mais comment ?... pourquoi Ruder ?... — Je ne « puis à présent vous en dire davantage. »

Le madré pasteur savait bien qu'avec la crainte du diable on empaume plus aisément les femmes, qu'avec la crainte de Dieu. Il n'ignorait pas qu'au village, comme à la ville, les maris sont, en général, des benêts que leurs femmes amènent insensiblement à leur opinion. Or, pourvu qu'il subjuguât la pauvre espèce humaine, il lui était égal que ce fût de par Satan, ou de par l'Éternel, et comme c'est par les yeux que se prennent les imbécilles des deux sexes, qui ne sont rares nulle part, il chercha à donner à la cérémonie tout l'appareil qui pouvait la rendre imposante.

Il commença par inviter, d'un ton patelin, le grand-vicaire à l'aider de ses prières, et on sait qu'il n'est pas de prêtre qui puisse se refuser à une pareille invitation. Le cher oncle croyait jouer ici un rôle purement passif; mais le curé, fort de son acquiescement, et l'ayant mis dans une espèce d'impossibilité de reculer, se dépouilla tout à coup de ses vêtemens sacerdotaux, et enfila le grand-vicaire dans son surplis. « Que faites-« vous, monsieur, que faites-vous, lui dit celui-ci, « étonné ? — Quoique Jésus-Christ ait dit : il n'y « aura parmi vous ni premier ni dernier, je n'en « respecte pas moins la hiérarchie ecclésiastique, « si profitable à quelques-uns, et, par une suite « de la vénération que je me complais à vous ma-« nifester, je vous remets toutes mes prérogatives, « et c'est vous, monsieur, qui prononcerez les « exorcismes. — Je n'en ferai rien, monsieur le « curé.—Vous le ferez, monsieur le grand-vicaire. « —Je ne priverai point un curé du droit pré-« cieux d'assurer le repos de ses ouailles », et le grand-vicaire reculait, essayant de se dépêtrer du surplis, et le curé avançait et lui passait l'étole au cou; enfin il lui mit le goupillon à la main. Le grand-vicaire avança à son tour, pour remettre le goupillon ; alors, le curé recula. Notre oncle était embarrassé, confus; l'incertitude se peignait sur son visage. Jeter l'étole et le goupillon, c'est ce que j'eusse fait, moi hussard. Mais un prêtre, un vicaire-général, dont notre pasteur soupçonnait, peut-être, déja l'orthodoxie ?... Il prit son parti en brave, et marcha, en nous inondant d'eau bénite. Ainsi, la crainte des hommes force les êtres les plus raisonnables à partager des sottises et des jongleries.

Le curé, en entrant dans le taudis, présenta le Rituel au cher oncle, et, pendant que celui-ci cherchait avec le pouce les paroles irrésistibles, le curé se laissa aller à son zèle apostolique. « Si « les ruses de Satan, mes frères, sont innom- « brables, dit-il ; si les moyens qu'il emploie ont « été trop souvent ensevelis dans l'ombre, il im- « porte aux fidèles de les connaître pour s'en « garantir, et on va vous les dévoiler, ces ma- « chinations infernales qui menacent la pudicité « de vos fils et de vos filles. » Ici, le grand-vicaire commença à froncer le sourcil. « Parlez, jeune « garçon, instruisez vos frères et vos sœurs. Que « vous a fait l'esprit impur ? — Monsieur le curé, « il a levé ma couverture ; il s'est rué sur moi « comme le taureau sur notre vache Guigui. — « Ensuite mon ami ? — Il m'a imprimé sa griffe « toute chaude sur les fesses... » Là, le grand-vicaire fit, au petit blondin, le signe le plus im- pératif ; mais le petit blondin ne voyait que son pasteur, qui lui fit signe de continuer. « Il appuya « ses grosses vilaines lèvres sur ma bouche, et « m'y glissa... — Arrêtez, arrêtez, s'écria le grand- « vicaire. Terminez là ce tableau dégoûtant qui « outrage, à la fois, le bon sens et l'innocence. « — Permettez, s'il vous plaît, monsieur le grand- « vicaire : il est écrit, *initium sapientiæ timor*

« *Domini...* Or, si la crainte du Seigneur est le
« commencement de la sagesse, la crainte du
« péché est le commencement de la crainte du
« Seigneur, et comment éviter le péché, si on ne
« le connaît sous toutes ses formes ? — Souve-
« nez-vous, que vous m'avez remis tous vos
« droits : j'ai donc seul ici celui de haranguer
« les fidèles. Souvenez-vous de vos protestations
« de respect pour la hiérarchie ecclésiastique ;
« n'oubliez pas que j'y occupe un rang distingué,
« et que je vous ordonne le silence. Craignez de
« me désobéir : vos supérieurs me connaissent,
« et les censures de l'église vous menacent.

« Et vous, qui m'écoutez, reconnaissez l'in-
« fluence de l'esprit malin aux fautes réelles qu'il
« vous fait commettre. C'est de lui qu'émane l'es-
« prit de vengeance, de libertinage, de paresse ;
« c'est lui encore qui vous rend durs envers vos
« femmes, insouciants envers vos enfans, ingrats
« envers vos bienfaiteurs. Voilà celui qu'il faut
« combattre avec les armes de la raison et de la
« vertu, celui qu'il faut exorciser, et qu'en effet
« j'exorcise. » Il prononça la fameuse formule.

« Eh ! j'y suis, me dit-elle, et la bonne foi de
« ces paysans me divertirait, si elle n'annonçait
« l'abrutissement de l'espèce humaine. Ruder a
« pris ce petit garçon pour une jeune fille ; mais
« qui a pu causer cette singulière erreur ? et ce
« père qui a l'air paralysé, pour qui l'a-t-il pris ?
« oh ! dis-le-moi, mon petit Jérôme. — Cette

« nuit, femme charmante, cette nuit... — Ah !
« vous mettez un prix à votre complaisance ! Eh
« bien ! monsieur, je ne vous recevrai pas ; je
« vous boude ; je ne vous dirai pas même adieu
« demain. » Avec de telles menaces, elle m'eût,
je crois, fait mettre le feu au château. Je satisfis
sa curiosité, que je comptais soutenir jusqu'au
soir. A mesure que je parlais, son petit air boudeur se dissipa ; le sourire reparut sur ses lèvres,
et bientôt nous rîmes tous les deux de manière à
ne plus nous entendre.

Je crus pouvoir profiter de ce moment de folie
pour renouveler les plus tendres instances : elle
reprit aussitôt son sérieux. « Mon cher enfant,
« t'aurais-je refusé, si j'avais cru pouvoir t'accor-
« der, sans inconvénient, ce que tu me deman-
« des ? Penses-tu que je ne partage point la privation que je t'impose ? Elle est nécessaire,
« soumettons-nous-y. Accoutumons-nous, dès ce
« moment, à de longs sacrifices. » Elle paraissait
peinée : je n'insistai point.

Nous allions ouvrir la grille et rentrer dans la
cour : une pauvre femme nous tend la main. Je
la regarde... je crois reconnaître... je la fixe encore... je lui saute au cou. « C'est Marguerite,
« c'est ma bonne nourrice ; celle qui me caressait
« quand son mari me battait, et qui caressait son
« mari quand il l'avait battue », et je l'embrassai
encore avec la plus vive effusion.

La bonne femme ouvrait des yeux... elle cherchait, sous l'or et la soie, ce petit malheureux, qu'elle ne pouvait reconnaître. « C'est Jérôme, « lui dis-je, c'est Jérôme, à qui vous avez porté, « dans la forêt de Senart, votre dernier morceau « de pain. » La pauvre femme recula avec un respect mêlé d'étonnement. Je jette à terre mon dolman et ma veste. « Le voilà, Marguerite, le « voilà nu, tel que tu le reçus sur ton sein. » Et je lui ouvris les bras. L'infortunée s'y précipita, et des larmes d'attendrissement coulèrent sur mes joues.

« Et vous êtes réduite à l'aumône, ma bonne « Marguerite ! — Jacques est mort. Mes grands « enfans sont au service ; je n'ai pu, seule, sou- « tenir les petits. On les a mis à l'hôpital, et je « demande mon pain. — Et je n'ai rien, rien à « lui donner ! je suis, moi-même, à la merci des « autres ! » On me serra la main, en m'y glissant une petite bourse : vous savez qui. Oh ! combien je fus sensible à ce nouveau bienfait ! c'était le plus précieux, après le don de son cœur. « Tenez, « Marguerite, tenez, prenez, et bénissez cette « femme généreuse. Revenez me voir souvent, « revenez tous les jours... Je ne sais plus ce que « je dis : j'oublie que je pars demain. Venez, « venez, suivez-moi. » Je la prends, je lui fais traverser la cour, le vestibule, les antichambres. Elle résiste... je la traîne dans un salon doré ; je tombe aux pieds de madame Derneval. « Voilà « ma nourrice, madame, la voilà, en proie aux

« horreurs du besoin. Encore une bonne action,
« vous en avez tant fait! une place chez vous,
« madame, la dernière des places; mais qu'elle
« vive. Rendez-lui le pain qu'elle a partagé avec
« moi. Je vous quitte; je vais à la mort, peut-être.
« Eh bien! madame, cette bonne femme vous
« rappellera un enfant que vous avez tiré d'un
« état semblable au sien. »

J'étais animé au point de n'avoir pas vu que le Général et le grand-vicaire étaient là. Je n'avais pas remarqué tous les bras étendus vers moi; je n'entendais pas les bénédictions dont Marguerite me comblait. Pour la première fois, madame Derneval me fit l'honneur de m'embrasser, et le Général me frappa trois ou quatre fois sur l'épaule. « Jeune homme, me dit le grand-vicaire,
« je ne vous loue point; votre récompense est
« là », et il appuya, avec force, sa main sur mon cœur.

Elle me joignit dans une embrasure de croisée.... « Adorable enfant, avec une ame comme
« celle-là, on n'a pas de défaut essentiel : je
« n'aurai donc jamais de repentirs. — Ah! ma
« bonne amie! » — Et je la regardais d'un air si suppliant! — « Eh bien! oui, oui, les persiennes
« seront ouvertes. »

Je ne comprenais pas qu'on pût attacher un tel prix à une action qui me paraissait si simple. Je ne l'ai que trop conçu depuis : alors je ne connaissais que la nature et l'amour.

La femme de charge reçut l'ordre de vêtir la bonne Marguerite, et de l'installer à la vacherie. Avec quel plaisir j'aurais embrassé, à mon tour, madame Derneval! le respect me retint.

« Ah çà, dit-elle à la bien-aimée, après avoir « rempli un devoir, on peut donner quelque « chose à la gaieté. Dites-moi donc, madame Ru-« der, de quoi riiez-vous tant avec Jérôme, il y a « un quart-d'heure? Moi, j'aime à rire aussi. » La femme charmante rougit. « Allons, allons, ma « petite, contez-nous cela. » Il n'est pas donné à tout le monde de trouver, à l'instant, une historiette plaisante, qui déroute les curieux. Il est plus facile d'arranger, de modifier, d'écarter le personnage intéressant : ce personnage-là, c'était moi. Ma bonne amie se décida donc, ne pouvant mieux faire, à raconter, à quelques petites choses près, l'aventure de son mari; mais, comme le grand-vicaire n'approuvait jamais certaines anecdotes, et qu'on évitait soigneusement de lui déplaire, ces deux dames passèrent dans ce boudoir... cher boudoir!

Le curé se fit annoncer. Il venait, sans doute, s'excuser sur les aveux que son zèle inconsidéré avait tirés publiquement du petit blondin. On ne fait pas de fautes qu'on ne se les avoue intérieurement, et une faute de cette espèce pouvait avoir des suites sérieuses avec un homme tel que le grand-vicaire.

Celui-ci avait paru piqué de l'espèce de violence que le curé lui avait faite, et il avait de quoi se venger des exorcismes qu'on lui avait arrachés. Je l'envisageai : pas la moindre altération sur son visage. Il ordonna, du ton le plus calme, qu'on fît entrer. Ah! c'est qu'il n'était pas dévot.

Le curé parut, et salua d'un air gauche. Il balbutia quelques mots que nous n'entendîmes pas. Notre oncle s'avança vers lui, et lui présenta la main. « Monsieur le curé, les mœurs publiques « sont la garantie de la pudeur. Il n'y a aucun « motif qui autorise à les violer aussi ouverte- « ment. De semblables détails ne sont propres « qu'à corrompre l'innocence, et à donner des « armes à nos adversaires. Votre repentir m'as- « sure que vous ne tomberez plus dans la même « faute : parlons d'autre chose. » Le curé, confus d'une indulgence qui évitait jusqu'au reproche, ne répondit, d'abord, que par des révérences ; mais le grand-vicaire l'eût bientôt mis à son aise. Il l'entretint de saint Thomas et de saint Éphrem, des légumes et des fruits du presbytère, du catéchisme et de la prédication. La prédication, c'était le fort ou le faible du curé. Aussi se mit-il à jaser avec autant de volubilité que s'il n'eût existé aucun nuage entre son supérieur et lui. « Monsieur le vicaire-général, je prêche tous les « dimanches, et quelquefois dans la semaine, aux « jours de salut, aujourd'hui, par exemple. — « Et quels sont, monsieur, les sujets que vous

« traitez ordinairement?—Des points de morale,
« monsieur le grand-vicaire; elle prête plus aux
« beaux mouvemens oratoires que les mystères.
« — Et les mystères, monsieur le curé, ne doi-
« vent pas être approfondis.— Cependant, mon-
« sieur, il est certains jours où on ne peut se
« dispenser d'en dire quelques mots, et le vrai
« talent tire parti de tout. Le jour de la Concep-
« tion, par exemple...— Cette matière, monsieur,
« est délicate à traiter. — Je l'ai travaillée soi-
« gneusement, monsieur, et j'ai eu la satisfaction
« d'expliquer, positivement, le mystère. — Cela
« me paraît fort, monsieur le curé. Et comment
« l'expliquez-vous? — Rien de plus simple, mon-
« sieur. Marie était plongée dans une extase, et
« le Saint-Esprit distilla, goutte à goutte, dans
« son sein, l'essence de la divinité (1). — Mais,
« monsieur le curé, cette explication est pure-
« ment charnelle.— La chose, monsieur le grand-
« vicaire, n'a pu se faire autrement.—En le sup-
« posant ainsi, monsieur, toutes choses ne sont

---

(1) Un jeune minime, qui prêchait à Calais, il y a déja des années, se servit exactement des mêmes expressions pour expliquer ce mystère, ce qui ne plut pas à tout le monde. Il avait de l'esprit, de la figure; il procurait aux petites filles des extases qui n'avaient rien de divin. On le mit entre quatre murailles pour lui faire observer le vœu de chasteté, très-agréable à Dieu, comme on sait.

« pas bonnes à dire. Traduiriez-vous, en chaire,
« le cantique des cantiques, Ézéchiel et Osée?
« J'exige, curé, que vous me promettiez de ne
« plus expliquer de mystères. — Oh! monsieur,
« cette promesse ne me coûte rien du tout. Je
« vous la fais d'autant plus facilement, que la
« morale est mon côté avantageux. Je la traite
« d'une manière tout-à-fait nouvelle. Je joins aux
« ressources de l'éloquence celle, toujours sûre,
« des images matérielles. — Qu'appelez-vous ima-
« ges matérielles? — Celles qui arrivent à l'imagi-
« nation par les yeux. Je prêchais contre la con-
« cupiscence. Après m'être étendu sur les dangers
« d'un tel vice, j'en démontrai, victorieusement,
« l'illusion. Voyez, dis-je, cet os décharné. Il a
« été couvert d'une chair blanche et animée; il
« a été paré de deux globes séduisans. Qu'en
« reste-t-il aujourd'hui? Les vers ont dévoré ce
« corps auquel s'adressaient tant d'hommages; je
« n'en ai retrouvé qu'un os dégoûtant et infect.
« Le reste, brisé, dispersé par les vents, est
« maintenant foulé aux pieds avec insouciance.
« Femmes, si vaines de votre beauté, voilà le
« sort qui vous attend; jeunes gens, idolâtres de
« ce qui n'est que néant, reconnaissez-le dans
« mes mains. C'était un morceau de clavicule que
« j'avais caché dans ma manche, et que j'en tirai
« au beau moment. Tout l'auditoire frémit. Les
« filles les plus jolies baissèrent les yeux, et leurs
« amans leur tournèrent le dos.

« Un autre jour, monsieur, je prêchais con-
« tre la calomnie. Je peignis le calomniateur se
« glissant partout comme un reptile, et em-
« poisonnant tout de son souffle corrompu. Je
« peignis le repos des familles troublé, les répu-
« tations légitimes détruites, l'innocence flétrie,
« et, élevant mon bréviaire d'un bras menaçant :
« le voilà, m'écriai-je, l'auteur de tant de maux ;
« qu'il ne cache plus ses manœuvres dans les té-
« nèbres ; qu'on le connaisse, qu'on le fuie ; je
« vais le frapper de ce livre. Je feins, en effet,
« de le lancer ; toutes les têtes se baissent à la
« fois. Que vois-je, ô ciel, repris-je aussitôt ! Je
« n'en connaissais qu'un, et la calomnie est le
« vice commun de cette paroisse. Partant de ce
« nouveau texte, je tonnai, j'éclatai, j'entraînai...

« — Je crois, monsieur le curé, que ces ima-
« ges, adroitement ménagées, peuvent être d'un
« grand effet ; mais soyez-en très-sobre, où elles
« deviendront triviales.

« — Je prêche, ce soir, sur le danger de croire
« aux apparences, et j'ose me flatter d'étonner
« monsieur le grand-vicaire, s'il daigne venir
« m'entendre. — Monsieur, le Général part de-
« main, et je compte passer avec lui la journée.

« — Je vous présenterai, monsieur, une image
« impossible à prévoir, et que je n'ai trouvée
« qu'après y avoir rêvé de la manière la plus opi-
« niâtre. — Dispensez-moi, monsieur le curé,
« de me rendre à votre invitation. — Votre ré-

« sistance me prouve trop, monsieur, que vous
« nourrissez du ressentiment de ce qui s'est passé
« tantôt. — Si, pour vous désabuser à cet égard,
« il ne faut, monsieur, qu'aller vous entendre...
« — *Proficiat! Proficiat!* Si monsieur le Général
« et ces dames voulaient aussi me faire cet hon-
« neur, je n'en tirerais pas vanité, l'esprit de
« l'évangile me le défend; mais leur présence
« serait le prix le plus flatteur de mes travaux,
« et donnerait, à mon discours, le plus grand
« relief aux yeux de mes paroissiens.

« Mon cher curé, dit le Général, je vous avoue,
« franchement, que je ne vais pas au sermon. —
« Lorsqu'ils roulent sur les mystères, peut-être,
« monsieur, avez-vous raison. Je conviens que
« nous ne prononçons de ces discours-là que pour
« faire étalage d'érudition et de connaissances en
« théologie. En morale, c'est différent, et ne se
« trouvât-il, dans mon sermon, qu'une pensée,
« une seule pensée utile à vous ou aux autres,
« regretterez-vous, monsieur le Général, une
« demi-heure passée à l'église? une demi-heure,
« pas davantage. Je me pique d'être concis, aussi
« je n'ai jamais endormi personne. En effet, que
« de bonnes choses on peut dire dans une demi-
« heure! Et en faut-il davantage pour un exorde,
« commençant, selon l'usage, par une période à
« quatre membres; une narration fleurie qui plaise
« à l'imagination; une confirmation véhémente,
« une péroraison de feu? Et à qui, s'il vous plaît,

« monsieur le Général, un sermon sur le danger
« de croire aux apparences, peut-il être plus
« utile qu'aux gens du grand monde? Un grand,
« qui n'a plus besoin de vos services, vous fait
« des protestations de bienveillance, grimace. Un
« officier que vous pouvez avancer, vous assure
« de son parfait dévouement, grimace. Une maî-
« tresse, fière de subjuguer un homme de votre
« rang, vous jure amour et fidélité, grimace.
« Vous allez remercier d'une grace obtenue, lors-
« que vous en espériez une plus considérable,
« grimace. Vous saluez, affectueusement, le con-
« current qui l'a emporté sur vous, grimace. Vous
« me recevez civilement, quoique je vous ennuie,
« grimace. Vous viendrez à mon sermon, et vous
« m'en ferez compliment, grimace.

« — Ma foi, curé, tout cela pourrait être vrai;
« au reste, vous me paraissez bon diable, à vos
« lubies près; vous dînerez avec nous, et ensuite
« nous verrons.

« Ah, ah, ah, ah! Et ah! Et toujours ah!
« Qu'est-ce donc, dit le Général?» C'était madame Derneval qui riait aux éclats, en rentrant avec la bien-aimée. « Eh! voilà notre cher curé!
« Je vous assure que si, en effet, vous avez la
« foi, vous en êtes bien dupe, pasteur. — Com-
« ment donc cela, madame? » Et il prit, comme de raison, le ton et l'esprit du moment. — « Ah!
« vos incubes, vos succubes, c'est à mourir de
« rire. Savez-vous qui était l'incube? un officier

« à moustaches, qui voulait faire sa succube de
« votre petit bonhomme. Et mon cher oncle, qui
« s'est donné la peine d'exorciser M. Ruder, un
« peu diable à la vérité, mais qu'on ne calme
« point avec de l'eau bénite! — Ma nièce, vous
« êtes, quelquefois, d'une gaieté offensante. —
« Pardon, cher et digne oncle, pardon. » Et elle
l'embrassait si affectueusement, et elle lui riait
au nez de si bon cœur!

« Allons, allons, dit le Général, on peut
« rire de ce qui, au fond, ne fait de mal à per-
« sonne, et le sermon sur le danger de croire
« aux apparences, tournera au profit du curé
« comme au mien. Un prêtre qui a l'air de croire
« au diable, grimace. Un prêtre qui prétend le
« chasser avec des paroles et de l'eau, grimace.
« Un prêtre qui proteste, à ses ouailles, que leur
« seul intérêt le dirige, grimace. Un prêtre qui
« prêche les autres et ne se corrige pas, grimace,
« grimace. Tout est grimace dans le monde, tout
« est faux jusqu'aux noms qu'on donne aux cho-
« ses. L'intolérance s'appelle amour de dieu; la
« persécution, zèle ardent; le célibat, vertu; la
« spoliation des biens, hommage à l'église; des
« absurdités, la foi; la matière organisée, esprit
« immortel; que sais-je, moi! Je ne connais que
« trois choses incontestables : ma tendresse pour
« ma femme, mon respect pour notre oncle, et
« mon amour pour la patrie. »

Le Général fit bien de terminer ainsi. Le grand-vicaire n'aimait pas les momeries; mais il était prêtre, et les traits lancés au curé lui arrivaient par ricochet. Il répondit, à ce qui le regardait personnellement, par une inclination polie; mais il se tourna vers le curé, dont les yeux étaient cloués dans le fond de son chapeau, et qui jouait avec le cordon de la coiffe, pour cacher son embarras, que tout le monde voyait à merveille.

« Vous savez, monsieur, l'extrême répugnance
« que je vous ai montrée tantôt, et vous sentez,
« maintenant, combien elle était fondée. Vous
« avez insisté; vous avez prostitué les cérémonies
« de l'église, dont il faut être économe, parce
« qu'elles n'imposent pas toujours; vous les avez
« prostituées à un objet qui me paraît de pur
« libertinage, qui peut être très-plaisant pour le
« désœuvrement et la frivolité; mais dont je me
« flatte qu'on ne parlera plus devant moi. Vous
« avez donné lieu à la sortie maligne du Général,
« et si lui ou ces dames ont l'indiscrétion de ré-
« pandre cette aventure, vous sentez de quel
« ridicule elle vous couvrira, vous et vos confrè-
« res. La considération perdue ne se recouvre
« jamais, et c'est elle qui est la base de votre état.

« Monsieur, je divise le clergé en trois classes.
« La première, très-respectable, est malheureu-
« sement peu nombreuse. La seconde, plus éten-
« due, est composée de dupes. La troisième, très-
« considérable, est celle des empiriques. Quelle
« que soit la vôtre, monsieur, souvenez-vous,

« lorsque vous lirez, de ne croire que ce qui est
« croyable, et vous n'annoncerez rien que de
« vrai. Quand Bodin vous conte que Jeanne Har-
« villier, native de Verberie, fut brûlée pour avoir
« prostitué sa fille au diable; quand la Mirandole
« écrit qu'il a connu deux vieillards qui avaient
« couché quarante ans avec des diablesses, ne les
« croyez pas plus que ceux qui changent Jupiter
« en pluie d'or, en cygne, en taureau; que ceux
« qui ferment un gouffre, parce que Curtius s'y
« est jeté; qui mettent un vaisseau à flot avec la
« ceinture d'une vestale; qui opèrent des guéri-
« sons miraculeuses dans le temple d'Esculape;
« qui font des sorciers des prêtres égyptiens, et
« qui font apparaître saint Michel à Jeanne d'Arc.
« L'homme est digne d'entendre la vérité, et la
« plus belle attribution du sacerdoce, c'est de la
« lui dire.

« — Vous m'aviez promis, monsieur le grand-
« vicaire, de ne plus revenir là-dessus. — Je me
« l'étais promis à moi-même, monsieur, et ces
« observations, qui, peut-être, ne sont pas inu-
« tiles, m'ont été suggérées par les plaisanteries
« de personnes dont j'attendais plus de ménage-
« ment. »

Ici le Général vint, à son tour, faire des excuses au cher oncle. Il y mit une franchise, une
cordialité, qui dissipèrent totalement un faible
reste d'humeur. « Mon neveu, lui dit-il avec amé-
« nité, un prêtre est continuellement froissé,

« dans le monde, entre l'incrédulité et la super-
« stition : aussi le plus sage est celui qui fréquente
« le moins la société. Si cependant il s'y présente,
« il n'est pas généreux d'attaquer des principes
« qui doivent être les siens. S'il croit, vous l'af-
« fligez ; s'il ne croit point, vous ne l'en faites
« pas convenir. Mais laissons tout cela, et met-
« tons-nous à table. »

La gaieté se communique de proche en proche, et, comme la plupart de nous étaient disposés au plaisir, le dîner fut des plus agréables. Le curé, bon compagnon, avait une tournure d'esprit originale, une imagination fantasque, qui donnait une couleur neuve aux choses les plus rebattues. Ce n'était pas un homme du bon ton ; c'était un homme amusant, et il amusa si bien ces dames, qu'elles promirent d'assister à son sermon.

Tout m'était égal, l'église, la fantasmagorie, l'Opéra, pourvu que j'y fusse avec elle. Je devais donc faire partie de l'assemblée, et je me promis d'aller admirer, comme les autres, l'image matérielle qui devait tant nous étonner.

On rit, on chanta, en sablant le Champagne. Le grand-vicaire, lui-même, sourit à des couplets où le sentiment était soumis à la délicatesse. C'est moi qui les chantais ; je paraissais ne les adresser à personne ; une pression de genou m'indiqua qu'ils étaient parvenus à leur adresse, et rien, ce jour-là, ne pouvait trahir le secret des genoux : j'avais pris des bas de soie et des souliers.

Le son de la cloche nous fit lever, et nous prîmes le chemin de l'église. Le grand-vicaire marchait entre sa nièce et le Général; le curé suivait de près, et je suivais, de loin, avec elle. On a tant de choses à se dire, lorsqu'on a été réduit, pendant deux heures, à ne se parler qu'avec les pieds!

Il fallut essuyer un peu de mauvais chant, beaucoup de fumée de résine, nommée improprement encens, et quelques gouttes d'une eau lustrale, mêlée de la poussière du carreau, avant que l'orateur parût à la tribune. Il y monta enfin.

Bourdaloue et Massillon ont illustré la chaire; mais toujours soumis aux petitesses auxquelles le vulgaire tient tant, ils n'ont osé secouer le joug du texte, des divisions et des subdivisions. Ceux qui se traînent sur leurs traces, et qui ne peuvent leur ressembler que par cette routine pédantesque, y tiennent opiniâtrément, et, selon les apparences, nous aurons toujours des textes, des divisions et des subdivisions, arrangées en trois points, plus des *ave, Maria*.

Nous eûmes donc un texte. Ce n'était point, selon l'usage, un passage tiré de l'Écriture, ce fut une parodie de ces paroles de Jésus à saint Thomas : bienheureux ceux qui croient sans avoir vu! Bienheureux, dit le curé, ceux qui ont vu et qui ne croient point! Je n'en écoutai pas davantage. Je me trouvais trop bien des apparences pour les distinguer de la réalité. Elle était belle,

tout le monde le disait, et sa félicité l'embellissait
encore; elle m'aimait tendrement, je n'en pouvais douter sans extravagance; son cœur était le
meilleur qu'eût formé la nature, elle me le prou-
vait tous les jours; que m'importait donc ce qui
n'était pas elle, ce qui n'avait pas de rapport à
elle? Je laissais dire le curé; je la regardais. Elle
n'était pas plus attentive que moi. Son ame tout
entière était passée dans ses yeux; les miens
n'étaient occupés qu'à tout saisir, qu'à tout interpréter. Nous nous entendions à merveille dans
cette langue que les amans seuls savent parler,
et qu'on ne parle bien, peut-être, qu'une seule
fois en sa vie. Notre univers était là, sur six pieds
carrés que nous occupions: le reste n'existait plus
pour nous.

Nous fûmes tirés de cette espèce d'extase par
des murmures assez forts et des ris qu'on contenait à peine. Je tremblai que le doux mystère
n'eût été pénétré par ceux qui nous entouraient,
et que le sarcasme ne punit l'imprudente constance avec laquelle nous nous regardions. La
même crainte l'agita sans doute: elle rougit
comme la pudeur à qui l'on dérobe son voile.

Ce n'était pas du tout de nous qu'on s'occupait. Il se passait, dans la chaire, des choses
très-plaisantes, selon les uns; très-scandaleuses,
selon les autres; très-naturelles, selon moi, à
l'à-propos près. Le surplis et la soutane du curé
levaient et baissaient périodiquement, selon que

quelque chose de long, de ferme, et qui faisait ressort sur le ventre, montait et descendait, pour se relever encore. « Ah ! mon dieu, dit quel-
« qu'un assez haut, monsieur le curé a oublié sa
« culotte. »

Les ris augmentèrent d'une part, et les murmures de l'autre. L'imperturbable curé continua son discours, sans marquer le moindre trouble.
« Je vous l'ai dit, mes frères, bienheureux ceux
« qui ont vu et qui ne croient pas ! Et que croyez-
« vous voir en ce moment ? Toujours prompts à
« juger sur les apparences, vous pensez que la
« grace est éteinte en moi, et que je suis gou-
« verné par l'aiguillon de la concupiscence. Vous
« allez le dire, le redire à vos parens, à vos
« amis, à vos voisins ; vous ne craindrez pas de
« flétrir une réputation de chasteté, acquise par
« trente ans de combats et de sacrifices. Recon-
« naissez l'illusion qui vous abuse. Ce que vous
« voyez, mesdames, n'est point de la chair ; c'est
« du poisson. »

Il trousse et surplis et jaquette ; il détache du gros bouton de sa culotte, une énorme carpe qu'il y avait accrochée avec une ficelle ; il élève le bras, il tient l'animal en l'air ; il le montre à son auditoire stupéfait.

Il allait sans doute commencer une péroraison foudroyante, lorsque la carpe gluante se débat, glisse, échappe à la main qui croit la retenir. Elle tombe sur la gorge de madame Derneval, qu'on avait placée sous la chaire pour lui faire honneur. D'un coup de queue à droite, d'un autre à gauche, elle se fraie une route entre deux globes charmans. La jolie dame, épouvantée, se lève en poussant des cris lamentables. Le poisson, dont rien n'arrête plus la marche vagabonde, descend toujours, et s'accroche par les nageoires... Vous savez où ? Cris redoublés, cris multipliés, arrachés alors par la douleur autant que par la crainte.

Le Général était furieux et de l'évènement et de l'impossibilité de secourir madame dans un lieu aussi respectable. Il passait modestement la main sur le devant de la robe, pour arrêter l'effet plaisant des coups de queue, et la carpe, à qui, probablement, cette contrainte ne convenait pas, n'en était que plus frétillante. Le général, hors de lui, enleva, dans ses bras, son épouse éplorée, et la porta à la sacristie. La bien-aimée la suivit, une paire de ciseaux à la main. La décence ne me permettait pas d'y entrer : je restai à la porte.

Le Général criait de couper seulement les nageoires, la jolie dame criait de couper tout. Je ne sais précisément ce qu'on coupa; mais le silence succéda aux cris, et des ris prolongés m'avertirent de la délivrance de madame.

Le curé, qui n'avait pu finir son diable de sermon, entra alors pour se déshabiller. Bien-
« heureux, lui dit le Général, ceux qui sen-

« tent et qui ne croient pas ! » Il lui appliqua une vingtaine de coups de pied dans le derrière, et, à chaque coup, il lui disait : « Ce n'est pas « moi qui frappe; ce n'est pas vous qui êtes « battu. »

Madame Derneval s'enveloppa la tête de son voile, se couvrit les épaules du schall de la femme charmante, prit le bras de son époux et sortit : les rieurs nous attendaient à la porte. Le Général leur jeta quelques poignées de monnaie blanche, moyen tout-puissant sur la canaille, et qui nous valut des salutations, au lieu des traits grivois qu'on allait nous décocher.

La jolie dame se mit au bain en rentrant, et son mari nous lut une lettre du grand-vicaire, auquel on n'avait plus pensé, et qui était disparu au moment où le curé avait relevé sa soutanelle. « Je quitte à l'instant, écrivait-il, un village où « j'ai paru autoriser, par ma présence, les sot- « tises du matin et les turpitudes du soir. Bien « certainement votre curé n'exorcisera plus, et il « renoncera aux images matérielles.

« Je vous souhaite beaucoup de gloire, comme « général, et je forme des vœux pour la conser- « vation de mon parent. »

Il était, en effet, monté dans sa voiture, et avait ordonné qu'on le conduisît droit chez l'évêque du prédicateur.

Madame Derneval rentra au salon, confuse, rougissant, baissant les yeux, et riant alternativement aux éclats, en se cachant le visage dans les bras de son mari. Nous rîmes tous, en revenant, sur les circonstances qu'il était permis de rappeler. La soirée et le souper ne ressemblèrent en rien à la veille d'une séparation, que nous redoutions tous quatre également.

CHAPITRE III.

La dernière nuit, le départ.

On n'avait pas pensé, cette nuit, à m'enfermer : on ne saurait penser à tout. Peut-être aussi le départ de Ruder avait-il fait négliger cette précaution. Maître absolu de ma personne, je me disposai à aller offrir à l'amour des actions de graces, et un nouveau sacrifice.

Je me mets en marche sous les auspices du dieu malin, toujours favorable à la jeunesse. Je traverse un long corridor en retenant mon haleine; je touche à la porte du vestibule : il ne restait que celle-là à franchir pour être dans la cour. Hélas! cette porte, ouverte la nuit précédente, était barrée, et les deux barres étaient arrêtées par des cadenas.

Que devenir, qu'entreprendre? Cette porte était vitrée, et n'était défendue, à l'extérieur, que par des volets qui, sans doute, s'ouvraient en-dedans. Ruder m'avait appris comment on lève les crochets des persiennes; mais je savais aussi que le Général avait l'oreille fine, qu'il était leste, et qu'on le rencontrait lorsqu'on eût voulu le savoir à cent lieues de soi. La compromettre par une étourderie de cette espèce ! jamais, jamais.

Mais renoncer à une nuit qui devait être si belle; à une nuit, la dernière de la campagne, et peut-être de ma vie, ce stoïcisme était au-dessus de moi. Y penser, au contraire, me paraissait pusillanimité, ingratitude, car, enfin, elle m'attendait; j'en étais sûr, et me faire attendre, moi qui brûlais d'être auprès d'elle !

Je me frottais le front; j'y cherchais quelqu'une de ces idées heureuses, que les sots ne trouvent jamais, et qui ne devaient pas me manquer à moi, qui ai beaucoup d'esprit, ainsi que j'ai eu modestement l'honneur de vous le dire. Rien que de commun ne se présenta à mon imagination.

En effet, remonter dans ma chambre, descendre encore dans la cour avec mes draps, stérilité, plate répétition, dirait Geoffroy, et puis ce moyen avait ses inconvéniens. Je n'avais plus de mari bénévole pour me rouler la pesante échelle. Courir le risque d'être découvert par la valetaille, ou par le Général lui-même qui partait à la pointe du jour; subir un interrogatoire; accuser, pour sauver l'honneur de la femme charmante, la plus jolie des fromagères, bien innocente, bien ignorante, et pourtant condamnée sur ma déposition... Non, non... c'eût été une injustice, une infamie, une atrocité que jamais je ne me fusse pardonnées.

Je voulais arriver cependant, je le voulais à toute force. Ah!... je vais grimper sur les toits, au hasard de me casser le cou; je descendrai par sa cheminée... Oui, mais j'aurai l'air d'un amour nègre... D'ailleurs, irais-je barbouiller de suie?... allons, allons, pitoyable!... n'y pensons plus.

Eh!... à propos... Tourangeau et Picard n'entrent pas chez leurs belles par l'escalier dérobé, qui communique à la chambre à coucher de madame Derneval. Ils logent au-dessus des remises, ils ont donc des moyens de s'introduire dans l'intérieur du château, et je peux en sortir par où ils y entrent... Oui, mais par où y entrent-ils lorsque cette porte est fermée? Ce sont eux, peut-être, qui, hier, l'avaient laissée ouverte; alors, comment profiter cette nuit... je me dépitais, je me désolais, je me désespérais.

De tous les maux, quand on peut choisir, disait M. Dupré, il faut choisir le moindre. Après bien des réflexions, je me décidai à sacrifier la fillette aux yeux bleus et à descendre avec mes draps. Je ne pris ce parti qu'à regret; j'en soupirai amèrement, bien différent des grands, qui comptent pour rien le malheur, l'obscurité; qui vont droit à leur but, et qui écrasent, sans scrupule, ce qui se rencontre sur la route.

J'étais déja au premier, et je cherchais, dans les ténèbres, l'escalier de mon second. Je potrais les bras en avant, parce qu'il n'est pas agréable, pour un beau garçon, de se casser le nez, ou de s'enfoncer un œil. Ma main rencontra un bras, qui me fit peur, par une excellente raison : je ne savais d'abord à qui il appartenait. Un large galon sur le parement, me fit juger que j'étais aux prises avec M. Picard, ou M. Tourangeau. Ils avaient tous deux autant à craindre que moi ; or, comme celui qui attaque a presque toujours l'avantage, je m'avançai brusquement. Mon homme, effrayé, recule ; je le pousse ; il fait une volte ; il court, et je cours après lui.

Nous nous heurtons en courant, tantôt contre une cloison, tantôt contre une porte, et nous arrivâmes ainsi à l'extrémité du bâtiment. La lune commençait à nous éclairer, à travers une croisée, qui était au bout de ces longs corridors. Là, je comptais joindre le fuyard, lui persuader que je l'épiais, l'intimider, le faire parler, et savoir, enfin, par où il montait au second pour arriver à l'entresol, puisque, très-évidemment, il ne s'introduisait pas par la porte.

La croisée était ouverte. Mon drôle s'élance comme un écureuil ; il disparaît. Je tremble que la frayeur lui ait ôté le jugement, et qu'il se soit jeté sur le pavé. J'approche, je regarde. Je vois un toit en pente douce, sur lequel mon homme assis se laissait doucement glisser. Du bas de la couverture, il saute sur un mur à hauteur d'appui ; du mur, il saute à terre, et s'enfuit à toutes jambes.

Ce toit couvrait un appentis qui touchait aux cuisines et qui servait de bûcher. Il était bâti dans une arrière-cour, séparée de la grande par le petit mur que mon coureur venait de franchir. Je connaissais tout cela; mais je n'y avais jamais fait attention. Persuadé, d'ailleurs, que j'entrerais chez elle sans obstacles, je n'avais pas pensé à surmonter ceux que je rencontrais à chaque pas. Cependant la route m'était ouverte; Tourangeau ou Picard était, sans doute, rentré dans son galetas, guéri, pour cette fois, de la manie des excursions. Je n'avais plus rien à craindre : je montai sur la croisée.

Je me sentis retenir par derrière. La peur me saisit... mais une peur! je me crus pris par le Général, et je me trouvai hors d'état d'agir et même de réfléchir. Je me laissai ramener comme un sot dans ce maudit corridor; je m'aperçus à peine qu'un individu, en chemise, passait entre moi et la croisée. On la ferma sans bruit. Une petite main doucette me saisit le poignet, m'attira, m'entraîna... A qui diable appartenait encore cette main-là?

« Non, M. Tourangeau, vous ne serez pas venu
« ici uniquement pour me faire une scène qui
« n'a pas le sens commun. Vous ne sortirez pas
« que vous ne vous soyez expliqué sur mon in-
« timité prétendue avec M. Jérôme. »

Mademoiselle Clotilde n'avait rien d'effrayant; aussi me remis-je à la minute. Je n'en sentis que mieux l'embarras le plus cruel où m'eût jeté, cette nuit, la fortune ennemie. Que répondre à cette fille, quand elle me reconnaîtra ? Et cela ne peut tarder, puisqu'elle me mène droit à sa chambre, toujours éclairée par une lampe. Il est certain que je ne suis pas venu là pour faire le loup-garou. Pourquoi y suis-je donc ? Cela se devine de reste : mais pour qui ? Pour elle, comme elle paraît disposée à le croire ? il faudrait le lui prouver... ma foi non. Pour Jenny ? Quelle apparence ? Elle eût mis sa camarade dans le secret, puisqu'il fallait passer chez l'une pour entrer chez l'autre. Madame Derneval couche avec son mari ; la bien-aimée seule... mes assiduités, son affection marquée... Allons, allons, pas d'explication, et tirons-nous de là.

Clotilde tenait ferme ; mais c'était une petite blonde svelte, délicate, qui ne pouvait lutter avec avantage contre moi. Je crus que je me dégagerais facilement de cette main incommode ; que j'arriverais avant elle à la croisée ; que je l'ouvrirais sans qu'elle pût me joindre, ou si, nouvelle Atalante, elle courait aussi bien que moi, je ferais le Tourangeau, non celui de la nuit dernière, mais le Tourangeau jaloux, brutal, et cinq à six claques, bien appuyées sur le derrière, me débarrasseraient définitivement.

Ce plan impromptu me parut admirable. J'agitai si fortement mon bras, que la petite main fut obligée de lâcher prise ; mais l'autre me saisit au collet.

« Ah! mon dieu, mon dieu, dit-elle d'une
« voix éteinte, en touchant ma broderie et la
« fourrure de mon dolman, c'est M. Jérôme! —
« C'est lui-même, belle enfant. — Tourangeau
« vous a-t-il reconnu? — Je ne le pense pas. —
« Ah! tant mieux. — Et pourquoi? — Croiriez-
« vous, M. Jérôme, qu'il est amoureux de moi?
« — Oh! très-facilement, car vous êtes fort jo-
« lie. » Et cela était vrai. « Il a osé se déclarer.
« — Mais c'est tout simple cela. — S'introduire
« clandestinement dans ma chambre. — En vé-
« rité? — Mais je vous l'ai reçu... — Je le crois.
« — Je l'ai mis à la porte. — Parbleu, la pudeur
« alarmée!... — Cependant, c'est pour le mariage
« qu'il me recherche. — Oh! ce motif excuse
« bien des choses. — Impertinence de plus. A-t-on
« jamais vu un laquais épouser une femme de
« chambre? — Mais cela pourrait se voir: Tou-
« rangeau a de la figure. — Ah! s'il portait la
« vôtre!... A propos de cela, savez-vous ce qu'il
« m'a dit, piqué de mes dédains? que je ne lui
« étais cruelle que parce que vous m'aimez. »

Et tout cela était conté avec un accent de bonne
foi qui m'eût complètement abusé, si je n'avais
su que son éloignement pour les laquais n'était
pas aussi prononcé qu'elle voulait me le faire
croire. Je pouvais l'attérer, la mettre dans l'impossibilité d'ajouter un mot, et profiter du moment de stupéfaction pour m'éloigner : je n'avais
qu'à lui détailler ce que j'avais vu la nuit précé-

dente. Oui, mais elle eût deviné facilement avec qui j'avais traversé la chambre de Jenny et la sienne : en se levant, elles avaient trouvé la femme charmante sur le balcon.

Elle ne me lâchait pas. En parlant, en répondant, nous avancions toujours. Nous entrâmes enfin dans cette chambre. « Tourangeau ne s'est « donc pas trompé, M. Jérôme ? — Sur quel ob- « jet, petite Clotilde ? — Oh ! il faut qu'il ait « deviné, puisque vous courez les toits pour me « surprendre. » Ici, je ne sus trop que répondre. « Mais vous allez vous retirer. Je vous en prie, « je vous en conjure. » Seize ans, jolie ; une chemise qui pendait d'un côté et se relevait de l'autre ; qui découvrait tantôt une épaule, tantôt une gorge... je ne bougeais pas, je regardais. « Mais voyez donc si ce petit lutin-là s'en ira ! » Debout devant moi, elle me poussait, en me caressant le menton d'une main, une joue de l'autre... « Ah, mon dieu, j'entends quelqu'un ! » Cela n'était pas vrai. « Si on vous trouvait ici !... » Elle ferma la porte et mit le verrou.

Avoir l'impertinence de la rouvrir ; ne pas donner un baiser ou deux à une jolie fille qui m'assure que je suis amoureux d'elle, c'est ce qu'un butor eût pu faire, et ce qu'un jeune homme d'un certain genre ne se permet jamais.

Je pris donc un baiser pour avoir l'air de faire quelque chose ; elle me le rendit. J'en pris un second. Ces baisers pris et rendus, produisaient un effet sensible sur elle et sur moi. Elle avait les mains d'une agilité étonnante : j'étais déshabillé à demi, sans m'en être mêlé. Enfin, en chemise comme elle, je me trouvai dans son lit, sans trop savoir comment.

Me comporter là comme un sot, c'eût été lui donner de moi l'opinion la plus défavorable; et on tient à sa réputation. D'ailleurs, de quoi étais-je coupable ? c'est une espèce de viol que j'éprouvais là. Je sais bien que Joseph laissa son manteau à madame Putiphar; mais, très-probablement, la dame était laide, quoique l'écriture ne le dise pas.

On cherche des moyens d'atténuer, de légitimer ses faiblesses, et ces raisonnemens-là m'étourdirent un moment. Mais lorsque l'ivresse des sens fut calmée ; lorsque la raison, qui nous abandonne quand nous en avons le plus de besoin, se montra à moi, armée de son redoutable flambeau, combien je fus confus, repentant! moi, qu'une femme adorable avait tiré de la plus profonde misère, à qui elle avait prodigué les soins de la mère la plus tendre, et qui, enfin, s'était donnée à moi sans réserve, lorsque sa beauté, sa jeunesse, ses malheurs lui eussent attaché les hommes les plus fiers et les plus délicats, moi, j'avais oublié et ce que je lui devais et mon amour! Je remplissais sans honte la place que venait de quitter Tourangeau! J'avais pris pour des faveurs un abandon que je n'avais pas même eu la peine de solliciter ! Ce retour sur moi-même fut affreux ; un trait poignant me déchirait ; je me faisais horreur.

Je sortis brusquement de ce lit d'opprobre. En vain elle voulut me retenir. Ses prières, ses caresses furent inutiles. Je m'habillai sans lui répondre, sans la regarder ; je m'éloignai de cette chambre à grands pas.

Elle me suivait des yeux, étonnée, interdite, et, d'après les sentimens qu'elle me supposait, ma conduite devait lui paraître bizarre, extravagante. Je descendis ce toit, ce mur, que, sous le moindre prétexte, je pouvais franchir de même une heure auparavant ; mais mon cœur vil avait été le complice de cette fille.

J'entrai dans la cour. Je m'approchai de ces persiennes, objet si vif de mes désirs et si profondément oubliées. Je m'en approchai avec un respect mêlé de terreur... Elles étaient entr'ouvertes. Non, pensé-je, non, je n'entrerai pas : je me suis rendu indigne d'elle. Je contemplerai ces murs qui la recèlent ; je lui adresserai mes vœux ; mais je n'approcherai plus de ses lèvres, des lèvres souillées par le vice.

Assis sur une pierre, les bras étendus, les yeux fixés sur ses croisées, j'étais rendu à l'amour qu'empoisonnait la douleur... Je ne me trompe pas ; les persiennes remuent... mon premier mouvement est d'y courir; mais le sentiment de ma bassesse pèse sur moi; il me fixe à la pierre; je ne peux m'en détacher.

Elle ouvre tout-à-fait... Oui, c'est elle; voilà ses traits enchanteurs. « Jérôme, mon ami!... » Cette voix si douce que j'aimais tant à entendre, que je n'entendais jamais sans être plus heureux, cette voix semblait, alors, me reprocher mon crime, c'était celle d'un juge menaçant. « Jérôme, « dit-elle encore, Jérôme que j'ai tant attendu! » Je me levai; je m'approchai lentement; elle me présenta la main; je retirai la mienne avec précipitation.

« Mon ami, tu es dans un état extraordinaire. « Que signifient ce trouble, cette agitation? Que « t'est-il arrivé? Oh! viens me confier tes peines; « j'ai acquis le droit de les partager. » Elle me brisait le cœur. J'entrai cependant; j'eus l'audace de profaner l'air qu'elle respirait. Elle referma les persiennes; elle se jeta dans un fauteuil; elle m'attira sur ses genoux. « Par grace, cher ami, « dis-moi ce qui t'afflige. Tu ne réponds pas à « mes caresses; j'ai donc quelque tort avec toi? » Je me dégageai de ses bras, qui me pressaient tendrement; je tombai à ses pieds, et je fondis en larmes.

« Cruel enfant, tu me fais mourir. Si, en effet, « tu connais l'amour, tire-moi de l'anxiété affreuse « où je suis. Parle, je t'en conjure. — Eh bien! « oui, je parlerai, j'en aurai le courage. Vous

« allez me mépriser, me haïr ; mais je n'aurai pas
« la lâcheté de vous abuser par des mensonges. »

Je lui racontai tout, tout sans la moindre réserve. Je ne cherchai pas même à affaiblir mes torts. A mesure que je parlais, elle s'éloignait de moi, et, lorsque j'eus fini, elle ne m'adressa pas un mot de consolation. J'étais, cependant, dans un état à exciter sa pitié. Étendu sur le parquet, ne trouvant plus de larmes, suffoqué par les sanglots, près de perdre connaissance, j'articulais péniblement et de loin en loin : « Oui... oui...
« haïssez-moi... je l'ai trop mérité. — Voilà, dit-
« elle, le prix d'une faiblesse condamnable. Je
« n'en devais pas attendre d'autre : le ciel est
« juste. » Ces mots cruels me portèrent le dernier coup ; je m'évanouis.

« Ciel, ô ciel ! Où suis-je, dis-je en revenant à
« moi ? est-ce un songe, une illusion ? Je suis dans
« ses bras ; elle me couvre de baisers, elle me
« pardonne donc ! — Eh ! ma vie ne tient-elle pas
« à la tienne ! Cette vie si chère pouvais-je la
« laisser éteindre devant moi ? Malheur à l'amante
« orgueilleuse qui conserve le souvenir d'une
« faute, effacée par les larmes et le repentir ! Mon
« ami, n'oublie jamais cette scène. Songe que je
« n'ai été heureuse que par toi ; que je ne puis
« l'être que par toi, et que je ne supporterai ton
« absence que par l'espoir d'être aimée. Ah ! si
« l'occasion, la facilité, le besoin de jouir te ren-
« dent encore infidèle, je t'en supplie, je t'en

« conjure, ne sois plus assez barbare pour me le
« dire; trompe-moi tout-à-fait : ces vérités-là sont
« terribles à entendre. »

Par combien de sermens je la rassurai! avec
quel feu je les prononçai! J'avais cet accent que
le mensonge ne connaît point, qui persuade toujours, et l'adorable créature allait au-devant de
la persuasion.

Le ressentiment, le repentir, tout s'effaça devant l'amour; nous étions tout à lui. Transports,
délire, douce confiance, repos voluptueux, tous
les biens qu'il répand sur la totalité des mortels,
nous les réunissions sur nous. L'aurore s'annonçait déja, et nous ne pouvions nous séparer.
Nous ne formions qu'un corps, et nous n'avions
qu'une ame.

« Mon ami, me dit-elle enfin, c'est sur des
« volcans que croissent les lauriers. Que mon
« souvenir te soutienne dans les périls; mais qu'il
« t'empêche de les braver sans nécessité. Prends
« cet anneau : mon nom et le tien y sont gravés.
« Qu'ils soient, désormais, inséparables comme
« nos cœurs. — Hélas! je n'ai rien à offrir en
« échange. » Elle coupa une boucle de mes cheveux.

« Écris-moi souvent, je le veux. Je te répon-
« drai quand je saurai où t'adresser mes lettres.
« A ton âge on a besoin de conseils, et les miens
« ne te déplairont pas : ils seront doux comme
« l'amour qui les aura dictés. Art d'écrire, art

« charmant! nous ne nous verrons pas; mais nous
« croirons nous entendre, et nous nous ferons
« illusion sur le reste. Le moment approche : va,
« bel enfant, va te mettre en état de paraître. »

Il était temps. J'entendis, en me retirant, du mouvement dans les écuries. Je fis, à la hâte, une toilette de militaire, c'est-à-dire, que tout y paraissait négligé; mais il est un âge où la négligence sied à merveille. Le désordre même a sa coquetterie, et je savais tout cela.

Lorsque je descendis, les chevaux de selle et une berline attendaient dans la cour. Une table était servie, et nos dames, parées de leurs seuls charmes, se disposaient à en faire les honneurs. On mangea peu, on parla moins. Madame Derneval avait un bras passé autour du cou de son mari, et le regardait tendrement. Il tenait ses enfans sur ses genoux, et les baisait avec affection. Les petits innocens lui rendaient gaiement ses caresses. Heureux âge, où l'on jouit de tout, et où on ne prévoit rien !

Le Général se leva. « Ma bonne amie, il faut
« se quitter : pas de faiblesse, s'il est possible. »
Il l'embrassa, et elle fondit en pleurs. Elle le recommanda à ses aides-de-camp, et même à moi. Elle savait, cependant, combien cela était inutile : nous le chérissions comme un père.

Il me restait un devoir à remplir, et je saisis le moment des derniers adieux, des derniers vœux, des dernières caresses. Je courus à la basse-cour.

Je trouvai Marguerite dans son réduit. Elle était à genoux devant une image de sa patrone, en qui elle avait une grande dévotion. « J'ai passé « la nuit en prières, me dit-elle. Que le bon Dieu « vous ramène avec monsieur le Général. » Elle m'embrassa, et sa main décharnée me bénit.

Je rentrai. La bien-aimée priait le Général de lui donner une place dans sa berline, parce que, disait-elle, l'intérêt de son commerce la rappelait à Paris. Je devinai son intention, et je l'en remerciai d'un coup d'œil.

« Quoi! ma petite, lui dit madame Derneval, « vous voulez me quitter aujourd'hui, où votre « présence m'est si nécessaire! Je n'aurai donc « personne avec qui je puisse pleurer! » Pouvait-elle insister? elle ne se le permit pas.

L'instant fatal était arrivé pour nous comme pour les autres. Ses larmes coulèrent aussitôt en abondance. Elle se jeta dans les bras de madame Derneval, sans doute pour lui donner le change sur la source de sa douleur. Le Général me tira par le bras. Son œil était sec; mais il était profondément affecté. « Vous pleurez, Jérôme! « laissons cela aux femmes. Songeons que la « gloire nous attend. Partons. » Je ne l'avais pas embrassée : nous seuls, n'osions paraître nous aimer.

Il m'entraîna dans la cour; les dames nous y suivirent. La portière ouverte, les valets tenant

les étriers, lui rappelèrent trop vivement l'intervalle, peut-être éternel, que peu de jours, peu d'heures, allaient mettre entre nous. Elle me pressa sur son cœur; je m'oubliai, je répondis à ces douces étreintes. « Ah! lui dit madame Der-
« neval, vous aurez aussi à me parler de Jé-
« rôme. »

Le Général me fit monter dans sa berline avec son secrétaire, et j'en avais grand besoin. Il baissa les stores avec fermeté, pour terminer cette scène. C'en est donc fait, me dis-je, et je laissai tomber ma tête sur ma poitrine. Le cocher avait ses ordres; il nous enleva au galop. Les aides-de-camp nous suivirent. Les chevaux de main étaient partis la veille, et devaient aller à petites journées.

Je ne dis pas un mot du château à Paris. J'étais recueilli; je pensais au passé; je me défiais de l'avenir. Est-il bien vrai que la gloire vaille l'amour? Quoi! le plaisir barbare de faire couler le sang humain, de plonger dans le désespoir les mères, les épouses, les amantes des victimes qu'on a immolées; le vain honneur d'avoir contribué à ajouter à de vastes états une province qui sera, peut-être, restituée à la paix; des distinctions frivoles, l'admiration du vulgaire, qui ne sait rien juger, tout cela dédommagerait des jouissances du cœur, jouissances réelles que nous tenons de la nature, qui ne nous trompe jamais! On goûte un bonheur pur auprès de sa maîtresse;

on est heureux encore en sortant de ses bras, et on gémit, mais on n'en convient pas, sur les ruines des cités qu'on a réduites en cendres.

« Jérôme, me dit le Général, il y a long-temps
« que j'ai pénétré votre secret. L'homme le plus
« honnête n'est pas le maître de ses affections ;
« mais il doit les régler. Que signifie l'abattement
« où je vous vois? ignorez-vous que le plaisir est
« partout, que la gloire n'occupe qu'un point,
« et qu'il n'est qu'un moment pour la saisir? Nos
« preux chevaliers connaissaient aussi l'amour ;
« mais son nom n'était sacré, pour eux, que
« parce qu'il était inséparable de l'honneur. Et
« que deviendrait la patrie, si les enfans qu'elle a
« nourris dans son sein préféraient, au devoir
« de la défendre, un repos qu'ils n'ont pas mé-
« rité ? Opprobre à qui peut soutenir une arme,
« et qui balance à la porter ! »

Tout cela était fort beau, sans doute; mais je ne savais où était le point qu'occupait la gloire, et derrière moi, à dix minutes de chemin, je laissais... je laissais ma félicité, mon cœur, ma vie... elle l'avait ordonné.

Nous entrâmes à Paris, et nous descendîmes à l'hôtel. Ma soirée était à moi : j'allai dans la rue de Bussy. Je passai, je repassai, je m'arrêtai devant cette boutique que sa présence n'animait plus; mais où elle avait reçu mes adorations. Je tirai mon crayon, et j'écrivis sur les planches de

fermeture : « il est venu ici ; il s'y est arrêté long-
« temps. »

CHAPITRE IV.

J'entre en campagne.

Nous prîmes notre route par Melun, Montreau, Sens, Joigny, Sancerre et Montbard ; partout nous trouvâmes l'image de la guerre. Sur les routes, des caissons, des pièces de campagne, des équipages ; dans les villes, des soldats de toutes armes, s'exerçant, se mêlant, buvant, chantant sous des feuillées préparées par les vivandières ; partout l'enthousiasme et la gaieté ; partout je trouvais une heure pour lui écrire. Pas de prétention ; pas de style : la plume courait, poussée par le sentiment.

Je reçus, à Dijon, dix lettres à la fois. Tous les jours elle avait écrit ; tous les jours elle écrivait la même chose, et je ne me lassais pas de relire ces gages précieux de son amour. Je les enfermai dans un petit sac de soie, sur lequel j'avais fait broder son chiffre et le mien. Je le portais sur mon cœur, et cent fois le jour je disais : Je ne quitterai mon petit sac qu'avec la vie. Oh ! c'est qu'elles sont si chères, ces premières lettres de l'objet aimé ; si préférables à des mots qui passent comme l'éclair ! ici on retrouve tout,

tout jusqu'à l'inflexion de voix qui part d'une ame et qui pénètre l'autre. On voit la main charmante qui traça les caractères chéris; on les interprète, on les commente; ils donnent sans cesse à penser. Non, les amans ne devraient jamais se parler : ils devraient toujours s'écrire. Ils noteraient tout, jusqu'à un soupir; ils emporteraient la conversation tout entière, et ils croiraient causer encore dans l'isolément où les jette quelquefois la contrainte.

Bientôt une armée se rassembla sous les murs de Dijon. Cent bataillons s'y réunirent; des compagnies de volontaires vinrent s'y organiser. Ces compagnies, composées de la plus brillante jeunesse, ne respiraient que les combats. Ah! me dis-je, ils n'aiment donc pas : ils ne tiennent point à la vie.

Elle m'écrivit un jour : « Tu ne me parles que
« de ta tendresse : que fais-tu donc à Dijon? Es-tu
« le seul qui ne prenne aucune part aux évène-
« mens qu'on commence à prévoir? N'est-ce donc
« que pour aimer que la nature t'a tout prodi-
« gué, figure, grace, esprit, qualités du cœur?
« Ces avantages seront-ils perdus pour ta réputa-
« tion et ta fortune? Ton âge est celui des illu-
« sions; mais il vient un temps où on est forcé
« de regarder en arrière, et quel compte auras-tu
« à te rendre de l'emploi de tes plus belles an-
« nées? Occupe-toi de ton état, et que notre
« correspondance soit le délassement de tes tra-

« vaux. Rappelle-toi ce que je te disais la pre-
« mière nuit... Je veux que mon amant se distin-
« gue; qu'il justifie mon amour et ma faiblesse.
« Tu me l'avais promis, bel enfant, et tu l'as
« oublié. »

Heureux le jeune homme sensible qui trouve, en entrant dans le monde, une femme aimable qui l'attache, qui l'aime assez pour être son guide, et qui pare les leçons de la sagesse du charme du sentiment!

« Oui, lui répondis-je, j'ai tout oublié, hors
« vous et mon amour. Votre lettre me rend à
« mes devoirs. J'ai prié le Général de me prêter
« Polybe, Folart, Guibert. Je vais étudier, ap-
« profondir leur art meurtrier. J'ai demandé du
« service avec instance. On m'a répondu que je
« n'étais point d'âge à supporter les fatigues du
« soldat. J'allais répliquer que j'ai quinze ans et
« que je vous aime, et qu'ainsi je suis capable de
« tout. Je me suis contenu; mais je me promets
« de ne pas quitter le Général, et de le couvrir
« de mon corps dans toutes les occasions. Nous
« battrons les ennemis, et je vous écrirai du
« champ de bataille, sur le canon que j'aurai en-
« cloué. » En effet, je me livrai à l'étude avec ardeur. Je me remis à la géométrie, que javais négligée depuis quelque temps: c'est qu'il y a si peu de rapport entre un problème et sa maîtressse! L'image de la mienne me soutenait dans ces commencemens arides, et donnait un air riant

aux choses les plus abstraites. Je ne sortais plus de ma chambre que pour aller à la poste déposer mes paquets et retirer les siens. Je ne me serais rapporté de ce soin à personne. Les gens indifférens font-ils quelque chose de bien?

Le Général se crut enfin obligé de fixer mes heures de récréation, comme on impose des punitions aux jeunes gens trop dissipés. Il exigea que je le suivisse dans la société, où ses agrémens extérieurs, ses talens militaires, ses qualités aimables le faisaient accueillir. Je ne dus, d'abord, qu'à lui la faveur d'y être reçu. Bientôt on me distingua de cette jeunesse oisive et turbulente, qui porte dans les familles le goût de la dissipation, et, quelquefois, le déshonneur. On me proposait comme un modèle de sagesse et d'application, et je recevais, avec modestie, des éloges que je m'efforçais de mériter. Oh! combien j'étais fier de lui écrire tout cela! Avec quelle satisfaction elle lisait ces détails! « Je t'aimerais « davantage, me disait-elle, si mon amour pou- « vait croître encore. »

Le Général tirait une sorte de vanité des marques d'estime et d'affection que je recevais partout. Il m'appelait son élève : j'étais, au moins, celui de sa bienfaisance. Il me fit enfin l'honneur de me présenter, avec Ruder, au Général en chef. Si le commandant de bataillon était ridicule dans le monde, il occupait une place marquante aux armées, et le général en chef le reçut d'une manière distinguée. Il me parla avec bonté, et daigna m'interroger sur des sciences qui lui sont si familières ! Je répondis avec timidité ; mais sans manquer de précision et de justesse. Il tira M. Derneval à l'écart, et lui dit quelques mots. J'entendis celui-ci lui répondre : « Permettez que « je le ménage encore cette campagne. Au prin- « temps prochain je vous demanderai une sous- « lieutenance. »

Bientôt toute l'armée s'ébranla, et, fidèle au plan que je m'étais tracé, j'étais toujours à côté du Général, lorsqu'il était à cheval ; j'étudiais une partie de la nuit, et j'écrivais à ma bien-aimée, des villes et des villages du pays de Vaud et du Bas-Valais. Je ne recevais plus de ses nouvelles : où m'eût-elle adressé ses lettres ? Sait-on où on s'arrête avec le chef qui nous commandait ? Cette privation était cruelle ; mais elle voulait que je devinsse homme, et je me soumis.

Nous arrivâmes au pied du mont Saint-Bernard. Quel spectacle pour un enfant élevé dans l'abondance, sous le ciel le plus riant ! Une immense chaîne de montagnes, dont l'œil cherche en vain la cime ; d'énormes masses de rochers, couvertes de neiges en tout temps ; dans leurs cavités, des amas effrayans de glaces qui ne fondront jamais. Nulle trace de végétation ; pas un oiseau, dont le chant annonce au voyageur attristé son arrivée prochaine à un climat plus doux. La nature est toujours en deuil dans ces affreuses contrées.

C'est là cependant que Bernard de Menthon fonda, au dixième siècle, un monastère qui existe encore. Il trouva des religieux qui renoncèrent à tout, jusqu'à l'influence du soleil, et ceux-là eurent des successeurs. Ces pieux cénobites errent, sans cesse, sur ces monts glacés, pour chercher le voyageur égaré, ou enseveli sous la neige. Des chiens les aident dans cette pénible recherche, et le malheureux qui touche au terme de sa vie, que l'espoir même abandonne, est porté à l'hospice par des mains charitables, qui le réchauffent, qui le nourrissent, quelle que soit sa religion. Les moines du mont Saint-Bernard plaignent les hérétiques et les aiment comme leurs frères.

On sait quels obstacles il fallut vaincre pour faire passer l'armée, et transporter l'artillerie par des sentiers escarpés, bordés de précipices. On connaît la patience, la persévérance, le désintéressement que montrèrent les Français. Le récit de cette campagne mémorable appartient à l'histoire. Je ne parlerai que des faits où j'ai eu quelque part.

Depuis plusieurs jours je souffrais beaucoup. Encouragé par l'exemple des autres, je ne me permettais pas le plus léger murmure. Lorsque mes forces étaient épuisées, que ma constance m'abandonnait, je répétais ces paroles : Je veux que mon amant soit un héros.

Il y avait à peine une heure que j'étais sorti de

l'hospice, lorsque le froid le plus vif que j'eusse encore senti, me saisit avec une telle âpreté, qu'il me fut impossible de rester à cheval. Je descendis, je marchai; je ne fis point trente pas; je fus forcé de m'arrêter. Mon sang se coagulait; le sommeil, symptôme de mort en pareille circonstance, m'accablait déja; je me couchai dans la neige. Le Général m'adressait la parole; étonné de ne pas m'entendre répondre, il regarde, en frémissant, dans le précipice qui nous environnait; il se tourne de mon côté, et me voit mourant. Il oublie ses propres souffrances, il saute à terre, il me relève; il me couvre de son manteau; il me force à marcher, et me fait marcher très-vite. Mes sens éteints se raniment; quelques spiritueux communiquent leur chaleur à mon sang; mes idées renaissent; je reconnais, enfin, l'homme à qui je dois la vie. « Mon ami, me dit-
« il, les citoyens paisibles n'ont pas d'idées de
« pareils maux; mais ils vivent et meurent sans
« être connus, et c'est par ici qu'on va à la pos-
« térité. » Ah! pensais-je, elle saura ce que j'ai souffert, elle me plaindra, sa bouche charmante me louera : voilà pour moi la postérité.

Après des travaux et des efforts inouis, nous entrâmes, enfin, dans les plaines du Piémont : là on forma des ambulances. Le Général exigea que j'y entrasse, et, en effet, l'excès de la fatigue m'avait rendu malade. Il me laissa de l'argent : ce métal est utile partout. Il me recommanda particulièrement, et il alla se mettre à la tête de sa division.

On n'est pas bien à l'ambulance. Propreté, alimens salubres, pansemens réguliers ne se trouvent pas toujours dans ces hôpitaux volans. Ma nouvelle situation ne me parut pas fort au-dessus de celle où j'étais quelques jours auparavant. Ah! me disais-je, s'il faut passer par beaucoup de ces épreuves pour être un héros, je ne m'étonne plus qu'ils soient si rares.

Mon argent et la recommandation du Général m'avaient donné beaucoup de crédit sur les agens subalternes de l'établissement. J'en avais toujours deux ou trois en course, et ils me procuraient deux avantages : le premier, de vaincre l'ennui, en distribuant les provisions qu'ils rapportaient; le second, de faire du bien à des malheureux dont j'étais devenu le camarade, et avec qui j'allais courir la même chance. Le boulet ne respecte personne, et il y a, du moins, égalité au champ de bataille : je ne crois pas qu'on la trouve ailleurs.

Il y avait parmi nous un jeune homme qui avait été grièvement blessé au passage du mont Saint-Bernard. Il crachait le sang en abondance. Pâle, défait, accablé de faiblesse, il ne pouvait me reconnaître, et son état le rendait méconnaissable pour moi. Je ne voyais, en lui, qu'un homme mourant, que des soulagemens pouvaient rendre à la vie : je lui procurai ceux qui dépendaient de moi. Je ne me doutais pas à qui je rendais service.

Au bout de quelques jours, la nature fit un effort en sa faveur. Marâtre pour la vieillesse, elle traite les jeunes gens en enfans gâtés. L'hémorragie s'arrêta, et la connaissance lui revint. Il me prit la main et me la serra : il ne pouvait parler encore. Chaque fois que j'approchais de lui, il me donnait quelques signes d'amitié. Je les attribuais à la reconnaissance, et je croyais bien qu'il m'en devait un peu. Enfin il me dit, d'une voix faible : avez-vous oublié la rue de Bussy? Je le regarde, je cherche à retrouver des traits altérés, défigurés par l'épuisement et la pâleur... C'était mon conscrit, celui qui m'avait défendu contre la canaille ameutée contre moi, dont j'avais causé l'emprisonnement, et qui avait été conduit à Dijon par la gendarmerie.

Rien ne lie les hommes aussi solidement que le malheur, et quels titres n'avait pas à mon amitié celui qui m'avait rendu un service essentiel, et qui n'en avait été payé que par des désagrémens, que connaissait la bien-aimée, et avec qui j'en pouvais parler sans cesse?

J'avais des torts à lui faire oublier. Je lui avais promis de le recommander au Général, et je l'avais laissé languir en prison. L'infortuné était totalement effacé de ma mémoire. Serait-il vrai que l'amour règne en tyran sur les cœurs qu'il subjuge, qu'il en bannit tout autre sentiment, qu'il nous isole et nous détache de tout ce qui n'est pas lui? Heureusement la nature n'a pas voulu que cette fièvre des sens fût durable.

Je priai ce jeune homme de me pardonner ma faute; je m'engageai à la réparer; je lui demandai son amitié; je lui offris la mienne, et jamais traité ne fut conclu aussi promptement, ni avec plus de satisfaction mutuelle.

Dès cet instant, je le considérai comme un frère, et je ne le quittai plus. Il n'avait pas besoin de ma bourse; mais il lui fallait des soins qu'un ami seul peut prendre, et je fus payé des miens par son retour rapide à la santé.

On fit partir les malades pour la petite ville d'Aost, qui avait été emportée l'épée à la main. Des hôpitaux réguliers nous y attendaient. Il y a, dans Aost, une maison de ces filles, dont on ne peut trop louer le zèle désintéressé, et cet hospice n'avait qu'un nombre de lits très-limité. J'appris qu'on les destinait aux officiers, et, sans autre titre que la bienveillance du Général, je figurais parmi eux. Je demandai qu'on m'inscrivît pour une place chez les sœurs de la Charité, et cette faveur me fut accordée sans difficulté. La plus aimable des femmes avait porté l'habit de cet ordre : ces sœurs, piémontaises, ou autres, devaient avoir ce naturel sensible, cet amour de l'humanité, ces attentions, ces prévenances, dont mon ami Luvel avait encore un besoin si pres-

sant. « Tu prendras ma place à cet hospice, lui
« dis-je, et, peut-être, y trouveras-tu une sœur
« Madeleine. Moi, j'irai à l'hôpital militaire, j'y
« attendrai que tu puisses te mettre en route, et
« nous rejoindrons ensemble le gros de l'armée. »

Il voulait que je jouisse de la place que j'avais
obtenue; je voulais qu'il l'occupât; il s'en défendait, j'insistais; nous nous querellions... comme
se querellaient Oreste et Pylade.

Très-mal à l'aise sur des chariots où on nous
avait entassés, nous mîmes pied à terre. Il pouvait laisser, dans le fourgon, son sac et ses armes; il s'inquiétait peu de son fusil, cela se trouve
partout; mais son sac, il y tenait, comme moi à
celui que je portais sur mon cœur. Il contenait
des lettres d'une jeune personne qu'il avait tendrement aimée, que la femme charmante lui avait
fait négliger un moment, et avec laquelle il s'était
sincèrement réconcilié pendant son incarcération.
Elle n'avait pas la présomption de faire de lui
un héros. Luvel, de son côté, bornait ses désirs
à la possession de sa mie, et aux jouissances
d'une vie douce et paisible. De là sa répugnance
à venir batailler avec les Autrichiens.

Un soldat ne peut pas arrêter la marche d'un
convoi pour fouiller un sac, le retourner, et en
tirer des billets doux; un amant ne saurait se
résoudre à s'en séparer : je pris le sac et je passai
mes bras dans les bretelles. Il tirait d'un côté; je

tirais de l'autre. « Tu ne le porteras pas. — Je le
« porterai. — Tu n'en as pas l'habitude. — Ni
« toi non plus ».

Pendant la conversation, passe une vivandière, jeune, noire, à l'œil vif, au propos gaillard. Elle avait une charrette couverte, qui renfermait toute sa fortune, et dans laquelle elle courait le pays ennemi avec autant de sécurité que j'en avais en galoppant le pavé de Paris sur Pompée.
« Un louis, lui dis-je, et vous prendrez mon ami
« et son sac. — Un second louis, et elle te pren-
« dra aussi, ou je marche. — J'irai donc à pied,
« nous dit-elle? car je n'ai pas de place pour
« trois. — Vous monterez sur votre cheval. —
« Oui, pour vous plaire, je crèverai la pauvre
« bête. — Nous vous donnerons le premier que
« nous prendrons à l'ennemi. — Je pourrais at-
« tendre long-temps. — Pourquoi cela, ma bonne?
« — C'est que vous me paraissez plus propres à
« cajoler les femmes qu'à faire des chefs de file.
« — Tiens, quelle idée elle a de nous! Luvel, nous
« lui prouverons que le Français fait également
« bien l'amour et la guerre... Hé! mais... que je me
« rappelle! n'avez-vous pas été à madame Der-
« neval? — Et j'y serais encore sans un maudit
« médecin qui voulait faire le capable, et qui
« n'était rien moins que cela. Il m'a coûté une
« bonne place, et ne m'a offert, en dédomma-
« gement, que le soin très-fastidieux de raccom-
« moder son linge et de bassiner son lit. Mais en

« allant et venant, j'ai rencontré M. Plombock,
« maréchal-des-logis en chef de hussards, qui
« parle peu, mais qui agit fort. Nous nous som-
« mes pris à l'essai, et, satisfaits également l'un
« de l'autre, il m'a proposé sa large main; je l'ai
« acceptée, et je lui ai promis, devant un prêtre,
« de lui être fidèle... comme on l'est à Paris.

« Le régiment a reçu ordre de partir pour
« l'armée, et comme M. Plombock veut que sa
« femme soit toujours en activité, il m'a fait vi-
« vandière. Il a vendu tout ce que j'avais pour
« m'acheter cet équipage et son contenu. Ce
« métier-là m'a déplu d'abord, et il diffère beau-
« coup de la vie que j'avais menée jusque alors;
« mais on se fait à tout, et la liberté qui règne
« dans les camps dédommage de bien des choses.
« Je fais, d'ailleurs, de bonnes affaires, et je me
« trouve à merveille de M. Plombock, qui rem-
« plit grandement ses devoirs, et qui n'est pas
« jaloux.

« Pour peu que la guerre dure quinze ans, je
« me retirerai avec une fortune honnête, si les
« manteaux rouges ne me l'enlèvent pas, et moi
« avec elle. — Et que ferez-vous alors? — Je
« vendrai le brandevin et la tranche de saucisson
« aux sujets de sa majesté hongroise, et je ga-
« gnerai leur argent, que les Français me re-
« prendront peut-être. Je suis disposée à faire
« souvent mon va-tout. Que j'en gagne trois ou
« quatre, et je suis au-dessus de toutes les chan-

« ces. Ah ça, dites-moi, beau garçon, d'où con-
« naissez-vous madame Derneval? » Je lui rappelai
les circonstances de mon entrée à l'hôtel; elle
me baisa sur les deux joues. Elle nous fit monter
dans sa carriole, et refusa nos louis. Luvel se
coucha sur un sac farci de jambons; je me mis
à califourchon sur le baril au brandevin, et madame Plombock enfourcha gaiement son cheval
hongre. Elle nous fit, sur la route, les contes les
plus plaisans; elle en riait la première, et montrait, en riant, des dents dont la blancheur la
faisait paraître plus brune; mais elle avait des
yeux qui faisaient du tout un ensemble très-
piquant.

Nous entrâmes dans la très-petite et assez
vilaine cité d'Aost. J'éprouvai une jouissance qui
m'était inconnue, à l'aspect de la première de
nos conquêtes. Je passai jusqu'à l'enthousiasme,
quand je sus que la ville avait été emportée au
pas de charge, et la baïonnette au bout du fusil.

« Guéris-toi, dis-je à Luvel, et, à la première
« occasion, nous monterons les premiers à l'as-
« saut en pensant à nos dames. Tope, me dit-il,
« et que madame Plombock apprenne que si le
« beau Pâris était un lâche, le brave Achille était
« joli garçon. »

La jolie vivandière ne connaissait ni Achille,
ni Pâris; aussi ne répondit-elle rien, et la femme
qui parle le plus n'est pas toujours celle qui intéresse davantage. Luvel venait de faire preuve

d'érudition ; la femme qui l'eût entendu, eût eu la vanité de répliquer ; la réplique eût senti le pédantisme ; une femme pédante est complètement ennuyeuse, et on tourne les talons à une femme qui ennuie. Nous tournâmes le devant à la petite Plompock ; nous l'embrassâmes avec un vrai plaisir, et nous suivîmes un gros d'officiers, qui allaient, ou qu'on portait chez les sœurs de la Charité. Luvel se défendait toujours de prendre ma place, et cela devait être. J'insistai pour qu'il la prît : cela devait être encore. Je l'assurai enfin que s'il se faisait enterrer, mes recommandations auprès du Général ne lui serviraient pas de grand'chose ; que sa maîtresse serait désespérée au seul aperçu de son extrait mortuaire ; que j'en aurais presque autant de chagrin qu'elle, et qu'un homme sensible ne donne de chagrin à personne. Il se rendit, en riant, à mes instances.

Nous entrâmes dans des salles où régnaient l'ordre, le silence et la plus grande propreté. Nous rencontrâmes d'abord cinq à six vieilles dames à qui je ne dis rien du tout. Je n'aime pas les vieilles femmes : c'est un malheur, c'est une erreur, c'est tout ce qu'on voudra ; mais je m'accommodai au mieux de sœur Thérèse, que je joignis dans un petit coin, et avec qui j'entrai en pourparler, pendant que nos officiers se casaient. Seize ans, l'œil furtif, la gorge rondelette, le pied mignon, voilà sœur Thérèse.

Elle trouva fort simple que je cédasse ma place

à un ami qui en avait plus besoin que moi ; mais elle me fit observer qu'elle ne pouvait rien sans l'agrément de sa supérieure. Sa supérieure trouva aussi la chose très-simple ; mais elle me fit observer que mon ami n'étant pas inscrit sur l'état, elle devait en déférer à l'officier-commandant. L'officier-commandant trouva encore la chose très-simple, mais inexécutable, parce que l'hospice était réservé pour les officiers seulement. « Mais, « monsieur, je n'ai pas encore l'honneur de l'être.
« — Mais, monsieur, on vous considère comme « l'étant déjà, et la recommandation du général « vous donne droit à cette distinction. — Vous « permettrez au moins, monsieur, que mon ami, « qui a des ressources, se fasse traiter à l'auberge. « — Ah ! par exemple, monsieur, je ne connais « pas, dans l'ordonnance militaire, d'article qui « défende cela ; mais comme j'ai vu monsieur « votre ami sous la conduite de la gendarmerie, « il aura la bonté de payer un caporal que je « mettrai de planton dans sa chambre. — Qu'à « cela ne tienne, monsieur. Mais ne pourrai-je « aussi, moi, mettre une sœur de planton à côté « de son lit ? — Je n'empêche pas cela. Voyez, « monsieur, arrangez-vous pour le mieux. »

Luvel et moi courûmes rejoindre la petite sœur Thérèse. La petite sœur trouva très-simple qu'une jolie fille de seize ans fût de planton auprès d'un joli homme de vingt ans, pourvu toutefois que sa supérieure fût de cet avis. Sa supérieure, consultée, trouva mille et une difficultés. « Si c'était un chanoine, disait-elle, un diacre, « ou au moins un simple tonsuré; mais un Fran- « çais de vingt ans et d'une aimable figure ! Et « puis, presque toutes nos sœurs sont âgées; qui « les soulagera si je permets aux jeunes de s'ab- « senter? Madame, dit la petite Thérèse, car « toutes les vieilles filles ont la manie d'être ap- « pelées madame, soit qu'elles rougissent de n'a- « voir pas trouvé un honnête homme qui ait « voulu les associer à son sort, soit qu'elles soient « assez sages pour prendre le mot pour la chose, « madame donc, dit la petite Thérèse, en regar- « dant Luvel du coin de l'œil, si monsieur vou- « lait remplacer le calice que ce tambour a serré « dans sa caisse, au moment où vous m'ordon- « nâtes de m'aller cacher dans ce panier d'osier « habillé en saint François, lorsque ce vilain « borgne voulait séduire madame à force ou- « verte... Oh! ce serait différent, dit la supé- « rieure, car, enfin, nous ne pouvons pas vivre « sans messes, et on n'en dit pas sans calice. J'en « donnerai un, dit Luvel, et il sera de vermeil. « Vous n'êtes pas gascon, monsieur le Français ? « — Madame, je consigne le prix du calice. — « Monsieur, je n'ai rien à répondre à cela. »

Auri sacra fames,

est la devise du genre humain, et une sœur de la Charité pouvait bien l'adopter pour un calice, lorsque des papes, ses modèdes, ont été, dit l'histoire, qui ment toujours, jusqu'à la perfidie, l'assassinat, le poison pour agrandir le domaine de saint Pierre, qui ne possédait pas un pouce de terre; mais dont les successeurs doivent avoir en propriété tout le monde connu, et l'intérieur de l'Afrique et les terres australes, quand on les connaîtra : ainsi soit-il.

Cette affaire arrangée, nous sortîmes de l'hospice, Luvel ayant son caporal à sa droite, la sœur Thérèse à sa gauche, et moi en avant pour examiner les enseignes.

« Entrons ici, leur dis-je. Grande et belle mai-
« son, balcon doré, enseigne magnifique! Un
« vieillard à barbe grise et en robe de chambre
« bleue? c'est peut-être le Père-Éternel. Un
« homme, à peu près nu, qui n'a rien de bien
« engageant; mais qui regarde le vieillard avec
« affection et piété ; ce pourrait être le bon Dieu
« le fils. Un joli pigeon blanc, qui représente
« probablement le Saint-Esprit, quoique les
« pigeons aient bien moins d'esprit qu'un chien
« de bonne race... Nous sommes, sans doute, à
« l'hôtel de la Très-Sainte-Trinité, ce que je n'af-
« firme point cependant, parce que je n'entends
« pas ce que le barbouilleur piémontais a écrit
« au bas de son enseigne. Au reste, si j'ai deviné
« juste, un homme qui met sa maison sous l'in-
« vocation de nos trois Dieux, doit remplir, à la
« rigueur, les devoirs de l'hospitalité. D'ailleurs,

« je vois, dans la cour, la carriole de madame
« Plompock, et elle est si drôle cette petite
« femme-là! Elle t'amusera, Luvel. »

Mon ami établi dans la plus belle chambre de la maison, tous les gens à ses ordres, connaissance prise du caporal, qui se trouve être un jeune homme bien élevé, du caractère de sœur Thérèse, qui me parut aussi gaie à l'auberge, que réservée au couvent, je me fis conduire à l'hôpital militaire. Luvel m'avait beaucoup engagé à profiter de la permission de se traiter à ses frais, et j'en avais bonne envie; mais je pensai que l'argent que j'économiserais à l'hôpital tournerait au profit de ceux qui n'en avaient point, et ce motif me détermina.

Le premier objet qui me frappa en entrant dans les salles, ce fut Ruder qui se promenait en long et en large avec le bras gauche en écharpe, et qui, du poing droit, se frappait le front, exercice qu'il suspendait, de temps en temps, pour lever son œil unique au plafond. « Qu'avez-vous
« donc, M. Ruder? — Ce que j'ai! ne le vois-tu
« point? Un coup de baïonnette dans le bras. —
« Oh! je suis bien fâché de cela, M. Ruder.
« Moi, je m'en bats l'œil, M. Jérôme. — Et où
« avez-vous reçu ce coup-là? — Ici, sur les rem-
« parts, que j'ai escaladés à la tête de mon ba-
« taillon; mais j'ai eu le petit plaisir de fendre
« en deux celui qui m'a fait cette saignée. — Et
« ce sont les douleurs causées par votre blessure,

« qui vous engagent à vous faire des bosses au
« front? — Ma blessure?... des douleurs?... Me
« prends-tu pour une femme? crois-tu que je ne
« sache pas souffrir? — Qu'avez-vous donc qui
« vous tourmente à ce point là? — Ce que j'ai,
« ventrebleu, ce que j'ai! tiens, lis les bulletins
« de l'armée. Depuis que je suis ici, nos lurons
« ont pris Châtillon, le fort de Bar, Saint-Martin,
« les hauteurs de Romano, Chivasso, Vescelli,
« Santhia, Crescentino, Biella, Trino, Massérano.
« Tout cela pris en dix jours, et Ruder n'y était
« pas! Ventrebleu, sacrebleu, sacredieu!

« Mais il me reste un bras, et il ne m'en faut
« pas davantage. Je pars demain, c'est décidé. Et
« toi, que fais-tu dans cette ville? — Moi? j'entre
« à l'hôpital. — A l'hôpital! à l'hôpital, toi, blanc
« comme un lis, et vermeil comme une cerise! à
« l'hôpital, dis-tu? tu veux donc te déshonorer?
« Au feu, ventrebleu, au feu. Je t'emmène avec
« moi. — Mais... — Pas de mais. — Écoutez donc...
« — Je n'écoute rien. — J'ai un ami malade... —
« Eh bien! qu'il se guérisse. — Je lui ai promis
« de ne pas l'abandonner. — Qu'est-ce que c'est,
« monsieur, qu'est-ce que c'est? Et ceux qui sont
« là-bas, qui versent leur sang tous les jours, ne
« sont-ils pas aussi vos amis, vos frères d'armes?
« Savez-vous si le Général lui-même, à qui vous
« devez tant, n'expire point au moment où vous
« ne pensez qu'au repos avant d'avoir combattu?
« Au feu, Jérôme, au feu. — Au feu, comman-

« dant. Vous m'électrisez, et je pars avec vous.
« Allons voir mon ami et prendre congé de lui.
« — Allons le voir ce monsieur, qui se dorlote
« dans une auberge comme une demoiselle, et,
« sacredié, pour peu qu'il puisse marcher, il vien-
« dra avec nous. »

Nous sortons, et nous marchons vers l'hôtel de la Très-Sainte-Trinité. Ruder allait le nez au vent, appuyé sur sa canne, en répétant à chaque instant : « Dix villes prises en dix jours et, sacré-
« nom, je n'y étais pas ! » La nature lui avait donné une ame de feu, qui maîtrisait son corps et le ployait à tout. J'étais honteux, en le regardant, en l'écoutant, d'avoir pensé à entrer dans un hôpital, lorsqu'un homme dans cet état brûlait d'en sortir.

Nous trouvâmes Luvel entre des draps bien blancs, et le caporal partageant auprès de son lit, avec sœur Thérèse et madame Plompock, une collation aussi friande qu'on peut se la procurer dans une ville prise d'assaut. Ruder, après avoir examiné le malade, prononça qu'il n'était point en état de se faire casser la tête ; mais il jura contre les tourtes et les confitures. Il protesta que cette molesse était indigne d'un soldat, à qui il ne faut que du pain, de l'eau-de-vie et une pipe de tabac. En conséquence de ces principes, il donna un coup de pied à la table, et la renversa avec les bouteilles et les bonbons. Madame Plompock lui baisa une joue ; sœur Thérèse lui passa

la main sous le menton, et à l'aspect des deux jolies femmes, le héros s'adoucit considérablement. Il permit qu'on relevât les débris de la collation. Il dévora une tourte de frangipane sans se faire trop prier, et quelques verres de Malaga lui firent oublier sa blessure. Il baisait à droite, il baisait à gauche ; enfin, il parut donner le mouchoir à la petite sœur Thérèse, qui n'avait pas trop de ses deux mains pour contenir celle qui restait au commandant. « Sacrebleu, disait-il
« en la regardant, si cette poulette-là m'était
« tombée sous la main, lorsque nous passions
« tout au fil de l'épée !... Mille bombes ! mais je
« n'ai trouvé que des guenons. Une vieille ro-
« quantine de supérieure qui me criait : Prenez
« garde à mon cautère... vous ébranlez ma der-
« nière dent... Comment, reprit la petite sœur,
« c'est vous, monsieur le borgne, qui houspilliez
« si durement madame ? — Oui, mon cœur, et
« jugez, d'après la manière dont je me suis mon-
« tré avec elle, de ce que j'aurais fait avec vous.
« — Oh ! ne parlons plus de cela, monsieur l'of-
« ficier. — Vous avez raison, mon petit chat.
« L'homme n'est fait que pour agir, et, corbleu,
« nous agirons. Dis donc, l'hôte, ici, à moi. Plus
« vite que cela... Arrive donc, maraud. Deux lits
« de plus pour ce soir et un bon souper ; c'est moi
« qui traite. Ma blessure s'enflammera un peu ;
« mais qu'importe ? Mais regarde donc, Jérôme,
« comme cet habit lui va bien ! elle me rappelle

« ma femme, qui le portait... oh ! avec une grace !
« T'en souviens-tu, camarade ? » A qui demandait-il cela ?

« —Ah, ça, commandant, j'espère que vous ne
« la traiterez pas comme... — Tais-toi, nigaud.
« Les femmes sont trop heureuses qu'on s'arrange
« de manière à ce qu'elles n'aient rien à se re-
« procher. — Pas d'arrangement, je vous en prie,
« dit la petite sœur Thérèse : je ne suis pas dis-
« posée à m'y prêter. — Allons, allons, ma fille,
« tu es à moi par droit de conquête, et je ne pré-
« tends pas user de mon droit en barbare ; mais,
« corbleu, tu capituleras. »

La petite sœur Thérèse effrayée de cet amour, si différent de la douce mysticité à laquelle s'était vouée sa patrone, la petite sœur prenait sa mante et voulait, à toute force, retourner à son couvent. « N'ayez nulle inquiétude, jolie enfant, lui
« dit Luvel. Le commandant n'a qu'un bras ; Jé-
« rôme est là, il le grisera, il le couchera ; le ca-
« poral est encore là : tout s'accorde pour vous
« rassurer. »

La petite sœur eût quitté Luvel à regret ; elle plaisait fort à Luvel ; ils étaient déja d'accord et ne s'en doutaient pas. Retourner au couvent, c'était se condamner à ne plus revoir son joli homme, car il eût fallu donner les raisons de ce retour précipité, et certes, madame la supérieure n'eût pas exposé la plus fraîche de ses religieuses aux entreprises d'un homme qui n'est arrêté ni par un cautère, ni par des dents branlantes. La petite sœur, vaincue par ces réflexions et par les raisonnemens de Luvel, qui ne pouvaient avoir de solidité que sur un esprit déja persuadé par le cœur, la petite Thérèse laissa tomber sa mante, et reprit, en souriant, sa place auprès de l'intéressant malade.

Ruder, qui s'était déja mis en travers de la porte, laissa la circulation libre aux habitans de la maison. « Allons, me dit-il, chez le commis-
« saire des guerres, demander des chevaux pour
« demain. Le devoir d'abord, puis le plaisir quand
« on le trouve. »

Je fus très-aise de lui voir prendre ce parti. J'espérais que le grand air le calmerait assez pour qu'il ne pensât plus à employer ce qu'il appelait les grands moyens. Je le connaissais trop pour lui faire des représentations. Habitué à se roidir contre tout ce qui le contrariait, il n'en eût été que plus ferme dans sa première résolution.

Le commissaire des guerres lui marqua la plus haute considération, et lui parla debout. Il fit, de ses exploits, une récapitulation qui impatienta le modeste commandant. « Finissons, finis-
« sons, commissaire. Il y a en France cent mille
« hommes aussi braves que moi, et je ne viens
« pas ici pour recevoir des complimens et des
« révérences. Il s'agit de deux chevaux pour de-
« main; un pour moi, l'autre pour ce beau gar-
« çon, à qui je vais faire respirer l'odeur de la

« poudre à canon. A demain donc, deux chevaux
« et un guide rendus au point du jour à l'au-
« berge de la Très-Sainte-Trinité. »

Nous rentrâmes et nous trouvâmes tout disposé pour nous recevoir. Deux lits dans la même chambre, ce qui me plut beaucoup, parce que je serais le maître d'empêcher le commandant de renouveler les scènes qu'il donnait partout. Je regardai la porte, en paraissant faire l'inspection de notre local, et je vis qu'elle fermait à clé.

Nous passâmes dans la chambre de Luvel, où on avait mis le couvert. Un lit de sangle pour Thérèse, un autre pour le caporal, et madame Plompock dans un cabinet voisin, dont la porte fermait à merveille ; mais dont la cloison avait été abattue, à coups de crosse de fusil, par des amateurs qui cherchaient les couverts d'argent que l'hôte avait jetés dans son puits... manière de se loger pêle-mêle, qui paraîtra un peu extraordinaire à quelqu'un qui ignore ce que c'est qu'une petite ville, mise en désordre par le vainqueur, et encombrée d'hommes, de chevaux, d'équipages. En pareil cas, on fait de son mieux.

La petite sœur était déja dans son déshabillé de nuit qui la rendait plus jolie encore. Un degré ou deux d'agrément de plus, et elle eût été comparable à cette charmante sœur Madeleine, qui m'avait prodigué les soins que Thérèse rendait à Luvel, qui avaient décidé du destin de ma vie, et dont la jouissance m'avait rendu digne de l'envie des plus fortunés des êtres. Quelques soupirs s'échappèrent de mon cœur, toujours brûlant d'amour, de souvenirs, d'espérances. Hélas! me disais-je, la reverrai-je jamais cette rue de Bussy? Le reverrai-je cet heureux château, et ce boudoir, et ce rez-de-chaussée, et ce lit?... O mort! encore quelques nuits comme celles-là, et j'aurai assez vécu.

Le commandant fut sobre pendant le souper, réservé avec les femmes, et j'en augurai bien: Que j'étais jeune encore! c'était le repos du lion. La conversation ne roula que sur la guerre. Ruder en parla en homme expérimenté et qui méprise la vie. Nous écoutions, Luvel, le caporal et moi, avec le silence et l'attention des Grecs, lorsque Calchas prononçait ses oracles. Je m'aperçus que la petite sœur prenait de l'intérêt à ses récits, et cessait de le regarder avec dégoût. Le Général, pensé-je, avait raison de dire que le front le plus beau est celui qu'ombragent des lauriers. J'en moissonnerai, et j'en serai plus cher à la femme adorée.

Tout présageait une nuit tranquille. Thérèse, la petite Plompock, Luvel, le caporal partageaient ma sécurité, et étaient plus excusables que moi : ils ne savaient pas encore comment Ruder faisait l'amour.

« Vous aurez la bonté, dit, après le souper,
« l'hôte au caporal, de ne pas fermer votre porte.
« Il y a, dans la chambre contiguë, une femme

« bien à plaindre et bien intéressante, qui a,
« quelquefois besoin de moi la nuit. — Et tu ne
« me l'as pas fait voir, dit Ruder à l'aubergiste!
« Allons, le bowl de punch. Je veux boire à ta
« femme intéressante, et à toutes les jolies fem-
« mes que je connais. — Mais, commandant, le
« punch et votre blessure... — Ma blessure! j'en
« recevrai peut-être une seconde en arrivant là-
« bas : je les guérirai ensemble. Je boirai du
« punch, morbleu, tu en boiras aussi, Jérôme.
« Cette boisson entretient la bonne humeur, et
« nous devons être pressés de jouir, nous qui
« ne sommes jamais sûrs du lendemain. — Eh
« bien! commandant, vous boirez seul, car ces
« dames ni moi... — Vous boirez avec moi, mon-
« sieur. Refuserez-vous de porter la santé de ma-
« dame Ruder ? »

J'aurais porté ce toast-là avec de l'eau-forte.
Je me rendis donc, quoique je connusse le commandant, et que je susse que le punch lui mettait ordinairement le diable au corps.

Pendant qu'on apprêtait le bowl, Ruder sortit
pour se coiffer de nuit, disait-il, et se mettre en
robe de chambre. Son bonnet de police était sa
coiffure de nuit, et sa robe de chambre, un habit uniforme, dont il avait coupé les basques. Je
ne voyais pas ce qu'il pouvait gagner à cette
mascarade; mais il avait des raisons de s'absenter,
qui tenaient à un plan d'attaque qu'on ne communique jamais à l'ennemi.

On servit le punch, et, contre mon attente, le commandant s'en versa avec discrétion; mais, à chaque instant, il avait soin de remplir nos verres. Avant de boire à la femme charmante, il fallut boire à sœur Thérèse, ensuite à madame Plompock : le moyen de s'en défendre? Il proposa, après cela, de boire à la dame tant à plaindre et si intéressante de la chambre contiguë, que personne de nous n'avait vue, et dont la santé nous était fort indifférente; mais ce verre précédait la libation dont on allait faire hommage à la belle des belles, et il passa comme les autres. Enfin, d'après ce que nous dîmes, Luvel et moi, à madame Plompock et à la petite Thérèse, des charmes et des qualités de madame Ruder, elles firent comme nous, et burent rasade en son honneur.

Nous commençâmes tous à jaser à tort et à travers. Je m'aperçus que madame Plompock cherchait à engager une conversation particulière avec moi, et, pour me rendre plus attentif, elle me tenait la main, qu'elle serrait de temps en temps. La petite Thérèse tâtait souvent le pouls de Luvel, sous son drap, de peur, disait-elle, qu'il ne se refroidît. Le caporal bâillait : il n'avait rien de mieux à faire.

Je soupçonnai que le commandant avait eu l'intention de griser ces dames, et il y avait réussi à demi; mais il était si laid, en bonnet de nuit et en robe de chambre, que son seul aspect devait refroidir la tête la plus échauffée. D'ailleurs, je me proposai de donner un double tour à notre porte, et de jeter la clé dans la rue, parce que Ruder avait le poignet ferme, et qu'il eût pu commencer par me faire violence, à moi, pour arriver à nos deux petites femmes.

Il m'invita à me retirer : je ne demandais pas mieux. Je n'avais pas trouvé, dans la journée, un moment pour écrire à la bien-aimée, et je comptais me livrer à ce plaisir si doux pendant le sommeil du héros. Mais le punch avait produit son effet ordinaire sur une tête peu habituée aux vapeurs bachiques. Je ne suivais plus la ligne droite, et je jugeai que, si je ne voulais pas qu'on me mît au lit, je n'avais pas de temps à perdre pour m'y mettre moi-même. Je n'oubliai pas cependant les deux tours, ni le saut de la clé dans la rue. Je fis tout cela très-maladroitement, sans doute, car Ruder, qui n'était pas fin, s'aperçut de ma manœuvre, et en rit dans sa moustache. Je le laissai rire ; je me déshabillai tant bien que mal ; je me mis au lit, et m'endormis profondément.

Un carillon du diable me réveilla en sursaut, je ne sais à quelle heure. J'appelle Ruder ; il ne répond point. J'allais me lever et chercher mon sabre, je dis chercher, car je ne savais plus où je l'avais mis la veille... On pousse la porte de ma chambre ; on la repousse après être entré, et on met le verrou. Je saute de mon lit, et je vais à celui du commandant, en criant : *Qui vive ?*

Pas de réponse encore ; mais j'entends marcher derrière moi.

Je tâche de rappeler mes idées et les petits incidens de la veille. Je me souviens des projets, très-vraisemblables, que j'avais attribués à Ruder, de la porte fermée à double tour, et de la clé jetée dans la rue. On ne devait donc pouvoir entrer ni sortir. Je tâte le lit de Ruder... Personne. Est-ce lui qui a causé le vacarme qui m'a réveillé ? Mais comment serait-il sorti ? Cependant on a ouvert et refermé ma porte ; j'ai entendu marcher... Ah, ça, ai-je bien réellement entendu quelqu'un ? Rêvé-je, ou y a-t-il quelque esprit follet dans la maison ?

Je vais à cette porte. La serrure y est ; mais on a fait sauter la gâche ! j'y suis. C'est pour faire cette opération que le commandant a prétexté son inutile et ridicule toilette de nuit. C'est pour me brouiller la vue qu'il m'a fait boire. Vite, allons au secours de nos petites femmes, sur lesquelles le punch doit avoir agi plus fortement encore que sur moi.

Je sors, j'entre chez Luvel... pas de lumière ! C'est singulier, car, enfin, un malade... Je l'appelle... Un silence profond. Je vais, à tâtons, à son lit ; il est vide comme celui de Ruder. Je me heurte contre la couchette de Thérèse, et je ne l'y trouve point. Tout cela me paraît un enchantement. Je prête l'oreille ; j'entends ronfler ; j'avance, guidé par le bruit mesuré... Un habit uniforme, un chapeau militaire, un sabre... Ce ne peut être que le caporal qui dort comme une marmotte, car, enfin, le commandant ne se serait pas dérangé de là-bas pour venir ici ronfler seul sur un lit de sangle.

Je regagne le carré. Je vois une lumière et je tourne de ce côté. J'entre dans une chambre ouverte; je trouve les habits de la petite Plompock sur un fauteuil, et personne, jamais personne. Je me frotte les yeux, pour m'assurer que je suis bien éveillé; je me touche, pour m'assurer que je suis toujours moi, et, persuadé de mon identité et de la nécessité de retrouver nos convives, je prends la lumière pour les chercher.

Je faillis d'abord à me casser le nez contre une grosse porte qui fermait le haut de l'escalier. Deux bons tours et pas de clé; mais ici point de gâche à faire sauter : le pêne entrait dans un pilier en pierre de taille. Il était certain qu'on n'était pas sorti par là, puisque la serrure n'avait pas d'entrée en-dehors, ce dont je m'assurai aisément à l'aide de ma chandelle. Où diable étaient-ils donc tous ?

Je retourne chez Luvel, mon flambeau en avant, et mon autre main entre mes yeux et la lumière, afin de distinguer les objets de plus loin. Je m'embarrasse les jambes dans une couverture traînée au milieu de la chambre, je ne sais par qui ni comment; je chancelle, je tombe; ma chandelle s'éteint. Ma foi, dis-je, le soleil éclaircira tout cela, moi je m'y perds, et je vais me recoucher. Je regagnai ma chambre avec assez de difficulté, parce que je n'avais pas d'habitude des lieux, et je remis les verroux pour être dispensé de participer à des mystères impénétrables.

Je me heurte d'abord contre le lit de Ruder, et je m'en éloigne aussitôt, chassé par l'odeur du tabac à fumer, et par d'autres vapeurs difficiles à distinguer; mais dont l'ensemble n'a rien de délicat. Je tâtonne encore, et je me frappe le front contre une des colonnes de ma couchette de six pieds en carré, couchette magnifique qui venait, à ce qu'assurait notre hôte, du duc Victor-Amédée, et qui n'en était pas plus commode, car je m'y étais perdu après m'être couché, et je ne savais, maintenant, si j'étais au pied ou à la tête.

Je trouve une ouverture; je m'y glisse, et me voilà entre deux draps. L'intérieur était chaud, très-chaud même, ce qui me parut assez extraordinaire après une demi-heure d'absence; mais je ne m'arrêtai pas à cette idée. Je cherchai à me rendormir, en me tournant et en me retournant, manière usitée d'appeler inutilement le sommeil. Je m'aperçus que la couverture ne portait pas toujours sur moi : qui l'élevait donc à droite et à gauche?

J'allonge un bras... Ah, ah! J'ai société ici. C'est, sans doute, la personne qui marchait derrière moi, et qui n'a pas jugé à propos de me répondre. Mais quel est celui ou celle qui se fourre dans le lit d'un autre sans son agrément? Diable! si les farfadets, les sylphides prennent des formes comme celles-là, j'adopte la foi robuste du curé aux images matérielles; mais, parbleu, je n'exorcise pas. De légers soupirs d'une part, des baisers très-vifs de l'autre, engagèrent l'action. Dormait-on, en faisait-on semblant? je n'en sais rien; mais j'avançais, et on ne m'arrêtait pas.

J'arrive au but avec la témérité d'un étourdi qui ne redoute rien; mais hélas! je ne me présente qu'en convalescent... Pan! une paire de soufflets et un éclat de rire partent à la fois. Les femmes rient assez ordinairement en certaines circonstances. Elles veulent dire, par là, qu'elles ne sont point affectées de l'accident, ce qu'on croirait volontiers, si elles n'avaient point d'amour-propre. Quoi qu'il en soit, étonné de cette brusque incartade, je fais un saut de côté... « Hé! « qu'y a-t-il donc là? Ah! nous sommes trois ici! » mais que tout était joli et précieux à ce bord-« là! Finissez, monsieur Jérôme, soyez sage, je « vous en conjure. — Hé... mais... c'est la petite sœur Thérèse! » C'était elle en effet.

Qu'elle était intéressante, cette Thérèse! elle avait tout, jusqu'à l'innocence que tant d'autres s'efforcent de jouer. Elle me faisait des représentations si plaisamment pathétiques, et son

organe argentin s'affaiblissait si sensiblement ! elle défendait, avec tant de trouble, une partie de ses charmes, en laissant les autres à l'abandon ! elle cédait si involontairement à l'empire de la nature... « Rien n'arrive, dit-elle en soupi-
« rant, que d'après les vues de la Providence.
« Elle a permis que je résistasse à ce vilain
« borgne; elle veut que ce beau garçon ravisse
« ce que j'ai gardé jusqu'ici avec tant de peine :
« ainsi soit-il. » Oh ! oui, la pauvre petite l'avait bien gardé... Mais... mais je ne méritais plus de soufflets, et l'aimable enfant était hors d'état d'en donner.

« La jolie casuiste ! dit madame Plompock ! (vous vous doutez bien qu'elle était la troisième personne de cette nouvelle Trinité, dont l'union intime allait accomplir le mystère, et ne plus permettre de douter d'aucun) la jolie ca-
« suiste, et qu'elle entend bien à calmer sa con-
« science timorée ! Pour vous, monsieur Jérôme,
« vous êtes un impertinent. » Le moyen de ne rien dire à madame Plompock ! Je m'exprimai... et vertement. « Allons, dit-elle, puisque la Pro-
« vidence vous a rendu la santé, c'est qu'elle veut
« que vous en fassiez usage. Que sa volonté soit
« faite. »

Thérèse boudait, Thérèse pleurait, Thérèse me faisait des reproches. Je revenais causer avec elle; je l'apaisais, et je retournais à la petite Plompock, qui avait une démangeaison de parler, mais une démangeaison !... Je causai tant avec l'une et avec l'autre, que je pensai enfin qu'il faudrait me faire jucher à cheval, quand le commandant m'appellerait. Cette réflexion fit prendre à la conversation une tout autre tournure, et j'allais savoir à quelle suite d'incidens je devais une double bonne fortune que je n'avais pas cherchée, que je n'avais pas même désirée, mais que personne n'eût refusée à ma place, lorsque nous entendîmes briser la grosse porte de l'escalier à grands coups de masse.

Madame Plompock prit son parti en femme expérimentée, et délogea aussitôt. La petite Thérèse me disait en sanglotant : « Ah ! mon dieu, si « on me trouve ici, je suis déshonorée, perdue », et elle restait dans mon lit. Il y avait un moyen tout simple pour qu'on ne l'y trouvât point : c'était de la reconduire dans le sien. C'est ce que je fis très-lestement. Je retournai ensuite passer un pantalon, et je revins au moment où la porte tomba avec un fracas qui éveilla enfin le caporal.

Le premier qui parut était Luvel, à demi vêtu, et appuyé sur son sabre. Il était suivi de l'hôte, à peu près nu aussi, et portant une longue broche à la main. Ils venaient de chez le commandant de la place, à qui, disaient-ils, ils avaient été demander main-forte. C'était aller un peu loin dans un cas aussi urgent; mais Luvel était hors d'état de défendre sœur Thérèse; le caporal n'avait pas voulu s'éveiller, et, d'ailleurs, il n'avait pas de représentations à faire à un commandant de bataillon. J'étais le seul qui, n'étant pas réellement militaire, pouvais agir offensivement contre un homme d'un grade supérieur; mais je n'avais point paru, et Luvel n'avait su où me prendre. Il n'avait donc vu de ressource que celle de l'hôtelier, qui n'était pas bretailleur, qui avait fait mettre le cheval de madame Plompock à sa carriole, et qui, grimpé dans cet équipage avec le malade, l'avait mené porter plainte.

Le commandant de la place leur fit observer très-judicieusement que, selon les apparences, il ne restait plus qu'à dresser procès-verbal des délits, et il les renvoya par devers son adjudant. Il fallut à celui-ci le temps de s'habiller, de prendre, de garnir son écritoire de poche, et, pendant que tout cela se faisait, il se passait, en effet, bien des choses.

L'adjudant était un gros réjoui, qui se fit apporter une table, une bouteille de vin; qui buvait un coup, pendant que Luvel déposait, et qui écrivait les faits et gestes de Ruder lorsqu'il avait bu.

Le héros était entré la moustache haute, le jarret tendu, et, sans rien dire à personne, il était allé droit houspiller sœur Thérèse. Sœur Thérèse avait crié, avait égratigné; Luvel s'était mis à crier de son côté, et, ne pouvant mieux faire, il avait jeté, à la tête du commandant, pot de confitures, pot de nuit, pot d'opiat, tous les pots possibles, pendant que le commandant parait, de la main qui lui restait, tous les coups qui menaçaient sa tête. La petite Thérèse s'était dégagée, et s'en était allée, elle ne savait où, répondit-elle à l'adjudant; et je crois que vraiment la pauvre enfant l'ignorait; mais elle savait d'où elle venait, ce qu'elle ne jugea pas à propos de faire insérer au procès-verbal. La plus ingénue est toujours dissimulée.

Aux cris de Luvel et de Thérèse, au bruit des pots cassés, était accourue madame Plompock, sur laquelle Ruder se jeta, en jurant qu'elle paierait pour Thérèse. La petite femme, très-aguerrie, n'avait pas perdu la tête. Elle avait sauté par dessus une table, l'avait jetée aux jambes du commandant, et, pendant qu'il s'en dépêtrait, elle lui avait affublé la tête de la première couverture qui lui était tombée sous la main. Elle l'avait fait pirouetter, l'avait renversé, et s'était enfuie, elle ne savait encore où : la moins ingénue est toujours discrète sur certain article.

C'est pendant ce combat, d'un genre assez nouveau, que Luvel s'était à peu près habillé, et qu'il avait fait de son sabre une béquille. Il avait pris la chandelle, afin de trouver l'escalier; il était descendu pour appeler à lui l'aubergiste et les garçons d'écurie, et Ruder l'avait laissé faire; mais à peine le malade avait-il le pied sur la seconde marche, que le commandant avait fermé sur lui la grosse porte que vous connaissez, sans doute pour s'assurer que ces petites femmes ne pussent émigrer. Luvel, remonté avec les gens de l'hôtel, et voyant l'impossibilité de rentrer, s'était décidé à aller rendre plainte, et était parti ainsi qu'il l'avait déclaré ci-dessus.

Tous ces détails m'expliquaient clairement ce qui m'avait long-temps paru incompréhensible. Mais qu'était devenu Ruder? Il n'était pas sorti par la porte, et il ne s'était pas enfermé avec deux jolies femmes pour se jeter par la fenêtre. L'adjudant déclara qu'il fallait le trouver pour qu'il entendît la lecture du procès-verbal, et qu'il le signât, si tel était son bon plaisir.

« Vous verrez, s'écria tout à coup la petite
« Plompock, que la dame intéressante, et si à
« plaindre de la chambre contiguë, est celle à qui
« sœur Thérèse et moi devons réellement notre
« salut. » Son salut, la friponne!

« S'il a fait cela, réplique l'hôtelier, en jurant
« par tous les saints du paradis, je lui passe ma
« broche au travers du corps. — Bas les armes!
« lui dit très-impérativement l'adjudant, et sa-
« chez, faquin, que le commandant Ruder n'est
« pas fait pour mourir de la main d'un gargotier,
« ni nous pour le souffrir. — Ah! je vois ce que
« c'est, reprit l'hôte, un barbier en rase un autre.
« — Pas de comparaison, pas de réflexions, pas
« de raisons; remets-moi ta broche, ou dans
« deux heures je fais murer ta porte. — La voilà,

« monsieur l'officier. *A præsentiá Gallorum libera
« nos, Domine.* »

L'aubergiste désarmé, l'adjudant marcha vers
cette chambre, et nous le suivîmes tous, curieux
de savoir par quel nouvel incident serait clos le
procès-verbal. Nous trouvâmes une femme au lit,
Ruder très-éveillé auprès d'elle, et très-tranquille,
quoiqu'il eût tout entendu... Mais dieu ! grand
dieu ! Est-ce le diable avec qui il a été coucher
cette fois ? Une vieille carcasse décrépite, ridée,
et dont le bout du nez touche le bas du menton... « Ah ! sacredié, s'écria Ruder, en se sauvant
« du lit, je savais bien n'avoir pas trouvé une
« poulette ; mais dans l'obscurité je lui donnais
« trente ans de moins. Allons, allons, on ne dira
« pas que rien fasse reculer Ruder. Ce qui est
« fait est fait ; mais je ne crois pas que de sa vie
« la princesse retrouve une pareille aubaine. —
« Comment, reprit l'hôte, ce qui est fait est fait !
« Ma pauvre mère ! une femme qui était sage
« comme une vierge ; qui avait de l'esprit comme
« un ange ; qui touchait du tympanon comme
« sainte Cécile, et qui nous charmerait encore
« par ses bons mots et ses complaintes, si, depuis
« deux ans, elle n'était tombée en enfance ! Je
« vous demande justice, monsieur l'adjudant, et
« une justice éclatante. » — Pouah ! pouah ! faisait Ruder, en se rinçant la bouche avec un
verre d'eau-de-vie, et ne prenant pas plus de
part à ce qui se disait que s'il eût été pour rien

dans les évènemens de cette nuit. Il battit le briquet et se mit à fumer tranquillement une pipe.

L'hôtelier, collé à la poche de l'adjudant, insistait pour que l'amant de sa chère mère subît une punition exemplaire. « Bah! bah! lui dit « l'adjudant : c'est toi qui es cause de tout ce « grabuge. — C'est moi, monsieur le Français! « c'est moi! et comment cela, s'il vous plaît? — « Pourquoi as-tu mis du monde dans cette pre- « mière chambre? — Hé! monsieur l'officier, les « autres pouvaient être remplies par des gens « bien portans qui eussent envie de dormir. Quel « mal ai-je fait de mettre ici un malade, gardé « par un caporal et une sœur de la Charité, qui « pouvaient avoir besoin de sortir à chaque in- « stant pour son service, et que je n'aurais pas « dérangé en passant chez lui pour aller changer « ma pauvre mère. Comment, dit l'adjudant, est- « ce qu'elle ferait... — Tout, monsieur l'officier, « tout. Ah! sacredié, reprit Ruder, ce que je « croyais l'effet de la chaleur... — C'en était, « monsieur, c'en était. »

A l'instant le commandant enlève sa chemise par-dessus ses épaules, et la jette au milieu de la chambre. Madame Plompock se sauve, parce que l'usage l'ordonne ainsi ; la petite sœur se sauve parce qu'elle a de la pudeur. Le commandant se vide un pot d'eau sur la tête; reçoit l'eau dans la cuvette à la chute des reins; se la rejette sur le toupet, pour la recevoir encore. Définitivement il envoie l'eau et la cuvette au nez de l'aubergiste, et va se rouler dans les draps du caporal afin de se sécher.

« Monsieur l'adjudant, crie l'hôte, injure per-
« sonnelle, jointe au devoir de venger la source
« d'où je suis sorti. Va te faire lanlaire, toi et ta
« source, dit Ruder. Voyez si ce maraud finira !
« De quoi te plains-tu? As-tu peur que je t'aie
« fait un petit frère? Allons, butor, va nous pré-
« parer un bon déjeuner; et, puisque tu es dé-
« vot, remercie Dieu qu'au lieu de ta mère, ta
« femme ne me soit pas tombée sous la main.

« Oui, à déjeuner, dit l'adjudant en déchirant
« le procès-verbal, c'est la meilleure façon de ter-
« miner cette procédure comique. — A déjeuner,
« repris-je, et j'en avais besoin. — A déjeuner,
« poursuivirent mes petites femmes ; elles avaient
« à réparer. — A déjeuner ! à déjeuner, mes-
« sieurs ! et les dommages et intérêts de ma chère
« mère ! — Tu les auras : va donc, animal. —
« Je les aurai ! à prendre sur quoi, beau petit
« hussard? — Sur les neiges du mont Saint-Ber-
« nard, dit Ruder. — Non, non, repris-je, il les
« aura sur son mémoire, nous n'en regarderons
« que le total. » Je le répète : *Auri sacra fames* est la devise du genre humain. L'hôte sortit en me faisant une profonde révérence, pour aller grossir ses espèces de ce que sa source avait perdu en pureté.

Le jour commençait à peine à paraître, qu'on frappa à la porte de la rue : c'était notre guide, qui, soumis et timoré comme un vaincu, venait, long-temps avant l'heure prescrite, nous amener de bons chevaux et prendre nos ordres. Ruder me pressa de m'habiller, et s'habilla lui-même à la hâte. Il descendait, il montait, il redescendait; il pressait l'hôte, le chef, les marmitons; il comptait les minutes; il croyait ne pouvoir être assez tôt en présence de l'ennemi.

Il pressa tant, cria tant, jura tant, qu'il nous fit manger des viandes crues et des sauces tournées, et, après un quart-d'heure de séance, il prit son sabre, son chapeau et sa valise. « A che- « val, Jérôme; à cheval donc : une heure perdue « peut nous faire manquer l'occasion de nous « signaler. » J'embrassai de tout mon cœur mon ami Luvel, que j'avais trompé; mais je me croyais à l'abri du reproche, parce que je n'avais pas cherché l'occasion. Il était si aisé de la fuir! Hélas! la femme charmante, estimée, adorée, n'était occupée qu'à se défendre; elle me faisait peut-être hommage de chaque combat, de chaque victoire; c'est à moi seul qu'elle pensait peut-être sur sa couche solitaire, et mon image venait charmer son réveil. Mais moi... moi !... Le commandant s'impatientait, tempêtait. La petite Thérèse sortit avec moi de la chambre commune, m'attira dans un recoin, m'embrassa en pleurant, et me serra la main : « Beau Jérôme, cher

« Jérôme, vous reverrai-je jamais? — Je l'espère,
« aimable enfant. » Un mot, une caresse m'avaient fait oublier les réflexions touchantes dans lesquelles je m'absorbais un instant auparavant. Que le cœur de l'homme est bizarre, versatile, inexplicable! Madame Plompock me dit adieu en riant, et nous partîmes au galop.

Nous n'avions pas fait deux lieues que Ruder jura qu'il était brisé, moulu, et qu'il se sentait faible au point de ne pouvoir se soutenir à cheval. Je n'étais pas plus en état que lui de soutenir la fatigue, et je lui proposai d'arrêter. « Plutôt
« mourir, me répondit-il. » Nous reprîmes le pas, et nous avançâmes encore, lui, maudissant la chère maman, moi, m'accusant intérieurement de ma malheureuse facilité.

Ce ne fut qu'avec beaucoup de peine que nous allâmes jusqu'à Châtillon. Là j'insistai pour prendre un jour ou deux de repos. Le commandant, malgré son ardeur guerrière, était assez de cet avis. Mais la première chose que nous apprîmes, en mettant pied à terre, c'est que nos troupes avaient traversé le Simplon et le Saint-Gothard; passé, sous le feu ennemi, le Tésin à la nage; forcé Tubigo; pris Corbetto; et, qu'enfin, l'état-major était établi à Milan. Il n'y eut plus moyen d'arrêter Ruder. Représentations, prières, il n'écouta rien. « Il y aura une affaire générale et je
« n'y serais pas! Corbleu, mon bataillon donne-
« rait sans que je fusse à sa tête, sans que j'es-

« suyasse le premier coup de feu! Si cela arrivait,
« je me brûlerais la cervelle à l'endroit même où
« j'en recevrais la nouvelle. — Mais, comman-
« dant, votre santé... — Ma santé, ma vie appar-
« tiennent à l'état. — Votre impuissance d'agir...
« — Je peux me montrer, voir, vaincre, ou mou-
« rir. — La difficulté d'avancer rapidement sur
« des chevaux d'ordonnance... — Prenons la
« poste, morbleu. Il est beau, superbe, admi-
« rable, de ne pouvoir rejoindre qu'en poste nos
« intrépides lurons. As-tu encore de l'argent, Jé-
« rôme? — Quinze louis environ. — J'en ai trente,
« c'est plus qu'il ne faut. Allons, monsieur le
« maître, fais-nous chercher une chaise, un ca-
« briolet, une charrette, ce qui se trouvera. Pré-
« pare-nous une cantine bien fournie, et en
« avant... Hé! ventrebleu, voilà notre affaire...
« Regarde, Jérôme... la petite Plompock qui ar-
« rive dans sa carriole. Vite des chevaux de poste
« là-dessus. — Ah ça, mais, commandant, serez-
« vous sage? — Oui, sacredieu! je te le pro-
« mets; d'ailleurs, il me serait difficile de ne pas
« l'être, et je n'ai de passion réelle que celle de
« me battre. » Serez-vous sage, avais-je dit? Orgueilleux et faible jeune homme, était-ce à toi
qu'il convenait de faire cette question?

Je me serais senti dégradé si j'eusse résisté plus
long-temps à ce noble enthousiasme, si même je
ne l'eusse point partagé. J'ai toujours pensé que
l'amant d'une femme quelconque doit s'efforcer

d'être au moins l'égal de son mari, s'il ne veut pas que tôt ou tard elle rougisse de sa faiblesse. Pouvais-je, d'ailleurs, laisser partir seul Ruder blessé, lui à qui je devais la protection du Général, et qui avait pour moi une affection sincère? N'y avait-il pas une sorte de délicatesse à le dédommager, par des soins et des prévenances, d'un tort irréparable, et que je me reprochais quand la nature et l'amour me permettaient de réfléchir? Je me disposai donc à le suivre, et je l'aidai autant que je le pus dans ses préparatifs.

La petite Plompock n'avait pas mieux demandé que d'avancer promptement et à nos frais, pourvu que Ruder lui promît sûreté, ce qu'il fit de la manière la plus solennelle, c'est-à-dire en jurant comme je ne l'avais jamais entendu jurer. Le cabaretier avait été fort aise de vider son garde-manger, et de nous vendre un mauvais matelas aussi cher que s'il eût été neuf. Ainsi, dans une heure de temps, notre espèce de litière fut arrangée et garnie de vivres pour quatre jours ; le bidet hongre vendu ; les chevaux de poste attelés, et nous voilà courant comme si le diable nous emportait.

La petite Plompock nous faisait de ses contes ordinaires ; le commandant les écoutait, étendu sur son matelas, où il fumait quand il ne buvait pas, et s'il lui arrivait de déposer la pipe et le verre, il entonnait la chanson de guerre de Roland, avec l'exaltation d'un homme de vingt ans.

Lorsqu'il dormait, des œillades très-vives m'annonçaient des dispositions que la présence des postillons rendait inutiles, et je n'en étais pas fâché. La première nuit, des agaceries plus directes me réveillèrent quelquefois; mais Ruder avait pris, comme de raison, le milieu du matelas. Elle était sur un bord et moi sur l'autre, et j'en étais bien aise. « Allons, me dit-elle en riant, je « crois qu'un peu de repos m'est aussi nécessaire « à moi. » Et sans autre réflexion elle s'endormit, et s'éveilla, dix heures après, de la plus belle humeur du monde.

Partout le bruit de nouveaux exploits soutenait l'ardeur du commandant et la mienne. Là, nous apprenions le passage du Pô; ici, la prise de Plaisance; plus loin, celle de Stadella, de Lecco, de Crémone. « Mille bombes, disait Ru- « der, ne les joindrons-nous jamais ? » Et il aiguillonnait les chevaux avec la pointe de son sabre, et il frappait les postillons du plat, dès qu'ils cessaient de se servir de leur fouet.

QUATRIÈME PARTIE.

CHAPITRE PREMIER.

Je marche à la gloire.

Nous arrivâmes enfin à Pavie, pendant la nuit du 20 au 21 prairial. Là, on nous refusa des chevaux de poste pour l'armée, parce qu'elle était à peu de distance de cette ville, et qu'on s'attendait à une action vers la pointe du jour. Ruder demanda à l'instant et obtint des chevaux et un conducteur de charrois militaires. Il proposa à la petite Plompock de la mener jusqu'à nos avant-postes ; elle accepta résolument, et nous repartîmes tous les trois.

Il n'était pas jour encore, et le canon commençait à tirer de toutes parts. A mesure que nous avancions, nous distinguions le bruit de la mousqueterie. Ruder nous faisait aller aussi vite que le permettait la pesanteur de nos chevaux, et le soleil commençait à peine à paraître, que nous vîmes, du haut d'une colline, les deux armées se former en combattant. Je l'avouerai, ce spectacle imposant et terrible me fit éprouver une sensation que je ne connaissais point. Ce n'était pas de la frayeur; c'était une tristesse profonde, un affaissement d'organes, causés par l'aspect des blessés qu'on rapportait déja en foule, et par l'évidence du danger où Ruder allait me précipiter avec lui. Il me regarda fixement : « Tu pâlis, Jérôme. — J'avoue que je suis « mal à mon aise; mais je ne romprai pas d'une « semelle. — Tu seras brave, sans être fanfaron : « voilà comme j'aime les hommes.

Nous arrêtâmes au premier poste, et il s'informa où était son bataillon. On le lui montra, faisant partie de l'avant-garde, qui soutenait seule alors tout l'effort de l'armée ennemie. Il sauta à terre avec la légèreté d'un jeune homme; sa figure s'anima d'un feu nouveau; il mit le sabre à la main; je tirai le mien, et je le suivis. « Je n'ai pas essuyé le premier feu, me dit-il ; « mais l'affaire sera chaude, et, corbleu, il est « encore temps de se montrer. »

Nos gens attaquaient Montebello, qui donna son nom à cette journée. Nous ne marchions plus, nous volions au feu. A chaque pas Ruder rencontrait des camarades qui avaient vaincu avec lui ou sous lui, et, partout, j'entendais crier : Vive le brave Ruder. « Je veux ce soir, « me dit-il, qu'on crie aussi : Vive le brave Jé-

« rôme. Allons, mon jeune ami, voilà l'instant. »

Nous arrivâmes dans les rangs de son bataillon, où une artillerie supérieure avait jeté du désordre. Dès qu'on le reconnut, un cri général de joie célébra son retour, et les rangs se resserrèrent avec autant d'ordre qu'à une parade.

Élégans du jour, qui brillez par un calembourg, par une charade, par une cravate nouée de telle ou telle manière, qui, forts du suffrage de femmelettes aussi futiles que vous, versez le ridicule sur celui qui dédaigne vos puérilités, c'est devant Montebello qu'il fallait voir Ruder, si petit dans vos salons, si grand par sa valeur et la confiance de l'armée. Il fit battre la charge, et s'avança, tête baissée, suivi de tous les siens.

Je conviens que je ne vis pas très-distinctement ce qui se passa alors : j'étais agité d'un trouble extraordinaire. J'avançais machinalement au milieu des combattans, des blessés, des morts; j'entrai dans le village, sans savoir comment j'y étais parvenu.

Le feu cessa; ma tête se remit, et je reconnus que nous étions maîtres du poste. Je cherchai Ruder des yeux : il était près de moi; je ne l'avais pas quitté. « Je suis content de toi, me dit-il.
« Tiens, prends deux doigts d'eau-de-vie, cela
« te donnera des forces pour recommencer, car
« ces b......-là ne nous laisseront pas ici. »

Le héros, auquel j'avais eu l'honneur d'être présenté, vint reconnaître s'il était possible de se retrancher dans le village. « Bien, jeune homme, « bien, me dit-il ; nous nous verrons après la « bataille. »

On commençait à peine à fermer les principales issues, et à établir des postes dans quelques maisons avantageusement situées, que l'ennemi revint à la charge avec des troupes fraîches, et une fureur à laquelle nos soldats, fatigués, ne purent résister long-temps. Nous reculâmes à notre tour; mais notre retraite fut celle de braves gens, décidés à vendre cher la victoire. Dix fois les baïonnettes se croisèrent. Ruder était partout, et partout il portait la mort. Les efforts soutenus de l'ennemi l'emportèrent enfin sur son exemple, sur sa bravoure. Ce qui restait du bataillon recula, tout à coup, de plus de cinq cents pas. Ruder, écumant de fureur, parvint encore à le reformer sous le feu d'une batterie qui enlevait des files entières.

On ne se battait pas avec plus d'avantage sur les autres points. Le nombre allait enfin décider de la victoire, lorsqu'une division tout entière parut dans la plaine, et changea la face du combat. Nos gens reprirent un nouveau courage, et nous marchâmes une seconde fois à l'attaque du village. Nous essuyâmes d'abord des décharges de mousqueterie, si nourries et si soutenues, que je me crus à mon heure fatale. Je n'éprouvai cependant aucun sentiment de crainte ni de regret de la vie. Elle avait voulu que je fusse là, et c'en était assez. Allons, me dis-je, la dernière goutte de mon sang à mon pays, et mon dernier vœu à l'amour.

Je m'étourdis sur ma position; je ne voulus plus voir le sang qui coulait à flots autour de moi, et, sans regarder si on me suivait ou non, je me précipitai, sabrant tout ce qui se trouvait devant moi. Étais-je poussé par mon courage, ou par le désir de me soustraire, par une mort prompte, à l'agonie du péril, sans cesse renaissante? C'est ce dont je n'ai jamais pu me rendre compte.

J'arrive à l'entrée d'une principale rue que défendaient quatre pièces qu'on avait mises en batterie, après nous avoir chassés du village. On finissait de les charger; les canonniers avaient la mêche à la main; ils allaient mettre le feu... On me saisit le bras avec violence. C'est Ruder, qui ne me perd pas de vue, qui s'est attaché à mes pas. Il me fait faire une volte, et se jette devant moi en criant : « Vis, malheureux enfant; moi j'ai « rempli ma carrière. » Le canon tonne à l'instant. Il était chargé à mitraille. Le brave, l'infortuné Ruder, couvert, criblé de coups, tombe mort à mes pieds.

Non, de ma vie, je n'ai éprouvé de fureur égale à celle qui me transporta en ce moment. Je n'étais plus ce faible enfant qui s'exposait pour obéir à une femme adorée. Je rugissais comme le lion; comme lui, j'étais altéré de sang. « Ven-

« geons notre commandant, m'écriais-je. Ven-
« geons-le, répètent mille voix. » On avance dans
le désordre du désespoir, désordre toujours terrible. On enlève la batterie, on égorge ceux qui
la défendaient, on la tourne contre l'ennemi. Il
hésite, on le pousse; il se débande, on le pour-
suit. On le cherche dans les maisons même d'où,
peu d'instans avant, il vomissait la mort sur nous.
Il demande quartier; on tue, on immole tout
aux mânes de Ruder.

Les autres corps de l'armée n'avaient pas eu,
heureusement, le même motif de se battre avec
cette résolution qui ne laisse à l'ennemi que
l'alternative de la fuite ou de la mort; mais le
dernier soldat s'était montré Français. Six mille
prisonniers, parmi lesquels on comptait des généraux, une artillerie nombreuse abandonnée par
l'ennemi, et le champ de bataille resté à nos
troupes, attestèrent notre victoire.

Un silence affreux succéda au bruit des armes,
des tambours, des trompettes, aux cris méprisés
des mourans. Ce fut alors que, rendu à moi-même,
et capable de réflexion, je vis la guerre dans
toute son horreur. Des générations éteintes dans
leurs sources, des mères, des épouses, des amantes en pleurs, des terres sans culture, et le dernier laboureur arraché au coin qu'il cultive encore, pour remplacer celui qui n'est plus. Oh,
qu'il est coupable le souverain qui provoque,
qui alimente une guerre injuste! Et il n'est comp-

table à personne du sang qu'il fait verser! Et cette main vengeresse, à laquelle il feint de croire, ne s'appesantit pas sur lui! Cette main est donc une chimère, qu'on oppose au faible, et que brave le fort.

Ces idées générales ne m'occupèrent pas longtemps ; c'était le dernier cri que jetait, du fond de mon cœur, l'humanité outragée. Je revins à ce qui m'était personnel, et mon premier sentiment fut à Ruder, à Ruder, tué en me sauvant la vie. J'oubliai le moyen affreux qui avait forcé la bien aimée à se donner sans retour, et la haine que cet attentat avait allumée dans mon ame; pour la première fois, j'oubliai la femme adorée et mon amour; je ne pensai pas même que cette mort la laissait libre de... Je me livrai, tout entier, aux regrets les plus légitimes.

Je revins sur mes pas, cherchant l'infortuné commandant dans une multitude de cadavres. Je le trouvai le visage dans la fange, les habits déchirés, et, semblable à Charles XII, tenant encore son arme ; que je ne pus ôter de sa main. Je le soulevai avec respect; je le traînai sur un banc de pierre, je m'assis près de lui, attendant quelqu'un qui voulût m'aider à lui donner la sépulture.

Des soldats passaient et repassaient sans cesse; je les invitais à se joindre à moi, aucun ne m'écoutait. Ils paraissaient n'être sensibles qu'à la joie d'exister encore : le reste n'était rien pour eux. L'égoïsme est donc naturel à l'homme! Il s'isole donc de la société lorsqu'il n'en sent pas le besoin, et il ne s'en rapproche que poussé par son intérêt personnel!

La petite Plombock passa aussi avec sa voiture, traînée par un cheval autrichien qu'elle avait eu je ne sais comment, et auquel elle ne s'était pas donné le temps d'ôter son équipement uniforme. Elle vendait de l'eau-de-vie aux blessés qui avaient de l'argent; elle la donnait, avec bonté, à ceux qui n'avaient pas de quoi la payer. J'ai remarqué que les femmes galantes ont toutes le cœur excellent; soit que l'amour ne puisse épuiser leur sensibilité, et qu'elles soient forcées de la répandre sur des objets indifférens; soit qu'elles tâchent d'acquérir des qualités qui fassent pardonner leurs faiblesses.

La petite femme me reconnut, quoique je fusse couvert de sang, de poussière et de fumée. Elle s'arrêta; je lui montrai Ruder. Elle quitta son tonneau pour m'aider à le charger sur sa voiture. Deux soldats, honteux de la peine que prenait une femme délicate et jolie, ou, peut-être, impatiens de boire, s'empressèrent de la soulager. J'étais occupé à remplir ce devoir religieux, lorsque M. Derneval arriva dans un état à peu près semblable au mien.

Je courus à lui pour savoir s'il n'était pas blessé: le sort avait respecté mon bienfaiteur. Il ignorait la mort du commandant; il ne savait pas davantage que je me fusse battu pendant toute l'action. Il me marqua, d'abord, son mécontentement de ce que je m'étais exposé sans son ordre; mais il s'adoucit lorsqu'il entendit les éloges flatteurs que donnèrent à ma conduite ceux qui nous entouraient alors. Il sourit quand il sut que le grand homme m'avait trouvé dans le feu, et m'avait marqué sa satisfaction; enfin il ne s'occupa plus que de faire rendre à Ruder le dernier hommage que l'affection ou la reconnaissance puisse offrir aux morts. Il fit creuser une fosse particulière, et on y déposa le brave homme, enveloppé dans un manteau; on forma une élévation en terre, sur laquelle on posa une large pierre. Le Général se proposait d'y faire graver une inscription : *Ici repose le premier grenadier de l'armée*. Il ne prévoyait pas que quatre jours après, une bataille plus sanglante, une victoire plus signalée, nous éloignerait de ces cantons.

C'est près de Montebello, dans un champ qui touche au presbytère, que Ruder est enterré, sans pompe, sans la plus faible indication de ses restes, lorsque le marbre et le ciseau le plus habile consacrent le souvenir de l'orgueilleuse opulence et du vice.

Le Général avait des ordres à donner; il continua sa route, et je le suivis. Je tournai la tête aussi long-temps que je pus distinguer la maison presbytériale. « Adieu, dis-je enfin les yeux en
« pleurs, adieu pour jamais. »

M. Derneval me regarda avec un intérêt qu'il ne put dissimuler. « J'écrirai cela, me dit-il, à quel-
« qu'un qui vous intéresse. Je sais qu'elle vous
« aime, je veux qu'elle vous estime. » Je ne répondis rien; mais ces mots me rappelèrent mon bonheur passé, et l'avenir heureux que je pouvais espérer. J'écartai ces sentimens : m'y livrer alors m'eût paru un outrage à celui que je pleurais.

Le Général descendit de cheval, et je m'assis sur l'affût d'un canon. Je crus qu'il était contre les convenances qu'elle n'apprît la mort de son mari que par les papiers publics. Je tirai cet écritoire de poche qui avait été si souvent l'interprète des sentimens les plus doux, et qui, en ce moment, ne pouvait être que celui de la décence : « Je sors d'une affaire, écrivis-je, où l'on
« dit que je me suis distingué. Vous n'avez plus
« d'époux; mais il emporte avec lui l'estime et
« les regrets de l'armée. »

Je donnai ma lettre, ouverte, au Général, en le priant de la joindre au premier paquet qui partirait de l'état-major. Il la lut, et en parut satisfait. Nous continuâmes de marcher, et je m'aperçus, seulement alors, qu'il n'avait pas ses aides-de-camp. Je lui demandai de leurs nouvelles. « Leur absence doit vous apprendre leur
« sort : ils sont avec Ruder. » Je laissai tomber ma tête sur ma poitrine, et je ne proférai plus un mot.

Nous arrivâmes à l'état-major. La joie bruyante qui suit les succès éclatait de toutes parts; chacun félicitait le chef suprême, et je crois que chacun s'attribuait, intérieurement, l'honneur de la victoire, car on racontait, d'un ton très-modeste à la vérité, ce qu'on avait fait de bien; mais on présentait l'action la plus ordinaire sous le jour le plus important. Pour moi, je me taisais, et je n'en étais pas moins vain : on m'avait donné tant d'éloges! et il m'était permis de croire à leur sincérité : je ne pouvais protéger personne.

M. Derneval me présenta une seconde fois. Il répéta, avec complaisance, ce qu'on lui avait dit de moi. Il paraissait fier de mes premiers succès, et il ajoutait, d'un air de satisfaction, que j'étais son élève. Hélas! nous avons beau faire, l'homme perce toujours! O l'égoïsme! l'égoïsme!

« Jérôme, me dit le héros, je veux que vous
« imitiez le brave Ruder, et que vous avanciez,
« comme lui, à force de mérite. Je vous accorde
« une lieutenance de hussards : je vois que vous
« aimez cet habit-là. Tâchez, à la première affaire,
« de mériter une compagnie. Moi, dit M. Derne-
« val, je le prends pour aide-de-camp. La place
« est périlleuse ; mais, ma foi, mon ami, quand
« on a commencé comme vous, il n'est plus per-
« mis de s'arrêter. — Il vous faut plusieurs aides-
« de-camp, Général, et si j'osais... — Osez, Jé-
« rôme, osez ; un vainqueur ne doit pas être
« timide. — J'ai laissé à Aost un ami intime, le

« jeune Luvel, plein de qualités et de valeur, et
« qui n'est encore que soldat, parce qu'il n'est
« pas connu.—Il me semble, dit le grand homme,
« avoir vu ce Luvel sur une liste de conscrits
« réfractaires. — Oh, Général, c'est qu'il est
« amoureux, et on quitte difficilement sa maî-
« tresse. Difficilement, oui, dit monsieur Derne-
« val ; mais on la quitte, et s'il fallait un exemple,
« je n'irais pas le chercher loin. »

Je sentis que madame Derneval avait révélé le secret confié à l'amitié.

« Général, dis-je au héros, votre suffrage est la
« plus glorieuse des récompenses. Donnez ma
« lieutenance à mon ami, et, sans autre titre que
« celui de protégé, je suivrai M. Derneval dans
« les dangers ; je porterai ses ordres partout, et
« je me croirai trop heureux de prouver mon
« dévouement à ma patrie, et ma reconnaissance
« à mon bienfaiteur. — Allons, allons, on ne ré-
« siste point à cela. Deux brevets de lieutenant,
« puisque je ne peux m'en tirer à moins : qu'on
« les remplisse à l'instant. Et que ce M. Luvel
« soit mon second aide-de-camp, dit M. Derneval. »

On me remit les deux brevets. « Expédiez
« vous-même celui de votre ami ; qu'il sache que
« c'est à vous qu'il le doit, et dites-lui que votre
« recommandation lui impose le devoir de mar-
« cher sur vos traces. »

J'étais content ! oh j'étais content ! Cependant, lorsque nous fûmes rentrés sous la tente ; que je pensai à cette vengeance éclatante que j'avais tirée, disait-on, de la mort de Ruder; quand je me rappelai les rapports exagérés des officiers du bataillon, qui assuraient que je les avais conduits à la victoire, tandis que j'ignorais s'ils me suivaient ou non, et que je cédais à une rage purement animale, je compris qu'en guerre, comme en finances, les circonstances font souvent beaucoup, quelquefois tout, et que plus d'un homme célèbre, qui ne s'en vante point, leur doit la presque totalité de sa gloire.

« Vous ne me demandez pas, me dit le Géné-
« ral, lorsque j'allai le lendemain matin prendre
« ses ordres, s'il n'est pas arrivé, à l'état-major,
« de lettres pour vous. — C'est que je crois,
« monsieur, que ce n'est pas le moment de les
« lire. — Mon ami, le titre d'honnête homme
« demande la réunion de bien des qualités : vous
« les aurez toutes je l'espère. Voilà un paquet
« que je dois vous remettre; vous l'ouvrirez
« quand vous le jugerez à propos. »

Je rentrai sous ma tente; je m'assis sur mon lit, et je posai le paquet devant moi. Il renfermait douze à quinze lettres au moins, et il y avait si long-temps que je n'en avais reçu! Je savais bien que je ne lirais rien que je n'eusse déja lu cent fois. Les amans n'ont pas toujours quelque chose de nouveau à se dire; mais ils ont toujours à se parler, et il est si doux de se répéter ce qu'on aime tant à entendre!

Cependant, est-ce sur le corps fumant de son malheureux époux que je me livrerai à cette fièvre d'amour que donne la vue seule de ces caractères ? Le brave homme serait-il mort pour ne conserver que l'amant de sa femme ? Que l'amant de sa femme !... Non, je ne le suis plus... non, je ne dois plus l'être. J'outrageai Ruder vivant ; j'offrirai à sa mémoire et à la reconnaissance le sacrifice le plus douloureux que puisse imposer la délicatesse. Elle-même, sans doute, me donnera l'exemple ; elle se montrera digne du grand nom qui lui est légué. Allons, Jérôme, du courage... Du courage, malheureux enfant ! hé, celui que tu as montré sur le champ de bataille est-il à toi ? n'appartient-il pas tout entier à l'amour, à cet amour qui te maîtrisa dès ta plus tendre enfance, et qui, en ce moment encore, règne sur toutes tes facultés ?

Pendant que je me parlais, que je me répondais, le paquet avait été tourné, retourné, baisé, mouillé de larmes, et le cachet s'était rompu je ne sais comment. J'étais entouré de ces lettres éparses ; je les regardais l'œil enflammé, la poitrine oppressée ; tous mes membres étaient agités d'un mouvement convulsif. J'en pris une, je l'ouvris... Pouvais-je ne pas lire les autres ?

C'était elle, toujours elle. Non, personne ne fut aimée comme toi ; mais comme toi, personne ne connut cet abandon absolu, cette abnégation de soi-même, ce délire céleste, qui, s'il durait toujours, ferait de l'homme un dieu. Un dieu ! idée consolante qu'il faut laisser au malheureux. Mais le désordre physique et moral, mais l'affaiblissement de nos organes, et, par suite, celui de notre intelligence ; la nécessité de dépérir avant de rendre à la matière éternelle l'imperceptible portion qu'elle nous a prêtée ; la réunion lente, mais certaine, de nos débris à cette croûte de ruines qui enveloppe ce triste globe, sont-ce là des signes d'immortalité ?

« Jérôme... Comment, Jérôme, vous n'enten« dez pas le boute-selle ! il faut que je vienne « vous avertir ! — Oh, Général... Général !... — « Je vous entends, jeune homme. L'héroïsme que « vous affectiez était dans votre tête et non dans « votre cœur. Vous n'avez pu vous défendre de « lire ces lettres. Souvenez-vous, mon ami, que « l'homme prudent ne s'engage à rien sans avoir « consulté ses forces. On n'est jamais obligé de « promettre ; on l'est toujours de tenir ce qu'on « a promis.

« Qu'allez-vous faire de tous ces papiers ? » Je les rassemblais en effet. « Les serrer sur votre « poitrine ? » J'avais ouvert ma chemise, et il pouvait voir mon petit sac, déjà si plein ! « Nous « allons nous battre encore. Il se peut que vous « finissiez à seize ans, avec la gloire d'un vieux « soldat, et, alors, que deviendront ces lettres ? « Celle qui vous confia sa réputation, regrettera-« t-elle de vous avoir cru incapable de la com-

« promettre? Brûlez tout cela, monsieur, tout,
« sans exception. — Oui, Général, oui, j'en au-
« rai la force ; mais qu'au moins j'en conserve la
« cendre. Ce gage de son amour, si éloquent
« pour moi, sera muet pour tout l'univers. »

J'allumai une bougie, et sur un tertre, dont j'écartai soigneusement la poussière, je livrai aux flammes ce que je n'eusse pas échangé contre un empire, sans les représentations du Général. Je recueillis ces cendres précieuses ; je les enfermai dans mon petit sac, et je le replaçai sur mon cœur. Je montai à cheval, plus fier de ce triomphe sur moi-même que de mes prétendus exploits, et je sentis que les sacrifices les plus pénibles peuvent, quelquefois, ne rien coûter à l'amour, parce qu'ils portent toujours avec eux leur récompense.

L'état-major de l'armée et moi, qui avais l'honneur d'en faire nombre, couchâmes à Voghera. Toutes nos troupes défilèrent pendant la nuit, se portèrent sur Tortone, et campèrent à la vue de cette ville.

Nous marchâmes le lendemain sur Alexandrie, où l'ennemi, pressé de toutes parts, avait rassemblé ses forces. Nous débouchâmes dans la plaine de San-Juliano, où nous nous rangeâmes en bataille. L'ennemi, au lieu d'engager l'action, se borna à garnir d'artillerie et de troupes, les avenues du pont de la Bormida.

Le chef suprême, suivi de son état-major,

examina, le soir, la plaine et le village de Marengo. Il donna des ordres fréquens aux généraux qui l'entouraient, et se retira avec ce calme et cette confiance qui n'abandonnent jamais un homme né pour commander.

« Hé bien, Jérôme, me dit M. Derneval, tout « annonce pour demain une affaire décisive. — « Tant mieux, Général. Je me suis battu à Mon- « tebello comme un fou; j'espère me montrer « digne, demain, de porter vos ordres, et de les « faire exécuter. » Il me parla de sa femme et de ses enfans : la nature ne perd jamais ses droits. L'amour aussi sait conserver les siens, et, d'une voix timide, je parlai de la bien-aimée : il m'écouta avec indulgence. Il expédia des ordres pour que, le lendemain, à la pointe du jour, on lui envoyât trois jeunes officiers qu'il désignait, et qui devaient faire près de lui les fonctions d'aides-de-camp pendant cette fameuse journée. Nous soupâmes tête-à-tête, frugalement; mais avec une gaieté que n'ont pas toujours ceux qui du sommeil peuvent passer à la mort. Nous nous couchâmes, et je m'endormis profondément. Uniquement aimé de ma maîtresse, chéri de mes supérieurs, élevé à un grade honorable pour mon âge, tout concourait à remplir mes vœux, et on dort toujours bien quand l'esprit est satisfait.

Il fallut qu'on m'éveillât pour monter à cheval; semblable en cela, du moins, à Alexandre et au grand Condé, dont j'avoue franchement que je n'ai ni les talens, ni l'éclat, ni la réputation.

La bataille commença au lever du soleil, et dura pendant quatorze heures. Comme à Montebello, la valeur nous fut d'abord inutile. Pressées par le nombre, nos troupes se replièrent. L'ennemi étendit ses lignes ; il dépassa nos ailes, et semblait vouloir les prendre en flanc. La garnison de Tortone fit une sortie, et vint nous attaquer par derrière. A quatre heures après midi, presque toute notre artillerie était démontée ou prise, et il ne restait dans la plaine que six mille hommes d'infanterie, mille cavaliers de toutes armes, et six pièces de canon en état de servir. Le gros de notre armée s'était rétiré vers un défilé, flanqué d'un côté par un bois, de l'autre par des vignes épaisses et élevées, et là, on disputait encore la victoire, que déjà l'ennemi croyait ne pouvoir lui échapper.

Nous étions du nombre de ceux qui tenaient ferme dans la plaine, et nous faisions une puissante diversion. Il fallait nous accabler pour attaquer le défilé dans les formes, et la mort volait autour de nous. Inébranlables à notre poste, nous paraissions la défier. Je voyais, avec une orgueilleuse satisfaction, le régiment, auquel j'étais attaché, se distinguer sans cesse, et exécuter, avec intelligence et prestesse, les ordres que je lui portais à chaque instant.

Tout à coup plusieurs régimens de grosse cavalerie autrichienne se mirent en ligne pour charger cette poignée de gens à cheval, et culbuter notre infanterie après les avoir défaits. M. Derneval sentit combien il était important de repousser cette charge. Il partit au galop pour se mettre à la tête de mon régiment, et le soutenir par son exemple. Il m'avait sauvé la vie au passage du mont Saint-Bernard; je brûlais de m'acquitter envers lui, et je m'attachai exclusivement à sa personne.

Cette grosse cavalerie s'ébranla, marcha sur nous au grand trot, et, se dispersant à vingt pas de nos escadrons affaiblis, elle nous chargea en fourrageurs, afin de profiter de l'avantage du nombre, et de nous envelopper de toutes parts. Nos gens se défendirent bravement; mais les premiers assaillans se retiraient pour faire place à des hommes frais, qui revenaient combattre des soldats déja fatigués. Ils entamèrent enfin nos rangs, et l'un d'eux s'avança, le sabre levé, sur M. Derneval. Je me jetai entre mon bienfaiteur et son ennemi. Je reçus le coup : il fut terrible. Il me prit sur l'épaule droite, m'ouvrit le sein, et glissa ensuite le long des côtes. Il ne m'ôta ni le courage ni le jugement : pendant que le cavalier relevait son sabre, je lui passai le mien au travers du corps.

Il semble que, dans une telle situation, on n'ait rien à donner aux affections douces : le Général trouva cependant le moment de me serser dans ses bras, et il ordonna un *à gauche au galop*. Cette manœuvre s'exécuta parfaitement, parce que l'ennemi, débandé, parut craindre quelque surprise, et se hâta de reformer ses rangs. Nous nous remîmes en bataille.

Le Général n'ignorait pas que les Français avaient prouvé, à Marignan, qu'ils savent, comme d'autres peuples belliqueux, se défendre, et recevoir la mort à leur poste; mais il était persuadé que l'impatience qui accompagne toujours la vivacité, les rend plus propres à attaquer sans réflexion qu'à disputer le terrain pied à pied. Il osa concevoir le projet de charger à son tour des troupes victorieuses. Il n'eut qu'un ordre à donner, et les chevaux volèrent. L'infanterie, notre rivale d'émulation et de gloire, s'avança aussitôt, et nous seconda par un feu nourri.

Le sang coulait en abondance de ma blessure. Le Général m'avait ordonné plusieurs fois de me retirer, avec le ton de l'amitié; il me parla enfin en supérieur qui veut être obéi. « J'ai promis, « lui dis-je, à madame Derneval, de ne vous « pas quitter. Ma place est à vos côtés. Vaincre « ou mourir avec vous : marchons. »

J'ignore quel eût été le résultat de cette attaque; mais la division du brave Desaix s'avança dans la plaine, et, après une marche forcée de dix lieues, elle tomba sur l'ennemi au pas de charge, et la baïonnette en avant.

Les Autrichiens s'étaient étendus sur toute la surface de la plaine, et déjà ils nous cernaient sur plusieurs points. Ils n'avaient pu occuper cette immensité de terrain sans affaiblir considérablement leurs lignes : elles furent enfoncées de toutes parts. Je ne vis que le commencement de leur défaite. Mes forces, épuisées par la fatigue et la perte de mon sang, m'abandonnèrent tout-à-fait. Je m'évanouis.

Lorsque je revins à moi, je me trouvai dans une chambre assez propre. Je demandai où j'étais. « A Marengo, me répondit-on. — Nous som« mes donc vainqueurs ? — L'ennemi demande « quartier à genoux. — Et le général Derneval ? « est-il parmi les blessés, parmi les morts ? — « Nous ne savons pas encore de détails. — Qui « donc m'a envoyé ici ? — Un ordre supérieur. « — C'est lui, c'est lui qui l'a donné ! Il vit, et « j'oublie mes douleurs.

« Où est-il ? où est-il ? » dit une voix affaiblie que je crus reconnaître. C'était M. Derneval qu'on soutenait sous les bras. Il était blessé d'un coup de feu à la cuisse. « Pourquoi, m'écriai-je, n'ai-je « pas reçu encore celui-là ? » Je me soulevai avec peine, j'étendis mes bras vers lui, et je retombai sur mon oreiller.

Brave comme Saint-Hilaire, et magnanime comme lui : « Ce n'est pas mon sang, me répon« dit-il, qui doit exciter vos regrets. Pleurons, « que la France pleure l'intrépide, le sage Desaix, « moissonné à la fleur de son âge, au milieu de « la plus brillante carrière. »

Arrêtons-nous, lecteur, pour honorer la mémoire d'un héros. Que la flatterie s'avilisse devant les grands du jour : ses éloges, prodigués à tous, doivent toujours être suspects. La reconnaissance des siècles est la digne récompense que doivent ambitionner les grands hommes : c'est la postérité qui plante sur leur tombe ces palmes qui croissent sans cesse, et qui bravent le temps et l'oubli.

CHAPITRE II.

Je la revois.

On logea les blessés comme on put, en attendant que l'ennemi évacuât les places qu'il devait nous livrer, d'après les conditions de l'armistice, qui, bientôt, fut suivi de la paix générale. Mon protecteur, qui aimait ses aises, et qui pouvait se les procurer, se fit conduire à Milan dans une litière, et il eut la bonté de m'en faire donner une. Nous marchions à petites journées, l'un à côté de l'autre, et nous causions quand le temps nous permettait de faire découvrir nos litières. Il me parlait de sa femme; je lui parlais de qui vous savez bien. Quelquefois nous parlions tous les deux ensemble; quelquefois un cri, arraché par la douleur, nous échappait en même temps. L'angoisse passée, nous nous mettions à rire, et nous continuions à nous entretenir de ce qui nous intéressait tant.

Quand nous arrêtions, le Général faisait écrire son secrétaire, et, tous les jours, il faisait partir, pour Paris, un bulletin qui rendait compte de son état et du mien. Il se plaisait à répéter que je m'étais conduit *incroyablement*, et qu'il me devait la vie. Je faisais ajouter que j'étais loin de me croire quitte envers lui, et il me souriait avec bonté. Tout cela était fort bien; mais je ne pouvais charger un étranger d'écrire pour moi à la femme charmante. Je n'avais plus que les cendres de ses lettres; ma blessure pouvait me retenir long-temps en Italie... Diable, diable! tout ceci était tourmentant.

Si, du moins, j'avais Luvel avec moi! Que fait donc ce grand garçon-là à Aost? Il a certainement reçu mes dépêches; il doit être en état de supporter le mouvement du cheval : ne devrait-il pas s'empresser de venir marquer sa reconnaissance au Général? En vérité, cette conduite est bien extraordinaire. Il ne sent donc pas qu'il me compromet; que je puis passer, dans l'esprit de M. Derneval, pour un étourdi qui s'intéresse en faveur du premier venu... Pourquoi cette humeur? Pourquoi ces plaintes? Parce que Luvel avait ma confiance, qu'il la méritait, et que j'en eusse fait mon secrétaire. Encore une fois, voilà l'homme : lui, toujours lui, rien que lui.

Nous arrivâmes à Milan, où nous avait précédés la nouvelle de notre victoire et de la blessure du Général. Les têtes étaient encore exaltées du récit de la journée mémorable, et l'on regardait, avec une sorte d'admiration, ceux qui y avaient eu quelque part. Nous étions à peine descendus de nos litières, que le Général reçut les félicitations et les doléances des autorités civiles et militaires, ce dont il se serait bien passé alors, et moi aussi. Mais ce qui ne lui fut pas indifférent, et ce qui faillit à me faire tourner la tête, c'est que dans un paquet, que le commandant de la place venait de recevoir de l'armée, était, entre autres choses, un brevet conçu dans les termes les plus honorables, qui me nommait colonel de mon régiment. A la vérité, il n'en restait guère que soixante hommes, et de trois officiers qui avaient survécu à cette affaire, j'étais le seul qui pût remplir un grade supérieur. Mais enfin, colonel à seize ans, c'est beau cela! Et puis, quand je pourrai m'expliquer sans blesser la décence, on ne me soupçonnera pas d'avoir bassement calculé. Un colonel peut prétendre à la main de tout le monde. Elle n'aura donc rien perdu du côté de la considération; elle aura tout gagné de celui du cœur. Ah! mon dieu! que je suis content d'être colonel!

Écrivez au bas du bulletin, dis-je le soir au secrétaire, que je suis colonel; colonel, entendez-vous, monsieur? Madame Derneval, pensais-je, ne manquera pas de lui communiquer ses lettres; elle s'applaudira doublement de ma fortune, parce qu'elle m'aime de toute son ame, et parce que je suis son ouvrage.

Le Général avait voulu que mon lit fût dressé à côté du sien. Cet arrangement me plut beaucoup; d'abord, parce qu'un général et un aide-de-camp, entre deux draps et en bonnet de nuit, se ressemblent de manière que les visitans ne savent auquel s'adresser, et que, placé près de la porte, c'était moi qui recevais toujours les premières révérences. J'aurais volontiers fait écrire sur le bois de ma couchette : « Je suis colonel, « et je n'ai que seize ans; je ne suis donc pas « indigne de votre attention, qui se porte si « promptement à l'autre lit. » L'inscription eût été un peu longue ; elle eût blessé les usages, et, peut-être, l'amour-propre du Général. Je me contentai de saluer les hommes de la main, et de sourire aux femmes, quand elles en valaient la peine.

Je ne tardai pas à sentir le désagrément de coucher auprès d'un supérieur, à côté duquel on peut tout penser; mais auprès de qui on ne peut tout entendre ni tout dire.

On annonça un officier, et, comme vous le devinez aisément, l'ordre fut donné de l'introduire. On ne met de valets à l'antichambre que pour écarter les fâcheux, et un brave homme n'est annoncé à son général que pour la forme.

C'était M. Luvel, désolé de n'être pas arrivé assez tôt pour être de la fête, désolé que je fusse blessé, désolé que le Général le fût aussi. Ce cher garçon se désolait de tout, et il était tout simple qu'il se désolât d'avoir manqué l'occasion de se distinguer; qu'il se désolât de trouver son meilleur ami pourfendu des épaules à la ceinture; qu'il se désolât que le chef respectable, à qui il devait son état, fût étendu sur un lit de douleur. Malgré tous ces motifs de désolation, il s'annonça en homme d'esprit, et, ce qui vaut mieux, en homme sensible. Son extrême pâleur le mettait au-dessus du soupçon du côté de la bravoure; sa sensibilité devait flatter ceux qui en étaient les objets: aussi le Général l'accueillit avec affabilité, et il voulut bien me dire qu'il reconnaissait mon discernement dans le choix que je lui avais fait faire.

Voilà donc M. Luvel installé à l'hôtel, chargé de recevoir ceux qui voulaient voir le Général, de les admettre ou de les éconduire, de faire les honneurs de la table, et d'inviter ceux ou celles qui pouvaient prétendre à cette distinction. Ces fonctions étaient très-agréables à remplir. Une jolie femme, empressée de voir le plus bel homme de l'armée, n'était pas fâchée de rencontrer, pour intermédiaire, un jeune homme bien tourné, plein de graces dans l'esprit, qui montrait, en riant, les plus belles dents du monde. Et puis le bel homme était impotent; le joli garçon commençait à devenir très-actif, et l'aimable italienne pouvait prendre avec l'un un avant-goût de ce qu'elle espérait, en secret, de l'autre.

Ce cher Luvel était devenu, en deux jours, d'une importance et d'une utilité dont on ne se fait pas d'idée. Le Général s'applaudissait vraiment de l'avoir, et j'étais si heureux, quand il adressait quelques mots flatteurs à mon ami ! En allant et venant, Luvel me faisait des signes auxquels je n'entendais rien du tout, et dont je n'osais lui demander l'explication : je voyais clairement que la présence du Général l'empêchait de parler.

M. Derneval dormait quelquefois, quand la fièvre de suppuration se modérait. Luvel saisit un de ces momens de repos. « Elle est ici, me dit-il « à l'oreille. — Elle... qui ? m'écriai-je aussitôt. — « Ah, fripon ! si tu m'eusses confié ton goût pour « elle... — Mais, mon ami, je ne sais ce que tu « veux dire. — Tu as déja oublié cette petite Thé- « rèse, si gentille, si jeune, si ingénue, que tu « as, dit-elle... — Comment, elle est ici ! — Oui, « oui, elle est ici. Elle prétend qu'elle est ta « femme, que tu es son mari. — Pas de mauvaise « plaisanterie, s'il vous plaît. — Rien de plus sé- « rieux. Elle a abandonné son couvent, elle a « quitté l'habit monacal. Elle m'a déclaré que si je « ne l'emmenais avec moi, elle ferait la route à « pied. Je me suis défendu ; elle a crié, elle m'a « pincé, elle a pleuré, et, pour en finir, j'ai mé- « tamorphosé la jolie enfant en jockei. — Hé,

« mon ami, que veux-tu que j'en fasse? Je me
« perdrais dans l'esprit du Général; j'éloignerais
« de moi, sans retour, une femme que j'adore.
« Non, l'incartade d'une nuit n'aura pas de suites
« fatales. Elle fut l'effet du hasard; je n'ai rien
« promis. Thérèse est intéressante, je la plains;
« mais qu'elle s'en retourne, il le faut, je le veux.
« —Il le faudrait, je le crois. Tu le veux; c'est
« bientôt dit. Depuis deux jours j'ai toutes les
« peines du monde à la contenir; et, chaque fois
« que je la rencontre, je suis obligé de lui faire
« un roman. A la seule proposition de s'en re-
« tourner à Aost, elle jettera les hauts cris; elle
« viendra te relancer jusqu'ici; elle déclarera in-
« génuement, au Général, que tu as couché avec
« elle; que tu ne peux lui rendre ce que tu lui
« as pris. Je ne sais comment M. Derneval verra
« la chose; comment tu te tireras de ce mauvais
« pas; mais il est temps de prendre un parti. La
« petite a la tête montée, elle peut entrer au mo-
« ment où je te parle.

« —Hé quel diable de parti veux-tu que je
« prenne? quel parti prendra-t-elle elle-même?—
« Elle fera de l'éclat.—Hé bien! j'avouerai tout
« au Général, qui grondera, ou, peut-être, ne
« grondera pas, parce qu'enfin ce n'est pas une
« faute capitale que de coucher avec une jolie
« fille.—Tiens, Jérôme, raisonnons.—Tu auras
« beau dire, je ne dois pas, je ne peux pas me
« charger de Thérèse.—Tu ne peux pas non plus

« l'abandonner à la misère, au libertinage. —
« Oh, j'en suis incapable. — Cherchons donc
« quelque biais qui concilie tous les intérêts. —
« Ma foi, je n'en vois point. — Ni moi non plus.
« C'est pour cela qu'il faut chercher. — Hé quelle
« folie aussi de m'avoir amené cette petite Thé-
« rèse ! — Hé, mon dieu, je t'ai déja dit qu'elle
« serait venue seule, et elle eût débuté par la
« scène que nous voulons éviter. Allons, creu-
« sons-nous le cerveau, chacun de notre côté, et
« faisons-nous part de nos idées, s'il nous en
« vient, car elles fuient ordinairement quand on
« les cherche... Hé, parbleu ! j'y suis... Oui, c'est
« cela ; à merveille. Dans l'état où tu es, tu ne
« peux être infidèle ; voilà pour ta conscience. Il
« est commode d'être gardé, jour et nuit, par
« une jolie petite fille que personne ne devine ;
« qui prodigue les attentions comme le sentiment ;
« qui charme, par ses propos naïfs, la solitude
« du cher et déja célèbre blessé : voilà pour l'agré-
« ment... Allons, allons, je m'en tiens à ce plan.
« S'il n'est pas sage, il est le moins extravagant
« de tous ceux que j'imagine. — Mais explique-
« moi donc... — Je vais te mettre au courant. »
Le Général fit un mouvement, et s'éveilla.

Luvel savait faire des contes ; il en fit qui amu-
sèrent M. Derneval, et le disposèrent, insensiblement, à entrer dans ses vues. Il lui faisait entendre que, commandant de droit dans la place,
il aurait des ordres secrets à donner ; qu'il ne

pourrait se dispenser d'accorder des audiences particulières; que, parmi les solliciteurs (et il devait y en avoir à Milan comme partout), il se trouverait des femmes charmantes qu'un tiers intimide toujours; qu'il ne serait pas agréable de recevoir ces dames dans une chambre qui avait l'air d'un hôpital; que mon respect pour mon chef pouvait m'avoir déja occasioné des coliques d'estomac; que je serais plus libre, et, par conséquent, mieux dans la chambre voisine, et que lui, Luvel, se ferait un devoir de me remplacer, d'amuser M. Derneval s'il l'en jugeait capable, et de se charger de la totalité du travail, dont il ne pouvait s'occuper ni moi non plus.

Tout cela paraissait jeté au hasard. Le discours était coupé de saillies, d'épigrammes, d'historiettes. Le Général, qui répugnait d'abord à m'éloigner de lui, fit un signe d'approbation non équivoque, quand on lui représenta que sa chambre avait l'air d'un hôpital. En effet, mon petit lit, arrivé là comme par accident, des emplâtres sur la cheminée, de la charpie à mon chevet, une table de nuit, des pots de tout espèce, que sais-je moi?... Il est constant que cet ensemble prêtait à la plaisanterie, et nous craignons plus, nous autres Français, un ridicule qu'un vice.

Le Général ne mit donc pas d'obstacles à mon déménagement. Il était dans les convenances que je parusse affecté de cette séparation; mais mon commandant paraissant disposé à se rendre à l'expression de mes regrets, je me gardai bien d'ajouter un mot. Luvel fit monter quelques valets, qui me transportèrent, moi et mon lit, dans la chambre en question. Le Général pouvait, de la sienne, se faire entendre et recevoir mes réponses : genre de conversation qui ne laisse pas d'être fatigant, et que je prévoyais ne devoir être en usage que dans les cas urgens. Ainsi, pas de motif actuel pour ne pas prendre de précautions contre la première explosion de mademoiselle Thérèse, qu'on disait être un peu montée... Un jeune homme prudent pense à tout. Sous le prétexte d'un vent coulis qui me donnait sur les oreilles, je fis fermer la porte de communication, et j'y fis appliquer une sourdine, faite avec un matelas d'un pied et demi d'épaisseur.

Vous vous doutez bien que mon ami Luvel était allé chercher la très-jolie et trop impatiente Thérèse. Ce moment de solitude fit naître de nouvelles réflexions. « Malheureux jeune homme,
« passeras-tu ta vie à faire des fautes et à te re-
« pentir ? La fortune perfide jette dans tes bras
« des objets piquans, qui s'attachent par l'attrait
« du plaisir, et qui te suivent jusque sur les
« champs de bataille. Assez énergique pour évi-
« ter les liaisons sérieuses, trop faible pour rom-
« pre entièrement... Ah ! pourquoi ce grand
« diable de cavalier, au lieu de m'ouvrir l'épaule,
« ne m'a-t-il pas fendu la tête ? Je serais tiré
« d'embarras ; la femme charmante m'eût pleuré ;

« Thérèse aurait fait... elle aurait fait... ma foi,
« ce qu'elle aurait voulu. Et pas du tout; ma
« blessure va à merveille; il faut que je voie
« cette petite fille, que j'entende ses discours in-
« génus, et je ne sais, en vérité, comment la
« conversation... Si je me jetais par la fenêtre
« pour en finir... Non, non; un colonel, beau à
« ce qu'on dit, aimé de la plus aimable des fem-
« mes, qui ne supporte ses douleurs, qui n'est
« flatté de sa gloire, que parce qu'il mettra un
« jour ses lauriers à ses pieds; que parce qu'ils
« seront un titre pour se lier irrévocablement à
« elle... Non, parbleu, je ne veux pas mourir;
« jamais la vie ne me fut si chère. Voyons ce
« que me dira la petite sœur Thérèse. »

Elle entra, introduite par Luvel. J'ai toujours eu le coup d'œil rapide. Je vis, à la seconde, que son habit bleu de ciel, galonné d'argent, faisait valoir la blancheur de son teint. Ses couleurs rosées, des formes, que trahissaient son gilet, une cuisse arrondie, rien ne m'échappa. Elle tenait, dans ses petites mains, son chapeau rond, et roulait machinalement le gland attaché au large galon qui en serrait la forme; ses yeux étaient baissés; en approchant de mon lit, elle rougit avec le charme et l'attrait de la pudeur.

Elle se taisait. « Ne me craignez pas, ma jolie
« petite Thérèse; croyez que je suis votre meil-
« leur ami. — Mon ami! non, monsieur, non:
« vous ne devez pas être mon ami. Que diriez-

« vous si je ne vous offrais que de l'amitié ? —
« Je dirais que Thérèse est raisonnable. — Mais
« c'est qu'elle ne l'est pas, monsieur ; elle ne l'est
« pas du tout. La raison, qui l'a guidée jusqu'à
« cette nuit cruelle, a fui sans retour. — Aima-
« ble enfant, vous écouterez son langage. — J'en
« serais bien fâchée, monsieur. Elle me rappelle-
« rait ce que j'ai perdu ; elle me ferait pressentir
« les chagrins que vous me préparez peut-être,
« et n'est-il pas toujours temps de verser des
« larmes ? Souffrez que je ne sois sensible, en ce
« moment, qu'au plaisir de vous revoir. » Mes
bras s'étaient ouverts ; elle les enlaça dans les
siens ; elle me couvrit de baisers. J'étais blessé ;
mais je n'étais pas mort, et il eût fallu l'être...
Je lui rendis ses caresses... mais c'est que véritablement Thérèse était charmante.

Je combattis cependant encore. « Ma chère
« amie, vous avez fait une faute capitale en
« fuyant votre couvent. — Je le sais, M. Jérôme ;
« mais est-ce vous qui devez me la reprocher ?
« — Vous aviez un état... — J'avais promis à
« sainte Thérèse et à Dieu d'être chaste, et vous
« m'avez fait oublier mon serment. — Mais votre
« faiblesse était ignorée. — Elle était connue de
« sainte Thérèse et de Dieu. Pouvais-je appro-
« cher de l'image de l'une et des autels de l'autre,
« les lèvres brûlantes encore de vos baisers ? —
« Vous m'affligez, Thérèse ; vous m'affligez beau-
« coup. — Vous m'avez affligée bien davantage.

« Vous êtes plus beau que M. Luvel, et, cepen-
« dant, M. Luvel me plaisait plus que vous. Vous
« m'avez forcée à l'oublier, pour vous donner
« mon cœur, et vous consacrer le reste de ma
« vie. Oui, mon devoir me prescrit de m'attacher
« uniquement à celui que la Providence m'a
« donné ; de le soigner en maladie comme en
« santé, et de lui rendre amour pour froideur.
« — Combien je suis sensible, intéressante Thé-
« rèse, aux marques d'attachement que vous me
« prodiguez ! — Non, monsieur, vous n'y êtes
« pas sensible. Je pleure, et vos yeux sont secs ;
« je parle amour, et vous parlez raison. »

Elle était assise, ou à peu près couchée sur mon lit. Elle me pressait les joues dans ses deux petites mains, et, pendant que je répondais, un baiser me fermait un œil, me fermait l'autre, et, quelquefois, m'ôtait la parole. Le moyen de résister à tout cela ! Ma résolution, déjà très-affaiblie, s'évanouit tout-à-fait. Je me livrai sans réserve à la nature et à la beauté suppliante. Le mot *amour* s'échappa plusieurs fois de mes lèvres ! mot fatal, qu'une fillette naïve ne prend jamais pour l'expression du désir, et qui, presque toujours, n'est que cela. Ravie, enchantée, Thérèse tomba à genoux près de mon lit ; elle leva vers le ciel des yeux humides de volupté, elle adressa des actions de grace à sa patrone ; se leva, et sortit en reculant. Elle me souriait comme l'amour quand il avait son innocence, et, de la porte, ses lèvres purpurines me soufflèrent, dans le creux de sa main, un dernier baiser qui n'arriva point à son adresse; mais pouvais-je être insensible à l'intention ?

Il me semble, dit Luvel, entendre appeler de la chambre du Général. Vite, il déplace la sourdine, et il ouvre la porte. « Vous êtes donc de-
« venus sourds, dit M. Derneval. J'allais envoyer,
« par l'autre escalier, savoir la cause de cet acci-
« dent. — Pardonnez-moi, mon Général. C'est
« que... c'est que je causais avec Jérôme, et la
« conversation était montée sur le ton le plus
« haut. — Mais je ne vous entendais pas plus
« que vous entendiez vous-même, ce qui est
« assez extraordinaire. Au reste, voilà une lettre
« pour Jérôme. Remettez-la-lui, et laissez cette
« porte ouverte : j'aime à causer, et il vous sera
« facile de vous partager entre votre ami et moi.
« — Mais, mon Général, les vents coulis... —
« Picard, mettez un paravent dans la chambre
« de M. Jérôme. » Il n'y avait plus de défaites à donner. Heureusement Thérèse était sortie.

Luvel me remit la lettre. Je les reconnus ces caractères dont l'aspect seul portait le trouble, le délire, le bonheur dans mes sens. Elle répondait à la lettre que je lui avais écrite après la mort glorieuse de son mari. La sienne était telle que les circonstances l'exigeaient; froide et polie en apparence; mais je savais interpréter.

« Je sais, monsieur, ce que vous avez fait pour

« honorer les restes de mon époux. Vous deviez
« ces soins à un officier, digne, à bien des égards,
« de servir de modèle à la jeunesse de l'armée,
« et j'aime à croire que votre affection pour moi
« est entrée pour quelque chose dans les peines
« que vous vous êtes données. Recevez-en mes
« sincères remerciemens.

« J'ai appris, avec la plus douce satisfaction,
« votre élévation au grade de lieutenant. Cette
« faveur distinguée vous impose l'obligation d'en
« mériter d'autres, et justifier mes espérances,
« c'est vous acquitter envers moi.

« J'ai l'honneur de vous saluer. »

« Luvel, mon ami, elle ne savait pas, lors-
« qu'elle m'a écrit, que j'ai été blessé, et que je
« suis colonel. Elle le sait maintenant. Oh, com-
« bien elle va me plaindre! combien elle va
« jouir!... Et les expressions de sa lettre, les
« as-tu pesées? en connais-tu la valeur? elle croit
« que mon affection pour elle est entrée pour
« beaucoup dans les soins que j'ai pris des restes
« de ce pauvre Ruder. Elle ajoute que justifier
« ses espérances, c'est m'acquitter envers elle...
« Mon affection pour elle, ses espérances... Sens-
« tu ce que cela veut dire? Tu ne t'en doutes
« peut-être pas? Hé bien, c'est de l'amour, mon
« ami, c'est de l'amour, caché sous les formes des
« bienséances. C'est à moi de le chercher, et avec
« quel délicieux plaisir je découvre cette étin-
« celle cachée sous la cendre! Que je la baise,

« cette lettre ! que je la baise mille fois ! — Jé-
« rôme? — Que je l'enferme dans mon petit sac,
« en attendant que d'autres lettres viennent mul-
« tiplier et prolonger mes jouissances. — Jérôme?
« — Que toutes les femmes de la terre s'éloi-
« gnent de moi ; qu'elles cessent de prétendre à
« un cœur qui est tout à la bien-aimée, sur qui
« elle régnera toujours sans partage. — Jérôme,
« monsieur Jérôme ? — Pardon, mille pardons,
« mon Général ; me voilà à vos ordres. — Je
« vois que M. Luvel a votre confiance, et j'aime
« à croire qu'il la mérite ; mais jamais vous ne
« m'avez fait de confidences à moi... — Oh! mon
« Général, il y a long-temps que vous m'avez
« deviné. — Je pourrais, monsieur, n'être pas
« seul ici, et vous exposez, sans réflexions, une
« femme honnête à rougir un jour devant mes
« valets. Apprenez, monsieur, à renfermer votre
« bonheur ; vous ne le sentirez que plus vive-
« ment. Nos aïeux connaissaient mieux leurs vé-
« ritables intérêts. Pas d'amour alors sans délica-
« tesse ; pas de délicatesse sans discrétion. Cette
« manière d'aimer avait fait naître une politesse
« fine et flatteuse, qui s'est éteinte, et que les
« élégans du jour tournent en ridicule, parce
« qu'ils ne peuvent y atteindre. Ils ont perdu
« beaucoup en s'éloignant de la décence et de
« la discrétion. Un coup d'œil, une légère pré-
« férence, la moindre distinction étaient des fa-
« veurs réelles, car qu'importent les causes du

« bonheur, pourvu qu'il soit senti, et il l'est dou-
« blement quand on sait y ajouter le charme du
« mystère.

« Aujourd'hui, on apporte dans la société peu
« d'idées, moins de chaleur, presque jamais
« d'ame; mais beaucoup de mouvement. L'homme
« à la mode voudrait persuader qu'il a le cœur
« sensible : il n'a réellement qu'une tête active,
« ou plutôt agitée. Il parle donc au hasard, et
« il lui échappe, de loin en loin, de ces traits
« qui brillent comme l'éclair dans les ténèbres.
« Quelques femmelettes en sont frappées, parce
« que la confusion ressemble un peu à l'abon-
« dance. Elles applaudissent, et mon fat n'en
« devient que plus fat encore. Il entreprend avec
« témérité; il réussit par des circonstances heu-
« reuses; il échoue souvent, surtout quand il est
« forcé d'user de prudence, parce qu'alors il ne
« prend que de fausses mesures. On le rencontre
« partout, et partout il fatigue. On s'en plaint
« rarement, et on ne le supporte que parce qu'on
« ne peut brusquer un homme à la mode. Mon
« ami, vous n'êtes pas formé sur le modèle de
« ces êtres-là; mais craignez la contagion de
« l'exemple. »

La leçon était forte, et son utilité ne m'échappa
point. Elle était adoucie par ce ton d'aménité qui
fait tout passer. Je ne méritais pas, en effet, que
le Général me traitât avec sévérité : j'avais été
imprudent, mais je n'avais pas eu l'intention d'être

indiscret. Une force irrésistible avait agi sur moi sans le concours de la pensée. Les mots qui m'étaient échappés n'étaient que l'éruption d'un volcan, long-temps en fermentation, et dont les feux se répandent enfin avec violence, et consument ce qu'ils rencontrent.

Je vis entrer dans ma chambre un homme à cheveux plats et gras, au visage blême, au regard oblique. Il commença, dès la porte, des révérences, qui se terminèrent à quatre pas de mon lit par la plus humble des inclinations. Il était suivi de deux drôles en guenilles, dont l'un avait le nez chargé de bourgeons, et l'autre la pâleur d'un buveur d'eau-de-vie : celui-là se faisait sentir de l'escalier. Si on n'avait été bien persuadé, dans ce pays-là, que nous ne plaidions qu'à coups de canon, nous autre militaires, j'aurais cru voir entrer un malheureux huissier, suivi de ses recors. Thérèse fermait la marche. Elle me souriait avec sa douceur ordinaire, en me montrant l'homme aux cheveux gras.

La porte du Général était ouverte ; je tremblais que la petite parlât, et je n'étais pas disposé, d'ailleurs, à l'écouter favorablement. Je lui fis signe de se taire, mais un signe si impératif, que le sourire disparut de ses lèvres. Elle reprit cet air suppliant qui lui allait si bien, et contre lequel j'avais eu si peu de forces quelques instans auparavant. « Qui êtes-vous, monsieur, « et que me voulez-vous, dis-je à l'homme aux

« cheveux gras, avec un ton qui annonçait que
« je n'étais pas disposé à prolonger la conversa-
« tion? — Monsieur, j'ai l'honneur d'être prêtre
« de l'église romaine. — Monsieur, je n'ai pas
« de messes à faire dire. — J'espère, monsieur,
« vous être utile d'une autre manière. — Mon-
« sieur, je n'ai pas envie de me confesser. — Par-
« donnez-moi, monsieur, vous vous confesserez.
« — Oh, il est fort, celui-là. — Et nous passe-
« rons ensuite à la grande cérémonie. — Et à
« laquelle, s'il vous plaît? — Monsieur, je marie,
« à juste prix, les jeunes gens qui ne sont pas
« maîtres de leurs actions, et les douairières qui
« craignent les sarcasmes du public. Ces deux
« messieurs m'assistent comme témoins. — Je ne
« veux pas me marier. — Pardonnez-moi, mon-
« sieur, vous le voulez ; mademoiselle ne saurait
« m'en avoir imposé. » Ici, le Général tira sa sonnette avec violence, et je tremblai de tous mes
membres.

« Mon cher ami, dit Thérèse avec naïveté et
« onction, il n'y a que le mariage qui puisse lé-
« gitimer notre intimité. Je me suis informée, et
« on m'a indiqué ce saint homme qui... » Elle
avait bien choisi le moment, mademoiselle Thérèse ! « Mon ami, dis-je à Luvel, jette-moi ces
« malheureux à la porte, et emmène cette en-
« fant. — Jérôme, mon cher Jérôme, vous vou-
« lez donc me faire mourir. — Non, ma chère
« amie ; mais je ne veux pas me marier. — Cruel

« jeune homme, et vous me le dites de sang-
« froid, vous, qui, tout à l'heure, me juriez amour,
« fidélité... — Je vous trompais; je me trompais
« moi-même. — Ah, Jérôme! Jérôme! » Elle
tomba sur le parquet, et fondit en larmes. Je
tenais encore la lettre de la femme charmante,
et si ces caractères divins ne m'eussent communiqué une force nouvelle, je sortais de mon lit,
j'allais moi-même tomber aux pieds de l'infortunée Thérèse, et je me laissais marier.

« Observez, monsieur, me dit le marieur à
« juste prix, que j'ai reçu la confession de ma-
« demoiselle. — J'en suis bien aise, mon ami. —
« Que je sais qu'il y a eu séduction. — Vous
« mentez. — Qu'elle est perdue sans ressource
« si vous ne l'épousez pas. — C'est là ce qui
« m'afflige. — Épousez donc. — Je n'en ferai
« rien. — Un procès en séduction vous mènera
« loin. — Au nom de Dieu, Luvel, défais-moi
« de cet homme. — Je me mêle aussi de con-
« seiller les filles séduites. » J'étais furieux, et je
parlais à demi-voix, comme si les autres ne se
faisaient pas entendre de reste de M. Derneval.
Luvel ne faisait autre chose que d'aller du marieur à Thérèse, et de Thérèse au marieur. Il
leur mettait, alternativement, la main sur la bouche, et, convaincu qu'il ne gagnerait rien à ce
manége, il allait, enfin, les pousser tous dehors,
lorsque le Général parut, tiré par quatre laquais
dans son lit à roulettes. Il s'établit au milieu de
ma chambre.

Jamais coupable n'éprouva, devant son juge, la confusion et le saisissement qui s'emparèrent alors de moi. J'étais incapable de voir, de penser, de parler. Le Général était prévenu contre moi : son air sévère l'indiquait assez, et, cependant je ne trouvai pas un mot pour ma défense, moi, qui éprouvais le besoin le plus pressant de me justifier. « Comment, dit le Général au ma-
« rieur, avez-vous osé venir chez moi, porter
« un jeune homme sans expérience à contracter
« un mariage clandestin ? Comment, sans trem-
« bler, l'avez-vous menacé d'une procédure que
« je puis à l'instant même diriger contre vous ?
« Ignorez-vous ce que votre conduite a de ré-
« préhensible, et quelle peine vous subiriez si
« je vous livrais aux tribunaux ? — Ah, je vois
« ce que c'est : monsieur est le père du jeune
« homme. Eh bien, monsieur, vous consentirez...
« — Oui, impudent, je suis son père ; mais je
« suis aussi l'officier-général, commandant en
« chef dans cette ville. » A ces mots, le marieur tomba à genoux avec messieurs ses témoins. « Qu'on donne un louis à ces misérables, dit
« M. Derneval, et qu'ils sortent à l'instant. Que
« diable aviez-vous besoin, dit le prêtre en se
« retirant, de me faire faire cette équipée ? On
« doit savoir ce qu'on fait, prendre de justes me-
« sures, et on ne se jette pas à la tête d'un père.
« Au reste, celui-ci est raisonnable ; il me donne
« sept fois, pour ne me mêler de rien, ce que

« j'exige de ceux à qui je fais faire une sottise. »
La petite, plus morte que vive, ne répondit rien,
bien que les interpellations s'adressassent à elle.

« Voyons maintenant, dit le Général, la de-
« moiselle qui a une vocation si décidée pour le
« mariage. » La pauvre enfant s'approcha, transie
de peur. « Elle est jolie, et paraît décente. Ras-
« surez-vous, ma fille, et dites-moi sur quoi sont
« fondées vos prétentions à la main de monsieur,
« et ce que signifie ce travestissement ? » Encou-
ragée par ce ton de bonté, elle se remit, prit la
parole, et raconta ingénuement tout, absolument
tout ce qui s'était passé à Aost. Ses expressions,
aussi précises que naïves, peignaient jusqu'aux
moindres détails. Il est donc vrai que l'innocence
ne rougit jamais. Sa manière de raconter ramena
souvent le sourire sur les lèvres du Général, et
cela me fit un bien, mais un bien !...

« Je vois, reprit-il, que le hasard à tout fait
« dans cette aventure, et que votre volonté res-
« pective n'y est entrée pour rien. Jusqu'à pré-
« sent, je n'ai pas de reproches à faire à Jérôme.
« Je conçois qu'il est difficile, à son âge, de fuir
« deux jolies femmes qui tombent tout à coup
« dans un lit, et contre lesquelles on n'est pas
« préparé. » Ces paroles me remirent tout-à-fait.
Il continua. « Voici cependant une enfant qui n'a
« succombé à un danger qu'en voulant en éviter
« un autre. Elle s'est reprochée cette faute invo-
« lontaire, au point de se croire indigne de l'état

« qu'elle avait embrassé. Elle a tout quitté ; elle
« est venue vous joindre, Jérôme, et, si j'ai bien
« entendu, vous l'avez accueillie, vous lui avez
« promis amour et fidélité. C'est là, monsieur,
« que vous commencez à devenir coupable. Il est
« contre l'honneur de tromper une femme quel-
« conque, et celle qui n'est pas véritablement
« aimée eût pu triompher de sa passion, si on
« ne l'eût flattée d'en inspirer une semblable.
« Bientôt, négligée, trahie, abandonnée, elle est
« livrée aux remords, ou elle les perd à force de
« mériter d'en avoir. Dans tous les cas, il est
« certain que l'amour ne peut procurer, à une
« fille sage, autant de bonheur qu'il lui en fait
« perdre. Jérôme ne rendra donc pas celle-ci
« victime d'un goût léger et passager. La voilà
« sans asile, sans ressource : voyons, monsieur,
« que comptez-vous faire pour elle ? — Je me
« conformerai, mon Général, à ce que prescrira
« votre sagesse. — Mon Général, prescrivez-lui
« de m'épouser. — Mon enfant, il serait cruel de
« vous laisser nourrir un espoir qui ne peut se
« réaliser : Jérôme n'a que seize ans ; il n'est pas
« d'âge à se marier encore. — Pardonnez-moi,
« mon général, puisqu'il est d'âge à plaire. — Il
« est colonel ; il a un rang dans le monde qui
« lui interdit toute alliance, qui... — Il n'était
« rien, mon Général, quand je me suis donnée à
« lui, et je n'ai pas balancé. — Eh bien, puisqu'il
« faut déchirer ce petit cœur-là pour le ramener

« à la raison, apprenez que, depuis son enfance,
« Jérôme nourrit une passion insurmontable,
« dont l'absence et une jolie femme peuvent le
« distraire un moment; mais qui reprend aussitôt
« son empire. Mariée à ce jeune homme, votre
« sensibilité vous rendrait la plus malheureuse
« des femmes, et votre intérêt, autant que celui
« de monsieur, m'oblige à vous séparer. Cédez,
« mon enfant, à la force des circonstances. Avez-
« vous des parens? »

Le Général eût parlé deux heures encore, que la pauvre petite n'eût pu lui répondre. Elle était dans un état à fendre le cœur le plus dur. Je l'aurais épousée, moi; oh, oui, je l'aurais épousée, sauf à m'en repentir après.

« Par où, Picard? Par où, Lafleur? Par où, « Tourangeau », crièrent plusieurs personnes ensemble, qui montaient avec un fracas et une vivacité inexprimables. Les portes s'ouvrent comme si elles se brisaient... C'est elle, grand dieu! c'est la femme adorée; c'est madame Derneval. A la première nouvelle de nos blessures, elles étaient montées en voiture; elles avaient couru jour et nuit; elles avaient crevé vingt chevaux.

La bien-aimée ne vit ni le Général, ni ses gens, ni Thérèse; elle ne cherchait, elle n'aperçut que moi. Son grand deuil, l'étiquette qu'il prescrit, tout disparut devant l'amour. Tremblante pour son amant, embellie par le sentiment qui l'agitait, elle se précipita vers mon lit, et me pressa sur son cœur. Sa présence inespérée, cette scène qui n'était pas terminée, qui allait l'affliger, et, peut-être, m'ôter son amour, tout était réuni pour me causer une révolution terrible : je m'évanouis dans ses bras.

Lorsque j'eus repris mes sens, elle était près de moi, debout, sa tête penchée vers la mienne. Elle tenait un flacon d'une main, elle appuyait l'autre sur mon cœur. Je n'osais me livrer au plaisir de contempler la plus parfaite des femmes. Je craignais, j'évitais ses regards. « Mon ami, « quand apprendras-tu à me connaître? T'ai-je « jamais aimé pour moi? Si j'étais susceptible de « cet écart, tu ne serais pas blessé; mais tu ne « serais pas l'officier le plus intéressant comme « le plus beau de l'armée, et tu aurais continué « à traîner, près de moi, une vie inutile et ob- « scure. Crois-tu que celle qui a eu le courage d'ex- « poser les jours de son amant, n'ait pas la force « d'oublier une faiblesse? Ton aventure avec Clo- « tilde m'a fait pressentir qu'à ton âge tu m'é- « chapperais quelquefois. Je suis convaincue que « la femme la plus aimable a souvent à pardon- « ner, et, pour conserver ton amour, il faut que « le mien soit indulgent comme l'amitié. Si même, « mon ami, je voulais, dans cette occasion, te « juger avec rigueur, pourrais-je te reprocher la « surprise que t'ont faite tes sens? le Général « m'a tout dit; cette enfant elle-même ne t'accuse « pas. Elle souffre comme souffriront celles qui

« ne t'auront connu que pour te regretter. Je sais
« que je suis sans cesse présente à ta pensée; que
« je suis l'objet de tes vœux les plus tendres, et
« trop heureuse celle qui n'a que des concurren-
« tes, et jamais de rivales. Reprends courage, mon
« ami; accepte mes soins; guéris promptement,
« pour rendre la vie à ta bien-aimée. Elle s'em-
« pressera d'embellir la tienne, et de partager un
« bonheur que la paix va rendre durable. »

Pouvais-je répondre autrement que par des adorations? Qui les méritait comme elle? J'aurais voulu pouvoir lui élever des autels. Je le lui disais avec cette véhémence qu'inspirent un amour sans bornes et la plus légitime reconnaissance. « C'est là, mon ami, qu'est mon autel, je n'en
« veux pas d'autre, et il y a long-temps que tu
« en as un ici. » Elle avait remis sa main sur mon cœur; elle porta la mienne sur le sien.

« Mon ami, tu ne me parles pas de Thérèse.
« Tu crains de me déplaire. Crains plutôt de te
« montrer ingrat, injuste, insensible envers cette
« enfant. — Votre bonté embrasse tout; elle va
« même au-devant de ma pensée. — Rien de ce
« qui t'a été cher ne peut m'être indifférent. —
« Cher! oh, cher! L'expression est forte, madame.
« — Elle est déplacée, puisqu'elle te blesse, et je
« t'en demande pardon. Ne disputons pas sur les
« mots. Voici ce que je sais de Thérèse.

« Son père est un riche particulier de Pavie.
« Le désir de doubler la fortune d'un fils unique

« l'a porté à sacrifier cette jeune personne. Thé-
« rèse, sans goût pour le cloître, mais intimidée
« par l'autorité paternelle, s'est décidée pour l'or-
« dre où l'on conserve une apparence de liberté,
« et où l'on accueille et console l'indigence. Son
« père s'est d'abord opposé à un choix qui ne
« remplissait qu'une partie de ses vues, parce
« que ces religieuses ne font que des vœux sim-
« ples. Mais la petite a déployé une énergie qui
« l'a réduit à l'alternative de céder, ou de déclarer
« ses véritables motifs, et d'encourir le blâme
« public. Elle est donc entrée chez les Filles de
« la Charité d'Aost, il y a environ six mois. »

« Elle t'a vu. Ta destinée est de plaire à toutes
« les femmes qui te verront. — Et de n'en aimer
« qu'une, de l'aimer toujours, de l'aimer sans
« partage : le Général me rend cette justice. —
« Oh! répète, mon ami, répète : j'ai tant de be-
« soin de te croire! Je ne saurais dissimuler plus
« long-temps. La philosophie que j'opposais tout
« à l'heure à tes infidélités n'était que dans ma
« bouche : c'était le dernier effort de ma vanité
« blessée.... Non, tu ne sais pas combien je t'aime;
« tu ne le sauras jamais, puisqu'il n'est pas de
« mots pour le dire. » Elle se tut; mais qu'il est
éloquent le silence d'un cœur qui brûle! Ce n'était
pas Thérèse qui me pressait dans ses bras; ce
n'étaient plus ses baisers qui répondaient aux
miens; c'était le bonheur même, c'était quelque

chose de plus qui entourait un lit de douleur d'une auréole céleste.

« Assez, assez, adorable enfant; ton sang s'é-
« chauffe... — Ta présence seule le dessèche, le
« dévore; juge de l'effet de tes caresses. — Ar-
« rête, mon ami, arrête; tu veux donc mourir
« et me donner la mort? Non, je ne serai plus
« seule avec toi; je ne veux être que ta garde.
« Tu sais combien elle sera soigneuse, attentive,
« prévenante; mais plus de baisers, cher enfant,
« plus de baisers, je t'en supplie : ils nous mènent
« toujours trop loin.

Elle avait reculé son fauteuil, elle avait sonné; elle avait caché, sous ses crêpes noirs, une figure enivrante, et, à travers le tissu jaloux, son œil dardait des feux qui arrivaient jusqu'à moi.

« Revenons à Thérèse, mon ami; il me semble
« que c'est d'elle que nous parlions. Tu conçois
« qu'il a fallu la force de raisonnement du Gé-
« néral, et le langage affectueux de son aimable
« épouse, pour que la petite consentît à se laisser
« conduire dans un couvent, où on la place en
« qualité de pensionnaire. On taira ce qui doit
« être caché, et on la recommandera de manière
« à ce qu'elle jouisse d'un sort agréable, jusqu'à
« ce qu'on ait des nouvelles de son père. »

Une femme de chambre entra. Ce n'était plus Clotilde, ce n'était pas même sa compagne. Je pensais qu'il est des choses qu'une femme sensible pardonne à son amant, mais qu'elle ne pardonne qu'à lui, et que la bien-aimée n'avait plus de secret pour madame Derneval. Elle ordonna à mademoiselle Lucie de rester, et elle continua.

« M. Derneval a fait écrire. Il attribue la fuite
« de Thérèse à la terreur que devaient lui inspirer
« un siége, un assaut, un pillage. Il ajoute que,
« dans les pays conquis, les Français ne souffrent
« point de clôture forcée. Il enjoint au père de
« reprendre sa fille, de la traiter avec douceur,
« ou de lui faire une pension proportionnée à sa
« fortune. Voilà, monsieur, où en sont les cho-
« ses. Monsieur, monsieur, répété-je entre mes
« dents!... Oh! c'est que mademoiselle Lucie
« est là. »

Fidèle à sa résolution, elle ne me quitta pas un instant. Mais elle avait toujours Lucie ou une autre auprès d'elle. Madame Derneval venait, plusieurs fois dans la journée, me donner des marques du plus doux intérêt. Elle me nommait son sauveur, son ami le plus vrai, moi qui lui devais tout! Il est donc des cœurs assez généreux pour oublier le bien qu'ils ont fait, et trouver leur bonheur dans la reconnaissance! La sienne ne connaissait pas de bornes. Elle se plaisait à préparer ce qui était nécessaire pour le pansement, elle me présentait mes potions; elle m'embrassait en entrant, en sortant, et tout cela, disait-elle en riant, était autant de larcins qu'elle faisait à madame Ruder. Le disait-elle pour que la bien-aimée pût m'embrasser à son tour, et que ses caresses ne parussent, à Lucie, que des plaisanteries sans conséquence?

Jamais blessé ne fut traité comme moi; jamais enfant gâté ne fut aussi impatient. Je me tourmentais, je murmurais intérieurement contre la réserve à laquelle on me soumettait. Je maudissais Lucie, madame Derneval, j'aurais maudit la bien-aimée elle-même si je l'avais osé, ou plutôt si je l'avais pu. Enfin, le troisième jour, je déclarai, très-résolument, à mon chirurgien, que je voulais faire ma cour au Général, et que j'allais me lever.

Il aurait voulu que je gardasse le lit quelques jours encore. La femme charmante, madame Derneval, M. Luvel lui-même, tout le monde s'était rangé du parti du docteur; mais aux marques de dépit que je laissai échapper, à la violence de mon agitation, on jugea moins dangereux de me satisfaire, que de m'exposer à quelque révolution. Je fus donc habillé par la main des graces, car cette Lucie était encore, je ne sais pourquoi, très-jolie, et la bien-aimée et madame Derneval disputaient avec elle d'empressement et de légèreté dans les doigts. C'était à qui me procurerait plus d'aisance, à qui ferait valoir davantage cette petite figure, qu'un reste de pâleur rendait, disait-on, plus touchante. Oh! qu'il est doux d'être aimé ainsi! Qu'il serait flatteur de le mériter! Je n'osais me livrer à cette dernière idée, et elle se reproduisait malgré moi. Oh! le chien d'amour-propre!

Il était cinq heures, et l'on faisait cercle chez le Général. Vous sentez que ce qu'il y avait de mieux dans la ville s'était empressé de venir rendre ses hommages à madame : elle était trop bien pour que les hommes ne fussent pas tentés de revenir. M. Derneval avait une de ces physionomies que les femmes sont bien aises de revoir, et, dans ces cas-là, les uns et les autres n'ont besoin que d'un prétexte. Il y en avait un ici qui s'offrait de lui-même : le désir de dissiper l'illustre blessé. Aussi avait-il tous les jours, de cinq heures à huit, une réunion nombreuse et choisie. Il était clair qu'à travers tous ces gens-là je trouverais, je joindrais la bien-aimée, et que je pourrais, au moins, lui parler de mon amour. On n'est jamais plus isolé que dans une assemblée nombreuse, où chacun a ses intérêts, ses affections, ses plaisirs particuliers. Bien certainement, mademoiselle Lucie ne viendrait pas troubler des tête-à-tête d'un moment; mais souvent répétés. Je n'avais pas d'autre but, car je sentais bien que, pour achever de guérir, il fallait être raisonnable.

Tout entière au cher blessé, la femme charmante n'avait point encore paru dans la brillante société, et c'est un évènement que l'entrée d'une femme charmante. Le moment où nous parûmes fut pour moi celui d'un triomphe nouveau : les hommes se levèrent avec un murmure d'admiration qui me fit rougir de plaisir, et peut-être d'orgueil. Elle me soutenait sous le bras; elle me le serra d'une façon qui voulait dire : Ce qu'ils admirent tant est à toi, à toi pour la vie. L'orgueil s'évanouit; il ne resta que le plaisir : c'est que celui-ci est l'enfant de la nature, et que sa bienfaisante mère nous ramène toujours aux sentimens vrais.

L'accueil qu'elle reçut des femmes fut un peu différent; elles restèrent froides, immobiles, et quelques-unes se pincèrent les lèvres, ce qui veut dire encore, en Italie comme en France : Il est infiniment désagréable de rencontrer de ces femmes-là; elles vous éclipsent à la minute; les hommes ne reviennent à vous que bien convaincus de l'impossibilité de réussir; il est dur de n'être plus qu'un pis aller, etc., etc., etc.

Pendant que j'offrais au Général le tribut de mon affection respectueuse, ces dames se remirent, et la gaieté folâtre succéda subitement à de petites moues, peut-être un peu trop marquées; mais le premier mouvement des femmes est toujours pour la vanité; le second est à la dissimulation.

Elles devaient enfin m'examiner à mon tour : je méritais aussi quelque attention. Elles s'approchèrent de moi avec un empressement, un intérêt qu'elles ne se donnèrent pas la peine de vouloir cacher. Eh! quoi de plus simple? Il est reçu qu'une femme de vingt-cinq ans peut jouer la petite maman avec un jeune homme de seize, et, pour peu qu'il soit dégourdi, ce jeu la mène loin. Le joli enfant ! disait l'une. Que sa toilette de convalescent lui sied bien ! disait l'autre. Comment ce vilain cavalier a-t-il pu lever son sabre sur lui, ajoutait celle-ci ? Oh ! ces Hongrois ne savent pas vivre ! reprenait celle-là. Un fauteuil à roulettes arrivait d'un côté; on apportait des coussins de l'autre. C'est à qui m'arrangerait les bras, les jambes; on me ployait comme un mannequin.

Comme tout prend fin, ces dames finirent par me laisser tranquille; mais, alors, les hommes m'obsédèrent, parce que la bien-aimée s'était assise auprès de moi. Elle leur fit observer, poliment, que j'avais besoin d'air. Il est un genre de politesse qui bannit l'espoir, et nous restons peu, nous autres hommes, auprès d'une femme dont nous n'espérons rien. Ces messieurs s'éloignèrent insensiblement, et s'efforcèrent de faire oublier, à ces dames, la solitude humiliante où ils les avaient laissées un moment. Un seul resta, et me gênait autant que mille. Je ne pouvais l'éconduire, et j'en avais grande envie, car il parlait avec facilité et avec grace; son esprit était orné. Il adressait à la femme charmante de ces choses flatteuses qui plaisent toujours quand elles n'ont rien d'affecté. Une figure aimable, une croix qui annonçait un rang dans le monde, et son importunité, c'était plus qu'il n'en fallait pour se faire détester s'il n'eût eu quarante ans, et quand je l'écoutais, je trouvais qu'on peut plaire encore à cet âge, et plaire beaucoup. Je ne pus adresser que quelques mots particuliers à la bien-aimée pendant cette éternelle soirée; ce fut lorsque ce beau monsieur se leva pour aller demander au Général qui était cette femme séduisante qui paraissait avoir tant d'attachement pour moi. Le Général lui répondit à voix basse, mais probablement de la manière la plus avantageuse, car monsieur le chevalier revint plus empressé, plus respectueux; il reprit sa place, et ne la quitta plus.

Oh! combien je regrettai, alors, ma chambre solitaire, où je n'avais de témoin que Lucie, devant qui, à la rigueur, je pouvais ne me contraindre que jusqu'à un certain point, car les femmes de chambre ne voient rien dans l'apparment. Elles ont bien des réminiscences à l'antichambre; mais que m'importait définitivement qu'on y dît que j'étais amoureux? l'objet de mon amour me justifiait de reste; que j'étais aimé? parbleu, j'en valais bien la peine.

Luvel était à tout, en faisant sa cour à une assez jolie femme. Il s'aperçut de mon trouble, de mon mécontentement; il vint se mêler à la conversation, et la généralisa, ce que je n'avais pu faire jusque alors, tant je me sentais gauche et embarrassé. La jolie femme qu'il venait de quitter le suivit, non pas pour le suivre, comme vous pensez bien, mais parce qu'il n'était pas généreux, disait-elle, que personne n'aidât cette dame à répondre à trois hommes intéressans.

Notre petit cercle s'agrandissait, et monsieur le chevalier parut bientôt aussi importuné que je l'avais trouvé importun lui-même. Je fus enchanté de la contrariété qu'il éprouvait, car il est impossible de ne pas haïr un peu ses rivaux, même ceux qu'on ne craint pas. N'ayant rien de mieux à faire, je portai, sur les différentes figures qui composaient l'assemblée, des yeux que je détournais, malgré moi, de celle que je ne voyais jamais assez. C'est une belle chose que la précaution ! Et nous l'employons avec une adresse, nous autres pauvres amans ! Malgré les privations que je m'imposais, je m'aperçus aisément que notre secret n'en était plus un pour la jolie brune de Luvel : les femmes ont une pénétration ! La découverte de celle-ci la mit de la plus belle humeur ; elle ne craignait plus d'avoir rencontré une rivale, et, certes, il eût fallu céder à celle-ci. Je crois que monsieur le chevalier se douta aussi de quelque chose, car il devint pensif, rêveur, et prit tout à coup le rôle d'observateur. Eh bien ! qu'il observe, monsieur le chevalier ; qu'il désespère, et qu'il ne revienne plus !

CHAPITRE III.

Quelques portraits qu'on peut reconnaître.

Huit heures sonnèrent, et tout le monde se retira : c'était l'heure des chirurgiens, auxquels succédait le repas léger qui convient à des malades. Je repris ma place à la table du Général ; la beauté en fit les honneurs, et la sensibilité y présida. M. et madame Derneval étaient aussi heureux qu'on peut l'être après plusieurs années de l'union la mieux assortie ; nous l'étions, la bien-aimée et moi, comme des amans qui n'ont encore qu'effleuré la coupe du plaisir ; Luvel l'était par l'espoir de se dédommager des peines de l'absence : pour lui, l'amour n'avait que des chaînes de fleurs.

« M. Luvel, dit le Général, lorsque les domes-
« tiques furent retirés, il y a plusieurs jours que
« vous voyez chez moi les mêmes personnes, et
« je vous crois très-habile dans l'art de saisir les
« ridicules... — Mon Général, je ne suis pas moins
« prompt à reconnaître les belles qualités : mon
« dévouement pour vous en est la preuve. — Ce
« n'est pas un compliment que je vous demande,
« monsieur, mais quelques tableaux. » Je saisis cette ouverture avec empressement. « Commence,
« lui dis-je, par ce chevalier, qui paraît cloué
« dans son fauteuil, et qui ne le quitte que pour

« aller faire des questions indiscrètes. Oh ! re-
« prit le Général, je me charge de celui-là, parce
« que je le connais à fond. J'ai voyagé un an
« avec lui dans le nord de l'Europe, et vous
« voyez, monsieur le colonel, que cette intimité
« autorisait, de sa part, ces questions qui vous
« ont paru déplacées. Vous vous battez en vieux
« soldat, mon ami; mais vous jugez encore de
« tout comme on doit le faire à votre âge. Reve-
« nons.

« Le commandeur de Nosari, d'une ancienne
« famille du Piémont, est entré à Malte en sor-
« tant du berceau. Il a servi dès que l'âge le lui
« a permis, moins par ambition que par devoir.
« Il s'est toujours distingué ; mais il n'est pas
« dans son caractère de solliciter : aussi n'est-il
« encore que colonel. Il a le cœur droit, et les
« mœurs douces. Son esprit, plus étendu que
« brillant, ressemble à une lumière égale, qui
« éclaire sans éblouir, et se porte sur tous les
« objets. Des hommes médiocres peuvent vivre
« long-temps avec lui sans soupçonner sa supé-
« riorité : il n'appartient qu'à des gens de mérite
« de la reconnaître. Tel est, mon ami, l'homme
« qui ne vous déplaît que parce qu'il vous donne
« de l'inquiétude. Avec plus d'usage, vous auriez
« reconnu la grand'croix de son ordre, et vous
« sauriez que les dignitaires de Malte font des
« vœux qui leur interdisent le mariage. Mais le
« commandeur n'a pas renoncé au commerce des

« femmes aimables; madame mérite d'avoir des
« amis, et l'amitié du commandeur peut la flat-
« ter s'il la lui offre, parce qu'elle sera sincère,
« et qu'il ne la prodigue jamais. Souvenez-vous,
« mon ami, de n'être jaloux qu'après vous être
« convaincu que vous avez des raisons solides
« de l'être, et, alors, vous serez atteint d'un mal
« de plus, et vous n'aurez remédié à rien.

« Comment, m'écriai-je, dépend-il de moi
« d'être ou de n'être pas jaloux, et la jalousie
« n'est-elle pas un attribut nécessaire de l'amour?
« Hé non, Jérôme, me répondit Luvel. La ja-
« lousie n'est qu'un préjugé, fortifié par l'habi-
« tude. Si elle était naturelle aux amans, ils se-
« raient partout également jaloux, et il y a des
« peuples qui le sont beaucoup moins que d'au-
« tres; il y en a qui ne le sont pas du tout; il
« en est même qui donnent dans l'excès opposé,
« et ce qui serait un opprobre pour toi, est un
« honneur pour un Lapon.

« La jalousie est si peu un sentiment naturel,
« qu'elle se soumet facilement aux usages de la
« société. Tel homme, par exemple, qui serait
« jaloux d'un rival jusqu'à la frénésie, ne se per-
« met pas de l'être d'un mari, et, en général,
« les jaloux sont intérieurement si persuadés de
« leur injustice, qu'il y en a peu qui ne se ca-
« chent de l'être.

« On croit que la jalousie marque beaucoup
« d'amour; mais l'expérience prouve que l'amour

« le plus violent est ordinairement le moins soup-
« çonneux. La jalousie ne prouve, communé-
« ment, qu'un amour faible, un sot orgueil, le
« sentiment forcé de son peu de mérite, et quel-
« quefois un mauvais cœur... — Oh! ceci est bien
« fort, M. Luvel, et un mauvais cœur... — Oui,
« mon ami, un mauvais cœur; je le répète, et je
« le prouve. Un amant dégoûté cherche un pré-
« texte pour rompre. Hé bien, s'il s'aperçoit
« qu'on peut se consoler de sa perte avec un
« autre, sa vanité est blessée de ne pas laisser
« une femme dans les regrets. La jalousie, ou
« plutôt l'envie, le ramène pour être tyran, sans
« être heureux. Voilà les hommes! leur amour
« ne vit que d'amour-propre; il n'y a que des
« jaloux d'orgueil.

« — Allons, allons, Luvel, je vois bien que tu
« n'as jamais aimé. — D'abord, mon ami, enten-
« dons-nous sur le mot. Aimer, c'est de l'amitié;
« désirer la jouissance d'un objet, c'est de l'amour;
« désirer cet objet exclusivement à tout autre,
« c'est passion. Le premier sentiment est toujours
« un bien; le second n'est qu'un appétit du plai-
« sir; le troisième, étant le plus vif, ajoute au
« plaisir, mais prépare des peines. Que ma bonne
« fortune me garde de celui-là! — Oh! je te ré-
« ponds qu'à cet égard tu n'as rien à craindre. Je
« vais même jusqu'à te croire capable de pardon-
« ner une infidélité. — Pourquoi non? L'infidélité
« est un grand mot, souvent mal appliqué. En

« amitié c'est un crime; mais si une femme aima-
« ble avait du goût pour moi, je ne prétendrais
« pas être l'unique objet de ses attentions. Une
« telle prétention serait une tyrannie insuppor-
« table pour elle, et une folie cruelle pour moi-
« même. Jouissons toujours d'un bien comme s'il
« ne devait jamais finir, et sachons le perdre
« comme n'y ayant aucun droit. »

La bien-aimée reçut cette doctrine avec le silence le plus froid, et un mouvement de tête qui marquait une improbation formelle. Madame Derneval ne fut pas aussi maîtresse d'elle-même.
« Il est aisé, monsieur, lui dit-elle, de juger les
« femmes que vous avez connues, et celles à qui
« vous vous attacherez : elles doivent avoir le
« cœur froid, les sens assez calmes, et la tête dé-
« réglée. Ce n'est pas la raison qui détermine
« leur choix, ce n'est pas l'amour, ce n'est pas
« même le plaisir. C'est la folie qui leur échauffe
« l'imagination pour un homme, qui devient suc-
« cessivement l'objet, le complice et la victime
« d'un caprice. Un amant leur plaît sans autre
« raison que de s'être présenté le premier, et il
« est bientôt quitté pour un autre, qui n'a d'autre
« mérite que d'être venu après.

« Quand la tête de ces femmes se prend, elles
« font toutes les avances, comme si ce n'était
« rien. La fantaisie est-elle passée, elles s'en dé-
« fendent, comme si c'était quelque chose. Il n'y
« a point, alors, de manœuvres plates et usées

« qu'elles n'emploient. Elles commencent par in-
« sinuer qu'un homme avec qui l'on croit qu'elles
« ont vécu s'en est donné l'air; ce serait le der-
« nier qu'elles choisiraient; elles ne conçoivent
« pas qu'on puisse l'avoir. Elles passent, par de-
« grés, aux propos les plus outrageans, si, tou-
« tefois, elles peuvent outrager. Elles supposent
« qu'on ne croira pas qu'elles osassent parler ainsi
« d'un homme dont elles auraient quelque chose
« à craindre. Elles ne savent pas qu'elles sont les
« seules à imaginer qu'elles aient encore quelque
« chose à perdre. Quand on entend ces déclama-
« tions, on sait d'abord à quoi s'en tenir; on l'ap-
« prendrait par là, si on l'ignorait. Cet excès de
« hardiesse ne leur est cependant pas inutile; il
« ne dissuade pas; mais il impose, et oblige à
« dissimuler, en leur présence, le mépris qu'on
« a pour elles. »

La sortie était vive, et Luvel avait trop d'esprit pour ne pas la sentir. « Je n'ai pas prétendu,
« mesdames, qu'il n'y eût point d'exception aux
« principes que j'ai avancés, et si j'avais besoin
« de trouver des exemples de la tendresse et de
« la fidélité conjugales d'une part, d'un amour
« délicat et sans bornes de l'autre, je n'irais pas
« les chercher loin. C'est, sans doute, un malheur
« d'être athée en amour; mais je ne suis qu'à
« plaindre, car enfin on n'est pas maître de ses
« opinions. Pas mal, pas mal, dit le Général :
« voilà qui raccommode bien des choses. J'avoue

« même que j'ai trouvé des idées très-justes
« dans ce que monsieur a dit de la jalousie : je
« ne le croyais pas si profond. Je voudrais savoir
« maintenant comment un athée en amour niera,
« avec quelque vraisemblance, l'existence d'un
« sentiment dont il vient de citer un exemple.
« Voyons, M. Luvel, expliquez-moi cette contra-
« diction, qui n'est sans doute qu'apparente. —
« Oh! mon Général, je n'oserai jamais... Ces
« dames... — Ces dames ne ressemblent pas aux
« dévots, qui détestent tout ce qui n'est pas de
« leur religion. La leur est tolérante, et je vous
« réponds qu'elles ne se brouilleront pas même
« avec vous. — Si, en effet, ces dames le per-
« mettent... Nous faisons plus, monsieur, nous
« vous y invitons, dit madame Derneval. — Cette
« invitation est un ordre, madame. Je commence.
« — Monsieur, j'écoute; mais tenez-vous bien.

« — Les passions qui agitent les hommes se
« développent presque toutes dans leur cœur
« avant qu'ils aient la première idée de l'amour.
« La colère, l'envie, l'orgueil, l'avarice, l'ambi-
« tion, se manifestent dès l'enfance. Les objets
« en sont petits; mais ce sont ceux de cet âge.
« Ces passions ne paraissent violentes que lorsque
« l'importance de leurs objets les rend véritable-
« ment remarquables.

« Il vient un âge où ce qu'on appelle amour se
« fait vivement sentir. Mais est-il, en effet, autre
« chose qu'une portion du goût général que les

« hommes ont pour le plaisir? Cette passion pré-
« tendue se détruit par son usage; les passions
« réelles se fortifient sans cesse. La première est
« bornée à un temps quelconque; les autres
« s'étendent sur tout le cours de la vie. L'amour,
« enfin, n'est qu'un besoin des sens, et le plus
« court des plaisirs. Je vais développer ces idées.
« — Elles sont absurdes, mon ami. — Pas tant,
« pas tant, M. Jérôme.

« De ce que la sensation du plaisir qu'on nomme
« amour est très-vive, il ne s'ensuit pas que ce
« soit une passion. On la suppose où elle n'est
« pas; on croit même, de bonne foi, l'éprouver:
« on se détrompe par l'expérience. On a vu des
« gens, épris en apparence de la plus violente
« passion, prêts à sacrifier leur vie pour une
« femme; qui l'auraient fait, peut-être, comme
« on fait, dans l'ivresse, des extravagances dont on
« rougit lorsqu'elle est dissipée; on a vu ces gens
« sacrifier cette même femme à l'ambition, à
« l'avarice, à la vanité, et même à la mode. Citez-
« moi un ambitieux, un avare, un orgueilleux
« qui se soit corrigé. Pourquoi cette différence?
« C'est que les passions réelles vivent de leur
« propre substance. L'amour, au contraire, non-
« seulement s'use par son usage, ainsi que je le
« disais tout à l'heure; mais, pendant sa courte
« durée, il a besoin d'un peu de contradiction, et,
« alors, il s'associe l'amour-propre, qui le soutient
« pendant quelque temps.

« Monsieur, reprit la bien-aimée, il est des « amans capables de tout sacrifier à leur passion. « — Madame, qu'est-ce que cela prouve? il n'est « pas de goût sérieux ou frivole qui n'ait aussi « ses fanatiques. La musique, la chasse, la danse, « peuvent devenir le goût exclusif de quelqu'un, « et fermer son cœur à toutes les passions. Met- « trez-vous pour cela au rang des passions, la « danse, la chasse et la musique?

« Les grands et rares sacrifices que l'on con- « naisse ont presque tous été faits par des fem- « mes; presque tous les bons procédés leur ap- « partiennent en amour, et même en amitié, « surtout quand elle a succédé à l'amour. — Ah! « monsieur veut se rétablir dans notre esprit. — « Non, madame, je veux simplement remonter à « la cause de la différente manière d'aimer des « deux sexes, et ce que j'ai à dire, à ce sujet, ne « vous plaira peut-être point. Mais qu'il me soit « permis de présenter, dans toute son étendue, « un système que vous n'adopterez pas; mais qui « n'est point aussi chimérique que vous paraissez « le croire. Je reprends.

« On dit, et les femmes aiment à entendre « dire qu'elles ont l'ame plus sensible, plus sin- « cère, plus courageuse, en amour, que les hom- « mes. Cela vient uniquement de leur éducation, « si l'on peut donner ce nom au soin qu'on prend « d'amollir leur cœur, et de leur laisser la tête « vide. Les femmes ne sont guère exposées qu'aux

« impressions de l'amour, parce que les hommes
« ne cherchent pas à leur inspirer d'autres sen-
« timens. Ne tenant point à elles par les affaires,
« ils ne peuvent former, avec le sexe, d'autres
« liaisons que celles des plaisirs. Aussi la plupart
« de ces héroïnes de tendresse passent leur vie à
« être flattées, gâtées, séduites, abandonnées,
« livrées enfin à elles-mêmes, et n'ayant pour
« ressource qu'une dévotion de pratique, d'en-
« nui et d'intrigue. Cette dévotion les occupe
« alors exclusivement, et n'est pas plus une pas-
« sion que l'amour auquel elle a succédé.

« L'éducation des hommes, tout imparfaite
« qu'elle est, a, du moins, l'avantage de les oc-
« cuper, de remplir leurs têtes d'idées bonnes ou
« mauvaises, qui les détournent long-temps de
« celle de s'attacher. Les affaires, les emplois,
« les occupations quelconques viennent ensuite,
« et ne laissent à l'amour qu'une place subor-
« donnée à des intérêts plus puissans, à de véri-
« tables passions. Ce qu'alors les hommes nom-
« ment amour, est l'usage de certain plaisir
« qu'ils saisissent d'abord avec ardeur, qu'ils va-
« rient par dégoût et par inconstance, et auquel
« ils sont enfin forcés de renoncer, quand ce
« plaisir cesse de leur convenir, ou quand ils n'y
« conviennent plus.

« Observez, mesdames, que si cet attrait du
« plaisir, qui séduit les deux sexes, était vraiment
« une passion, les effets en seraient précisément

« les mêmes, comme il est de fait que les avares
« courent d'une manière invariable après l'or, et
« les ambitieux après les grandes places. Tout
« bien examiné, il me semble que l'amour n'est
« que l'affaire de ceux qui n'en ont point.

« — As-tu jamais fait, Luvel, de ces raisonne-
« mens-là à ton amante de Paris? Lui as-tu laissé
« entrevoir que la dévotion serait, un jour, son
« unique ressource? — Non, mon ami. Mon in-
« térêt personnel, plus fort que l'amour, parce
« qu'il est passion, ne me permet pas de donner
« des armes contre moi. Que j'épouse ou non, je
« me conduirai en galant homme; voilà tout ce
« qu'une femme raisonnable peut exiger. — Et si
« ces bons procédés s'étendent jusqu'à la fin de
« ta vie? — Ils prouveront l'absence absolue de
« la passion, car il n'y a plus d'amour où les
« procédés commencent. Mais je te vois venir.
« Tu veux m'opposer ces liaisons qu'une longue
« suite d'années a rendues respectables, parce
« qu'on suppose que le temps ne les a point
« affaiblies. Sais-tu à quoi ce réduit cet argu-
« ment? Je vais te le dire. Les liaisons dont tu
« parles sont celles que l'amour a pu faire naître,
« mais que l'amitié a consacrées. En général, elles
« ne cessent d'être orageuses que lorsque l'amour
« est éteint. Ce sont des amans qui, tantôt ivres
« de plaisir, tantôt tourmentés par des caprices,
« des jalousies d'humeur, ou de fausses délicates-
« ses, passent, quelquefois en un même jour,

« des caresses au dépit et à l'aigreur; s'offensent,
« se pardonnent, et se tyrannisent mutuellement.
« Après avoir usé les plaisirs et les peines de
« l'amour, ces amans se trouvent heureusement
« dignes d'être amis, et c'est de ce moment seul
« qu'ils vivent heureux.

« Un état si rare et si délicieux serait le charme
« d'un âge avancé, et empêcherait de regretter la
« jeunesse. La réflexion, qui détruit ou affaiblit
« les autres plaisirs, parce qu'ils consistent dans
« une espèce d'ivresse, augmente et consolide
« celui-ci : notre bonheur est doublé, quand la
« raison nous en démontre la réalité.

« A l'égard d'un autre genre de vieilles liaisons,
« que le public a la bonté de respecter sur pa-
« role, que verrait-on si l'on pouvait voir de
« près? Des gens qui continuent de vivre ensem-
« ble, parce qu'ils ont long-temps vécu ainsi. La
« force de l'habitude, l'incapacité de vivre seul,
« la difficulté de former de nouvelles liaisons,
« l'embarras d'un rôle quelconque à remplir dans
« la société, retiennent beaucoup de ces amans
« sans amour, et donnent à l'ennui même un air
« de constance. Ils ont cessé de se plaire, et se
« sont devenus nécessaires; ils ne peuvent se
« quitter; quelquefois même ils ne l'oseraient:
« ils soutiennent un rôle pénible par pur respect
« humain. On s'est pris avec l'engouement de
« l'amour; on a annoncé hautement son bonheur;
« on a contracté un engagement devant le pu-

« blic; on l'a ratifié dans des occasions d'éclat. Le
« charme se dissipe avec le temps; l'illusion cesse.
« On s'était regardé réciproquement comme par-
« faits; on ne se trouve plus même estimables.
« On se repent, on n'ose l'avouer, on s'obstine
« à vivre ensemble en se détestant, et l'on trem-
« ble de rompre un engagement dont on a fait
« gloire.

« Les vieilles liaisons exigent, pour être heu-
« reuses, plus de qualités qu'on ne l'imagine.
« L'amour tient lieu de tout aux amans, son objet
« lui suffit; mais l'objet s'use, l'amour s'éteint,
« et il n'est pas d'esprits assez féconds pour rem-
« placer, l'illusion et servir de ressource contre
« la langueur d'un tête-à-tête continuel. S'il
« existait de l'esprit de cette espèce, il faudrait
« que les deux amans le possédassent au même
« degré, car la stérilité de l'un étoufferait la fé-
« condité de l'autre. Il n'y a que l'esprit qui serve
« toujours d'aliment à l'esprit : il ne produit pas
« long-temps seul.

« On cherche, on croit avoir trouvé, et l'on
« cite des exemples de constance dans les hommes
« d'un âge avancé : cette constance n'est qu'exté-
« rieure. Un vieillard s'excite au désir par la
« crainte seule de ne plus paraître jeune ; il ne
« jouit qu'avec inquiétude, parce qu'il tremble
« de laisser échapper ce qu'il n'est pas sûr de
« retrouver. Dans la jeunesse, on ne sent que les
« désirs. Ils s'éteignent par la jouissance; mais

« ils renaissent à l'instant. La jeunesse désire
« avec force, jouit avec confiance, se dégoûte
« promptement, et quitte sans crainte, parce
« qu'elle remplace avec facilité. Voilà le secret de
« la légèreté d'un âge et de la constance d'un
« autre.

« Je me résume. J'ai démontré, je crois, que
« les hommes naissent avec toutes les passions,
« hors celle de l'amour ; que cette prétendue
« passion n'occupe l'homme qu'un temps limité,
« tandis que les passions réelles s'affermissent par
« l'âge ; que l'amour, comme la dévotion, n'est
« communément chez les femmes que l'effet du
« désœuvrement ; que ce qu'on appelle passions
« constantes n'existe que par des causes indépen-
« dantes de l'amour, et je conclus de tout cela,
« que nous avons tous, plus ou moins, le goût du
« plaisir ; que l'amour n'est pas une passion ; que
« même il n'existe pas, et que le mot amour
« n'exprime que le désir ou l'espèce d'ivresse
« qui suit la première jouissance.

« Et moi, dit madame Derneval, sans entre-
« prendre de réfuter vos argumens, je conclus
« tout le contraire. — Cela doit être, madame,
« et je conviens qu'il n'est pas de temps plus
« mal employé que celui qu'on passe en disputes
« métaphysiques. On a beaucoup parlé, et cha-
« cun conserve sa première opinion. Mais per-
« mettez-moi, madame, de finir par une ques-
« tion, et promettez-moi d'y répondre avec

« sincérité. — Je vous le promets, monsieur. —
« Vous aimez beaucoup notre général; le fait est
« constant. Mais l'aimez-vous précisément comme
« vous l'aimiez pendant les six premiers mois de
« votre mariage? Une demi-heure d'absence vous
« paraît-elle insupportable? Le retour de l'objet
« aimé fait-il encore battre votre cœur? Un de
« ses regards allume-t-il ce feu brûlant que dé-
« cèle une aimable rougeur? Passez-vous à parler
« de votre amour, des heures entières qui s'écou-
« lent comme des secondes? Retrouvez-vous, en
« présence l'un de l'autre, ce silence qui occupe
« si délicieusement des cœurs repliés sur eux-
« mêmes? Vous écrivez-vous, quand vous êtes
« séparés, avec ce style inégal, mais rapide, que
« donne l'ivresse du désir? Avez-vous seulement
« pensé à comparer vos premières lettres à celles
« que vous avez écrites il y a un an, il y a six
« mois, il y a huit jours? — Monsieur, je ne ré-
« pondrai point à cela. — Prenez garde, madame:
« ne pas répondre, c'est me donner gain de cause.
« — Ahie, ahie, ma chère amie, dit le Général.
« — Mais, monsieur, il semblerait, à vous en-
« tendre, que je pourrais, dans dix ans, ne plus
« aimer mon mari du tout. — L'aimer d'amour,
« madame, la chose est impossible; mais vous
« conserverez pour lui un sentiment doux, moins
« tumultueux, par cela même plus facile à satis-
« faire, et heureux les époux qui, comme vous,
« se préparent, sans s'en douter, à remplacer

« l'amour par des vertus. — M. Luvel, vous êtes
« affligeant. — Je vous assure, madame, repris-je
« avec vivacité et sans réflexion, qu'il ne m'afflige
« pas du tout. J'aurais répondu affirmativement
« à toutes les questions qu'il vous a faites. — Aujourd'hui, mon ami, je n'en doute pas : nous
« verrons plus tard. Oh, par grace, M. Luvel,
« reprit la bien-aimée, laissez-nous notre erreur ;
« elle fait le charme de notre vie. Il est sûr, continua le Général, que ce M. Luvel ressemble
« à un dénicheur de saints. Monsieur, laissons
« Dieu à l'indigent et à l'opprimé, saint Michel à
« ceux qui craignent le diable, et l'amour constant à ceux qui y croient. Amusons-nous un
« peu aux dépens du prochain : ce passe-temps
« est assez drôle, quand on n'y met pas l'acrimonie de Geoffroi. Voyons, que pensez-vous de
« ces deux jeunes gens, si fêtés de ces belles dames, que d'un coup d'œil elles enlèvent à leur
« voisine, qui, avec un sourire, les leur ravit à
« son tour ?

« — Mon Général, je ne doute pas que bientôt
« on ne voie la fatuité périr comme périssent les
« grands empires, par l'excès de leur étendue. Il
« n'est point de travers qui ne puisse être considéré ; il n'en est point qui ne finisse par tomber dans le mépris. Les gens dont vous me
« parlez sont ce qu'on appelle *gens à la mode*,
« depuis qu'il n'y a plus de *petits-maîtres*. — Il
« a raison, mon aide-de-camp ; il a raison, mes-

« dames. On appelait *petits-maîtres*, des jeunes
« gens d'une haute naissance, d'un rang élevé,
« d'une figure aimable, d'une imagination bril-
« lante, d'une valeur éprouvée ; remplis, d'ail-
« leurs, de graces et de défauts. Distingués par
« des actions d'éclat, dangereux par leur con-
« duite, ils jouaient un rôle dans l'état; ils avaient
« du crédit auprès du maître, ils méritaient des
« éloges, avaient besoin d'indulgence, et possé-
« daient l'art de tout obtenir. Tels furent les
« d'Épernon, les Caylus, les Maugiron, les Bussy-
« d'Amboise. — Et tels ne sont plus leurs suc-
« cesseurs, mon Général. N'ayant de commun,
« avec les premiers, que le ridicule, le titre de
« petit-maître ne se donne plus que par dérision
« à de pauvres sujets qui cherchent, sans les
« atteindre, les travers distingués de leurs pré-
« décesseurs. En voilà assez, je crois, sur les
« jeunes gens dont vous me parlez. — Il a en-
« core raison, mesdames, il a encore raison. La
« galanterie est morte avec la chevalerie, et le
« dernier des Français aimables dans la personne
« du duc de Nivernois. — Mon Général, la folie
« humaine, en amour, comme en modes, n'a
« qu'un cercle à parcourir. Quand elle est reve-
« nue au point d'où elle était partie, il faut qu'elle
« recommence, et qui sait si l'on ne verra pas
« bientôt la chevalerie renaître, comme on a vu
« se reproduire la fraise de Gabrielle d'Estrées ?
« — Je vous avoue, M. Luvel, que j'en serais

« fort aise. On se moque des siècles reculés, pour
« se dispenser de convenir combien on est au-
« dessous de ces gens-là. Ils faisaient tout avec
« noblesse, et je m'aperçois, à regret, que le vice
« lui-même peut dégénérer. Par exemple, celui
« qu'on appelait jadis *un homme à bonnes for-
« tunes*, ne pouvait l'être que par les graces de
« la figure et de l'esprit. Avant que d'oser se pré-
« senter sur ce pied-là, il était persuadé de son
« mérite par les prévenances dont il était l'objet.
« Trop recherché pour être constant, il était en-
« traîné par la quantité de femmes aimables qui
« venaient, pour ainsi dire, s'offrir. L'incon-
« stance était souvent moins l'effet de son carac-
« tère que celui de sa situation. Il était léger,
« sans être perfide : hé bien, c'est tout le con-
« traire aujourd'hui.

« Il semble que la plupart de ceux qui veu-
« lent être *hommes à la mode, hommes du bon
« ton, hommes du bon genre*, aient une vocation
« opposée au rôle qu'ils prétendent jouer. C'est
« une profession qu'on prend, qu'on étudie,
« qu'on exerce, comme on prend le parti du bar-
« reau, du service, ou comme on se faisait homme
« d'église quand le métier valait quelque chose,
« sans s'interroger sur ses moyens, sur ses talens,
« sur ses qualités. Ce qu'il y a de très-étonnant,
« c'est que tout cela est tout-à-fait indifférent
« pour le succès. Pour réussir dans cette carrière,
« il suffit de s'y présenter. On y voit briller des

« jeunes gens à qui l'on conseillerait volontiers
« d'acquérir quelques qualités qui pussent faire
« oublier leur peu d'agrément. On commence à
« jouer ce personnage-là sans figure ; on le sou-
« tient sans esprit ; on le pousse jusqu'à la vieil-
« lesse : on ne croit pas qu'il puisse y avoir pres-
« cription en ce genre. Tout cela n'est pas du
« tout à l'honneur des femmes, je le sais ; aussi
« me garderais-je bien de dire ce que j'en pense
« devant tout autre que madame Derneval ou
« son amie.

« M. Luvel, et cette dame, qui donne quatorze
« ans à sa fille qui en a dix-huit, pour qu'on ne
« la soupçonne pas d'en avoir quarante ; qui a
« toujours quelque chose à me dire à l'oreille ;
« qui paraît me parler d'affaires, et qui ne me
« fait que des contes pour rire ; qui, enfin, veut
« persuader à tout le monde que ce rire est une
« marque de protection, ou, pour parler plus
« modestement, de bienveillance ? — Oh, mon
« Général, cette dame est ce qu'on appelait, il y
« a quelques années, une intrigante, et je ne sais
« si l'on a donné à ces femmes-là un titre plus
« expressif ; mais celles d'aujourd'hui ressemblent
« aux intrigantes que j'ai connues dès que j'ai pu
« apprécier les choses, et celles-là ressemblaient
« probablement aux intrigantes de la cour de
« Pharamond, s'il y en avait, ce dont je doute
« un peu. Elles sont en assez grand nombre,
« sans cependant former un corps. Si elles se

« connaissent toutes, ce n'est que pour s'éviter,
« de peur de se trouver en concurrence. Il en
« est de toutes les classes, et toutes ont le même
« tour d'esprit, souvent les mêmes vues; mais
« des intérêts opposés. Elles prennent chacune
« un département, comme si, par une conven-
« tion tacite, elles s'étaient partagé les affaires.
« Cependant, elles n'en rejettent aucune. Elles
« connaissent des préférences, et jamais de bor-
« nes. La dévotion et l'amour s'allient parfaite-
« ment avec l'intrigue. Ce qui serait pour d'autres,
« jouissance ou habitude, n'est qu'un ressort
« pour les intrigantes. Elles n'adoptent rien
« comme principe; elles emploient tout comme
« moyen.

« On les méprise, on les craint, on les mé-
« nage, on les recherche. Il s'en faut bien, ce-
« pendant, que leur crédit réponde à l'opinion
« qu'on en a, ni même aux apparences. On leur
« fait honneur de bien des choses où elles n'ont
« aucune part, quoiqu'elles ne négligent rien
« pour le faire croire : c'est la fatuité de leur état.
« Elles cachent soigneusement le peu d'égards,
« et même le mépris qu'ont pour elles ceux dont
« elles s'appuient hautement. Que de gens en
« place dont le nom seul est utile ou nuit à leur
« insu !

« On commence le métier d'intrigante par am-
« bition, par avarice, par inquiétude; on le con-
« tinue par nécessité, pour conserver la seule

« existence qu'on ait au monde. Une intrigante,
« tant qu'elle est à la mode, est l'objet des dé-
« dains et des égards. Elle tombe dans un avilis-
« sement décidé du moment où elle reste oisive,
« parce que cette oisiveté dévoile son impuis-
« sance.

« On est souvent étonné du peu d'esprit de la
« plupart des femmes qui se mêlent d'intriguer,
« et ce ne sont pas celles qui réussissent le moins.
« Il est encore certain que l'intrigante la plus
« habile ne l'est jamais assez pour en éviter la ré-
« putation. Cette réputation nuit quelquefois à
« leurs projets ; mais elle leur sert aussi comme
« une enseigne à un bureau d'adresse.

« — M. Luvel, et ce joli lieutenant de dra-
« gons, si assidu près de moi, si empressé avec
« madame Derneval, hem! qu'en pensez-vous ?
« — Mon Général, celui-là est un jeune officier
« français dans toute l'étendue du mot. En France,
« on exerce cette profession avec honneur, rare-
« ment avec application, et presque jamais comme
« un objet d'étude. La plupart de ceux qui s'y
« livrent avec le plus d'ardeur, ne soupçonnent
« pas avoir besoin d'autre chose que de courage,
« et croient qu'avoir vieilli, c'est avoir de l'expé-
« rience.

« Les officiers, en sous-ordre, roulent de garni-
« son en garnison, et l'oisiveté fait leur existence.
« Ils connaissent le régiment où ils servent, et ne
« se doutent pas qu'il y ait un art de la guerre.

« Ceux que les circonstances placent dans un or-
« dre plus élevé n'en ont pas plus d'idée et rem-
« placent l'oisiveté par les plaisirs. Ainsi la valeur
« naturelle à la nation lui serait souvent inutile,
« et quelquefois funeste, s'il ne s'élevait des gé-
« nies heureux, nés avec des talens, et sachant
« acquérir l'art d'employer utilement tant de bras
« et de courage.

« — Je vois, M. Luvel, qu'un très-petit nom-
« bre des personnes que je reçois échapperaient à
« votre coup d'œil rapide, et je suis forcé de
« convenir de la justesse de votre jugement. Ce-
« pendant, on ne peut vivre seul, et il faut passer
« bien des choses aux autres, puisqu'il est, à peu
« près, impossible de composer partout ce qu'on
« appelle si improprement une bonne société.
« Pour mériter vraiment ce titre, il faudrait, ce
« me semble, qu'une société fût peu nombreuse,
« choisie, et variée sans être mêlée; que les ca-
« ractères offrissent des différences, sans opposi-
« tion; que les esprits eussent une tournure sin-
« gulière et naturelle, sans affectation ni bizarrerie.
« Il faudrait de la raison sans pédantisme, et de
« la liberté sans extravagance; que rien ne fût
« exclu de la conversation; que rien ne fût pré-
« féré; que le discours, sans être ni froidement
« compassé ni follement décousu, traitât tous les
« sujets qui peuvent se présenter à des personnes
« d'états différens, toutes instruites ou aimables,
« mais surtout estimables dans leur état. — Mon

« Général, si un hasard heureux réunissait une
« telle société, il serait inutile de prendre des
« précautions pour qu'elle subsistât : elle reste-
« rait unie par un attachement que la mauvaise
« compagnie ne viendrait point altérer. On croit
« communément qu'il faut des soins pour l'éloi-
« gner : pas du tout. La mauvaise compagnie se
« fait justice elle-même; elle s'éloigne de la bonne,
« parce qu'elle s'y ennuie autant qu'elle y est
« déplacée. Et si cela n'était ainsi, quelle res-
« source aurait-on contre certains importuns à
« qui leur rang ouvre toutes les portes ? Leur
« propre ennui est une sauvegarde contre leur
« importunité.

« — Hé, M. Luvel, que nous sommes étourdis!
« En passant en revue certains personnages re-
« marquables, nous avons oublié un original qui
« s'estime beaucoup; mais dont tout le monde se
« moque, excepté, probablement, ceux qui man-
« gent sa soupe. Que dites-vous de cet homme
« qui vous aborde le ventre en avant et le jarret
« tendu, autant qu'il peut le tendre ; qui écoute
« avec dignité ce que vous lui répondez dans son
« cornet ; qui salue à peine ses supérieurs, ja-
« mais ses égaux, et qui tutoie tous les autres ;
« qui oublie qu'il a fait le métier de saint Éloi (1),
« et ne se doute point qu'on découvre sa crasse

---

(1) Orfèvre.

« originelle sous son style et son orthographe de
« servante de cabaret? — Hé, c'est M. Miloni,
« qui se persuade que son ventre et un peu d'ar-
« gent, bien ou mal acquis, sont des qualités essen-
« tielles. M. Miloni est un sot.

« Monsieur l'athée, dit madame Derneval, je
« crois que c'est assez disserter pour ce soir. Per-
« mettez que nous nous occupions un peu de
« nos chers blessés. — J'espère, madame, que
« mon athéisme n'influera ni sur votre estime ni
« sur votre bienveillance. Les athées sont tou-
« jours de fort honnêtes gens, parce qu'ils sont
« livrés à des réflexions, à des recherches, qui
« prouvent l'absence des passions, et que les gens
« passionnés seuls troublent l'ordre public. —
« Cela se peut, monsieur; mais certainement il
« n'en est pas de même des athées en amour. Le
« système de ceux-ci pourrait fort bien n'être
« qu'une suite du besoin de l'inconstance ou de
« quelque chose de pis. Ma chère amie, reprit
« le Général, je vous demande grace pour ce
« pauvre Luvel. N'attachons pas à ses discours
« plus d'importance qu'on n'en doit mettre à des
« jeux d'esprit.

« Oui, oui, disais-je pendant que la femme
« charmante m'aidait à me mettre au lit, que
« madame Derneval lui fasse grace si elle veut ;
« moi, je ne lui pardonnerai jamais. Un homme
« qui veut me persuader que je ne sens pas ce
« que je sens; que je puis ne pas éprouver de-

« main un sentiment qui, depuis six ans, ne fait
« que s'accroître ! Il n'a donc pas d'yeux, car
« faut-il d'autre garant d'une passion éternelle
« que cette figure céleste, et ce cœur si sensible
« et si bon, d'où jaillissent des torrens de feu qui
« viennent se fondre dans le mien?... Oui, oui,
« nous formons un tout de deux corps qu'anime
« une seule ame. O, M. Luvel, je ferai justice de
« vous, et je vous dénoncerai à toutes les fem-
« mes. Puissent-elles vous trouver une physio-
« nomie sans expression, ne pas sentir votre
« esprit, ne jamais vous croire sincère, et tou-
« jours rejeter votre hommage ! »

Quelle humeur peut résister au baiser le plus doux ? La mienne s'évanouit au premier que je reçus. Celui-là m'en fit désirer un second, qui me fut accordé. J'en voulais un troisième, un quatrième ; je voulais ne pas finir ; mais Lucie était là.

Je suivis de l'œil la toilette de la bien-aimée : il y a toujours quelque chose à gagner pour l'amour. Il glane où il ne peut moissonner, et si le plaisir n'est qu'une situation, il laisse entrevoir le bonheur, qui est un état pour l'ame.

CHAPITRE IV.

Je propose ma main.

Elle s'était éveillée la première, et me regardait si tendrement ! « Vénus seule, lui dis-je,

« peut avoir ce regard-là. — Auprès de Mars
« désarmé, n'est-ce pas, mon ami? — Oh! je ne
« suis pas Mars; mais si le sentiment embellit à
« ce point la beauté, il doit avoir la puissance
« d'effacer la laideur. Ma tendre amie, je n'irai
« point aujourd'hui chez le Général. — Pourquoi
« cela, cher enfant? — C'est qu'on ne peut s'y
« parler.—Il fallait donc ne pas y aller hier.—Je
« croyais tout gagner en me débarrassant de Lu-
« cie. — Oh! je m'en suis doutée, monsieur. —
« Hé bien, madame, elle est beaucoup moins
« incommode que le commandeur de Nosari. —
« Mon ami, ne crains pas le commandeur; ne
« crains personne. Tu as eu mon premier amour;
« tu épuiseras mon cœur; il ne lui restera rien
« à offrir à personne. — Hé bien, ne sortons plus
« d'ici : vous éloignerez Lucie sous différens pré-
« textes. Je vous promets d'être sage, et nous
« parlerons sans cesse de notre amour. Peut-on
« se fatiguer d'entendre ce qu'on croit toujours
« dire pour la première fois? — Mais, mon ami,
« quelle défaite donner au Général? Tu pouvais
« différer ta première visite; tu l'as faite; tu ne
« peux, sans une impolitesse marquée, ne pas
« continuer, et tu serais fâché d'avoir des torts
« envers ton protecteur. Tu iras, cher enfant;
« tu me feras encore ce sacrifice. Le temps ap-
« proche où ils te seront tous comptés. »

Que pouvais-je répondre? et où ne m'eût-elle
pas fait aller? Vous sentez que mademoiselle Lu-

cie n'était pas en tiers dans cette conversation : elle était allée chercher un déjeuner délicat, que la bien-aimée, elle-même, servit à côté de mon lit, et qu'elle partagea avec moi. Je trouvais délicieux tout ce qu'avaient touché ses mains, et elle ne touchait que ce qu'il m'était permis de prendre. Le vin que je buvais dans son verre avait un parfum enivrant; mais elle ne versait exactement que ce que je pouvais boire. Messieurs les médecins, qui prescrivez la diète, donnez à vos malades des gardes comme la mienne, s'il y en a, et jamais ils ne seront tentés d'enfreindre vos ordonnances.

Lucie favorisait ces petites manœuvres; elle allait souvent regarder, par la fenêtre, ce qui se passait dans la rue, et je lui en savais bien bon gré.

Nous étions à peine entrés chez le Général, qu'on annonça M. Rinaldi. Voilà un nom qui promet, pensé-je. Ce sera encore quelque commandeur : il y en a pourtant bien assez d'un. Au contraire, nous vîmes paraître un homme gros et court, au teint fleuri et au triple menton. Ajoutez à cela un habit écarlate complet, galonné en or, un couteau de chasse au côté, une canne à bec de corbin, et une perruque à marrons, et vous aurez le portrait de M. Rinaldi.

Il s'approcha du Général, lui prit la main, ce qui parut ne pas plaire; il la baisa respectueusement, ce qui concilia tout. « Je suis, dit-il, le

« père d'une enfant dont j'ai sans doute perdu
« l'affection, et c'est ma faute. J'ai été puni d'une
« injuste préférence : la petite vérole m'a enlevé
« mon fils unique, et je conçois maintenant que
« la vaccine peut être bonne à quelque chose.
« Depuis la mort de mon fils, je n'ai cessé de
« maigrir et de chercher ma fille; mais votre
« lettre, Général, m'a rendu à la santé et à la
« joie. En si peu de temps, reprit Luvel? mon-
« sieur engraisse ou maigrit donc à volonté ? —
« Ah! monsieur, si ma fille refuse de me rendre
« son amitié, dans deux jours vous ne me re-
« connaîtrez plus. — Qu'on est heureux, mon-
« sieur, d'avoir un tel empire sur soi! on est
« propre à tous les rôles, et ce talent-là mène à
« tout. Monsieur, poursuivit le Général, made-
« moiselle votre fille est encore à l'âge où l'on
« ne connaît que les sentimens doux. Vous avez
« eu de grands torts avec elle; mais je suis per-
« suadé qu'elle mettra son bonheur à les oublier.
« — Comme monsieur mettra le sien à conser-
« ver son embonpoint. »

Le Général regarda le plaisant d'un air !... Il
n'osa ouvrir la bouche de deux heures. Il ne
suffit pas d'être gai auprès des grands, il faut juger le moment où ils trouvent bon qu'on les
fasse rire, et le Général n'était pas homme à
s'amuser des ridicules d'un père qui paraissait
revenir aux sentimens de la nature.

« Madame Derneval, reprit mon protecteur, a

« placé elle-même mademoiselle votre fille dans
« un couvent distingué; elle vous donnera une
« femme de chambre et une voiture qui vous y
« conduiront; le reste vous regarde. Allez, mon-
« sieur, et croyez que je me félicite d'avoir pu
« vous être utile. »

J'avais été embarrassé, très-embarrassé, jusqu'au moment où monsieur Rinaldi reçut cette espèce de congé. Je craignais qu'il ne voulût présenter sa fille, offrir à madame Derneval leurs remerciemens communs. Il comprit, à ce qu'il me parut, qu'une seconde visite serait déplacée, car il tourna, à sa manière, un compliment d'adieux, coupé par des révérences plus ou moins profondes, selon le degré de considération qu'il croyait devoir accorder à chacun. Il s'inclina, jusqu'à terre, devant la bien-aimée. C'est que rien n'attire comme la beauté, et que rien n'égale un empire que nous reconnaissons tous, sans calcul, et même sans réflexion.

Je comptais bien ne plus revoir M. Rinaldi, et je m'en félicitais; mais il est des êtres si singuliers! On ne sait sur quoi compter avec eux.

Il rentra deux heures après, donnant la main à la petite Thérèse. Elle était mise avec un goût remarquable : madame Derneval n'oubliait rien. A travers les voiles de la coquetterie, perçait certain petit air mystique qui la rendait plus piquante. Elle m'eût paru ravissante, si celle devant qui tout s'éclipsait n'eût été là.

Ce père avait bien besoin de me faire revoir cette jolie petite créature! Peut-être aussi avait-elle voulu essayer encore ce que peut l'art uni à la jeunesse et aux graces. Quoi qu'il en soit, je prévoyais une scène, et mon premier mouvement fut d'aller me renfermer dans ma chambre. Je réfléchis que j'aurais l'air d'un sot si je prenais la fuite; que, peut-être, la petite viendrait me chercher jusque chez moi, où elle aurait tant de moyens d'exciter ma sensibilité, tandis que la présence du Général la contiendrait, probablement, jusqu'à certain point. D'ailleurs, la bien-aimée ignorait-elle le passé? N'étais-je pas sûr de moi pour l'avenir? Je restai.

« Oh çà! beau garçon, expliquons-nous un
« peu, dit M. Rinaldi en me frappant sur l'épaule.
« Vous avez, dit-on, l'heureuse habitude de
« vaincre de toutes les manières. Vous rougissez!
« Allons, allons, remettez-vous. Tout s'arrange
« avec de l'argent, et j'en ai beaucoup. D'ailleurs,
« c'est encore moi qui suis cause de l'accident
« arrivé à Thérèse, et c'est à moi à le réparer.
« Elle m'a rendu franchement, facilement sa ten-
« dresse. Je lui ai demandé comment je recon-
« naîtrais une conduite aussi louable. Elle s'est
« expliquée en rougissant, tenez, comme vous
« rougissiez tout à l'heure. Je n'ai plus rien à lui
« refuser, et je m'exécute: écoutez-moi. Vous
« n'avez rien, et je possède un million. Vous
« êtes beau garçon, brave garçon; ma fille est

« jolie, elle vous aime; vous vous convenez, je
« vous marie. Je lui donne en dot un bien de
« cinq cent mille francs, en attendant le reste,
« que je vous ferai cependant attendre le plus
« long-temps que je pourrai. Touchez-là, mon
« gendre, voilà une affaire finie. — Je suis sen-
« sible, monsieur, à l'honneur que vous me fai-
« tes... — Et vous acceptez? — Non, monsieur,
« je remercie. — Vous refusez ma fille avec cinq
« cent mille francs! Ma foi, mon cher, tant pis
« pour vous : cela ne se trouve pas tous les jours. »

Thérèse joignait ses petites mains pendant que son père me parlait. Ses yeux se portaient tantôt sur moi, tantôt sur la bien-aimée. J'étais sur les épines, et je ne pouvais m'empêcher de regarder cette aimable enfant, c'était une figure de l'Albane qu'avait animée l'amour.

« Mon Général, dit-elle, vous pouvez tout sur
« M. Jérôme; secourez-nous, je vous en conjure. »
Le Général paraissait tout-à-fait d'avis que j'acceptasse; mais il savait combien ses représentations, à cet égard, seraient inutiles, et il fit une de ces réponses polies qui ne signifient rien du tout.

« Madame, dit vivement la pauvre petite à la
« femme charmante, je ne peux m'y méprendre,
« c'est vous qui êtes l'objet de cette passion in-
« surmontable dont m'a parlé le Général. On ne
« peut vous préférer personne, je le vois; mais
« il m'aimera s'il s'éloigne de vous, j'ose le croire,

« et c'est ma dernière ressource. Soyez généreuse,
« madame, ayez pitié de moi. L'effort est-il si
« pénible? Vous ne le connaissez qu'à demi : il
« ne vous a pas épousée, vous. »

La bien-aimée était dans une de ces situations où l'on sait parfaitement ce qu'on veut faire; mais où l'on ne trouve pas un mot de ce qu'on doit répondre. Elle se cachait le visage d'une main; la petite avait saisi l'autre, et la couvrait de baisers et de larmes. La femme charmante lui ouvrit les bras, et elles s'embrassèrent comme deux femmes qui ne peuvent se haïr; mais qui sont incapables de se sacrifier l'une à l'autre. La petite était toujours suppliante; la bien-aimée résistait. « Laissez-moi, laissez-moi, lui dit-elle en
« s'éloignant; je vous plains; mais ce que vous
« demandez est au-dessus des forces humaines. »

Elle disparut, en portant son mouchoir à ses yeux. Je voulus la suivre : la pauvre petite me prit à mon tour. Sa passion naïve s'exprima avec une énergie, un charme, presque irrésistibles. J'eus pourtant la dureté, ou la vertu, de me défendre encore. Allons, allons, dit M. Rinaldi en
« séparant sa fille de moi, c'est trop nous abais-
« ser. Si l'on ne mariait, après tout, que les filles
« à qui il n'est pas arrivé d'accident, combien il
« en est qui resteraient là! Un million, d'ailleurs,
« couvre bien des taches. Retournons à Pavie, et
« gardons-nous de maigrir : je me suis aperçu que
« cela ne vaut rien, et ne rémédie à rien. »

Il fallut qu'il usât presque de violence pour faire retirer cette aimable enfant. Elle m'adressa un dernier regard si douloureux!... Je l'entendais sangloter de la pièce voisine... J'étais dans un état, oh! dans un état!...

La journée fut longue, comme vous le pensez bien : le temps n'a pas d'ailes pour les cœurs affligés. Le commandeur de Nosari vint. Il avait trop de pénétration pour ne pas s'apercevoir qu'il s'était passé quelque chose d'extraordinaire. Il essaya de nous distraire à force d'amabilité; mais les plaies de l'ame ne se ferment qu'avec le temps. Le commandeur, fatigué ou piqué de l'inutilité de ses efforts, se retira de très-bonne heure : on avait fait dire aux autres qu'on n'était pas visible.

On range le caméléon parmi les animaux fabuleux. Eh! que sommes-nous donc, nous, qui changeons sans cesse de goûts, d'habitudes, d'opinions, de caractères, et même de physionomie? Que me reste-t-il, maintenant, de ces formes séduisantes auxquelles je dois de si doux souvenirs? Le Général et moi, si affaiblis, si changés, si méconnaissables pendant un certain temps, reprîmes enfin cet embonpoint, cette fraîcheur, naturels à des caméléons de notre âge, et notre retour à la santé fut célébré par une fête, dont M. de Nosari voulut bien faire les honneurs.

C'est la première fois qu'il m'ait vraiment rendu service, et pendant qu'il parcourait des bosquets illuminés; qu'il dirigeait le feu d'artifice; qu'il surveillait l'arrangement d'un superbe ambigu; qu'il donnait des ordres pour le bal qui devait terminer la nuit, je causais, moi, sur un banc de gazon, dans un appartement abandonné, au fond d'une grotte écartée... je causais!... Ne faisais-je que cela? Oh! bien peu de chose de plus en vérité. Elle conservait encore le flegme, la dignité d'un médecin. Elle m'opposait mon état... Mon état! il était radieux. Elle feignait de n'y pas croire; elle refusait obstinément de s'en assurer.

Cette nuit s'écoula comme celles où on prend du bruit pour du plaisir, et de l'argent prodigué pour de la magnificence. Le soleil reparut, effaçant jusqu'au souvenir des folies humaines. Les feux, sans cesse jaillissans de son sein, semblaient dire à ceux qui avaient voulu remplacer sa lumière: mortels, que vous êtes petits!

Oh! quelle délicieuse surprise pour un être élevé dans des souterrains, qui n'en serait sorti que la nuit pour voir des fusées volantes, et qui serait produit tout à coup à la lumière du soleil! Nous sommes insensibles à ce spectacle : nous l'avons tant vu! Ainsi une belle femme si long-temps désirée, une grande fortune si long-temps convoitée, une place importante si long-temps briguée, perdent leurs charmes par la jouissance. Plus elle est vive, plus elle ressemble à un feu d'artifice : plus vite elle s'éteint.

J'ai quelquefois donné des fêtes. Elles étaient

d'un tout autre genre. J'ai marié des filles jolies et sages, à de jeunes gens honnêtes et laborieux. Ils n'ont pas connu les plaisirs bruyans d'une nuit tumultueuse : ils s'éveillaient pour renaître au bonheur. Leur premier mot était *amour*, le second *reconnaissance*.

Le Général nous dit, en se levant, qu'il se proposait de partir le lendemain pour Paris. « Madame Ruder, ajouta-t-il, n'en sera pas fâchée. « Elle a remis son commerce en des mains sûres; « mais rien n'est tel que l'œil du maître : le bon « Lafontaine l'a dit. Au reste, si l'on avait abusé « de sa confiance, elle a, d'ailleurs, de quoi vivre « commodément. Prenez ceci, belle dame. » C'était un brevet de pension, à laquelle le grade de son mari ne lui permettait pas de prétendre : on la traitait comme le preux François Ier eût traité la veuve de Bayard.

Je n'avais jusque alors éprouvé pour le Général qu'une affection sincère, tempérée par le respect le plus fondé. Je ne fus pas maître de moi; je lui sautai au cou, et je le serrai, dans mes bras, aussi long-temps et aussi fort que si j'eusse embrassé Luvel. Étonné de ce que j'avais fait, je reculai de six pas; j'aurais reculé de six toises si la cheminée ne m'eût arrêté. « Pardon, lui dis-je, « mille pardons, Général; pour penser à l'éti- « quette il faut se posséder, et le sentiment fait « tout oublier, hors le bienfait. — Payez tou- « jours ainsi, Jérôme : votre manière est la bonne

« pour ceux qui n'obligent point par vanité. »

Madame Derneval félicitait, embrassait la bien-aimée. La femme charmante ne disait rien; mais ses yeux, ses étreintes!... La réponse du Général lui avait fait aussi oublier les distances : nos bienfaiteurs n'étaient pas descendus; ils nous avaient permis de monter jusqu'à eux.

On donna un magnifique et dernier dîner à l'hôtel; le commandeur était du nombre de ceux qui devaient l'embellir. Il s'était placé à la droite de la bien-aimée; mais j'étais à sa gauche, et si je ne pus rien dire de particulier, du moins fut-il forcé de donner à la conversation une tournure générale. M. Derneval avait raison : je n'ai pas connu d'homme fait pour plaire comme celui-là, quand il en voulait prendre la peine. Il fit le charme du dîner, et je ne trouvai pas mauvais que la femme charmante éprouvât du plaisir à l'entendre. Mais au dessert il déclara qu'il partait avec nous, et cela me déplut excessivement. « Je
« viens de quitter le service, dit-il au Général;
« ainsi je ne tiens à rien. J'ai un revenu considé-
« rable; je puis le dépenser à Paris comme à Mi-
« lan. Je vous aime, je vous estime, et j'irai vivre
« avec vous. Je vous avoue, franchement, que
« madame Ruder entre pour quelque chose dans
« mon projet : si on vieillit auprès d'elle, ce doit
« être, du moins, sans qu'on s'en aperçoive.
« Permettez-moi d'espérer, madame, que vous
« m'accorderez votre amitié quand vous me con-

« naîtrez mieux. » Je n'ai jamais cru à une amitié désintéressée entre une femme charmante et un homme aimable. Je ne sais qu'elle mine je fis ; mais elle devait rendre, d'une manière bien significative, se qui se passait en moi, car le Général me regarda de façon à me faire baisser les yeux. Je sentis bien que j'avais manqué aux bienséances ; mais que me faisaient des usages comparés aux intérêts de mon cœur? Après tout, pensé-je, si ma mine a déplu au commandeur, il n'a qu'à le dire; nous avons chacun une épée, et je ne serais pas fâché de me défaire de cet ami-là.

La bien-aimée ne lui fit pas de mine, et cela me choqua encore ; elle donna, à ce qu'elle répondit, une tournure douce, attirante, qui, selon moi, se réduisait à ceci : Monsieur, je vous remercie de vos offres, et je les accepte avec un sensible plaisir. Elle n'avait pas dit un mot qui eût un rapport direct à cela ; mais il me plaisait d'entendre ainsi.

Ma tête se monta. Un an plus tôt, j'aurais éclaté en public ; mais je devenais tout-à-fait Français : je craignais le ridicule. Je me préparai à une de ces scènes conjugales où l'épouse innocente est toujours victime de l'injustice du mari. Oh, les vilains hommes! les vilains hommes!

« Je vois, madame... — Madame! Lucie n'est
« plus avec nous, mon ami. — Je vois madame,
« avec le chagrin le plus profond, les progrès du
« commandeur près de vous. — Ah! monsieur

« continue d'avoir de l'humeur. — J'en ai, ma-
« dame, et beaucoup. Votre réponse à M. de No-
« sari... — N'était que polie. — Affectueuse. —
« Je me suis même attachée à la faire froide. —
« C'est qu'elle ne l'était pas, madame; elle ne
« l'était pas du tout. — Voulez-vous, monsieur,
« que je vous rappelle les mots? — Eh, madame,
« c'est bien des mots qu'il s'agit! Aurez-vous aussi
« la bonne foi de rappeler ce regard qui portait
« la satisfaction dans son cœur et le désespoir
« dans le mien? — Jérôme, je n'ai jamais eu de
« tort envers vous, et je me suis promis de n'en
« jamais avoir. Il n'est pas d'amour sans confiance,
« et, si vous m'aimez autant que j'ai lieu de le
« croire, notre explication doit finir là. — Non,
« madame, non; je ne suis pas de ces hommes
« qui s'arrangent du partage d'un cœur. — Votre
« intention, monsieur, est-elle de m'outrager? —
« Mon intention, madame, est de vous dire tout
« ce que je pense. Vous intéressez trop le com-
« mandeur pour qu'il ne me déplaise pas infini-
« ment, et je me flatte que vous cesserez de le
« voir. — Ah, Jérôme! Jérôme! Si jeune encore,
« vouloir être tyran! — Je le sais, madame; c'est
« ainsi qu'on nomme ceux qui soutiennent leurs
« droits. — Des droits, monsieur! des droits!
« Quels sont les vôtres, s'il vous plaît, que ceux
« que je puis restreindre ou supprimer à mon
« gré? — A votre gré, madame! Ah! cet effort
« est en votre puissance! Il est donc démontré

« que vous ne m'aimez plus?—Je ne t'aime plus,
« ingrat! je ne t'aime plus! Eh bien, si tu n'as
« pas reconnu, dans tout ce que j'ai fait pour
« toi, cet amour brûlant, désintéressé, invaria-
« ble, qui fit, jusqu'à ce moment, le bonheur de
« ma vie; si, pour te convaincre de sa réalité, il
« faut que je sois une femme bizarre, extrava-
« gante, injuste, que je rompe ouvertement avec
« l'ami de ton bienfaiteur, avec un homme que
« son âge et ses qualités devaient mettre au-dessus
« du soupçon, je suis prête à le faire; j'aurai
« même la générosité de me charger, seule, du
« blâme qui doit suivre une démarche de cette
« nature. »

Elle se leva, et se mit devant un secrétaire.
« Dictez, monsieur, je vais écrire. »

Ce dévouement absolu, cette soumission au
caprice le plus inexplicable, m'inspirèrent un retour sur moi-même, un mouvement de honte,
qui ne me permirent plus d'ouvrir la bouche.
J'étais debout devant elle, atterré, contristé de
la sottise que je venais de faire; mais trop orgueilleux encore pour en implorer le pardon. Sa
poitrine était oppressée; ses yeux étaient gros
de larmes, qu'elle s'efforçait de retenir. Je savais,
cependant, qu'il ne fallait qu'un mot pour ramener le calme dans son ame et le sourire sur
ses lèvres : j'eus la cruauté de ne pas le dire.

« Vous n'êtes point, répéta-t-elle avec le ton
« d'une tristesse profonde, de ces hommes qui

« s'arrangent du partage d'un cœur ! Voilà de ces
« traits qui déchirent, et que doit attendre une
« femme qui oublie son devoir. On ne doit re-
« connaître de cause de sa faiblesse que l'attrait
« du plaisir. Et où est, en effet, le terme où elle
« s'arrêtera ? Son complice lui-même, qui a cessé
« de l'estimer au moment où ont cessé ses espé-
« rances, n'a que trop de raisons de croire que
« ce qu'elle a fait pour lui, elle le fera pour ceux
« qui chercheront à lui plaire, et, bientôt, le
« mépris et l'abandon deviennent la juste puni-
« tion de sa faute. »

Je ne pus en écouter davantage. Je tombai à ses pieds, et le front courbé dans la poussière :
« Grace, grace, m'écriai-je. Je suis un insensé,
« je suis un monstre, puisque j'ai pu vous offen-
« ser. Mais vous mépriser, vous abandonner,
« vous pourriez le croire ! vous avez pu me le
« dire ! point d'amour vrai sans estime, et le
« mien est tellement lié à mon être, qu'il ne peut
« me quitter sans emporter ma vie. » Je me levai, je pris la plume, j'écrivis :

« Monsieur,

« Un mouvement de jalousie m'a fait outrager
« une femme que j'aime avec idolâtrie, et qui
« mérite mon plus profond respect. Je lui ai de-
« mandé un pardon qu'elle m'accordera peut-
« être, et je ne rougis point de vous faire des
« excuses, à vous, monsieur, envers qui je me

« suis comporté de la manière la plus répréhen-
« sible pendant ce malheureux dîner. Croyez... »

Elle était restée assise, et j'avais commencé à écrire debout. Elle lisait ce que j'écrivais, et, à mesure que je me soulageais par l'aveu de mes fautes, des larmes douces coulaient de ses yeux. Je posai la plume pour les recueillir, pour les essuyer. « Ah ! laisse-les couler, dit-elle ; celles-ci « sont les larmes du plaisir. » Elle s'approchait de moi, elle m'attirait doucement ; j'étais sur ses genoux... et ma lettre... elle la déchira. « C'en est « assez, l'amour est satisfait, et tu n'as pas eu, « envers le commandeur, de torts qui nécessi- « tent une réparation de cette nature. Cher en- « fant, plus de ces scènes-là, je t'en supplie : tu « ne sais pas quel mal tu m'as fait. » Je ne savais ce que je devais admirer davantage de ses charmes ou de sa bonté ; je ne sais ce que je lui répondis ; mais ce feu divin, comprimé un moment, s'échappa de nos cœurs avec une violence... L'Amour avait remplacé Lucie, et ce témoin-là n'est jamais indiscret.

« Ah, dit-elle, en revenant de la plus déli- « cieuse ivresse, elles existent donc, ces dou- « ceurs si vantées d'un raccommodement ! mais « elles coûtent trop cher. Mon ami, ne nous « raccommodons plus. — Non, femme céleste ; « que rien n'altère désormais les charmes de « notre union. Rendons-là solide autant que res- « pectable. Forçons les méchans eux-mêmes à

« convenir que vous avez mis le comble à vos
« bienfaits : je vous demande votre main; accor-
« dez-la-moi.

« — J'attendais cette proposition ; tu me la
« devais, mon ami... — A qui la fait-on, qu'à
« celle qu'on estime, et qu'on veut aimer toute sa
« vie ?—Depuis long-temps je suis préparée à te
« répondre. J'ai pris une détermination réfléchie,
« invariable. Je jure, par l'amour et l'honneur,
« de ne point m'en écarter.

« Mon ami, je suis assez bien, je le sais, pour
« ne pas mettre d'amour-propre à en convenir
« franchement; je n'ai encore que vingt-quatre
« ans; mais tu n'en as pas dix-sept. La beauté
« passe vite; les passions s'éteignent lentement.
« Il ne me restera rien de ce qui te séduit main-
« tenant, que tu seras jeune encore pour l'a-
« mour. Quelle serait ma douleur si, m'étant
« flattée d'être aimée aussi constamment que j'ai-
« merais moi-même, je te voyais remplacer le
« sentiment par des procédés, d'autant plus cruels,
« qu'ils interdisent la plainte, dont ils sont le
« motif le plus amer ? Je connais cette sorte de
« respect dont certains maris font métier, et dont
« ils ont l'audace et la lâcheté de se faire hon-
« neur. Une femme pour qui son mari a des
« égards n'est, aujourd'hui, qu'une infortunée
« trop décente pour se plaindre, et assez forte
« pour dévorer ses chagrins. Que gagnerait-elle,
« d'ailleurs, à réclamer l'équité naturelle, si dif-

« férente de la justice des hommes, puisque le
« mari, le plus injuste et le plus authentiquement
« méprisable, trouve souvent de la protection
« dans les lois, et toujours des approbateurs
« parmi ses semblables ? Il faut qu'il ait bien
« scandaleusement tort, avant que le monde l'ac-
« cuse. Tu as un excellent cœur, mon ami ; mais
« la vivacité de tes passions me fait trembler. —
« Elles n'ont qu'un objet, ma bonne amie; ja-
« mais elles n'en auront d'autre, et leur vivacité
« même doit vous rassurer. Je n'aurai jamais le
« moindre trait de ressemblance avec le tableau
« que vous venez de m'opposer : c'est celui d'un
« homme abominable. — Tu le crois chargé,
« cher enfant, et je ne fais que généraliser mes
« idées : que dirais-tu si je les particularisais ?
« Tu cesseras de m'aimer un jour. Cette pré-
« voyance, pour être cruelle, n'en est pas moins
« fondée sur l'expérience. D'abord tu craindras
« de m'affliger ; tu me cacheras tes démarches,
« et la contrainte que tu t'imposeras te fera bien-
« tôt passer de l'indifférence au dégoût. Alors, si
« j'étais ta femme, naîtraient les chagrins domes-
« tiques ; l'ennui dans l'intérieur ; les tracasseries
« réciproques ; l'aigreur d'une part, et peut-être
« la haine de l'autre. Je veux, à l'époque fatale,
« qu'il m'en coûte ou non, pouvoir te rendre ta
« liberté. Je veux que tu portes partout un cœur
« que personne ne fixera ; que tu uses, pour
« ainsi dire, le plaisir, et c'est alors que le vide

« de ton ame te fera sentir le besoin de l'amitié.
« Tu reviendras à moi, à moi, toujours disposée
« à écouter tes plaintes; à partager tes peines; à
« doubler tes jouissances par l'intérêt qu'elles
« m'inspireront. Ce moment sera celui de mon
« triomphe, parce que mon empire, indépen-
« dant des passions, sera établi sur l'estime, la
« confiance, et ne s'affaiblira jamais. Voici donc
« quelle est ma résolution; je la prononce avec
« le calme de la raison : ainsi il serait inutile
« d'entreprendre de me la faire changer. Ce que
« l'amante la plus tendre peut prodiguer de pré-
« venances, d'attentions, d'égards, de faveurs,
« t'appartiendra sans partage; mais jamais tu ne
« seras mon époux. »

Je l'écoutais avec un étonnement qui tenait de la stupéfaction. Je ne concevais point qu'elle refusât l'offre la plus flatteuse que puisse faire un homme aimé. Si le commandeur n'eût été engagé irrévocablement dans son ordre, j'aurais pensé que les motifs qu'elle m'opposait, et qui ne me paraissaient que spécieux, tendaient à m'éloigner d'elle insensiblement. Je rejetai cette idée, et j'entrepris de la convaincre par le plus fort des raisonnemens. « Pouvez-vous vous abu-
« ser, ma bonne, ma tendre amie, sur le plan
« de vie que vous me proposez? Ignorez-vous de
« quel blâme on charge une femme libre, qui a
« un amant avoué, auquel elle ne refuse que de
« légitimer son amour ? — Tu ne me diras rien

« là-dessus, que je ne me sois déja dit. Je n'ai
« plus qu'un sacrifice à te faire, celui de ma ré-
« putation : je te le fais, cher enfant. »

Je répliquai, j'insistai, je la pressai. « Ma cham-
« bre touche à la tienne; la porte en est ou-
« verte. Sois dès ce moment mon ami, si tu ne
« veux plus être que cela. » Je courus, je volai,
et le jour me trouva dans ses bras.

Nous descendîmes chez le Général. Les voitures étaient à la porte. Monsieur, madame Derneval, et le commandeur montèrent dans la première. Il y restait une place. Elle l'aurait prise
que je n'eusse pas murmuré : la scène de la
veille était encore si près de moi! Luvel sauta
dans la berline. Quel plaisir il me fit !

Je me retournai, je la cherchai. Elle était
montée dans une chaise de poste à deux places.
Le secrétaire du Général tenait la portière; il
allait mettre le pied à l'étrier. Mille pardons,
monsieur, lui dis-je en passant entre lui et la
chaise. Il m'entendit à merveille, et prit un cabriolet de moitié avec l'intendant. Je me plaçai
auprès d'elle, bien persuadé que l'on considérerait cet arrangement comme un effet du hasard.
Les amans seuls s'imaginent que l'on croit à ces
hasards-là.

Nous courûmes jour et nuit. Nous arrivâmes
à Paris, très-fatigués, mais si heureux ! Je la
conduisis à sa rue de Bussy, et le cabinet qu'on
avait préparé pour moi, et la chaise de poste,

et le boudoir de madame Derneval, tout cela était la même chose. Il est un âge où l'on se délasse par l'excès même du bonheur.

Son commerce s'était accru au-delà de ses espérances. Une fille de quarante ans, dont la probité n'était comparable qu'à sa laideur, et que, peut-être, elle avait choisie exprès, avait conduit ses affaires pendant son absence. Sa pension ajoutait considérablement à son bien-être. Elle garda cette fille, afin que je pusse voir le monde : c'est qu'elle comptait le voir avec moi. « Un peu de bruit, me disait-elle, repose l'a-
« mour un moment, et il peut être avantageux
« de se laisser quelquefois aller au tourbillon.
« Toutes les femmes aimables voudront te plaire;
« je m'efforcerai de le mériter. Tu me quitteras
« avec peine; tu me chercheras dans la foule; tu
« me retrouveras avec transport, et ton cœur
« sera long-temps neuf auprès d'une amante qui
« saura rajeunir sans cesse le plus délicieux des
« plaisirs. »

La plus grande partie du jour était consacrée au devoir et à l'amitié respectueuse. Je la passais entre M. et madame Derneval. Le soir, Luvel et moi nous sortions. Il courait chez celle pour qui, d'après son système, il ne pouvait avoir qu'un goût léger. Il l'avait trouvée grandie, embellie, et elle lui tournait la tête, quoiqu'il n'en voulût pas convenir. Moi, je courais à ma rue de Bussy. « Ah ! te voilà ! — J'ai bien tardé. — Oui, j'a-

« mais assez tôt. — Et jamais assez long-temps. »
Nous nous cachions dans un fiacre ; nous allions entendre ou Molière, ou Corneille, ou Grétry, dont le talent honore l'Institut, ou Guillard, qui, peut-être, l'honorera quelque jour : les dieux sont lents à faire justice ; mais enfin ils la font.

Si le spectacle n'est pas toujours l'école des mœurs, il est certainement la meilleure école du monde, quoi qu'en dise l'atrabilaire Geoffroi, qui prend des sophismes pour des raisonnemens, et qui se sert de son esprit, quand il en a, comme un mauvais dessinateur prodigue le coloris. Nous sortions enchantés du *Misanthrope*, d'*Œdipe à Colonne*, de *Sylvain* ou du *Cid*. Nous soupions. La laide fille se mettait en tiers, et cette contrainte passagère donnait un nouveau charme à la nuit. Elles étaient toutes les mêmes, ces nuits de bonheur, et, cependant, celle de la veille ne ressemblait pas à celle du lendemain.

Cette félicité pure, inaltérable, durait depuis deux ans. Le commandeur de Nosari lui-même semblait la respecter. Il se conduisait en homme qui attend, qui prépare l'amitié. Toujours une extrême réserve était jointe à la plus piquante amabilité. Il voyait, tous les jours, la bien-aimée chez le Général. Elle ne manquait pas d'aller rendre ses devoirs, c'était le prétexte ; j'y étais, c'était le motif, et si les nuits sont courtes quand on les passe ensemble, il est assez naturel de gagner quelque chose sur la longueur des journées. Si le commandeur venait à la rue de Bussy, c'était lorsque j'y retournais, c'était avec moi. Ses visites étaient courtes ; il parlait peu, et tout se réduisait à ceci : La fièvre n'est pas un état naturel. Elle passera ; l'amitié aura son tour. Ses espérances ne m'alarmaient plus. Il était cependant le même qu'au jour de cette scène extravagante ; mais j'étais sûr d'avoir la fièvre le reste de ma vie : je le croyais du moins. Un évènement bien imprévu, bien extraordinaire m'ouvrit enfin les yeux, et me prouva que le système de Luvel, bien qu'exagéré, n'était pas du tout sans vraisemblance.

Il vint un jour en grande cérémonie chez le Général. Assez embarrassé, d'après les principes qu'il avait avancés, il fit, en rougissant, et de la manière la plus gauche, l'annonce de son futur mariage. Madame Derneval et la bien-aimée rirent de manière à le déconcerter tout-à-fait. « De plus grands hommes que moi, leur dit-il, « mesdames, ont été en contradiction avec eux-« mêmes. Je ne sais s'ils ont fini, comme moi, par « ne savoir ce qu'ils disaient, ni même ce qu'ils « faisaient ; mais je vous avoue que j'ai abjuré « mon athéisme aux pieds de mon Émilie, et je « me flatte que vous me ferez tous l'honneur « d'être de ma noce. Voilà ce que je cherche de-« puis un quart-d'heure, et ce que j'ai eu tant de

« peine à trouver : les gens d'esprit ne sont pas
« toujours en veine. »

Il était bien singulier que Luvel regardât son système comme une chimère, quarante-huit heures avant qu'il dût me paraître raisonnable autant que je l'avais trouvé insensé.

Nous y fûmes, à cette noce. Madame Ruder avait emprunté de l'art tout ce qu'il peut ajouter à la plus belle nature : j'étais paré de ses mains, et elle n'avait rien oublié. Le Général lui donnait la main ; le commandeur conduisait madame Derneval ; Émilie, radieuse de joie et de désir, ouvrait la marche avec son père. Dix femmes, et autant d'hommes, cherchaient, des yeux, ceux ou celles qui pouvaient leur convenir. Je présentai mon bras à une femme jeune comme Hébé, jolie comme elle, et dont l'œil était espiègle comme celui de la folie. Nous descendîmes, et nous prîmes les voitures au hasard. Nous nous trouvâmes, madame de Vernon et moi, avec un oncle sourd, et une mère qui n'était pas sortie de chez elle depuis dix ans, pour cause de rhumatismes. Nous avions laissé le fond aux grands parens, et à chaque mouvement du carrosse, la maman d'Émilie poussait un cri. On se permet de tout dire quand on n'est pas entendu ; d'ailleurs, madame de Vernon saisissait à merveille, et elle n'avait besoin que de s'expliquer à demi. Je ne fus pas dix minutes à être convaincu que ma jolie compagne était positivement ce qu'annonçaient ses yeux. Elle unissait le caractère le plus inconcevable, la déraison la plus complète, à l'esprit du plus rusé lutin. Il me sembla qu'une teinte de cette gaieté folâtre ne messiérait pas à madame Ruder, et je m'aperçus, pour la première fois, de la monotonie d'un sentiment raisonnable et raisonné.

On dîna, et, sans y penser, je me trouvai à côté de madame de Vernon. On dansa, et elle me prenait quand je ne l'invitais point. On allait servir l'ambigu; le jour allait reparaître, et je n'avais pas pensé à danser avec madame Ruder. Je m'empressai de réparer cet oubli impardonnable, et je lui proposai une valse. « Non, me « dit-elle à l'oreille; les grelots de la folie ne « vont ni à mon âge ni à mes habitudes. Tu es « bien; amuse-toi. » Le Général vint s'asseoir auprès d'elle. Il n'avait point, sans doute, l'intention de me favoriser; mais je fus fort aise de l'à-propos, et je valsai avec madame de Vernon.

Nous n'avions pas fini, qu'on vint dire qu'on avait servi. Madame de Vernon se donna une entorse, ou en eut l'air. Elle jeta un petit cri si doux, elle se laissa aller dans mes bras avec tant de grace, que je ne savais plus où j'en étais. Je la conduisis, je la portai dans une salle voisine. Ses petits cris ne finissaient pas. Je ne pouvais la délacer, par une raison très-simple : c'est qu'elle n'avait pas de corset. Mais je détachai les épingles d'un fichu déjà fort indiscret, et j'essayai le *magnétisme*. Son effet est sûr entre jeunes gens de sexes différens. « Remenez-moi à l'hôtel, « me dit-elle. Vous me soulagez beaucoup ; mais « votre manière de traiter exige du mystère, et « vous vous comportez comme un enfant ou « comme un fou. — Quoi donc, M. de Vernon « trouverait-il mauvais... — M. de Vernon, dit- « elle en se levant et m'entraînant avec la rapi- « dité d'Atalante, M. de Vernon est la meilleure « pâte de mari qui existe ; mais ce n'est pas de- « vant lui que vous devez *magnétiser* sa femme. »

Elle me poussa dans son carrosse, elle y sauta après moi. Elle monta ses escaliers quatre à quatre, et elle renvoya ses femmes. Apparemment, pensé-je, que le mystère est pour M. de Vernon tout seul. « A propos, me dit-elle, vou- « lez-vous un consommé ? — Je n'ai besoin de « rien. — Comme il vous plaira, beau colonel. » Elle tourna la clé, et ma foi...

J'avais été, pour ainsi dire, enlevé. Je n'avais pas eu le temps de réfléchir ; mais le moment du réveil ! C'est celui où la conscience, que rien ne distrait encore, nous présente le miroir et le tient avec un bras de fer. Je pensai, que depuis deux ans, cette nuit était là première que j'eusse pas- sée loin d'elle ; je me rappelai mon défaut de procédés pendant la journée précédente ; je sentis la nécessité et la honte de retourner à elle : j'é- tais sincère en ce moment. Mais qu'il est impuis- sant le souvenir d'une femme dont on cesse d'être amoureux ! Madame de Vernon réveilla avec elle le désir, la gaieté, le plaisir et la démence. Elle se leva enfin, et m'aida à m'habiller. Elle s'arrêtait à chaque instant devant ce qu'il lui plaisait d'appeler mes charmes, et elle riait de tout son cœur du tribut forcé, disait-elle, qu'elle offrait à chacun d'eux.

Elle nous fit servir à déjeuner aussi tranquillement que si elle eût été en tête-à-tête avec son mari. Cette conduite était nouvelle pour moi. Je concevais si peu ce que je voyais, que je passais de la surprise à la stupéfaction. Je déjeunai fort bien cependant, et pour cause. Je voulus ensuite me retirer ; elle me notifia, en faisant une petite moue si drôle, et en me tapotant les joues, qu'elle entendait prendre l'air. Elle sonna : Les chevaux, dit-elle. Elle me prit la main, me fit descendre aussi lestement qu'elle m'avait fait monter, et ordonna de toucher aux Champs-Élysées.

Là, il lui passa par la tête de manger un melon. Elle voulut ensuite aller dîner au bois de Boulogne ; elle revint prendre des glaces aux Tuileries ; elle finit par me conduire à l'Opéra. Elle y avait une loge grillée, où, du moins, on était plus commodément que dans les tavernes que nous avions parcourues.

Elle me ramena chez elle, étourdi des évènemens de la journée. Elle me déshabilla, beaucoup plus lestement qu'elle ne m'avait habillé ; et elle

me dit le lendemain matin : « Mon cher colonel,
« tout s'use. Vous n'êtes plus en argent comp-
« tant : allez à vos affaires. Je vous attends de-
« main soir. »

Dès que j'eus perdu de vue cette espèce d'Armide, je me réveillai comme Renaud. Je m'étais aperçu, pendant nos courses de la veille, que les hommes la saluaient assez cavalièrement, et que les femmes détournaient les yeux. Je me sentis humilié de l'inconvenance du rôle que j'avais joué, et, pour la troisième fois, le remords vint bourreler ce cœur trop faible. Allons, me dis-je, allons trouver celle qui pardonne tout, et avouons-lui ce que... ce que... ce qu'il ne m'est pas possible de lui cacher.

J'entrai en tremblant dans la rue de Bussy ; je tremblai bien davantage en entrant dans le magasin. Je crus m'apercevoir qu'elle avait pleuré, et je ne sus quel maintien prendre. Venez, me dit-elle d'un air aisé, qui ne s'accordait pas avec mes observations. Je la suivis ; elle me mena dans sa chambre : « Pourquoi cet embarras, cette rou-
« geur, mon ami ? Ils ne sont pas causés par le
« regret de ce qui s'est passé : ce goût est trop
« nouveau pour qu'il vous permette d'écouter la
« raison. Vous êtes donc agité par la crainte de
« m'affliger ? Soyez tranquille à cet égard. Depuis
« six mois vous n'avez plus d'amour, et je me
« suis lentement, péniblement préparée à ce qui
« m'arrive aujourd'hui. » J'entrepris de la rassu-

rer par ces expressions de feu qui jaillissaient autrefois de mon cœur : je ne trouvai que de ces lieux communs, qui ne prouvent que de la politesse. J'essayai le moyen, plus puissant, des caresses. « Arrêtez, me dit-elle. Je m'estime assez
« pour ne pas vouloir de partage. Vous n'êtes
« plus mon amant : ne m'avilissez point. Je ne
« crois pas vous désobliger en vous refusant des
« faveurs que vous ne désirez plus, et, en suppo-
« sant qu'elles ne vous soient pas absolument
« indifférentes, je vous offre un dédommagement
« supérieur à ce que vous perdez. Embrasse,
« Jérôme, ton amie sincère, affectueuse, com-
« patissante, qui gémit de tes travers, et qui t'en
« corrigera, sans peine, du moment où tu seras
« certain que ses conseils sont désintéressés. Va
« chez le Général ; colore ton absence. Ne lui dis
« rien de ce qui s'est passé entre toi et cette
« femme, qui ne te fixera point. Taire une vé-
« rité fâcheuse à qui ne la demande pas, est quel-
« quefois prudence.

« — Me sera-t-il au moins permis, madame...
« — Madame, dis-tu ! Mon ami, l'amitié a ses
« expressions comme l'amour : elles sont moins
« brûlantes, mais peut-être aussi douces. — Ma
« bonne amie, me sera-t-il permis de vous voir
« toujours ? — Eh ! que deviendrais-je moi-même
« si je ne te voyais plus ! Tu m'as détrompée des
« illusions de l'amour ; mais tu m'as rendue à ce
« sentiment simple, pur, que m'inspirait Jérôme

« enfant. Ce sentiment, qui suffisait à mon bon-
« heur, qui avait la puissance de me faire oublier
« ce que le vice a d'abject pour une femme déli-
« cate, ce sentiment suffira encore à mon cœur.
« Ne me néglige pas trop : voilà tout ce que
« j'exige en échange de l'affection que j'aurai
« pour toi jusqu'à la mort. »

J'aurais donné, en ce moment, la moitié des jours qui m'étaient réservés pour pouvoir l'adorer l'autre. Mais l'amour n'allume pas deux fois son flambeau devant le même autel.

Je jetai les yeux dans mon cabinet entr'ouvert. Mon lit n'y était plus ; cette chaise longue était enlevée ; ces gravures voluptueuses étaient disparues. Une bibliothèque, un métier à broder, une guitare... « C'en est donc fait, lui dis-je avec
« un serrement de cœur affreux, je suis banni de
« ce toit si long-temps hospitalier. — Mon ami,
« les nuits appartiennent à l'amour : les journées
« suffisent à l'amitié. Va, va chez le Général. »

Je m'y présentai avec l'assurance naturelle à un jeune homme persuadé qu'on ignore son inconduite. Il se leva dès qu'il me vit, et me tira à part. « D'où venez-vous, monsieur? Si vous pou-
« vez être deux jours sans me voir, savez-vous si,
« pendant cet intervalle, vos services ne me sont
« pas nécessaires ? — Je viens, mon Général, je
« viens... — Hé ! je ne le sais que trop, aveugle
« enfant ; vous sortez des bras d'une folle. Mon-
« sieur, on n'est pas maître, j'en conviens, d'ai-

« mer ou de n'aimer plus. On l'est toujours de
« ménager les bienséances, et celui-là les viole
« sans pudeur, qui rend une femme belle, ai-
« mante, respectable malgré sa faiblesse, qui la
« rend témoin du triomphe d'une rivale indigne
« de toute espèce de comparaison. Je vous ai
« pardonné votre aventure avec mademoiselle
« Rinaldi, parce que personne ne peut se garantir
« d'une surprise des sens. Mais je n'excuse pas un
« oubli de quarante-huit heures, parce que vous
« avez eu cent fois, pendant ces deux jours, des
« occasions de réfléchir. Vous n'êtes plus mon
« aide-de-camp. Il ne me reste plus rien à vous
« dire, et vous êtes le maître de vous retirer.

« — Et vous aussi, mon Général! Ah! je le
« vois, madame Ruder a parlé, et l'intérêt qu'elle
« inspire à tous ceux qui l'a connaissent... —
« Vous accusez votre bienfaitrice, ingrat jeune
« homme! Croyez-vous que celui qui vous doit
« la vie, qui a préparé, qui a fait couronner vos
« succès, n'ait pas un cœur aussi? Les yeux de
« la reconnaissance et de l'amitié sont-ils moins
« pénétrans que ceux de l'amour? »

Je tombai à ses pieds, je les baisai avec humilité. « Elle m'a éloigné, vous me chassez, je
« suis sans asile. Qui donc garantira des écueils
« de son âge un jeune homme trop facile, si ses
« amis les plus respectables le rejettent? Quel
« droit auront-ils alors de lui reprocher des fautes
« qui seront leur ouvrage? Abandonne-t-on un

« insensé sur le bord d'un précipice? Oh, par
« grace, sauvez-moi.

« Je ne suis pas insensible, monsieur, me dit
« le Général en me relevant, aux dispositions où
« je vous vois, et je désire, sans m'en flatter,
« que vos véritables amis n'aient, à l'avenir, que
« des éloges à vous donner. Ma maison sera,
« désormais, la vôtre; mais souvenez-vous qu'en
« vous recevant chez moi je deviens, en quelque
« sorte, garant de votre conduite. La première
« preuve que j'exige de votre retour, est votre
« rupture avec madame de Vernon, et le moyen
« le plus sûr de ne pas la rencontrer est de vous
« attacher à son mari. Il occupe une grande place;
« il a des qualités; beaucoup de crédit, et cette
« espèce de liaison est toujours utile à un jeune
« homme à qui il reste une longue carrière à
« parcourir. Allez, demain, voir M. de Vernon :
« vous n'avez qu'à vous nommer pour être ac-
« cueilli partout. » Il m'embrassa affectueusement,
et nous rentrâmes.

Je voulais être sage, je me le promettais, et je
me le prouvai à moi-même en commençant ma
journée du lendemain par une visite à la rue de
Bussy. Je m'attendais à une troisième mercuriale,
et je la reçus. Elle me fit sentir, de nouveau, le
danger de s'attacher à certaines femmes; mais elle
avait un ton qui allait à l'ame, et des expressions
si ménagées!... Oh! que la sagesse est douce,
qu'elle est puissante, quand elle passe par une
belle bouche!

J'attendis, auprès d'elle, l'heure convenable pour me présenter chez M. de Vernon. Je me fis annoncer, et je fus reçu avec une bienveillance et des égards, qui me flattèrent infiniment. Je m'empressai de les justifier en prouvant, par ma conversation, que je n'en étais pas indigne. M. de Vernon avait des connaissances. Il parut surpris que je susse autre chose que me battre, et il se plut à m'entretenir de matières qu'il n'était pas présumable que j'eusse approfondies à mon âge. Très-probablement je répondis avec autant de justesse que de modestie, car il m'invita à m'attacher à la diplomatie, et il me reconduisit en m'engageant à le voir souvent.

J'allais sortir, lorsque madame de Vernon entra. Quoi qu'il arrive, pensé-je, on ne me reprochera pas d'avoir cherché l'occasion. On ne m'a pas prescrit de brusquer une jolie, une très-jolie femme. Tout ce que peut faire un jeune converti, en pareille circonstance, c'est d'être sur ses gardes, et de voir venir. Je saluai respectueusement. La politesse est d'un usage si général, qu'elle ne signifie rien, qu'elle n'engage à rien.

Jamais madame n'entrait chez monsieur que dans des occasions de la dernière importance. Ce jour-là elle avait besoin de cent louis, et elle les demanda, comme elle faisait tout, en riant, en sautant, en déraisonnant. « Madame, lui dit M. de « Vernon, nous avons chacun notre bien, et le « vôtre est plus que suffisant pour vous soutenir

« d'une manière convenable. Vous prêter de l'ar-
« gent c'est autoriser des prodigalités au moins
« inutiles. Trouvez bon que je vous refuse. » Elle
lui tourna le dos en levant les épaules, me prit
par la main, et m'entraîna chez elle. Si le Général
avait été là, que m'eût-il conseillé? Il ne m'eût
pas ordonné de lui dire : « Madame, je renonce
« à vous, je ne veux plus de vous, laissez-moi
« tranquille. » Aussi ne dis-je pas un mot de cela:
je me laissai conduire.

Je m'attendais à des agaceries, et même à des
avances, qui ne manquent pas de mettre en défaut la sagesse la plus austère. « Mon cher ami,
« me dit-elle, prenez cet écrin, et trouvez-moi
« cent louis à l'instant, à la minute. — Vous ne
« pensez pas, madame, au genre de proposition
« que vous me faites. — Je ne pense jamais, mon-
« sieur; cela fatigue, et la résistance m'aigrit.
« Cent louis, vite, dépêchez-vous. Je les ai perdus
« hier avec un homme qui me déplaît, et il faut
« que je le paie. — Madame, il est un moyen qui
« me répugne beaucoup moins que celui que vous
« me pressez d'employer. Donnez-moi l'adresse
« de cet homme; je vais le payer. — Comment,
« mon cher ami, vous avez cent louis! Un jeune
« colonel avoir cent louis! mais c'est admirable.
« Voilà l'adresse, allez payer; moi, je vais dîner
« en ville : vous me prendrez ce soir aux Italiens. »

Elle avait à peine fini, que je ne la voyais
plus; je n'avais pas eu le temps de prendre mon

chapeau, que sa voiture l'emportait avec la vitesse du vent. Parbleu, pensé-je, voilà une singulière petite femme. Le plaisir, auprès d'elle, doit être toujours nouveau, car elle n'est jamais la même, et, sans les remontrances du Général... Irai-je aux Italiens? Oh! non, non... Cependant, on ne sait pas tout... A la bonne heure; mais j'ai promis... Allons d'abord payer; nous verrons ensuite.

Je rentrai pour prendre de l'argent. La somme en question faisait plus de moitié de mes petites économies, et un jeune homme, assez raisonnable pour économiser, tient un peu à ce qu'il a. Je me rappelais, d'ailleurs, certaine phrase relative à l'homme qui ne plaît pas, et que, par cette raison, il faut payer. C'est-à-dire qu'elle ne me paiera point, moi, qui ai le bonheur de lui plaire. Diable, diable! cent louis pour deux nuits, c'est trancher du grand seigneur, et je suis encore loin de l'être. Je me frottais l'oreille, j'ouvrais mon tiroir, je le refermais. J'aurais donné autrefois, j'eusse donné encore à madame Ruder tout ce que je possédais; j'eusse versé mon sang pour elle sans balancer. Amour, amitié, reconnaissance, elle avait tout mérité, elle avait tout obtenu. Elle m'avait prodigué ce qui paraît à l'homme sensible tellement au-dessus des richesses de convention, qu'il dédaigne de s'en occuper. Ici, mon incertitude était une preuve incontestable de la légèreté de mon goût pour madame de Vernon, et je crois, en vérité, que j'aurais définitivement fermé le tiroir sans le chien d'amour-propre, démon des gens du monde.

Il me souffla qu'il était très-flatteur pour moi qu'une femme, du rang de madame Vernon, eût recours à ma bourse; que la vivacité de son caractère ne lui permettait pas de tenir la chose secrète, et que cela me ferait le plus grand honneur. Je pris donc mon argent, et j'allai chez le créancier de ma jolie espiègle.

Je ne m'étonnai point en le voyant, de l'éloignement qu'il inspirait. C'était un homme de quarante ans, dont l'ameublement et la mise annonçaient l'aisance; mais dont l'air rébarbatif s'accordait avec son ton et ses manières. Il me reçut assez cavalièrement, ce qui me choqua. Il serra son argent en plaisantant, d'une manière très-crue, sur ma mission, et sur l'intimité qui, seule, avait pu y donner lieu. Révolté de l'insolence de cet homme, je le traitai avec la dernière dureté. Il mit le verrou, et me montra, du doigt, une collection d'épées de toutes les formes, depuis Clovis, je crois, jusqu'à nos jours. J'en pris une, lui une autre, et il me passa la sienne à travers le poignet et le haut du bras. « J'aurais
« pu vous tuer, me dit-il; j'ai seulement voulu
« vous apprendre qu'un homme de votre âge
« ne doit pas se charger de payer les dettes
« d'une écervelée. J'ai commencé comme vous,
« et je me suis réduit à la nécessité de vivre du
« superflu de ces femmes-là. Si j'avais trouvé, à

« vingt ans, quelqu'un qui se fût chargé de me
« donner une pareille leçon, je me fusse proba-
« blement corrigé. Votre figure m'a plu, et je me
« suis conduit paternellement. Je vais appeler
« votre cocher. »

Il m'aida à descendre; me remit dans mon fiacre; me souhaita le bon jour, et ferma la portière. La franchise de cet escroc me parut originale, et, dans toute autre circonstance, je m'en serais amusé; mais je perdais beaucoup de sang, et je n'avais pas de temps à perdre pour me faire panser. J'eus d'abord envie de me faire mener rue de Bussy. Non, non, pensé-je; ménageons la sensibilité de la plus estimable des femmes. Le Général grondera; hé bien, qu'il gronde, s'il le peut, un enfant qu'il aime, qui n'a rien à se reprocher, et qui vient de recevoir deux coups d'épée.

Le sang dont mes habits étaient couverts, donnait à mon extérieur quelque chose de plus qu'inquiétant. M. et madame Derneval pâlirent en me voyant, et ils ne trouvèrent d'expressions que celles du plus vif intérêt et d'une douleur profonde. Quand ils se furent assurés que mes blessures n'étaient pas dangereuses, ils essayèrent de prendre un autre ton. Ils s'aperçurent bientôt qu'il n'était plus temps de me tromper sur leurs véritables sentimens; ils se bornèrent à s'informer des détails, et je m'empressai de les satisfaire. J'avais tout à gagner à cette explication, et je ne leur cachai que le nom et la demeure de mon spadassin.

« Le coquin qui vous a blessé, me dit le Gé-
« néral, a conservé quelques principes, et je ne
« doute pas que sa leçon ne fasse plus d'impres-
« sion que les miennes. Cependant, malgré les
« obligations que vous lui aurez, il est bon que
« je connaisse celui qui fait métier de ruiner des
« femmes, et qui châtie si paternellement les
« jeunes gens. » Je prévoyais que le Général lui
ferait un mauvais parti. Il s'était battu en galant
homme, et je refusai de le faire connaître. M. Derneval sentait, intérieurement, la délicatesse de
mon procédé, et il n'insista que faiblement; mais
il se rendit aussitôt près des premières autorités;
il sollicita, et obtint des recherches qui firent
transpirer mon aventure. Madame de Vernon
acheva de la rendre publique.

Ennuyée de m'attendre aux Italiens, elle était
revenue chez elle. Piquée de ne m'y pas trouver,
elle m'avait envoyé une femme de chambre avec
sa voiture. Mademoiselle Lucie, selon l'usage,
raconta à sa camarade ce qu'elle savait, et, peut-
être, ce qu'elle ne savait pas. Madame de Vernon, désespérée de mon accident, cria, pleura,
courut, pendant deux jours, déposer sa douleur
dans le sein de toutes ses bonne amies, et, à la
fin de la semaine, elle ne pensait plus à moi.

Revenons. Il n'était pas posssible de cacher
mon état à madame Ruder. Il était à craindre

qu'elle fût instruite par la voix publique, qui aggrave toujours les choses, et madame Derneval prit la peine d'aller chez elle pour l'assurer que je ne courais aucun danger. C'est ainsi, quelquefois, qu'on nous prépare à apprendre la mort de ceux qui nous sont chers, et madame Ruder s'abandonna à ce que son imagination frappée lui représenta de sinistre. Elle accourut, et ne se remit qu'en me voyant debout, et me promenant dans ma chambre. Elle s'établit, de nouveau, ma garde, et ma garde unique. En vain je m'y opposai; en vain je lui représentai l'inutilité des fatigues qu'elle allait supporter. « J'ai pris soin de mon « amant blessé, dit-elle; je ne ferai pas moins « pour mon ami. »

M. de Nosari venait souvent embellir notre petite société. Il me marquait une affection sincère depuis le jour où j'avais cessé d'être amant. L'ami le plus désintéressé n'aime pas à rencontrer l'amour : ce fripon-là lui vole toujours quelque chose.

Quelle est auguste, quelle est consolante, la véritable amitié! L'exemple de madame Ruder et du commandeur me convainquit qu'elle peut suffire, seule, au bonheur, et si je n'étais pas d'âge à m'y livrer exclusivement, je sentais combien elle est au-dessus des passions tumultueuses : c'était déjà un grand pas de fait.

Sans paraître en avoir le projet, sans que je m'en doutasse, ils ne pensaient qu'à me rendre à la raison, et à développer les qualités d'un cœur que la dissipation avait comprimées un moment. Le baume restaurateur était caché sous l'appas d'une gaieté décente, et d'une sagesse que semblaient inspirer les graces.

Le troisième jour, M. de Vernon fit une visite au Général, à la suite de laquelle il entra chez moi. Après les complimens d'usage, il marqua le désir de me parler en particulier. L'éclat qu'avait fait madame de Vernon m'annonçait une scène orageuse, et, selon ma coutume, je me préparai à tout.

J'attendais qu'il parlât. « Cette réserve-là, me « dit-il, ne vous est pas ordinaire : vous craignez « donc de vous expliquer. Vous avez tort. Vous « pouvez me parler de certaines choses, dont un « autre, peut-être, ne se soucierait pas de s'en- « tretenir. — Il est vrai, monsieur, que vous « m'avez marqué assez de bienveillance pour que « je fusse persuadé que vous prendriez quelque « intérêt à mon accident. — Ce n'est pas cela, « mon ami, ce n'est pas cela ; votre accident n'est » ici que secondaire, et vous prenez le change. » Je voulais le lui faire prendre à lui-même.

Il continua. « Personne ne prend plus d'intérêt « que moi à ce qui vous regarde; mais, monsieur, « il faut savoir n'estimer les choses que ce qu'elles « valent, et, pour cela, il faut les connaître : je « vais vous mettre au courant. — Permettez, « monsieur : qu'entendez-vous d'abord par ce qui

« me regarde, puisqu'il n'est pas question de
« mes blessures? — Eh, parbleu, monsieur,
« n'êtes-vous pas l'amant de ma femme? Et qui
« doit être piqué d'une conduite qui vous a valu
« deux coups d'épée? serait-ce moi? — Mais,
« monsieur, j'avais assez peu d'usage pour le
« croire, et je vous avoue que vous me soulagez
« beaucoup. — Il y a long-temps, monsieur, que
« madame de Vernon et moi n'avons rien de
« commun que le nom. Vous êtes, après plu-
« sieurs autres, en possesion de mes droits : ayez
« la bonté de vous charger aussi du ridicule de
« votre maîtresse. Je suis persuadé qu'au fond
« vous pensez, ainsi que moi, que cela vous re-
« garde. J'aurais même très-mauvaise opinion de
« votre probité, si, après votre intention mani-
« festée de vous attacher à moi, vous aviez eu
« celle de m'outrager en séduisant ma femme. Je
« vous déclare donc que ses extravagances, les
« plus outrées, sont indifférentes pour moi, ridi-
« cules pour vous, et déshonorantes pour elle,
« en supposant qu'elle puisse encore être dés-
« honorée.

« — Je n'examinerai pas, monsieur, jusqu'à
« quel point vos principes sont fondés; j'obser-
« verai seulement que vous êtes, peut-être, le
« seul mari capable de se prononcer avec autant
« de courage. — Si les autres maris ne s'expli-
« quent pas aussi clairement, c'est qu'ils ne sup-
« posent pas seulement qu'on doute de leur façon

« de penser. Vous seriez encore dans la même
« erreur à mon égard, si je n'avais cru devoir,
« à votre âge, une explication qui peut vous être
« long-temps utile. L'activité de votre vie ne vous
« a pas permis encore de rien remarquer : je vais
« vous étonner davantage. Je prétends vous con-
« vaincre que les choses sont précisément ce
« qu'elles doivent être, d'après notre dépravation.

« Les lois sont faites pour régler nos actions,
« et les préjugés décident de nos opinions. Ces
« préjugés naissent des usages, et ceux du grand
« monde diffèrent totalement de ceux de la bour-
« geoisie. Un simple particulier, par exemple,
« est-il trompé par sa femme? le voilà désho-
« noré, parce que s'étant marié à son gré, il est
« convaincu d'un mauvais choix. Les gens d'un
« certain ton, au contraire, ne voient, dans le
« mariage, qu'une espèce de traité établi sur les
« convenances de la naissance et de la fortune.
« Voilà pourquoi nous ne connaissons point,
« parmi nous, cette qualification burlesque que
« donnent les bourgeois à un mari trompé. Re-
« marquez même que, parmi ces gens-là, il n'y
« a que la première infidélité de la femme qui
« donne du ridicule au mari. Que les amans se
« succèdent, et que les faits éclatent, l'époux est
« bientôt détrompé ; il prend son parti, et jouit
« de nos priviléges.

« C'est par une conséquence de cette façon de
« voir qu'un bourgeois, qui s'est séparé de sa

« femme, se couvre de honte en la reprenant,
« parce qu'il s'en déclare le complaisant et l'es-
« clave. Peu de gens de distinction quittent leurs
« femmes, parce que leur manière de vivre est
« un divorce continuel. C'est un commerce froid,
« où l'aigreur ne se mêle jamais, et la position
« où l'on s'est mis permet toujours de se rappro-
« cher sans que l'époux en rougisse : c'est alors
« un tour qu'il joue aux amans. L'épouse a beau
« faire, il faut qu'elle cède. La plus décidée subit
« toujours la loi du mari, à moins qu'il n'en soit
« amoureux. Si je voulais, je vous enlèverais ma
« femme; mais je la méprise trop pour former
« un tel projet : elle me serait à charge, et je la
« trouve ennuyeuse. On lui croit de l'esprit; elle
« en a fort peu : je la connais mieux que vous.
« Quand vous la verrez de sang-froid, vous sen-
« tirez que tout son mérite tient à son origina-
« lité, et au tour singulier qu'elle donne à ses
« méchancetés. Si la décence redevenait à la mode,
« on la prendrait pour une imbécille, et bien des
« femmes perdraient tout, si nous nous avisions
« d'avoir des mœurs.

« — Vous conviendrez, au moins, monsieur,
« que madame de Vernon a des graces, une figure
« piquante. — Voilà l'éloge banal qu'on prodigue
« aux femmes, en qui il n'y a rien à louer. Au
« surplus, je vous demande pardon de vous avoir
« si librement parlé de votre maîtresse. Je veux
« que vous ne soyez pas sa dupe; mais mon des-

« sein n'est pas de vous en dégoûter. J'aime
« beaucoup mieux qu'elle vous ait qu'un autre,
« parce que vous la retirerez, peut-être, de l'op-
« probre où elle est. Une femme se réhabilite,
« quelquefois, par un bon choix, et si cela arri-
« vait, vous me rendriez ma maison plus agréa-
« ble, en éloignant une foule d'étourdis, vifs sans
« idées, empressés sans objet, extravagans sans
« imagination, et ennuyeux avec fracas. Je n'ose
« me flatter d'une telle réforme chez moi; mais,
« que je vous la doive ou non, je n'en serai pas
« moins votre ami. »

Je ne sais ce qui m'étonna le plus, de la confiance que me marquait M. de Vernon, ou du tour qu'il donnait à une explication, peut-être sans exemple. Sa franchise me gagna le cœur, et je lui promis solennellement de renoncer à sa femme. Il plaisanta de mon serment, et me dit que si je mettais de la délicatesse dans ma conduite, je perdrais bien des occasions précieuses, à moins que la raison ne devînt à la mode. Je ne crois
« pas, monsieur, que la mode étende jamais son
« empire jusque-là. — Je ne le crois pas non plus.
« Cependant son empire, en France, est sans
« bornes, et il peut s'établir une mode de ré-
« forme. L'excès de la dépravation, l'avilissement
« des mœurs, peuvent amener enfin le dégoût du
« désordre. On réclamera la vertu pour l'intérêt
« même du plaisir. Il doit arriver un change-
« ment, et il est impossible que ce soit en mal.

« Rien, par exemple, n'est aussi décrié que
« l'amour conjugal. Ce préjugé est trop fort pour
« durer bien long-temps, et voici de quelle façon
« la révolution peut se faire.

« Un homme d'un rang distingué, plein d'a-
« grément, d'esprit et de graces, joignant à tout
« cela une pointe de fatuité... J'exige, comme
« vous le voyez, beaucoup de qualités : c'est qu'il
« en faut à un chef de secte.

« Il est possible que cet homme soit amoureux
« de sa femme. Il combattra d'abord son inclina-
« tion, et, s'il ne peut la vaincre, il s'efforcera,
« du moins, de la cacher au public. Mais il y a
« des gens clairvoyans sur les défauts d'autrui.
« Malgré ses efforts, on pénétrera son secret; il
« s'en apercevra, et se mettra au-dessus des rail-
« leurs, en prenant son parti de bonne grace; il
« jouera même l'intrépidité. C'est quelquefois un
« moyen d'acquérir du courage; c'en est même
« un commencement. Enfin son amour-propre
« sera flatté de fonder un nouveau genre de sin-
« gularité, et il se déclarera. Les femmes le com-
« bleront d'éloges, de peur qu'il ne se rétracte,
« et, avant que les hommes soient convaincus
« que c'est un parti sérieux, son état sera con-
« firmé. Qu'arrivera-t-il? Quelques jeunes gens,
« piqués de n'avoir pas imaginé un ridicule neuf,
« se hâteront de l'adopter pour ravir à l'inventeur
« la gloire d'être unique; ils joueront, auprès de
« leurs femmes, une passion qu'ils n'éprouveront

« pas, et plusieurs y seront pris. Un mauvais
« principe produira de bons effets; ils deviendront vraiment amoureux, après avoir affecté
« de l'être. D'autres, qui aimeront réellement,
« seront bien aises d'avoir des autorités qui les
« dispensent de se contraindre. On n'entendra
« parler que d'époux unis. Alors le bon ton s'en
« mêlera. Il peut arriver telle circonstance qui
« mette la vertu à la mode. »

La prédiction de M. de Vernon me paraissait
très-hasardée; cependant j'ai vu des exemples
qui feraient croire que son accomplissement n'est
pas impossible.

« Puisque vous ne remplacez plus le mari de
« ma femme, reprit-il, il n'est pas juste que vous
« vous chargiez des dépenses du ménage : voilà
« les cent louis que vous lui avez prêtés. Elle
« ignorera toujours que cette dette est acquittée,
« parce qu'elle l'a oubliée très-certainement, et
« que vous ne l'avertirez point que je sauve de
« son honneur ce que je peux lui en conserver.
« Pour vous, monsieur, le séjour de Paris ne
« vous convient pas. L'activité tient essentiellement à la jeunesse. Il faut qu'un jeune homme
« fasse toujours quelque chose, et, quand il ne
« s'occupe pas d'une manière utile, il n'échappe
« au désœuvrement qu'en faisant des sottises. Je
« vous ferai nommer secrétaire d'ambassade dans
« une cour du Nord. Vous êtes très-jeune; mais
« je répondrai de vous, parce que vous avez des

« qualités, et que je crois que votre nomination
« à une place de confiance est un garant suffisant
« que vous vous en rendrez digne. Si la guerre
« se rallume, vous serez le maître de rentrer
« dans votre première carrière, et de rejoindre
« vos étendards. »

Il méritait ma reconnaissance, et j'allais l'en assurer : « Vous ne me devez rien, me dit-il ;
« cette idée est du Général, et je n'ai que le très-
« petit mérite de l'avoir adoptée : adressez-lui vos
« remerciemens. » Il sortit.

J'étais forcé de convenir, intérieurement, que j'avais tenu la conduite la plus régulière tant que j'avais été attaché à madame Ruder. Uniquement occupé du soin de lui plaire, je ne faisais rien que de bon, parce que le bien seul lui était agréable. Je ne m'étonne plus, aujourd'hui, d'avoir usé si vite mon amour : j'avais vécu pour elle en deux ans, comme on vit en quinze pour une autre. Ces réflexions me faisaient sentir l'impossibilité de la remplacer jamais, et la nécessité d'éviter les liaisons dangereuses. Je résolus de me livrer exclusivement à mon nouvel état.

Je passai chez le Général, ignorant encore tout ce que je devais à des protecteurs, à des amis, qui ne s'occupaient que de moi. Après avoir raisonné de ce projet, avoir calculé les obstacles et les probabilités du succès, ils étaient unanimement revenus à craindre que mon extrême jeunesse ne fût une difficulté insurmontable. Si une femme aimante sait tout prévoir, elle trouve aussi des moyens de tout surmonter.

Elle s'était adressée au commandeur; l'avait prié, l'avait pressé : il suffisait que le sacrifice lui fût agréable. M. de Nosari avait dit aussitôt au Général qu'il pouvait assurer le ministre qu'il partirait avec moi, et que, sans caractère public, sans autre désir que celui de m'être utile, il dirigerait mes travaux. Quelle femme que celle qui, à la fleur de son âge, et dans tout l'éclat de sa beauté, peut renoncer à l'amour, et éloigner le seul homme qui pût lui faire oublier ce qu'elle avait perdu! Quel homme que celui à qui les années et l'habitude rendent l'amitié nécessaire, et qui prouve la sincérité, la solidité de la sienne, en partant sans hésiter! Que je me sentais petit auprès d'eux! mais aussi combien leur générosité excitait mon émulation! Combien j'étais flatté de l'idée de les égaler un jour!

Je guéris, et on disposa tout pour mon départ. Le moment de la séparation fut douloureux. Je quittais les objets de mes plus chères affections, et, selon les apparences, je les quittais pour long-temps. M. de Nosari, aussi affecté que moi, trouva cependant des forces pour me consoler. Il me montrait, dans l'éloignement, le jour où je reverrais mes amis, où je reparaîtrais devant eux, investi de l'estime publique, et pouvant prétendre aux plus grandes places. Il me peignait la jouissance douce de ceux que je forcerais à s'applaudir de ce qu'ils avaient fait pour moi. Il captivait mon attention en me parlant de l'importance de mon emploi. Il me donnait la théorie de cet état, si difficile et si peu connu de la plupart de ceux qui l'exercent. Nouveau Télémaque, j'avais aussi trouvé un Mentor.

Il me présenta à l'ambassadeur, qui leva les épaules en me voyant. M. de Nosari, piqué, lui dit qu'il pouvait m'interroger. L'ambassadeur ne me fit que de ces questions vagues, qui décèlent l'ignorance. Je m'enhardis ; je répondis d'après les principes généraux que m'avait donnés le commandeur. L'ambassadeur était étonné. M. de Nosari jouissait, et je me croyais le premier publiciste du monde.

Je m'adonnai au travail avec une ardeur infatigable. Je ne sortais de mes bureaux que pour lire, avec le chevalier, les meilleurs auteurs en droit public. Ses réflexions claires, précises, aplanissaient toutes les difficultés ; la manière dont il parlait de moi à l'ambassadeur me conciliait sa bienveillance, et bientôt une incapacité réelle força son entière confiance. Souvent il me renvoyait des affaires portées à son audience ; quelquefois il me chargeait de travailler directement avec le ministre du prince, près de qui nous résidions. Son intention, disait-il, était de me former plus promptement ; mais je m'apercevais qu'il me chargeait des affaires délicates, et qu'il se réservait celles qui n'exigeaient que de l'esprit et de l'agrément.

M. de Nosari craignit probablement que l'excès même de mon zèle contribuât à l'éteindre bientôt : il exigea que je prisse la dissipation nécessaire à tous les âges, et surtout à la jeunesse. Fait pour être accueilli partout, il me présenta à la cour et dans les maisons les plus distinguées, comme un sujet de la plus belle espérance. Je jugeai facilement que, pendant que je travaillais dans mes bureaux, il avait pris la peine de reconnaître les sociétés qui pouvaient me convenir, car je trouvai partout le plaisir subordonné à la décence.

D'abord on ne me recevait que par considération pour lui : j'avais bientôt la satisfaction de voir qu'on m'accueillait pour moi-même.

Trois soirées de la semaine étaient uniquement consacrées à la correspondance. Nous adressions des *factums* à nos amis de la bonne ville. Jamais de brouillons : le cœur est ennemi de l'apprêt. Nos paquets partaient, chargés quelquefois de ratures; mais l'amitié est indulgente.

Les lettres que m'adressaient aussi, toutes les semaines, madame Ruder et le Général, me laissaient pressentir le compte avantageux que M. de Nosari leur rendait de ma conduite, et leurs éloges ne m'inspiraient point de vanité : ils n'étaient, pour moi, qu'un encouragement au bien. J'avais des taches à effacer ; je ne me le dissimulais plus.

Deux années s'écoulèrent ainsi. Point d'étourderies, point de faiblesses, pas la moindre petite intrigue. Je sentis souvent, j'en conviens, les tentations les plus prononcées ; mais les femmes légères me rappelaient madame de Vernon ; celles qui joignaient à la beauté des qualités estimables, me rappelaient ces mots du Général : « Il est contre l'honneur de chercher à inspirer « une passion dont on n'est pas pénétré soi- « même », et j'avais épuisé les délices de l'amour : je le croyais du moins.

La sagesse tourne toujours au profit de la santé. Mon tempérament se fortifia ; ma tête mûrit et se meubla : je n'étais plus le même homme.

C'est à cette époque que je sentis réellement ce que je devais à ceux qui m'avaient, pour ainsi dire, conduit par la main à l'honnêteté, aux distinctions et à la fortune. J'avais, pour ces respectables amis, une vénération qui n'était comparable qu'à l'attachement qu'ils m'inspiraient.

« Je crois, me dit un soir le commandeur,
« que les bonnes habitudes se sont fortifiées de
« manière à ne pas laisser craindre de rechute.
« Je ne vois donc pas d'inconvénient à ce que
« vous profitiez d'un congé de trois mois qu'on
« vient de m'adresser. — Un congé, m'écriai-je,
« un congé ! — Le voilà, mon ami. — Je vais
« donc la revoir, l'embrasser encore ! Je reverrai
« M. Derneval, son estimable épouse, et mon
« pauvre Luvel. Je retrouverai ma bonne Mar-

34.

« guerite, ma vieille nourrice, négligée, oubliée
« dans le tumulte de la dissipation. Que de jouis-
« sances à la fois ! Quand partons-nous, monsieur
« le commandeur ? — Quand il vous plaira, mon
« ami. — Partons tout de suite, à l'instant, à la
« minute. — Ah! la tête se monte! Un homme
« en place, qui oublie qu'il doit prendre congé
« de son ambassadeur, du roi qui a daigné lui
« marquer quelque bonté, et de ceux dont la
« maison lui a été constamment ouverte! — Vous
« avez raison, commandeur ; je viens encore de
« parler en étourdi. — Mais vous agirez en homme
« sage, et voilà l'essentiel. Savez-vous, mon ami,
« que si ma joie n'éclate pas avec la vivacité de
« la vôtre, je n'en suis pas moins sensible que
« vous au plaisir d'aller voir nos bons amis de
« là-bas ? La journée de demain sera employée à
« remplir les devoirs indispensables ; après-de-
« main les chevaux de poste. »

J'avais chargé mon valet de chambre, qui courait devant nous, de payer les postillons, et de
les payer en grand seigneur. Nous ne courions
pas, nous volions. Je ne faisais autre chose que
compter les villes que nous laissions derrière
nous, et celles qui restaient à traverser. Je pei-
gnais, jusqu'à satiété, la réception qui nous attendait. Je voyais madame Ruder sautant les escaliers,
et tombant dans nos bras ; le Général nous ouvrait les siens de la porte de l'antichambre, et
madame Derneval, debout dans son salon, me

souriait d'un air qui voulait dire : Un secrétaire d'ambassade peut embrasser l'épouse d'un général. Ma foi, tout arriva comme je l'avais prévu, à l'exception pourtant du cher oncle, le grand-vicaire, sur lequel je ne comptais pas, et que je trouvai en simarre violette, la croix au cou, et l'anneau du pêcheur au doigt : le vrai mérite perce tôt ou tard, et ceux même qu'il offusque, sont forcés de lui rendre hommage.

Le lendemain matin je m'empressai d'aller offrir un nouveau tribut à l'amitié. Il n'y avait plus de rue de Bussy : la boutique était occupée par des gens qui m'étaient inconnus. Je les interrogeai ; ils m'apprirent seulement qu'elle avait fait, de la vente de son fonds et de ses rentrées, un capital considérable, et elle ne m'en avait rien dit ! Je crus ne pouvoir, sans indiscrétion, lui parler, le premier, de ses nouveaux arrangemens. Je me bornai à demander son adresse à madame Derneval : elle occupait un joli logement à deux pas de l'hôtel.

Après le dîner, le Général me fit passer dans son cabinet. « Mon cher ami, vous jouissez d'une
« considération dont la plupart des jeunes gens
« ont à peine une idée. Vous parviendrez aux
« premières places ; mais les épreuves peuvent
« être longues, et il est un moyen de les abréger :
« c'est de prendre cet aplomb qui inspire la con-
« fiance. Rien ne le donne comme le mariage et
« la fortune. L'homme indépendant des circon-

« stances est recherché ; celui qui a besoin de
« son état se fatigue souvent en vaines sollicita-
« tions.

« Je conviens que vous pourriez différer de
« quelques années ; mais vous ne seriez pas sûr,
« alors, de trouver les avantages que nous vous
« avons ménagés. N'inférez pas de ce que je vous
« dis que notre intention soit de vous faire con-
« tracter un engagement de pure convenance.
« Nous voulons, au contraire, vous donner une
« épouse très-jeune, très-jolie, très-aimante, et
« très-riche. Vous êtes sans passion, ainsi je ne
« présume pas que vous rejetiez mes offres. D'ail-
« leurs, vous verrez la jeune personne. Je ne
« vous la nomme pas, afin de vous laisser tout-à-
« fait libre, et si votre goût ne vous détermine
« pas en sa faveur, vous me saurez au moins gré
« d'une proposition qui prouve mon désir de
« vous voir heureux de toutes les manières.

« —Je reconnais, mon Général, cette bienveil-
« lance qui ne se dément pas un instant, et... —
« De la bienveillance, de la bienveillance ! Ce
« n'est pas là l'expression qui convient entre nous.
« J'ai pour vous la tendresse d'un père, et tout
« ce qui tient au respect doit nous être étranger,
« parce que le respect tue le sentiment, et que
« je veux que vous m'aimiez autant que je vous
« aime. — Oh ! à cet égard, mon Général, il y a
« long-temps que j'ai prévenu vos ordres. Mais
« me marier, moi ! J'étais si loin de cette pensée,

« que je vous avoue que j'ai besoin de quelque
« temps pour me la rendre familière. — Prenez
« le temps que vous voudrez, mon ami; moi, je
« me flatte qu'il vous en faudra peu, et que vos
« vues s'accorderont avec les nôtres. Allons re-
« trouver la société. »

Elle était nombreuse, et surtout bien choisie.
Je jetai les yeux de tous les côtés, persuadé qu'un
regard, une mine, un geste, trahirait le secret
des coalisés. Convaincu, d'ailleurs, que celle
qu'on me destinait me convenait de toutes les
manières, j'étais décidé à m'y attacher par goût,
comme par déférence pour mes bienfaiteurs. En
effet, rien d'aussi facile que d'aimer une femme
très-jeune, très-jolie, très-aimante, et très-riche.
Cette dernière qualité n'est pas absolument dé-
terminante ; mais une femme n'en vaut pas moins
pour être riche.

Je comptai beaucoup sur ma pénétration. Hé
bien, on la mit en défaut. Pas la moindre petite
chose qui pût m'éclairer. Allons, me dis-je, faisons la cour aux jeunes personnes elles-mêmes,
et observons leurs mamans. Il y a toujours quelque chose de radieux dans la figure d'une maman qui accorde sa fille. Ici, je trouvais de la
physionomie ; là, de l'esprit; plus loin, des grâ-
ces ; dans un petit coin de la timidité. L'une m'é-
coutait avec indifférence : oh ! elle a, sans doute,
une inclination. L'autre cherchait à m'arrêter
auprès d'elle : c'est bien heureux ; je suis de son

goût. Celle-ci souriait à tout ce que je lui disais : bon, cela dispense de répondre. Celle-là rougissait en regardant sa mère, et sa mère, et toutes les mères possibles, conservaient dans les traits une immobilité désespérante.

Je pris aussi un parti de désespéré. C'était d'aller causer avec madame Ruder, de l'assurer combien je mettrais d'empressement à faire tout ce qui serait agréable au Général et à elle, et à connaître, par ce moyen, ma future épouse, qu'il ne m'était pas possible de deviner. Je m'approchais d'elle lorsqu'on annonça M. Rinaldi. Il donnait la main à une jeune personne prodigieusement changée à son avantage, et que, cependant, je reconnus aussitôt. Les yeux de tous mes amis se portèrent sur moi, et je commençai à voir clair.

M. Rinaldi nous apprit, après les complimens usités, qu'il avait cédé aux instances de sa fille, qui désirait voir Paris, et qu'il se proposait d'y faire quelque séjour. Il demanda à madame Derneval la permission de la voir souvent; elle lui fut accordée avec un empressement qui confirma ma première idée.

Il me sembla que le coup de maître du courtisan était, en cette circonstance, de paraître ne s'apercevoir de rien, et de laisser au Général la douce persuasion qu'il était impossible de voir et de penser autrement que lui. Je m'approchai de monsieur et de mademoiselle Rinaldi ;

je mesurai rigoureusement mon ton et la tournure de mes phrases sur ce que la politesse seule exigeait de moi, et je finis en demandant à M. Rinaldi, si je pouvais, sans indiscrétion, aller lui présenter mes devoirs. « Vous me ferez grand « plaisir, monsieur, et à ma Thérèse aussi. » Il me mit dans la main une carte d'adresse, et me tourna le dos. Malheureusement pour lui, il y avait là une glace traîtresse, dans laquelle je le vis rire en se frottant le menton.

Mademoiselle Rinaldi était assise entre mesdames Derneval et Ruder. Elle me regardait sans cesse; quelquefois elle étouffait un éclat de rire, et, alors, de petits coups de genoux partaient de droite et de gauche. Voilà deux femmes bien contentes, pensé-je. Oh, comme elles m'attrapent! Je ne sourcillais pas. J'étais imperturbable, et fort peu aimable. L'homme qui s'observe a toujours l'air d'un songe-creux ou d'un sot.

J'avais cependant saisi, malgré mon extrême réserve, quelques intervalles, et j'avais reconnu que mademoiselle Rinaldi effaçait ce que j'avais vu de plus joli, par sa taille svelte, des graces naturelles, et une figure dont l'usage du monde n'avait pas entièrement effacé cette teinte d'ingénuité qui lui allait si bien.

Pendant le souper, on affecta de ne point parler d'elle. On s'étendait, avec complaisance, sur les légers défauts des autres jeunes personnes, et pas un mot de celle qu'on paraissait ne pas attendre, dont l'arrivée inattendue pouvait exercer des têtes à conjectures, et qui méritait, plus que personne, qu'on s'occupât un peu d'elle. Oh, quelle finesse !

Je cherchai, moi, à faire prendre à la conversation une tournure scientifique, propre à provoquer le sommeil : j'avais besoin d'être seul. Monsieur l'archevêque me répondait, et j'embrouillais la matière ; je le forçais à diviser et à subdiviser ; les bâillemens se communiquaient de proche en proche ; on prit des bougies, on nous laissa seuls, et je lui souhaitai le bon soir.

Je ne dormis point : je rêvai à mon futur mariage. Il était indubitable qu'on allait m'unir à mademoiselle Rinaldi, et, tout bien examiné, je m'arrêtai à ces principes, qu'il est peut-être bon de répandre :

« 1° Il est très-commode, pour un homme en « place, d'avoir une femme charmante qui l'aime « uniquement. »

Cela le dispense d'aller chercher ailleurs ce qu'il trouve chez lui : économie de temps.

« 2° Il est fort agréable de voir prévenir ses « goûts, ses désirs, d'être l'objet de toutes les « attentions, de toutes les prévenances, de faire « mille jaloux, et de n'avoir pas de sujet de « l'être. »

En échange de tout cela, on prodigue les égards tant qu'on veut, l'amour tant qu'on peut, et il est un moyen de le faire durer long-temps, c'est de s'éloigner de sa femme quand on la trouve moins jolie : on revient à elle quand on est disposé à lui rendre justice.

« 3° Il faut lui faire des enfans, beaucoup
« d'enfans. »

Une mère de famille est nécessairement occupée, et ses occupations lui laissent peu de temps pour autre chose. Ces marmots, d'ailleurs, sont un second lien qui resserre le premier, pour les cœurs honnêtes. Que de femmes prêtes à faillir se sont arrêtées à l'aspect d'un enfant qui leur ouvrait ses bras innocens !

Je me levai de très-bonne heure, et je me fis habiller avec le plus grand soin. Pour tirer parti de ses avantages, il faut, ou beaucoup de toilette, ou le désordre le plus absolu, et avec celle dont on veut faire sa femme, le parti le plus décent est celui qu'on doit préférer. Lui marquer de l'estime, c'est la forcer à être toujours estimable. Voilà encore un principe qu'il est bon de ne pas oublier.

Monsieur Rinaldi était allé à ses affaires, et je conviens qu'il ne devait pas m'attendre à huit heures du matin. Sa fille sortait de son lit, fraîche comme la rose, et colorée comme elle. « Mon
« père n'est pas ici, j'en suis bien aise. Oh, j'ai
« tant de choses à vous dire... D'abord, mon
« ami, promettez-moi le secret ; car si on sait que
« j'ai parlé, on me grondera... on me grondera!...
« — Jamais je ne causerai volontairement de cha-

« grins à ma Thérèse. — A sa Thérèse ! eh oui, je
« le suis, méchant; jamais je n'ai cessé de l'être.
« On m'a proposé vingt partis; je les ai tous
« refusés, parce qu'il ne faut tromper personne.

« Venons à l'essentiel. Je vous parlerai des dé-
« tails, si mon père nous en laisse le temps. On
« se propose de nous marier : mon cher ami,
« le voulez-vous bien ? — J'en suis charmé, ai-
« mable enfant. — Il en est charmé, il en est
« charmé ! Vous m'avez fait bien du mal; mais
« avec quelle facilité vous me le faites oublier!
« J'ai toujours eu un pressentiment que vous
« reviendriez à moi, et je me suis arrangée en
« conséquence. J'ai pris des maîtres, beaucoup
« de maîtres, parce que, pensé-je, on ne fait pas
« toujours les enfans; il faut aussi parler raison,
« et je veux pouvoir entendre mon mari. J'ai be-
« soin encore de talens agréables pour l'amuser
« quand il n'aura rien à me dire : j'ai appris la
« la musique et le dessin. Voulez-vous voir, mon
« ami, comment je peins ? » Elle prit sur son
cœur un médaillon... C'était mon portrait. « Je
« l'ai fait de mémoire : jugez si j'ai pensé à vous.
« Oh, qui pourrait compter les baisers dont je
« l'ai couvert ! Il était ma consolation, la moitié
« de moi-même, lorsque nous reçûmes cette
« lettre du général. » Elle courut ouvrir un secrétaire.

En écoutant le langage de l'innocence et de
l'amour, je sentais mon cœur s'agiter; il se rani-

mait; pensées de bonheur l'occupaient tout entier.

Le Général écrivait à M. Rinaldi : « Vous apprendrez volontiers, monsieur, que notre co« lonel exerce, avec distinction, un premier « emploi dans la diplomatie. Sa conduite est « tellement régulière, que nous avons résolu de « le marier.

« Plusieurs partis lui conviennent. Son cœur « est libre en ce moment, et ce cœur est le meil« leur que je connaisse. Notre jeune ami s'atta« chera facilement à une jeune personne qui unit « la beauté à la candeur; il doit une réparation à « mademoiselle votre fille, et, si elle conserve « pour lui quelque attachement, vous êtes le « maître de conclure.

« L'intéressant protégé a un bien de cent mille « francs, et des émolumens plus qu'honnêtes; mais « nous espérons en faire incessamment un gé« néral de brigade et un ambassadeur. Il sera « tenu à une forte dépense, et nous nous flat« tons que, d'après ces détails, vous vous con« duirez en bon père.

« J'ai l'honneur, etc. »

« Mon papa s'est aussitôt écrié que, pour se « voir renaître, il donnerait tout son bien, et ne « se réserverait qu'une pension honnête. Moi, « mon ami, je pleurais, je riais, j'extravaguais : « ma pauvre tête n'était plus à moi. »

Tant d'affection et de délicatesse venait aussi de tourner la mienne. Mon cœur était gonflé de manière à me faire croire qu'il allait se fendre, et si un torrent de douces larmes ne m'eût soulagé, j'ignore ce qui serait arrivé. Je me sentis enfin en état de parler, et M. Rinaldi me trouva, exprimant, en paroles de feu, ce que l'amour, l'amitié, la reconnaissance ont de plus sincère, de plus profondément senti.

« Nous y voilà, s'écria-t-il; mademoiselle a
« parlé. J'avais bien mes raisons pour vouloir
« être présent à cette première visite, afin de
« contenir un peu cette petite folle-là. Mais qui
« pouvait prévoir que monsieur, si froid hier,
« arriverait aujourd'hui à huit heures du matin ? »
Je l'embrassai avec la plus tendre effusion. « Non,
« monsieur, lui dis-je, non, vous ne vous dé-
« pouillerez point pour moi, et mademoiselle
« n'abusera pas de votre tendresse. Partons; al-
« lons chez le général. Il est inutile de feindre
« plus long-temps, puisque le vœu de tous est
« accompli. — Il a raison, papa. Les jours perdus
« pour l'amour ne finissent pas. »

« Voilà mon épouse, dis-je à monsieur Der-
« neval; c'est vous qui l'avez choisie, et je suis
« trop heureux de ratifier vos engagemens. —
« Hé bien, mesdames, que vous ai-je dit ? j'ai
« acquis une grande connaissance du cœur hu-
« main, et j'étais certain d'avoir lu dans celui de
« notre jeune ami. — Dites-moi, par grace, mon

« Général, à qui je dois ce bien de cent mille « francs? qui de vous se plaît à me courber sous « le poids des bienfaits ? — Mon ami, soixante « mille francs des rentrées de madame Ruder; « l'ennemi a fourni le reste. — Elle me donne « tout son bien ! vous y joignez la plus forte « part de ce qu'a conquis votre épée!... je ne « peux... je ne dois pas... » Il me fut impossible d'en dire davantage. J'ouvris mes bras ; ils me pressèrent dans les leurs ; Thérèse nous serrait tous dans les siens ; nous formions le plus intéressant des groupes : l'amour et l'amitié nous avaient placés.

Peu de jours après on rédigea le contrat. Je voulus en régler les articles. « Ma pension, me « dit madame Ruder, suffit au nécessaire, et me « permet même de donner quelque chose à mes « plaisirs. Nous sommes convenus d'être toujours « amis, et les dons de l'amitié n'humilient pas. « Dix mille livres de rente, reprit monsieur Ri- « naldi, et le bonheur de sa fille, c'est plus qu'il « n'en faut pour ne pas maigrir. Je suis assez « riche, continua le Général, pour que le cadeau « que je vous fais ne change rien au train de ma « maison. Pour la dernière fois, je parle en su- « périeur : cédez, je le veux. »

Monsieur l'archevêque nous donna la bénédiction nuptiale. Il nous fit une exhortation courte et pleine de sens. Beaucoup de marieurs, qui ne disent que des niaiseries aux mariés, ne feraient pas mal de se servir désormais de ceci :

« Je vous unis sous la condition expresse que
« vous vous aimez. C'est un rapt qu'un mariage
« contracté sans amour. Il est nouveau, je le sais,
« d'entendre prononcer le mot *amour* au pied
« des autels ; mais ce sentiment seul déterminait
« les patriarches, et Dieu a béni leurs mariages.
« La personne ne doit appartenir, en effet, qu'à
« celui qui en possède le cœur. Jouir des droits
« de l'hymen sans les tenir des mains de l'amour,
« c'est les usurper.

« Lorsque deux cœurs se sont mutuellement
« donnés, ils ont droit d'attendre du retour et
« de la constance. Le nœud sacré du mariage,
« légitime ces sentimens ; la religion les consacre,
« sous la clause tacite qu'ils seront réciproques,
« car la religion elle-même ne doit rien commander
« d'impossible.

« Consolidez votre tendresse en lui donnant,
« pour appui, la vertu. Si elle n'avait d'objet que
« la beauté, les graces et la jeunesse, elle s'éteindrait
« avec ces avantages passagers ; si elle est
« établie sur des qualités estimables, elle est à
« l'épreuve du temps.

« Pour être en droit d'exiger qu'on vous aime,
« travaillez constamment à le mériter : il est
« aussi doux de conserver un cœur que de le
« conquérir.

« Souvenez-vous, surtout, que vous n'aurez
« rien fait pour vos enfans, parce que vous leur
« aurez donné l'être. La mère qui refuse son sein
« à l'innocente créature qui la conjure par ses
« cris, est une mère dénaturée; le père qui né-
« glige de former lui-même le jugement de son
« fils, de lui inspirer le goût des mœurs et de la
« vertu, perd ses droits à son respect et à sa re-
« connaissance.

« Je vous ai indiqué, en peu de mots, les de-
« voirs que vous avez à remplir. Persuadez-vous
« que c'est à leur accomplissement que tient votre
« félicité. »

FIN DE JÉRÔME.

www.ingramcontent.com/pod-product-compliance
Lightning Source LLC
Chambersburg PA
CBHW071402230426
43669CB00010B/1420